한국 교회 최초의 포괄적 청소년 사목 연구

청소년 사목의 현실과 전망

한국 교회 최초의 포괄적 청소년 사목 연구

청소년 사목의 현실과 전망

조재연 글

학위논문의 출판을 축하드리며

† 찬미예수님

본서 '청소년 사목의 현실과 전망'은 조재연 신부님의 학위논문입니다. 조 신부님은 오랫동안 청소년 사목에 관심을 갖고 일하며, 연구해 오고 있습니다. 우리는 '교회가 청소년과 노동자를 잃었다'고 말하는 소리를 듣습니다. 사실입니다. 많은 젊은이들이 교회 밖에 있습니다. 지난 몇 년 동안 서서울지역 본당 사목방문을 통해 확인한 바 있습니다만, 주일학교에 참여하는 본당의 학생들은 평균 25%가 되지 않습니다. 교회 안에서 활동하는 청년들은 1, 2%에 불과합니다. 서서울지역만이 아닐 것입니다. 서울대교구만이 아닐 것입니다. 이웃 종교인 프로테스탄과 불교와 비교해도 가톨릭 교회의 청소년들의 참여도가 훨씬 밑돌고 있습니다. 젊은이들이 교회의 가까운 미래라고 할 때, 많이 걱정되는 일이 아닐 수 없습니다.

주교회의는 이와 같은 현실을 우려해서 2006년 주교회의 위원회의 하나로 청소년사목위원회를 신설하였고, 지난 2007년 제주도에서 제1차 한국 가톨릭 청년대회를 마련하였습니다. 또한 2008년 제23차 시드니 세계 청소년 대회에 적극 참여를 지원하였습니다. 그리고 2010년 제2차 한국 가톨릭 청년대회를 준비하고 있습니다. 물론 이와 같은 대회로 한국 가톨릭 청소년들이 교회에 돌아올 수 있는 것은 아닙니다. 다만 교회가 젊은이들과 함께한다는 것, 그들에게 관심과 애정을 지니고 있다는 것을 드러내는 한 가지 표현일 뿐입니다.

지금은 한국 가톨릭 교회의 미래를 위하여, 한국 가톨릭 청소년들을 위하여 모든 지혜와 역량을 집중할 때입니다. 마침 이와 같은 때에 조 신부님의 연구는 청소년 사목을 위하여 좋은 제안이 될 수 있다고 여겨집니다. 조 신부님은 한국 청소년 사목에 있어서 문제는 한국 교회에 청소년 사목을 위한 기본틀의 부재에 있다고 규정하고 있습니다. 따라서 그 내용으로 비전, 구성요소, 그리고 전략을 마련함으로써 청소년 사목의 이론적이고 실천적인 접근을 시도하고 있습니다. 한국 천주교 주교회의 청소년사목위원회를 책임진 저로서는 조 신부님의 연구가 청소년 사목 활성화에 많은 도움을 줄 것이라 여깁니다. 조 신부님의 이러한 제안을 받아들여 우리나라 청소년 사목에 실현되도록 하고자 합니다. 다시 한번 이 자리를 빌어 조 신부님의 학문적 노력과 박사학위 취득에 감사와 축하를 드립니다. 하느님의 축복과 평화를 빕니다.

조규만 주교

천주교 서울대교구 청소년담당 교구장 대리

한국 천주교 주교회의 청소년사목위원회 위원장

먼저 필자의 노고를 치하합니다. 20년간 현장에서 축적한 체험을 이론적으로 정립할 수 있었던 것은 필자의 교회에 대한 사랑과 청소년에 대한 헌신의 결과라고 생각합니다.

사실 3년 6개월 전인 2006년 9월, 처음 "한국 천주교 청소년 사목의 '기본틀'을 위한 사목신학적 제안"이라는 방대한 주제의 박사논문 제안서를 접했을 때에는 필자의 박사논문을 지도한다는 것은 무리라는 생각이 들었었습니다. 그러나 필자가 필리핀과 미국 등 해외에서도 필요한 자료를 수집하고 국내외의 많은 전문가들을 열심히 찾아다니고 배우며, 또한 통계조사와 분석을 통해서 연구를 구체화 해나가는 과정을 지켜보면서 이 논문이 청소년 사목의 불모지인 한국 교회에 이론적이고 실천적인 기초를 세우는 데 기여하리라고 확신하게 되었습니다.

필자의 연구는 한국 교회 청소년 사목에서 가장 중요한 기본틀(framework)로 비전, 구성요소, 전략을 세우는 것을 제안하고 있습니다. 이러한 통찰은 한계점에 봉착한 한국 교회 청소년 사목에 매우 큰 시사점이 될 것으로 사료됩니다. 이 연구는 현장에서 일하는 청소년 사목자, 사목 연구자뿐만 아니라 청소년 사목에 관심을 갖는 모든 분들에게 큰 도움이 될 것입니다. 이렇게 필자의 연구가 단행본으로 출판된 것에 대해서 축하를 드립니다.

임병헌 신부
전 가톨릭대 총장

조재연 신부님을 떠올릴 때면, 저는 2006년 초가을 어느 날 미국 워싱턴 DC 소재 미국가톨릭대학교 도서관에서 뵌 신부님의 강렬한 인상을 지금도 즐거운 마음으로 생생하게 기억하게 됩니다. 당시 저로서는 숨 가쁘게 달려온 교편생활을 잠시 접고, 얼마만큼은 가벼운 마음으로 해외 연구년 일정에 막 들어선 참이었습니다. 대학도서관을 둘러보던 중에, 두꺼운 책들과 자료들을 펴놓고 연구에 집중하시던 신부님을 바로 거기서 발견한 것은 또 하나의 커다란 즐거움이었습니다. 연구 자료들을 찾으시느라 여념이 없으신 신부님을 그 후에도 늘 도서관에만 가면 뵐 수 있었던 거지요. 귀국한 후에는 뜻하지 않게 제가 신부님의 박사학위 논문 심사위원장이라는 책무를 맡게 되어, 신부님의 논문 작성과정에 가까이 할 수 있는 기회도 다시 갖게 되었었습니다.

20년이 넘는 장구한 세월, 청소년 사목 현장에서 헌신해오신 조재연 신부님께서는 그 바쁜 성무 수행 중에도 청소년 사목의 기본틀을 다지기 위하여 학문적 작업도 꾸준히 이어 오셨습니다. 신부님께서는 빠르게 변화하고 있는 현대 세계 안에서 이루어지는 청소년 사목의 근본적인 문제점을 진단하고, 해결 방안을 제시하기 위하여 노심초사해오신 것으로 압니다. 그래서 신부님께서 추출해 내신 청소년 사목의 기본 방안을 세상에 내 놓으신 것이 바로 박사논문의 내용이었습니다. 대단한 일이라고 아니할 수 없습니다.

신부님께서는 청소년 사목이 지속적으로 발전하고 활성화되기 위하여서는 다음의 사항들이 필수적이라고 정리해 내셨습니다. 즉, 공동체 전체가 공유하는 청소년 사목의 궁극적인 목표와 방향의 설정이 필요하고, 그에 걸맞는 방법론과 평가지표가 있어야 한다는 것입니다.

그러한 청소년 사목의 기본틀을 신부님께서는 '비전, 구성요소, 전략'
으로 일목요연하게 정리한 것입니다.

　그러한 주장을 뒷받침하기 위하여 신부님께서는 세계 각국 가톨릭
교회의 방대한 문헌들을 섭렵하셨고, 현장에 대한 광범위한 조사도 병
행하셨습니다. 한국 가톨릭 교회 16개 교구 중 7개 교구를 표본 추출하
고, 54개 본당 청소년 885명, 청소년 사목자 1001명, 주교 3명을 표집
조사하였습니다. 그뿐 아니라, 교황청, 아시아, 미국, 라틴아메리카,
유럽, 아프리카, 오세아니아 교회의 청소년 사목현황도 일일이 살피고
있습니다. 연구의 양과 질에 있어서 한 사람의 연구자가 해냈다고는
도저히 믿기지 않을 정도의 엄청난 연구 결과입니다.

　그리하여 본 연구내용의 중요성을 바로 간파한 미래사목연구소에서
이렇게 단행본으로 내게 되기까지에 이르렀습니다. 한국 교회와 우리
청소년들을 위하여 큰 경사가 아닐 수 없습니다. 엄청난 보물을 알아
보신 미래사목연구소장 차동엽 신부님과 관계자 여러분들의 혜안에
대하여도 심심한 경하의 말씀을 드립니다. 아무쪼록 귀한 땀과 발품의
결정체인 본서가 한국 교회 청소년 사목을 위하여 훌륭한 길잡이가 되
어, 미래의 주인공인 우리 청소년들이 훌륭한 신앙인과 사회인으로 성
숙하는 데 크게 이바지하기를 기원합니다. 다시 한번 조재연 신부님의
노고에 감사와 축하의 말씀을 드립니다.

박일영 교수
가톨릭대학교 종교학과

　무엇보다 한국 교회 청소년 사목에 기념비적인 저작이 나오게 된 것을 반갑고 고맙게 생각합니다. 3년 전 조재연 신부님이 이 책의 계획을 밝혔을 때만 해도 이것은 꿈일 뿐 현실이 될 것이라 생각하지 못하였습니다. 그런데 신부님은 지난 삼 년 더 길게는 그동안 청소년 사목에 헌신해온 이십 년의 열정과 경험을 쏟아 부어 이 역작을 만들어 내셨습니다. 저의 생각이 짧았음을 이 책으로 증명해 주신 것입니다. 참으로 축하드리고 부족한 필자에게 이 역작을 추천할 영광을 허락해 주시어 깊이 감사드립니다.

　이 책이 갖는 장점과 의의가 참으로 크고 많아 딱히 몇 가지만 집어내는 것이 불가하지만 그럼에도 필자는 이 책이 가톨릭교회 청소년 사목에 갖는 의의를 크게 세 가지로 정리해 보고자 합니다.

　먼저 이 책은 한국 교회사에서 두 번 다시 나오기 어려울 만큼 공력이 들었습니다. 보통 이 책에 포함된 조사를 수행하려면 큰 비용과 시간이 듭니다. 이 때문에 큰 조사기관들도 외부의 지원 없이는 손을 대지 못합니다. 하물며 이런 비용을 부담해 본 경험이 없는 한국 교회가 어찌 이 비용을 감당할 수 있겠습니까? 그런데 조재연 신부님은 이십 년 동안 청소년 사목에 헌신해오면서 쌓아온 인간관계와 신뢰를 바탕으로 전국의 많은 청소년 사목자(성직자, 수도자, 평신도 포함)들로부터 거의 비용을 들이지 않고 이 엄청난 결과를 얻어 냈습니다. 물론 조재연 신부님은 이 조사를 위해 몇 달 동안 전화통에 매달려 있어야 했습니다. 조사에 대하여 어느 정도 식견이 있는 필자로서는 이러한 수고

만으로도 이 책에 큰 상을 주고도 남음이 있다고 생각합니다. 이 뿐 아닙니다. 조사도 참으로 잘 되었습니다. 분석된 결과를 보면 알 수 있겠지만 조사표도 잘 만들어졌고, 응답자들도 조사에 성실하게 응하였으며, 결과도 매우 유의미하였습니다. 조사기간도 적당하였고 조사대상도 청소년 사목에 관계된 신원 모두를 망라하였습니다. 폭넓은 의견을 얻어내기 위해 다양한 조사기법이 동원되었음은 물론입니다. 처리해야 할 조사결과만도 엄청났는데 이 역시도 조 신부님에게 협력하는 미래의 젊은 평신도 청소년 사목자들이 감당해 주었습니다. 그동안 신부님이 청소년 사목에서 보여준 '삶의 진정성'으로 얻어 낸 결과라 하겠습니다.

두 번째로, 지역 교회의 청소년 사목의 현실을 파악하기 위해 조 신부님은 세계를 발로 뛰었습니다. 역시 그동안 쌓아온 국제적 인간관계가 아니었다면 지역 교회의 청소년 사목에 관해 이토록 많은 자료를 얻기 어려웠을 것입니다. 물론 이 과정에서 새로 만나야 했던 분들도 많았습니다. 그런데 이런 분들이 신부님의 열정에 반해 기꺼이 도움을 주었습니다. 그래서 이 책은 단순히 문헌연구만 한 경우들과 구별됩니다. 조 신부님만큼 세계의 각 지역교회를 발로 뛰며 청소년 사목 현장을 답사하고, 또 열심히 문헌을 수집한 경우는 앞으로도 찾기 어려울 것입니다. 이처럼 이 책은 연구실에서 문서만 뒤져 쓴 연구내용들과 확연히 구별됩니다.

마지막으로, 이 책이 제시하는 '청소년 사목의 기본틀'이 갖는 의의입니다. 이 틀은 청소년 사목의 현실을 진단하고, 이 진단결과를 토대로 바로 사목 대안을 마련할 수 있게 구성되어 있습니다. 진단과 처방이 동시에 가능하게 구성되어 있는 것입니다. 이 틀에는 어느 대륙 어느 나라에나 적용될 수 있는 청소년 사목의 보편적 구성요소들이 70% 정도를 차지합니다. 나머지 30%는 나라·문화·지역 조건에 영향을 받는 특수한 요소들입니다. 그러니 특수한 요소들만 잘 찾아 적용하면 하나의 틀로 전 세계 어디서나 적용이 가능합니다. 그동안 한국 교회에서 대부분의 사목방법론과 진단 도구를 수입해 써왔던 현실을 생각할 때, 조 신부님의 이 '기본틀'은 역으로 수출이 가능합니다. 그만큼 보편 요인과 특수 요인들을 잘 찾아냈고, 이를 조사를 통해 엄밀히 검증하였습니다. 따라서 이 '기본틀'은 각 본당, 교구, 지역 교회의 청소년 사목의 성장단계를 진단하고, 장차 중점을 두어야 할 영역을 찾아낼 때 매우 유용하게 쓰일 수 있을 것입니다. 이처럼 보편 교회의 청소년 사목의 경험을 종합하면서도 한 단계 도약할 수 있는 이론적 토대를 다졌다는 면에서 조 신부님의 이 책은 가톨릭 교회 전체 청소년 사목에 큰 기여를 할 것이라 기대됩니다.

하나 더 덧붙이자면 이 책을 떠나 필자는 조 신부님의 모습을 통해 '인간 승리'를 보게 되었습니다. 그동안 한국 교회에서 새로운 사목을 시도하며 십 년을 버티는 사제들은 종종 보아왔습니다. 그러나 이십 년을 버티는 경우는 매우 드물었습니다. 본인의 의지도 문제겠지만 교회 내부에서 오해, 질시, 비난이 적지 않기 때문입니다. 그런데 조 신부님은 이 외길을 이십 년 동안 버텨왔습니다. 그럼에도 신부님은 머리말에서 죠셉 카르딘 추기경의 "오늘도 나는 결코 좌절하거나 실망하지 않고 계속 정진하려 한다. 무엇보다 우리가 확실히 믿어야 할 것은 바로 이러한 정진을 우리가 죽는 그날까지 계속해야 한다는 것이다"라는 말을 빌어 앞으로도

이 길을 계속 갈 것임을 밝히고 있습니다. 십 년 가까이 조 신부님을 가까이서 지켜본 필자로서는 이 말이 공언이 아니라는 것을 잘 알고 있습니다. 그래서 이 책이 그동안의 청소년 사목경험을 결산하는 것이면서도 새로운 출발을 의미하는 것임을 확신합니다. 부디 이 책을 통해 한국 교회의 청소년 사목이 한 단계 도약하는 계기가 될 수 있기를 소망해 봅니다.

박문수 박사
한국 가톨릭문화연구원 부원장

이 단행본은 저의 박사학위 논문 "한국 천주교 청소년 사목의 '기본 틀'을 위한 사목신학적 제안"을 책으로 발간한 것입니다.

지난 20년간 청소년을 동반하면서 그들의 내면에 있는 갈망과 아픔, 기쁨과 희망인 "청소년의 울부짖음"(탈출기 3,4 참조)을 들어왔습니다. 그리고 그들에 대한 마음이 더 깊어지는 것을 느껴왔습니다.

2004년 10여 년간 헌신했던 교구의 책임자 자리를 떠나면서 많은 고민을 했습니다. 이런 저런 비난과 오해를 받으며 청소년 사목의 장을 그만 떠나고 싶다는 인간적인 생각, 그리고 15년간의 청소년 사목에 대한 특별한 체험이 저 개인만의 체험이 아닌 교회의 체험이라는 깨달음 사이에서 식별의 시간이 필요했습니다. 프랑스 떼제 공동체에서 머물던 어느 날, "성령께서 예수를 광야로 내몰았다"는 말씀이 불꽃처럼 마음에 다가왔습니다. 이 말씀을 통해 왜 하느님 아버지께서는 사랑하는 외아들을 고독과 유혹의 땅으로 몰았는지를 다시 보게 되었습니다. 하느님의 양성 방식, 즉 성자를 성령을 통해 사탄과 들짐승이 우글거리는 거친 광야로 내보냄으로 단련시키고, 성장시켜서, 앞으로 있을 파견을 준비하는 성부의 양성 방식을 바라보게 된 것입니다. 그러면서 예수님의 삶의 여정이 제 자신의 삶과 연결되어 있다는 느낌을 받았습니다. "그래. 하느님께서는 나를, 청소년 사목을 저버리시려는 게 아니라, 다시 파견하기 위해 시간을 주시는구나. 이토록 힘들지만 이 일련의 과정을 통과하게 하시는구나" 하고 말입니다. 그리고 그때 저는 청소년을 구원하고 싶다는 강한 열망과 어머니이신 교회가 저를 이만큼 키워주셨다는 감사가 밀려오는 것을 느꼈습니다. 그리고 저는 하느님께서 저에게 허락하신 특별한 교회의 체험을 바탕으로 청소년 사목신학의 박사과정을 시작하게 되었습니다. 이것은 어쩌면 청소년을 구원하라는 비전을 확장시키시려는 하느님의 계획인지도 모르겠습니다.

저는 지난 1994년, '청소년의 햇살'을 설립했습니다. 그 출발은 삼성산 성당 관할의 신림 10동 B지구라는 가난한 마을 사제관에서였습니다. 어떠한 계획도 없이 단지 청소년의 아픔을 이해하고 그들에게 도움이 되고 싶은 열망으로 몇 명의 젊은 친구들과 함께 모였을 뿐이었습니다. 그 모임이 자라서 15년이 지난 지금 '청소년의 햇살'은 전문성과 지속성이 필요한 한국 교회의 청소년 사목을 보완할 하나의 센터 즉, '햇살 청소년 사목 양성 · 연구 센터'로 발돋움을 했습니다. 하느님의 계획은 참으로 알 수 없습니다.

이 일련의 과정을 겪으면서, 저는 사명이 좀 더 선명해지는 것을 깨닫습니다. 마치 예수님의 제자들이 예수님의 수난과 죽음으로 찌꺼기들이 떨어져나가고 정화되는 것처럼 청소년 복음화에 대한 사명이 일시적인 관심이나 직책 때문이 아니라, 하느님께 받은 하나이 성소라는 것을 말입니다. 비록 문둥병자와 같은 어머니인 교회이지만, 청소년 사목에 나 자신을 던져 '내 어머니를 사랑하라'는 그 부르심으로 초대 받고 있습니다.

지난 3년 반의 박사과정 내내 필자를 이끌었던 화두는 '한국의 청소년 사목에 가장 중요하고, 우선적인 것이 무엇인가?'였습니다. 그래서 본 연구에서 빠르게 변화하고 있는 21세기 청소년 세대를 사목하는 데 어려움을 겪고 있는 한국 교회의 청소년 사목을 진단하고, 위기의 극복 방안을 제시하고자 하였습니다.

연구자는 청소년 사목이 지속적으로 발전하고 활성화하려면 한 지역 또는 국가 전체가 공유하는 청소년 사목의 궁극적인 목적과 방향성, 방법론, 그리고 평가 지표가 있어야 한다고 봅니다. 그러나 현재 한국 교회는 청소년 사목의 장기적 방향이나 목적이 명확하게 공유되어 있지 않다고 볼 수 있습니다. 따라서 현대 한국 교회 청소년 사목의 활성화를 위해, 청소년 사목의 명확한 근간이자 장기적인 방향성을 정립하고 이를 공유하는 것이 시급합니다.

따라서 한국 교회 청소년 사목의 활성화를 위한 우선 방안으로써 한국 천주교 청소년 사목의 근본적인 지향인 비전·구성요소·전략으로 이루어진 '청소년 사목의 기본틀'을 사목신학적 관점으로 제안하였으며, 본 연구를 위해 문헌연구와 조사연구를 병행하였습니다.

먼저 문헌연구를 통해 초대 교회에서부터 오늘에 이르는 보편 교회 청소년 사목의 역사적 흐름을 정리하고, 현대 지역 교회 청소년 사목의 기본틀을 파악하였습니다. 보편 교회 청소년 사목의 역사적 흐름은 교회의 전통적 가르침을 전달하는 '교리지식 중심의 청소년 사목', 그리스도의 사랑으로 청소년을 감화하고자 했던 '사목적 사랑의 청소년 사목', 청소년을 사도로 양성하는 데 초점을 맞추었던 '사도직 중심의 청소년 사목', 그리고 위의 세 가지 흐름을 통합하는 현대 보편 교회의 '통합되는 청소년 사목'의 네 개 흐름으로 살펴보았습니다. '통합되는 청소년 사목'은 총체적인 시선 속에서 청소년이 복음화의 주역이 되는 것을 청소년 사목의 비전으로 내세우며, 그 비전을 실현하기 위한 구체적인 구성요소와 비전 공유·지속 전략을 제시하고 있습니다. 그리고 미국을 중심으로 한 북미 교회, 라틴아메리카 교회, 아시아 교회, 유럽 교회, 아프리카 교회, 오세아니아 교회의 청소년 사목의 비전·특성·전략에 대한 연구를 통해 청소년 사목이 활성화된 지역 교회는 보편 교회의 '통합되는 청소년 사목' 기조 안에서 '청소년 사목 기본틀'을 제시함으로써 청소년 사목을 활성화하고 있음을 보여주고 있습니다.

필자는 문헌연구를 통해 도출한 보편 교회 및 지역 교회의 청소년 사목 기본틀을 예시로 삼아, 한국 교회 청소년 사목 기본틀을 마련하기 위한 조사연구를 하였습니다. 조사 대상자는 한국 교회 청소년 사목 현장에 참여하고 있는 청소년 및 청소년 사목자로, 전국의 청소년 885명, 청소년 사목자(사제·수도자·평신도) 1,001명, 주교 3명을 표집하여 조사하였습니다. 이 중 청소년에게는 청소년 사목 구성요소에 대한 욕구 및 기대를 조사하였고, 청소년 사목자에게는 청소년 사목 비전·구성요소·전략에 대한 견해와 필요성을 묻는 조사를 진행하였습니다. 자료 수집은 예비조사 1회, 심층면접 3회, 그리고 설문조사 2회를 거쳐 이루어졌습니다.

구체적인 조사연구 결과는 다음과 같습니다.

첫째, 청소년 사목 비전에 대한 조사에서 한국 교회 청소년 사목자들은 보편 교회 및 지역 교회 비전이 제시하는 복음화 개념의 일부인 '청소년 개인의 내적 복음화'에 치중된 제한적 시선을 드러냈습니다.

둘째, 청소년 사목 구성요소에 대한 조사에서 대다수의 청소년 사목자들은 복음화 개념을 이루는 모든 구성요소가 사목 현장에 필요하다고 응답하였습니다. 이를 통해 본 연구는 한국 교회 청소년 사목자들이 복음화의 모든 요소가 고루 필요하다는 점은 인지하고 있으나, 각 요소가 복음화 개념을 중심으로 통합되어 청소년 사목의 기본틀을 형성한다는 것에 대한 시선은 부족하다고 보았습니다.

셋째, 청소년 사목 전략에 대한 조사에서도 여러 청소년 사목자들은 공동체 차원이나 대사회적 차원의 복음화 전략보다 청소년 개인의 내적 성장을 위한 전략을 중요하게 생각하였으며, 양성 전략의 중요성은 인정하나 현재 사목 구조의 한계로 인해 실행하기 쉽지 않을 것이라고 보고 있었습니다.

본 연구에서 조사된 결과를 바탕으로 '한국 천주교 청소년 사목의 기본틀'을 다음과 같이 제안하였습니다.

첫째, 한국 교회 청소년 사목의 '비전'은 '청소년이 개인·공동체·세상을 복음화하는 상호관계에서 능동적 주체가 되는 것'입니다.

둘째, 한국 교회 청소년 사목의 '구성요소'는 사목적 배려·교리교육·기도와 전례·공동체 생활·지도력 개발·옹호·복음말씀 선포·정의와 봉사·세계시민의식입니다.

셋째, 한국 교회 청소년 사목의 '전략'은 구성요소 활성화 전략, 비전 공유 및 확산 전략, 인재 양성 전략의 세 가지입니다.

지난 세월 청소년과 함께 여행하면서 체험한 기쁨과 아픔, 그리고 사목적 통찰을 학문적으로 정리할 수 있게 허락해 주신 주님과 교회에 감사드립니다. 거룩한 교회를 통해 청소년이 하느님의 꿈에 참여하는 사도가 되는 데 이 연구가 기여할 수 있기를 희망합니다.

본 연구의 완성을 위해 가톨릭대학교 총장으로 바쁘신 중에도 시간을 쪼개어 학문적 지도뿐 아니라 인간적인 지지와 격려까지 나누어 주신 임병헌 신부님께 깊은 감사를 드립니다. 많은 조언을 통해 연구의 질을 높여주신 정신철 신부님, 최준규 신부님, 연구를 위해 많은 배려를 아끼지 않으신 종교학과의 박일영 교수님, 최혜영 수녀님께도 감사드립니다.

미국 가톨릭 청소년 사목 연맹(NFCYM)의 로버트 메카티(Robert J. McCarty) 박사님과 그의 부인 매기 메카티(Maggie McCarty) 박사님께도 특별한 감사를 드립니다. 메카티 박사 부부는 8개월간 매주 1회씩 청소년 사목에 대한 개인교수를 통해 많은 통찰의 기회를 제공해 주었고, 세계 여러 나라 청소년 사목자와의 네트워크를 만들어 주었습니다. 미국 교회 청소년 사목 지침서(Renewing the Vision) 작성 과정이 담긴 미발간 문서를 기꺼이 나누어 주신 미국 주교회의(USCCB) 청소년 사목분과의 에일린(Eileen McCann) 수녀님, 미국 교회를 깊이 체험할 기회를 제공해 주신 세인트 존 대학(St. John's University)의 제프리 카스터(Jeffrey Kaster) 교수님, 북미주 교포 사목부의 최영호 선생님, 아시아 교회의 시선 속에서 통찰을 주신 필리핀 살레시오 신학교(Don Bosco Center of Studies)의 구스만(Renato De Guzman) 신부님과 마틴(Martin Macasaet) 신부님, 조사연구를 위해 도움을 주신 박문수 박사님, 그 외의 많은 기여자들에게도 감사의 말씀을 전합니다. 더불어 조사연구에 도움을 주신 전국의 청소년, 평신도 사목자, 수도자, 사제 그리고 인터뷰를 해 주신 세 분의 주교님들께도 감사를 드립니다. 이분들의 우정과 보편 교회를 향한 기여가 없었다면 이 논문은 완성하기 어려웠을 것입니다.

나의 동료인 '햇살 청소년 사목 양성·연구 센터'의 젊은 친구들, 그리고 협력자 분들을 기억합니다. 이들의 청소년을 구원하고자 하는 열정과 정서적인 지지, 그리고 함께 나누어 준 우정은 이 연구에 큰 도움을 주었습니다.

뒤에서 묵묵히 기도해 주시고 해외 자료 수집과 조사를 위해 경제적인 지원과 격려를 아끼지 않았던 가족들에게도 깊이 감사드립니다.

자모이신 성 교회와 지난 20년간 만난 많은 청소년과 청년들 그리고 교회의 '참 청춘'(the real youth)을 위해 헌신하는 한국 교회의 청소년 사목자들에게 이 연구를 바칩니다.

마지막으로 이 연구내용을 책으로 출판해 주신 미래사목연구소장 차동엽 신부님과 편집자 여러분께 감사의 인사를 전합니다.

조재연 신부

JOC를 창립하고 처음 13년 동안은 실패 연속의 세월을 보냈다.
그렇게 41년이 지난 지금까지 계속되는 실패 속에서도
나는 청소년의 구원을 위해 노력하고 있다.
오늘도 나는 결코 좌절하거나 실망하지 않고 계속 정진하려 한다.
무엇보다 우리가 확실히 믿어야 할 것은, 바로 이러한 정진을
우리가 죽는 그 날까지 계속해야 한다는 것이다.

- 조셉 카르딘 추기경 -

▋차례

■ 주요 명칭과 약어

AVYM   A Vision of Youth Ministry, National Conference of Catholic Bishops, Washington, D.C., 1976.

CCD   Confraternity of Christian Doctrine

CDA   Civilización del Amor, Tarea y Esperanza - Orientacionespara una Pastoral Juvenil Latinoamericana, CELAM, Bogotá, 2005.

CELAM   Consejo Episcopal Latinoamericano

FABC   Federation of Asian Bishops' Conferences

FAPA   For All the Peoples of Asia vol. I~II, FABC, Manila, 1997-2002.

JOC   Jeunesse Ouvrière Chrétienne

NFCYM   National Federation for Catholic Youth Ministry

PDV   Proyecto de Vida - Camino Vocacional de la Pastoral Juvenil, CELAM, Bogotá, 2003.

RTV   Renewing the Vision - A Framework for Catholic Youth Ministry, National Conference of Catholic Bishops, Washington, D.C., 1997.

YCS   Young Christian Students

■ 일러두기

1. 제 2차 바티칸 공의회 문헌들은 제 2차 바티칸 공의회 문헌: 헌장, 교령, 선언문(한국천주교중앙협의회, 2002)에 따라 인용됨.
2. 약어 표에 기재된 문헌의 경우 최초의 문헌만 전체를 표기하고 반복되는 경우 약어로 표기함.
3. 직접인용 시에는 문법상 오류가 있거나, 다른 부분과 용어가 통일되지 않는 경우에도 이를 수정하지 않고 원문을 그대로 사용함.

제 1 장

서 론

Ⅰ 문제 제기 및 연구 배경

현대 사회는 정보 통신 기술의 발달에 따라 매우 빠른 속도로 변화하면서 '후기 정보화 사회'로 대표되는 새로운 특성들을 나타내고 있다.[1] 개인 컴퓨터와 모바일 기기를 통한 실시간 네트워크 접속이 원활해졌으며,[2] 특히 2000년대 들어 등장한 웹 2.0 기술[3]은 네트워크상의 쌍방향 의사소통을 가능하게 하였다. 후기 정보화 사회의 사람들은 전 세계에 퍼져 있는 정보 네트워크를 통해 다양한 지식을 교류하고 공유하는 데 익숙해져있으며, 서로 다른 문화와 가치를 큰 거부감 없이 수용하는 디원화 시대를 살아가고 있다.[4]

---

1 참조: 존 나이스비트·패트리셔 애버딘, 『메가트렌드 2000』, 김홍기 옮김, 한국경제신문사, 1990, 12쪽.

2 참조: 이홍주·이장욱, 『유비쿼터스 혁명』, 이코북, 2004, 16, 18쪽.

3 참조: 우메다 모치오, 『웹 진화론』, 이우광 옮김, 재인, 2006, 122-133쪽.

4 참조: 마크 펜·키니 잴리슨, 『마이크로트렌드』, 안진환 옮김, 해냄, 2007, 27-29, 589-599쪽; 클레이 서키, 『끌리고 쏠리고 들끓다』, 송연석 옮김, 갤리온, 2008, 9-31쪽.

오늘날의 청소년 세대는 이와 같은 후기 정보화 사회의 모습을 그대로 반영한다. 네트워크에 실시간 접속하여 정보를 교류하고 공유한다는 의미의 'N세대'[5]는 현대 사회 청소년의 특징을 잘 보여주고 있다. 이들은 네트워크 접속을 통해 세계의 다양한 정보 교류에 실시간으로 참여하고, 자신의 의견이나 정보를 개방하고 표출하는 데 거리낌이 없으며 성인 세대에 앞서 이러한 흐름을 주도하기도 한다. 또한 직관적이면서도 유연한 디지털적 사고로 네트워크의 정보를 창조적으로 결합시키며, 조합되고 변형된 가치가 복합적으로 공존하는 다원주의에 익숙하다.[6] 다른 나라에 비해 정보화 정도가 높은 것으로 평가받는 한국의 경우 청소년에게서 이러한 특성이 더욱 쉽게 발견된다.[7] 특히 2002년 한·일 월드컵 이후 한국의 청소년은 N세대뿐만 아니라 P세대[8], R세대[9], W세대[10] 등으로 지칭되면서 후기 정보화 사회 청소년으로서의 특성을 드러내고 있다.[11]

이처럼 현대 사회의 특성을 그대로 반영하며 빠르게 변화하고 있는 21세기 청소년 세대를 사목하는 데 있어 한국 교회는 큰 어려움을 겪고

---

5   N세대는 '네트'(net) 세대의 줄임말로, 가상공간을 무대로 하여 자유분방하게 살아가는 인터넷 세대를 일컫는다. 참조: 돈 탭스콧, 『N세대의 무서운 아이들』, 허운나·유영만 옮김, 물푸레, 1999, 13쪽.

6   참조: 상게서, 457-494쪽; William Strauss-Neil Howe, *Millennials and the Pop Culture*, LifeCourse Associates, 2006, p.17, 20.

7   참조: 강홍렬 외, 『메가트렌드 코리아』, 한길사, 2006, 283쪽.

8   P세대는 월드컵·대선·촛불시위 등을 거치며 나타난 세대로 사회 전반에 대한 적극적인 참여(Participation) 속에서 열정(Passion)과 힘(Potential Power)을 바탕으로 사회 패러다임의 변화를 일으키는 세대(Paradigm-shifter)를 지칭한다. 참조: 배동만, 『대한민국 변화의 태풍-'젊은 그들'을 말한다』, 제일기획, 2003, 1-4쪽.

9   R세대(Red Generation)란 월드컵을 계기로 광장에 나타나면서 문화적 충격을 준 새로운 세대를 지칭한다. 참조: 박태일, 『R세대의 등장과 국가·기업의 과제』, 현대경제연구원, 2002, 1쪽.

10 W세대는 2002년 월드컵을 계기로 탄생한 개념으로, 공동의 가치 실현을 위해 개인의 열정을 대중 안에서 자유롭게 표출하는 세대를 지칭하는 말이다. 참조: 이영호, 「청소년에 대한 다양한 명칭과 사회적 인식의 변천」, 『한국교육』 제29권 제2호(2/2002), 한국교육개발원, 331, 339쪽.

11 참조: 이종원·이경상·김종길, 『인문사회연구회 협동연구 총서② - 월드컵 현상을 통해 본 신세대의 사회·문화적 정체성과 청소년 정책의 과제』, 한국청소년개발원, 2003, 16, 28쪽.

있다. 한국 사회의 9-24세 연령층은 1985년의 1,397만 명(전체인구의 34.2%)을 고비로 감소 추세로 돌아서서 1990년에는 1,363만 명(31.8%)을 기록하였고, 오는 2020년경이면 1,006만 명(20.2%)으로 감소할 전망이다.[12] 이러한 청소년 인구의 감소는 청소년 신자층 자체의 감소를 가져오고 있으며, 교회 활동에 참여하는 청소년 신자 수도 해를 거듭할수록 줄어들고 있는 상황이다. 한국 천주교 중앙 협의회의 통계자료에 따르면, 교회 청소년 신자층의 주를 이루는 중·고등부 주일학교 학생 수는 지난 1997년부터 2006년까지 매년 평균 3,000여 명 감소한 것으로 추산된다.[13] 또한 교회에서 신앙생활을 하고 있는 청소년이라 할지라도, 한국 교회 청소년 사목의 주된 장인 주일학교 생활에 대해 진정한 매력이나 목적을 찾지 못하고 있는 것으로 보인다. 2002년 서울대교구 시노드를 위한 설문 조사에서는 54.7%에 이르는 청소년이 '주일학교에 참여하는 것이 의미도 재미도 없다'고 응답하였다.[14] 주일학교에 대한 청소년의 이러한 평가는, 청소년 인구의 감소와 더불어 청소년의 교회 참여를 더욱 감소시키는 원인으로 작용하면서 청소년 사목의 악순환 구조를 형성하고 있다. 한편 주일학교 학생 수의 감소와 맞물려, 청년층인 중·고등부 주일학교 교사들의 봉사 기간 또한 짧아지고 있는 것으로 드러났다.[15] 이러한 현상

---

12 참조: 배규한, 『미래사회학』, 나남, 2000, 244쪽.

13 참조: 한국 천주교 중앙협의회, 『한국 천주교회 통계』1997-2006. 『한국 천주교회 통계』에 의하면, 중·고등부 주일학교 학생 수는 107,256명(1997)에서 76,997명(2006)으로, 약 30,000명가량 감소하였다.

14 중·고등부 주일학교에 다니지 않는 이유로 '지루하고 재미없어서'(32.9%), '취미생활이나 놀러가느라고'(14.2%), '신앙생활에 별 도움이 안 된다고 생각해서'(7.6%)로 54.7%가 재미도 의미도 없기 때문이라고 응답했다. 참조: 천주교서울대교구 시노드 사무국, 『청소년·청년 의안 준비 위원회 설문조사 결과 보고서』, 2002, 286쪽.

15 각 교구별로 1년차 교사가 평균 30%로서 매년 1/3정도의 교사가 교체되는 것으로 나타난다. 참조: 인천교구, 「시노드 표본본당 진단 설문조사」, 1998; 제주교구, 『청소년 백서』, 2001; 마산교구, 「주일학교 실태 조사」, 2001; 전주교구, 「청소년 사목 현황파악을 위한 설문조사」, 2002; 서울대교구, 『청소년·청년 의안 준비 위원회 설문조사』, 2002.

들이 복합적으로 작용하면서 '현재 한국 교회 청소년 사목이 활력을 잃고 위기를 맞이하고 있다'는 지적이 이어지고 있다.[16]

이와 같은 청소년 사목 위기의 원인에 대해 청소년과 여러 사목자가 다양한 의견을 제시하였다. 이를 교회 외부 원인과 교회 내부 원인으로 나누어 요약해 보면 다음과 같다.

교회 외부 원인은 가치·문화적 측면과 교육 체계적 측면으로 구분된다. 가치·문화적 측면에서 볼 때 현대 문화는 개인주의·다원주의·상대주의·탈권위주의로 대변되며, 유사영성이 내세우는 범신론·혼합주의·인간 중심적 신관이 그리스도교 신앙과 상반되면서 청소년에게 가치의 혼란을 주고 있다.[17] 그리고 향락주의나 물질만능주의가 팽배해지면서 경제적 성취나 레저·여가를 신앙보다 우선시하는 신자들이 늘고 있다.[18] 또한 이혼율의 증가[19]와 경제적 파산으로 인한 가정 해체는 청소년의 교회 참여에 영향을 미치고 있다. 교육 체계적 측면에서는 학교 교육의 파행적 운영과 입시를 위한 사교육의 확장으로 인한 신자 부모의 가치 변화[20]를 청소년 사목 위기의 주된 원인으로 꼽는다. 신앙교육의

---

16 참조: 최준규, 「청소년 사목을 위한 교회의 권위」, 『제 25차 학술회의 자료집-어른들이 모르는 우리의 교회』, 한국그리스도사상연구소, 2006, 22-23쪽.

17 참조: 주교회의 교리교육 위원회, 『한국 천주교 교리교육 지침』, 한국천주교중앙협의회, 2005, 12, 16항.

18 냉담자들에 대한 조사를 통해 삶의 질을 높이기 위한 신자들의 관심과 교회생활이 직접적으로 충돌하고 있음을 확인할 수 있다. 참조: 강인철, 『한국 천주교회의 쇄신을 위한 사회학적 성찰』, 우리신학연구소, 2007, 170쪽; 한국 노동 시장 고용 구조의 변화와 왜곡된 상황 때문에 오늘날 한국 사회 청소년·청년층이 취업난을 겪으면서 경제적 측면에 몰입할 수밖에 없다는 주장도 있다. 참조: 조은상, 『인재개발론』, 도서출판 범한, 2007, 32-48쪽.

19 참조: 천주교 서울대교구, 『희망을 안고 하느님께』(서울대교구 시노드 후속 교구장 교서), 천주교 서울대교구, 2003, 107쪽. 우리나라의 이혼은 1970년 1만 2천 건에서 매년 증가하여 2004년에는 13만 9천 건으로 크게 증가하였다. 참조: 국가청소년위원회, 『2006 청소년 백서』, 국가청소년위원회, 2006, 45쪽.

20 참조: 한국갤럽, 『제 4차 한국인의 종교와 종교 의식』, 2004, 53-54쪽. 전통적으로 가톨릭교회는 자녀의 신앙교육에 있어 부모의 역할을 강조해왔다. 그러나 오늘날 한국 교회에서는 신앙교육에 대한 부모들의 무관심이 증가하여 신앙 전수가 제대로 이루어지지 않고 있다.

의무보다 학업성적 향상에 우선순위를 두는 오늘날의 부모들이[21] 청소년의 교회 참여율 감소에 영향을 준다는 것이다.

교회 내부의 원인으로는 크게 교회 구성원의 의식적 측면과 조직적 측면 그리고 프로그램적 측면으로 구분된 문제점이 지적되고 있다. 먼저 교회 구성원의 의식적 측면으로는 청소년 사목에 투신하는 사목자 수의 부족과 장기적 안목의 부재, 청소년 중심이 아닌 지도자 위주의 사고방식 등이 지적된다.[22] 조직적 측면에서는 인사이동에 따른 청소년 담당 사목자의 잦은 교체, 제대로 양성되지 못한 주일학교 교사들이 청소년에게 미치는 부정적 영향 및 신앙 교육의 질적 저하를 들 수 있다.[23] 또한 청소년 사목자에 대한 양성 및 청소년 사목을 위한 전문 연구의 부재, 청소년 활동에 관한 재정적 지원 부족 등도 청소년의 교회 참여를 저해하는 조직적 측면의 요인으로 밝혀졌다.[24] 마지막으로 프로그램적 측면에서는 형식적·즉흥적인 일회성 행사의 반복, 창의적 제안보다는 주입식 교리 전달에 치중하는 주일학교 수업 등이 교회에 대한 매력을 감소시키는 원인으로 지적되고 있다.[25]

---

21 참조: 서정원 편, 「청소년 사목, 현장의 목소리를 듣다」, 『사목정보』 7(2008/7), 미래사목연구소, 34쪽.

22 참조: 졸문, 「청소년 사목 진단-청소년은 교회에서 무엇을 바라는가?」, 『사목』 304(2004/5), 한국천주교중앙협의회, 91쪽.

23 삼소: 조군호, 「청소년 사목 토착화 연구를 위한 현실인식」, 『한국그리스도사상』 10(2002), 한국그리스도사상연구소, 109쪽.

24 조한수와 현정수 신부는 양성과 연구에 대한 문제를 청소년 사목의 장애 요인 중 중요한 것으로 지적하고 있다. 참조: 조한수, 「본당에서의 청소년 사목」, 『사목연구』 15(2005/겨울), 가톨릭대학교사목연구소, 38-42쪽; 현정수, 「한국천주교청소년사목비전 설정의 문을 열며」, 『한국그리스도사상연구소-제 25차 학술회의 자료집』, 한국그리스도사상연구소, 2006, 55-58쪽. 주일학교 재정 지원은 서울대교구의 경우 본당 전체 예산과 비교해 보았을 때 평균 5%에도 미치지 못하는 금액이었다. 참조: 이미영, 「청소년 신앙교육의 새로운 모색을 위하여」, 『우리신학』 3(2004), 우리신학연구소, 154쪽.

Ⅱ 연구 목적

본 연구는 한국 교회 청소년 사목의 위기 상황에 직면하여, 현재 발생하고 있는 문제들의 핵심 원인을 파악하고 효과적인 위기 극복 방안을 제시하고자 하는 목적에서 시작되었다. 앞서 언급한 바와 같이 현 상황에 대한 원인은 여러 가지로 지적되어 왔으나, 본 연구는 이에 대하여 사목신학적 관점으로 접근하고자 하였으므로 교회 외적 원인은 논외로 하고 교회 내적 원인의 분석에 초점을 맞추었다. 이를 연구하는 과정에서 본 연구자는 청소년 사목이 활성화된 다른 나라 교회를 방문하여 사목 현장을 살피고, 활성화의 이유를 분석하여 이를 한국 교회의 현실과 비교하여 보았다. 그 결과, 다른 나라 교회는 한 지역 혹은 국가 전체가 공유하는 청소년 사목의 궁극적인 목적·방향성·방법론·평가 지표를 갖고 있었으며, 이를 지속적으로 현실에서 실행하기 위한 조직 체계를 확보하고 있다는 점을 발견하였다. 이에 반해 한국 교회는 청소년 사목의 장기적 방향이나 목적이 명확하게 공유되지 않고 있었다. 또한 현 위기 상황에 대한 지적 및 원인 분석이 유사한 내용으로 반복되어 왔음에도 불구하고 청소년 사목의 궁극적 방향성 혹은 평가 지표의 모호함으로 인해 그에 대한 효과적인 개선안을 제시하지 못하고 있었다.

---

25 2002년 6월 서울대교구 중·고등학생 사목부는 시노드 사무국과 함께 각 본당 가톨릭 청소년 연합회(CYA) 대표 350여 명이 1박 2일간의 청소년 공청회를 개최했다. 그 결과 청소년 대표들은 청소년에 대한 선입견·어렵기만 한 교회 이미지·어른들의 권위주의·청소년에게 눈높이를 맞추지 못하는 교리·반복되는 행사·부모의 양면성 등 청소년 사목을 가로막는 15개의 주요 문제를 도출했다. 참조: 천주교 서울대교구 본당 중·고등학생 사목부, 『본당 청소년 공청회 자료집』, 천주교 서울대교구 시노드 준비위원회, 2002; 졸문, 「청소년 사목 진단-청소년들의 신앙생활 실태」, 『사목』303(2004/4), 한국천주교중앙협의회, 81-84쪽.

이에 관한 예로 한국 교회 청소년 사목에 관한 최초의 공식 문헌으로 평가 받는 한국 천주교 창립 200주년 기념 『사목회의 의안』(1984)[26] 중 「청소년 사목 의안」과 이후 실제 『한국 천주교 사목지침서』 간의 차이를 들 수 있다. 「청소년 사목 의안」은 제 2차 바티칸 공의회의 「평신도 사도직에 관한 교령」(Apostolicam Actuositatem)과 교황 바오로 6세의 「현대의 복음 선교」(Evangelii Nuntiandi)[27]에 근거하여 세상을 복음화해야 하는 평신도의 사명이 청소년에게도 부여됨을 명시하고,[28] 청소년이 그 사도직을 스스로 살아갈 수 있도록 해야 한다고 언급하였다.[29] 1980년대 한국 교회의 사목 방향에 새로운 지표를 제안하고자 했던 『사목회의 의안』은 당시의 특수한 상황으로 인해 10년간 사장되었다가[30] 1995년 『한국 천주교 사목지침서』에 이르러 실제 사목의 지침으로 수용된 바 있다.[31] 그런데 『한국 천주교 사목지침서』의 청소년 사목 부분을 살펴보면, 「청소년 사목 의안」에서 제시되었던 내용이 거의 언급되지 않는다.[32] 즉, 최초로

---

26 성직자·수도자·평신도·전례·특수사목 등 12개 의안으로 구성되어 있으며 그 중 「청소년 사목 의안」은 노동·농촌·이향사목과 함께 특수사목 안에 포함되어 있다. 참조: 한국천주교회 200주년 기념 사목회의위원회, 『사목회의 의안』, 200주년 기념 사목회의위원회, 1984.

27 참조: 바오로 6세, 「현대의 복음 선교」, 이종흥 옮김, 한국천주교중앙협의회, 1994.

28 청소년을 위한 제일선의 사도로서, 자신들이 살고 있는 사회 환경을 고려해서 청소년 사이에서 자신들을 통해서 사도직을 수행해야함을 밝히고 있다. 참조: 한국천주교회 200주년 기념 사목회의위원회, 「청소년 사목 의안」, 『사목회의 의안』, 200주년 기념 사목회의위원회, 1984, 3항.

29 참조: 상게서, 21-29항.

30 참조: 심상태 엮음, 「한국교회 선교 200주년 기념 사목회의 의안 해설집」, (사)한국그리스도사상연구소출판부, 1994, 11쪽.

31 참조: 정의채, 「2천 년대 민족복음화와 세계화를 위한 200주년 사목회의의 의미」, 『사목』, 210(1996/7), 한국천주교중앙협의회, 102-104쪽.

32 『한국 천주교 사목지침서』는 '제 3장 특수사목' 안에 '청소년과 학생 사목'을 178조부터 184조까지 언급하고 있다. 여기에서는 청소년과 학생 사목을 '가톨릭 교리와 사상에 기초한 전인적 교육을 목적으로 하는 사도직 활동'으로 정의하였다. 사도직을 언급하기는 하지만 단순히 교육적인 차원으로 바라보고 있으며 이는 「청소년 사목 의안」에서 언급한 청소년 주체의 '청소년 사도직'과는 다른 의미로 사용됨을 알 수 있다. 참조: 한국 천주교 주교회의, 『한국 천주교 사목지침서』, 한국천주교중앙협의회, 1995, 71-73쪽.

제시되었던 청소년 사목의 장기적 방향성이 검토와 재론을 거쳐 궁극적 목적으로 설정되지 않고 사라졌다고 볼 수 있다. 이후의 청소년 사목 관련 문헌에서도 장기적 방향성에 대한 언급은 찾아보기 어려우며, 이에 따라 한국 교회 청소년 사목 현장의 실제 내용 구성이나 전략 또한 공유된 방향성 없이 혼선을 빚게 된 것으로 보인다. 따라서 본 연구는 한국 교회 청소년 사목 전체가 바라보고 나아가야 할 가장 기본적인 사목신학적 지향점의 확립 및 공유 부재와 그로 인한 청소년 사목 현장의 방향 혼선 및 단기 목표의 잦은 변경, 문제 상황에 대한 지엽적 대안이나 미봉책 수준의 전략 반복 등을 오늘날 청소년 사목 위기의 핵심 원인으로 바라보게 되었다.[33] 이러한 핵심 원인에 근거하여, 본 연구자는 한국 교회 청소년 사목의 위기를 극복하고 청소년 사목을 활성화하기 위한 최우선의 방안은 한국 교회 청소년 사목에 근본적 지향이 될 수 있는 기초 토대를 세우는 것임을 통찰하였다. 그리하여 본 연구는 그러한 기초 토대를 비전(vision) · 구성요소(component) · 전략(strategy)[34]으로 구성되는 '청소년 사목의 기본틀'(a framework of youth ministry)이라 명명하고, 그 내용을 사목신학적 관점으로 제안하는 것을 목적으로 하였다. 이를 통해 현대 한국 교회 청소년 사목에 명확한 근간이자 장기적 방향성이 될 수 있는 내용을 제공하고, 궁극적으로 한국의 청소년 사목 활성화를 도움으로써 교회 사명의 실현에 기여하고자 한다.

---

33 참조: 졸문, 「한국 교회의 청소년 사목에 비전이 있는가?」, 『제 23차 학술회의 자료집-활기찬 청소년 사목을 위하여』, 한국그리스도사상연구소, 2005, 166-172쪽; 최준규, 「청년 사목의 방향 모색」, 『사목연구』17(2006/겨울), 가톨릭대학교사목연구소, 90-109쪽.

34 청소년 사목의 기본틀에 쓰이는 '비전 · 구성요소 · 전략'의 개념 정의에 대해서는 본 장의 II.1. 용어의 개념 정의 참조.

Ⅲ 연구 방법

1. 용어의 개념

본 연구에서 사용하는 용어 중 청소년, 청소년 사목, 그리고 청소년 사목의 기본틀인 '비전·구성요소·전략'은 일반적 개념 정의와 약간의 차이가 있다. 따라서 이러한 용어들을 본 연구의 의도에 맞게 명확히 정의할 필요가 있다.

먼저 본 연구의 핵심 대상이라고 할 수 있는 '청소년'의 연령대에 대해서는 학문별·시기별·지역별로 각각 다른 의견이 존재한다. 통상적으로 청소년기는 한국의 학제 편성과 유사한 청소년 전기(12-15세), 청소년 중기(16-18세), 청소년 후기(19-23세)로 나뉜다.[35] 한국의 경우 청소년 관련 법규에 의하면, 대체로 12세 전후부터 20세까지를 청소년기로 규정하고 있다.[36] 그러나 현대 사회의 변화로 인해 청소년기는 20대 후반까지 연장되고 있는 추세다.[37] 청소년 연령대에 대한 보편 교회의 시각은 교황청 주최의 청소년 관련 주요 행사인 세계 청소년 대회(the World Youth Day)를 통해 유추해 볼 수 있는데, 이 대회의 참여 연령은 16세부터 35세로

---

35 참조: 권용근 외, 『기독교교육개론(상)』, 한국장로교출판사, 1998, 180쪽.

36 한국의 청소년 관련 법규 중 민법은 20세 미만을 미성년으로, 아동복지법은 18세 미만을 요보호(要保護) 대상으로, 근로기준법에서는 근로소년을 18세 미만으로, 소년법에서는 20세 미만을 범죄소년으로 규정한다. 이를 종합해 보면 한국에서 청소년에 해당하는 연령대는 대체로 12-13세부터 20세경까지라고 볼 수 있다. 참조: 권이종, 『청소년 교육 개론-신세대 이해와 지도』, 교육과학사, 2004, 52-54쪽.

37 참조: 한상철, 『청소년학: 청소년 이해와 지도』, 학지사, 2004, 35-36쪽.

규정되어 있다.[38] 본 연구는 이와 같은 상황을 종합하여, 한국 사회에서 통상적으로 '청소년기'를 대변한다고 볼 수 있는 중·고등학생 연령, 즉 14세에서 19세까지를 연구의 핵심 대상으로 설정하였다. 여기에 '청소년 후기' 개념 및 보편 교회의 청소년 개념을 수용하여 통상적으로 '청년 층'이라고 불리는 20세부터 35세까지의 연령 또한 현대 사회의 상황에 비추어 볼 때 '청소년기' 연령대에 포함될 수 있다고 보았다. 이에 연구 과정 중 필요시 20-30대 연령층을 '청소년' 혹은 '후기 청소년'으로 지 칭하고 부분적으로 연구 대상에 포함시켰다. 그리고 이러한 관점 하에 외국 자료의 청소년기를 지칭하는 여러 용어들(young people, youth, juvenil, giovanile)에 대해서도 '청소년'으로 동일하게 번역하였다. 한국어 로 번역 출판된 자료의 경우 이러한 용어를 '청년' 혹은 '젊은이'로 표현 한 경우가 있으나, 본 연구에서는 용어의 통일성을 위해 모두 '청소년'으 로 표현하였다.

다음으로 '청소년 사목'의 개념에 대해 살펴보겠다. '청소년 사목'이 라는 용어는 20세기 중반 이후에 보편화되기 시작한 것으로, 이 용어를 보편화하는 데 기여한 청소년 사목 연구자로는 미국의 마이클 워렌[39]과 이탈리아의 리까르도 토넬리[40]를 들 수 있다. 워렌의 경우 "청소년 사목 (Youth Ministry)은 청소년의 폭넓은 필요를 충족시켜주는 교회의 포괄적 노력"[41]이라고 정의했고, 토넬리는 "청소년 사목(Pastorale Giovanile)이란

---

38 Cf. "23th World Youth Day Information Sheet", Vatican, 2008. 3. 16〈http://www.vatican.va /roman_curia/pontifical_councils/laity/documents/rc_pc_laity_doc _20070226_nota- sydney_en.html〉.

39 마이클 워렌(Michael Warren)은 세인트 존스 대학(St. John's University)의 신학 및 종교학과 (Theology and Religious Studies) 교수로서 청소년 사목에 관한 많은 이론을 저술하였다.

40 리까르도 토넬리 신부(Riccardo Tonelli, SDB)는 로마 교황청립 살레시안 대학(the Salesian Pontifical University)의 청소년 사목 담당 교수다.

41 Michael Warren, *Youth Ministry: A Book of Reading*, Paulist Press, 1977, p.4.

성령에 의해 감화된 교회 공동체가 청소년에게 하느님의 구원 계획을 중재하기 위하여 청소년의 삶 안에서 청소년과 함께, 청소년을 위해 행하는 총체적인 활동"[42]이라고 정의한 바 있다. 그러나 본 연구에서는 이와 같은 '청소년 사목' 용어에 대한 현대적 정의가 등장하기 이전의 역사에 대해서도 다루어야 하므로, '청소년을 대상으로 하는 교회의 사목'이라는 보다 광의적이고 통상적인 의미로서의 '청소년 사목' 개념을 활용하고자 한다. 즉, 본 연구는 보편적인 서술로써 '하느님과 청소년 사이의 구원을 중재하는 교회의 모든 노력과 활동'을 총칭하여 '청소년 사목'으로 정의하겠다. 한편, 현대 사회가 복잡해짐에 따라 본당 이외에 학교나 청소년 법인 등에서 이루어지는 청소년 관련 활동도 모두 청소년 사목의 범위 안에 포함되고 있는 추세다. 그렇지만 본 연구에서는 교회 사목의 기초 단위가 '본당'이라는 점에서[43] '본당 중심의 청소년 사목'만을 중점적으로 다루며, 필요한 경우 본당 이외의 활동은 별도의 표기를 통하여 언급할 것이다.

본 연구는 한국 교회 청소년 사목의 기초 토대로서 '청소년 사목의 기본틀', 즉 비전·구성요소·전략 제시를 목표로 삼는다. '비전'은 다양한 학문적 관점에서 개념 정의가 제시되고 있으나,[44] 여기에서는 기본 개념을 고려하여 이를 '미래에 이룩하고자 하는 정신적 이미지이자 궁극적 지향점'으로 정의하겠다. '구성요소'란 용어의 의미 그대로 '청소년 사목이

---

42 Riccardo Tonelli, *Per la vita e la speranza*, LAS, 1996, p.109.

43 참조: 「전례 헌장」42항, 「평신도 사도직에 관한 교령」10항, 「주교 교령」11항.

44 '비전'의 개념 정의에 대해서는 다음과 같은 내용을 살펴볼 수 있다. "비전은 미래에 되고자 하는 정신적 이미지(mental picture)이다"(James M. Kouzes et al.(eds.), *Christian Reflections on the Leadership Challenge*, Jossey-Bass, 2004, p.17). "비전이란 자신이 누구이고, 어디로 가고 있으며, 무엇을 삶의 지침으로 삼아야 할지를 아는 것이며 의미 있는 목적, 뚜렷한 가치, 미래의 청사진이 비전을 이루는 요소이다"(켄 블랜차드, 『비전으로 가슴을 뛰게 하라』, 조천제 옮김, 21세기북스, 2006, 5, 116쪽).

온전히 구성되기 위해 필수적으로 요구되는 모든 요소 및 제반 요건'을 지칭한다 '전략'에 대해서도 다양한 정의가 있지만[45] 본 연구에서는 '비전(지향점)을 달성하기 위해 필요한 자원을 획득하고 활용하는 방법 또는 책략'으로 의미를 규정하고자 한다.

2. 연구 방법

본 연구는 '한국 교회 청소년 사목의 기본틀'을 제안하기 위한 연구 방법으로 문헌 연구와 사회 조사를 병행하였다.

2장은 교회 문헌을 중심으로 연구한 '청소년 사목에 대한 이해'의 부분으로, 통시적 관점에서 보편 교회의 청소년 사목을 고찰하고 공시적 관점에서 지역 교회의 청소년 사목을 고찰하고자 한다. 먼저 2장 Ⅰ절에서는 '보편 교회 청소년 사목의 이해'를 위해 청소년 사목의 전반적인 역사를 교리지식 중심의 청소년 사목, 사목적 사랑의 청소년 사목, 사도직 중심의 청소년 사목, 통합되는 청소년 사목의 순서로 살펴볼 것이다. 그리고 이를 종합하여 현대 보편 교회 청소년 사목의 기본틀, 즉 비전·구성요소·전략을 정리하겠다. 2장 Ⅱ절에서는 '지역 교회 청소년 사목의 이해'를 위해 각 대륙별로 청소년 사목 현황 및 기본틀을 살펴보겠다.

---

45 '전략'의 개념 정의에 대해서는 다음과 같은 내용을 살펴볼 수 있다. "전략은 목적을 어떻게 달성할 것인가 하는 방법에 관한 것이다. 전략은 사명을 완수하기 위한 기본적인 방법론이다. 전략은 비전으로부터 도출해내야 하며, 해당 조직의 강점과 독특한 능력을 활용해야 한다"(짐 콜린스·윌리엄 레지어, 『짐 콜린스의 경영 전략』, 임정재 옮김, 위즈덤하우스, 2002, 98, 151쪽). "현실을 토대로 한 비전과 구체적 목표가 정해지면, 이 목표를 달성하기 위한 실행 방안이 전략이다. 전략이란 자신의 강점과 환경의 기회 요인을 분석한 뒤에 어떻게 가장 효율적인 방법으로 자신을 환경이라는 표적에 정확하게 맞추는가를 생각해 내는 것이다"(이면희, 『명품경영학』, 청년정신, 2007, 629쪽).

지역 교회 청소년 사목에 대한 고찰은 총 네 개의 부분으로 구성되는데, 미국 교회로 대표할 수 있는 북아메리카 교회, 라틴아메리카 교회, 아시아 교회, 기타 지역으로 유럽·아프리카·오세아니아 교회의 순이다. 그리고 이를 종합하여 현대 지역 교회 청소년 사목의 기본틀을 정리하겠다. 또한 2장을 마무리하며 현대 보편 교회와 지역 교회별 청소년 사목의 기본틀을 비교 분석하여, 오늘날의 청소년 사목 전반을 비전·구성요소·전략의 기본틀로써 이해하고자 한다.

3장은 한국 교회 사목 현장의 청소년 사목자(사제·수도자·평신도)와 청소년을 대상으로 하는 조사 연구로 이루어질 것이다. 질문지는 문헌 연구와 타 지역교회의 설문지를 참조하여 작성하였다. 조사 내용은 한국 교회 청소년 사목 비전·구성요소·전략으로 추출할 수 있는 제반 요인들에 대한 것이며, 조사 방법으로는 포커스 그룹 인터뷰·설문조사·심층면접을 모두 활용하였다. 그리고 이를 정량적·정성적으로 분석하여 한국 교회 청소년 사목자들과 청소년이 현재 청소년 사목의 기본틀에 대해 갖고 있는 의견으로 정리한 다음, 2장에서 살펴본 '현대 보편 교회와 지역 교회별 청소년 사목의 기본틀'과 비교하여 논의할 것이다.

4장에서는 3장의 연구 분석 자료를 바탕으로 하여 오늘날 한국 교회 청소년 사목에 필요한 비전·구성요소·전략의 핵심 내용을 추출하고, 최종적으로 이를 '한국 교회 청소년 사목의 기본틀'로서 제안하고자 한다.

마지막으로 5장에서는 결론으로서 전체 내용을 요약하고 청소년 사목을 위한 몇 가지 제언을 하고자 한다.

Ⅳ 연구의 의의와 한계

오늘날 한국 교회 청소년 사목이 직면하고 있는 위기를 극복하기 위하여, 여러 교구는 시노드를 통해 청소년 사목에 대해 적극적으로 논의하며 문제 상황에 대한 원인 분석 및 해결책 제시를 위해 노력해왔다. 이러한 노력의 결과는 주로 사목 현장의 문제를 가시적으로 해결할 수 있는 실질적 전략 제시로 드러났다. 이를 통해 몇 가지 현실적인 문제는 일시적으로 해결되기도 하였다. 그러나 시간이 흐름에 따라 유사한 문제 상황이 재발하는 경우가 많았으며, 결국 이에 대한 원인 분석과 논의를 반복해야 했다. 교회 내에서는 이처럼 반복되는 문제의 근본 원인을 파악하고 심도 있게 고찰해야 한다는 목소리도 높아지고 있으나, 아직까지 현 상황에 대한 통합적·체계적 관점의 분석이나 한국 교회 청소년 사목의 장기적 방향에 대한 논의 및 연구는 부재하다.

이에 본 연구는 청소년 사목 전반에 대한 이해를 바탕으로 한국 교회 청소년 사목의 현 상황을 조사·분석함으로써, 그동안 제시되어 왔던 단순한 차원의 단기 해결책을 넘어서는 보다 심화된 위기 극복 방안을 제시하고자 한다. 본 연구에서 제안하는 사목신학적 전망을 토대로, 부분이 아니라 전체를 아우르는 '청소년 사목의 기본틀'을 확립하고 교회 구성원이 이를 공유한다면 한국 교회 청소년 사목은 현 상황의 지엽적 문제나 단기 목표에 고착되지 않을 것이라고 본다. 그리고 한국 교회 전체가 보다 폭넓은 시선과 사목의 장기적 방향성을 공유하면서 효과적인 전략을 실행해 나갈 수 있을 것이다. 아울러 '청소년 사목의 기본틀'은 향후 심화될 청소년 사목 연구에 이론적 토대를 제공할 수 있으리라 예상된다. 나아가 한국 천주교 주교회의 또는 각 교구에서 마련하는 청소년 사목 지침서의 실제 적용 가능한 모델로도 활용될 수 있을 것이다. 즉, 각 교구 청소년 사목 구조를 개편하는 데 실질적 지침을 제공하고, 가정·본당 공동체·학교가 함께하는 통합적 청소년 사목 방안을 구축하며, 청소년 사목자를 위한 체계적 방향을 기획하는 데 근본 자료가 될 수 있다는 것이다. 이 밖에도 '청소년 사목의 기본틀'은 개별 교구와 본당의 청소년 사목 현황을 평가하고 개선하기 위한 기준 지표로도 활용될 수 있으리라 본다.

이상과 같은 연구 의의와 더불어 예상되는 연구의 한계는 다음 세 가지로 요약할 수 있다.

첫째, 보편 교회 및 지역 교회 청소년 사목 자료의 시공간적 한계다. 특히 지역 교회의 경우 각 지역별 상황에 따라 청소년 사목에 대한 문헌이 많지 않거나, 있다고 해도 그 문헌에 대한 접근 및 입수가 어려운 경우가 많았다. 또한 청소년 사목은 문헌만으로 파악할 수 없는 사회·문화적 변수가 많은 영향을 미치므로 실제 청소년 사목의 현장에 대한 이해와 문헌 자료를 통한 이해 간에는 다소 차이가 발생할 수밖에 없을 것이다.

둘째, 연구자의 언어와 경험의 한계다. 국내에 청소년 사목 관련 자료의 전문 번역본이 많지 않고, 지역 교회 자료의 경우도 각 지역의 다양한 언어로 표기되어 있어 한국어로 명확히 해석하는 데 어려움이 있었다. 그리고 지역 교회의 청소년 사목 지침서 혹은 '청소년 사목의 기본틀'은 해당 지역 교회 주교단의 결정과 교회의 총체적 경험을 바탕으로 산출되는 것이다. 따라서 해당 지역에 속하지 않은 개인 연구자가 이해할 수 있는 내용은 그 지역 교회의 역사와 문화를 핵심적 위치에서 체험한 사람에 비해 관점의 한계를 가질 수밖에 없다고 본다.

셋째, 연구 대상 측면에서 발생하는 한계다. 청소년 사목은 본당 이외에도 가정·학교·청소년 단체 등 다양한 공간에서 사목과 연계되어 통합적으로 이루어지는 영역이다. 그러나 본 연구에서는 우선 청소년 사목이 집중적으로 이루어지는 현장인 본당의 청소년 사목에 초점을 두었으므로, 다른 사목 분야에 대해서는 본격적으로 다루지 못하였다. 앞으로 후속 연구에서 이와 같은 한계점들을 보완함으로써 한국 교회 청소년 사목에 대한 연구가 더욱 풍성히 이루어지기를 희망한다.

제 2장

청소년 사목의 이해

　본 장에서는 보편 교회에서 수행해왔던 청소년 사목의 변화 과정과 내용을 초기 교회부터 현대에 이르기까지 역사적 흐름에 따라 제시할 것이다. 또한 보편 교회의 청소년 사목에 대한 핵심 가르침을 구체적으로 실현하는 지역 교회의 청소년 사목활동에 대하여 고찰할 것이다. 지역 교회로는 미국 교회를 중심으로 하는 북아메리카 교회, 라틴아메리카 교회, 아시아 교회 그리고 기타 지역 교회를 대상으로 한다. 이러한 고찰은 전 세계의 청소년 사목 전반을 이해함으로써 본 연구의 목적인 한국 교회 청소년 사목의 기본틀을 제시하는 데 준거를 마련해 줄 것이다.

Ⅰ 보편 교회 청소년 사목의 역사

　보편 교회 청소년 사목[1]의 역사는 청소년에게 교리를 전달하고 가르치는 초대 교회의 '교리교육'[2]에서부터 시작되었다고 볼 수 있다. 초대

교회가 후대에 신앙을 전수하기 위해 신자들을 대상으로 실시해 온 '신앙의 핵심적 가르침 및 교리지식의 전달'이 청소년 세대에도 당연히 적용되었고 이것이 통상적으로 청소년 교리교육이라 불리어 온 것이었다. 본 연구에서는 이처럼 초대 교회부터 19세기 말까지 이어져 온 청소년 사목 흐름을 '교리지식 중심의 청소년 사목'이라고 명명하겠다. 이후 현대사회로의 변화 과정을 겪던 19세기 말 보편 교회의 청소년 사목에는 새로운 경향이 등장하였는데, 청소년을 사목적으로 사랑하고 돌봄으로써 신앙으로 인도하는 움직임과 사도직 수행의 주인공으로 청소년을 초대하는 방향이 그것이다. 이때 등장한 두 가지 조류를 각각 '사목적 사랑의 청소년 사목'과 '사도직 중심의 청소년 사목'으로 칭하겠다. 또 1960년대 제 2차 바티칸 공의회를 시작으로 교리지식 전달을 중시하는 기존 사목활동의 경향에 위의 두 가지 경향이 점차 통합 · 확산되면서, 청소년에 대한 다양한 사목활동도 청소년 사목의 범주 안에 포함되었다. 본 연구에서는 이러한 현대의 조류를 '통합되는 청소년 사목'으로 명명하겠다. 이처럼 본 절에서는 네 가지 청소년 사목의 역사적 흐름을 순차적으로 살펴보고, 각각의 특성 및 상호연관성을 밝힘으로써 보편 교회 청소년 사목 전반의 역사를 고찰할 것이다. 그리고 이를 통하여 통합되는 현대 보편 교회 청소년 사목의 기본틀, 즉 비전 · 구성요소 · 전략을 찾아내고자 한다.

---

1 보편 교회에서 '청소년 사목'(Youth Ministry)이란 용어가 사용된 것은 1998년 5월 미국 주교단의 사도좌 방문 당시 교황 요한 바오로 2세가 사용한 이후부터이다. Cf. "Discorso del Santo Padre ai Vescovi degli Stati Unitid' America, in Visita ad Limina Apostolorum", Vatican, 2008. 9. 26〈http://212.77.1.245/news_services/bulletin/news/3004.php?index=3004&po_date= 21.05.1998%20%20&lang=po〉.

2 '교리교육'이란 기본적으로 예수 승천 전의 지상명령인 "모든 민족들을 제자로 삼아, 〔…〕 세례를 주고, 명령한 모든 것을 가르쳐 지키게 하라"는 말씀(마태 28, 19-20ㄱ)에서 시작되어 오늘날까지 이어져오는 교회의 전통이자 기본 사명이며, 신성한 의무이고 양도할 수 없는 권리이다. 그러나 '교리교육'이라는 용어는 2000년 교회 역사 동안 그 개념이 변화 · 확장되어 왔다. 정신철 신부의 견해에 따르면, 엄밀한 의미에서 초기 교회부터 근대시기까지의 교리교육은 교리서 중심의 교리교육이라고 한다. 참조: 정신철, 『현대 교리교육의 모델』(인가대 총서4), 인천가톨릭대학교출판부, 2007, 44쪽.

1. 교리지식 중심의 청소년 사목

청소년에 대한 보편 교회 사목활동의 시작이라고 할 수 있는 청소년에 대한 교리교육은 중세의 시작인 6세기를 전후하여 시작된 것으로 보인다. 그리스도교 신앙의 유지·전수를 위해 전 신자에게 교리지식을 가르치는 '교리교육' 자체는 초대 교회가 설립되었을 때부터 중시되어 왔다. 그러나 어린이·청소년[3]에 대한 교리교육은 초기 5세기 동안 크게 드러나지 않는다. 당시 교리교육의 초점이 성인 예비자에게 세례를 준비시키는 데 있었기 때문이다.[4] 그러나 6세기경 게르만 민족의 대이동으로 그들에게 집단 세례가 실시되면서, 예비기간의 규칙에 따라 엄격히 행해지던 세례가 보다 완화된 방법으로 빈번하게 시행되었고, 이때 유아와 어린이들에게도 세례가 베풀어지기 시작하였다.[5] 이로 인해 교회는 충분한 교육 없이 세례를 받은 성인들과 유아세례 이후 이성적 판단이 가능한 연령의 어린이 및 청소년을 위해 영세 이후의 교리교육을 강조하였다. 가정에서 어린이·청소년층에게 교리를 가르치는 것은 부모의 임무가 되었고, 대부모와 사제들도 그들에게 교리교육을 시켜야 했다.[6] 이와 같이 세례를 준비하거나 혹은 이미 유아시기에 세례를 받은 청소년이 신자로

---

3 '어린이'가 성인과 다른 세대라는 것을 인식하여 개념이 분리된 것은 14세기부터이며, 이후 근대에 이르기까지 '어린이'의 개념에는 오늘날의 어린이와 청소년 세대가 모두 포함된다. 청소년 개념의 분화는 20세기에 이르러서야 차츰 이루어지며, 분화 이전까지 청소년은 어린이와 성인 세대 양쪽에 모두 걸쳐 있는 세대였다. 따라서 본 연구 2장에서는 20세기 이전의 역사 자료를 해석할 때 어린이에 대한 언급에 청소년이 포함된 것으로 간주하였으며, 20세기의 자료부터는 필요에 따라 어린이 혹은 성인(청년층)에 대한 언급에서 청소년 세대를 해석하였다. 참조: 최윤미 외, 『현대 청년심리학』, 학문사, 1998, 16-17쪽; 필립 아리에스, 『아동의 탄생』, 문지영 옮김, 새물결, 2003, 228쪽.
4 참조: 김웅태, 『새 술은 새 부대에』, 바오로딸, 1995, 201쪽.
5 참조: 김웅태, 『선교의 역사와 개념』(가톨릭 신학총서15), 가톨릭대학출판부, 1993, 41-44쪽. 게르만 민족과 슬라브 민족은 왕이 세례를 받으면 그 민족 전체가 왕을 따라서 세례를 받는 경우가 있었기 때문에, 그들에게 체계적인 예비자 교리를 실시할 수 없었다.
6 참조: 김웅태, 『새 술은 새 부대에』, 204-205쪽; 유재국, 『교리교육사』, 기쁜소식, 1990, 7-8쪽.

서의 생활을 유지·존속해 나갈 수 있도록 이들에게 교리지식을 교육하고 교회의 전통적인 가르침을 전달하는 흐름을 보편 교회 청소년 사목의 시작점이라 할 수 있다. 이처럼 중세 시기부터 근대에 이르기까지 청소년에게 교리교육을 강조했던 사목 경향을 '교리지식 중심의 청소년 사목'이라 지칭하겠다.

중세 시기의 보편 교회는 여러 가지 법령을 통해 교리교육에 있어 그리스도교 윤리의 근본적 이해와 더불어 '신경'과 '주님의 기도' 암기를 특히 강조하였다.[7] 이 두 기도문은 그리스도교 교리의 기본적이며 본질적인 요소로 간주되었기 때문이다. 따라서 이를 해석하고 전례 안에서 의미를 깨우쳐 주는 것이 교리지식을 전달하고 교육하는 데 중요한 방법이 되었다.[8] 이후 교리교육 암송교재로 십계명·성모송·칠죄종·진복팔단·애덕송 등이 추가되었다.[9] 교회는 주일과 축일에 8세 이상의 어린이와 청소년이 본당 및 본당에 속한 학교에 모여 이와 같은 교리를 배우고 암기·분석하게 했다.[10] 그리고 가정에서 부모들은 생활 예절 중심으로 자신의 자녀들에게 신앙 지식을 교육하였다.[11] 샤를마뉴(Charlemagne, 742-814) 시대의 모든 학교에서는 교리 중심의 신앙 교육을 실시했으며 모든 교육 프로그램의 기반에는 종교가 있었다.[12] 즉, 당대의 청소년은 교회 행사와 전례·신심을 중시하는 중세 환경[13]의 영향을 받으며, 가정·본당·학교

---

7   Cf. G. S. Sloyan, "Catechisme", David Eggenberger(ed.), *New Catholic En - cylopedia* vol.3, McGraw-Hill Book Company, 1974, p.226. 클로베쇼 시노드(747), 프랑크푸르트 시노드(794), 아헨 시노드(802), 아를르 시노드(813), 람베트 교회회의(1281), 라보르 교회회의(1368) 등과 같은 교회 시노드나 교회회의에서 신경과 주님의 기도에 대한 강조를 확인할 수 있다.

8   참조: 김웅태, 『새 술은 새 부대에』, 205쪽.

9   참조: 상게서, 212쪽.

10   참조: 유재국, 전게서, 128쪽.

11   참조: 김웅태, 『새 술은 새 부대에』, 216쪽.

12   참조: 유재국, 전게서, 128쪽.

13   참조: 김웅태, 『새 술은 새 부대에』, 216쪽.

등에서 기본 교리지식을 암기하는 방식으로 교육을 받았다. 중세 후반기에는 주로 도미니코회와 프란치스코회 같은 탁발수도회를 통해 교리교육이 시행되면서, 교리의 내용이 보다 교의적·체계적·사변적으로 변화하였다.[14] 그리고 16세기 종교혁명이 일어난 후 마르틴 루터(Martin Luther, 1483-1546)는 프로테스탄트의 사상을 확산시키기 위해 1529년 「교리문답」을 출판하였는데, 이에 위기를 느낀 가톨릭교회는 가톨릭 교리를 변호하기 위해 문답법을 활용한 체계적인 교본으로 그리스도교의 근본 교리를 정리하기 시작했다.[15] 그 결과 이 시기에 편찬된 교리서들은 가톨릭 신앙을 보호하기 위해 프로테스탄트와 가톨릭의 본질적인 차이점을 명백히 하는 데 주안점을 두었으며, 교회 내에서는 이러한 교리서를 활용하여 신앙의 내용을 전수하는 것이 중시되기 시작했다.[16]

트렌토 공의회(1545-1563)의 교부들은 24회기 공의회 결의문(Canon) 4에서 교회의 사목자들이 모든 교회 신자에게 그리스도교 교육을 철저히 할 의무가 있음을 강력하게 환기시킴과 더불어 성사에 대한 교육과 어린이를 대상으로 한 교육에 힘쓸 것을 강조하였다.[17] 1571년 교황 비오

---

14 참조: 상게서, 213-215쪽.

15 참조: 상게서, 221쪽.

16 참조: 상게서, 218-231쪽; 유재국, 전게서, 133-140쪽.

17 Cf. Giuseppe Alberigo et alii, Les conciles oecuméniques, tome 2, Cerf, 1994, p.1551. 공의회 결의문(Canon)4는 아래와 같이 언급하고 있다. "공의회는 모든 주교들이 그리고 본당 신부들이 그들의 본당에서 하느님의 법과 성경을 설명하기를 권장한다, 적어도 대축일이나 주일에는 꼭 이를 행하여야 한다. 대림이나 사순시기의 난식하는 기간 동안 매일 또는 적어도 한 주에 세 번, 민일 기회가 주어진다면, 또 다른 시기에 이렇게 교육하는 것은 유익한 일이다. 주교들은 적어도 주일이나 축일에 각 본당을 돌며, 어린이들에 심도 있게, 그리고 엄격하게 신앙을 가르쳐야 하고 어린이들이 그들의 부모에게 순종하는 것도 가르쳐야 한다. 하느님의 백성이 성사에 헌신적이고도, 존경하는 마음으로 다가가게 하기 위하여, 거룩한 공의회는 모든 주교들이 이 성사들을 모든 신자들에게 설명해 주어야 하고, 성사를 받는 방법이라든지, 그 덕목 등에 대해서도 설명해 주어야 함을 가르친다. 이런 것은 본당 신부에게도 마찬가지이다. 본당 신부들이 그들이 할 수 있는 모든 방법을 통해서 경건하고, 신중하게 성사들을 설명해야 하고, 교리서에서 각 성사를 설명하기 위하여 공의회에 의해 제시된 형태를 따라가면서 대중적 언어로 이를 설명해 주어야 한다"(Ibid.).

5세(재위: 1566-1572)는 이탈리아 추기경 가롤로 보로메오(Carlous Borromaeus, 1538-1584)가 육성한 '그리스도교 교리 신심회'(Confraternity of Christian Doctrine - 이하 CCD로 표기)를 인준하였다. 이 조직은 16세기 이후 교리교육의 중요한 실행기구가 되었다. CCD는 회원들이 먼저 교리교육을 받은 후, 그것을 각자 가정에서 반복하여 가르치는 것을 원칙으로 삼았다. 따라서 각 가정에서도 자녀들에게 교리서를 활용한 교육을 시행하게 되었다.[18] 또한 이탈리아 전역에서 가롤로 보로메오의 CCD와 같은 방식이 교리학교 육성에 적합한 것으로 각광을 받으며, CCD 중심으로 육성된 교리학교가 어린이와 청소년에게 교리를 전수하고 가르치는 역할을 중점적으로 담당하게 되었다.[19] 이후 교리교육에 종사하는 수도회가 다수 창설되어 왕성한 활동을 하였고,[20] 교리학교의 교사들은 '교리설명-문답 용어해설-문답암기'로 구성된 암기 위주의 문답식 교수법을 사용하여 어린이와 청소년에게 교리지식을 가르쳤다. 이와 같은 문답식 교리서를 중심으로 한 연역적이고 추상적인 방식의 교리교육은 근대 초기에 이르기까지 계속되었다.[21] 이상의 과정을 살펴보았을 때, '교리지식 중심의 청소년 사목'이 제시한 비전은 어린이와 청소년을 교육의

---

18 참조: 김웅태, 『새 술은 새 부대에』, 229쪽. CCD에 대해서는 다음 참조. Cf. Mary Charles Bryce, "The Confraternity of Christian Doctrine in the United State", D. Campbell Wyckoff(ed.), *Renewing the Sunday School and the CCD*, Religious Education Press, 1986, p.27; Joseph. B. Collins, "Confraternity of Christian Doctrine", David Eggenberger(ed.), *New Catholic Encyclopedia* vol.16, McGraw-Hill, 1974, p.96.

19 Cf. Joseph B. Collins, "The Beginnings of the CCD in Europe and Its Modern Revival", Michael Warren(ed.), *Sourcebook for Modern Catechetics*, Saint Mary's Press, 1983, pp.152-153. 1710년 로마 본부에 등록된 CCD의 수는 유럽 내에서만 270여 개에 달했고, 18세기 후반까지 교리를 가르치는 일은 거의 CCD와 CCD가 설립한 학교의 독점영역이었다.

20 참조: 김웅태, 『새 술은 새 부대에』, 229쪽. 교리교육에 종사한 수도회로 '예수회'(Jesuits), '그리스도교 학교들을 위한 성직 수도회'(The Clerks Regular of theChristian Schools), '우르술라회'(Ursulines), '소마쉬회'(Somaschi), '바르나바회'(Barnabites) 등이 있다.

21 참조: 박종주, 「간추린 교리교육의 역사」, 『신앙과 삶』 17(2008/3), 부산가톨릭대학교출판부, 334-343쪽.

대상으로 보고 이들에게 그리스도교의 기본 지식을 전달하여 그리스도교 신자로 충실히 살아갈 수 있도록 하는 것이라고 할 수 있다. 그리고 이를 달성하기 위한 전략은 부모나 교리교사들이 연역적·추상적으로 교리지식을 설명하고 어린이와 청소년은 문답 형태로 그것을 암기하는 것이었다.

한편, 18세기 정교분리가 시작되면서 교리학교는 차츰 의무교육을 실시하는 공립학교의 형태로 변화하였다. 이러한 변화로 인해 학교 교과과정에 교리교육이 포함되어 더 많은 어린이와 청소년이 교리지식을 습득할 수 있게 되었다. 그러나 이전만큼 교회 전례를 전수시키거나 신앙을 성숙시키기는 어려워졌다.[22] 또한 18세기 말부터 19세기 초엽 사회 전반에 퍼진 '계시된 진리나 일반 진리는 이성으로써만 이해될 수 있다'는 계몽주의·이성주의의 영향으로 기존 문답식 교리교육의 영향력은 점차 약화되었다.[23] 사회 전반이 교회를 중심으로 움직이던 시기에는 문답식 교리교육이 계속될 수 있었다. 그러나 하느님과 종교보다 인간과 사회에 더 많은 관심을 두는 이성주의 사회에서는 교리를 배우는 사람의 심리적인 측면을 고려하지 않는 실생활과 유리된 문답식 교리교육이 그 한계를 드러내기 시작했던 것이다.[24] 또한 이성주의와 더불어 18-19세기 유럽을 휩쓴 자유주의·과학주의 및 그 사상에서 파생된 세속화와 무신론 경향은 종래의 그리스도교적 생활구조와 인생관에 영향을 미쳐 신앙생활을 분열시켰다.[25] 이처럼 현대 사회로 진입하던 19세기 말, 중세의 시작부터 근대 시기에 이르기까지 모던 교회 청소년 사목의 주류였던 '교리지식 중심의 청소년 사목'은 점차 약화되었으며 교회의 전통과 교리를 전달하는

---

22 참조: 김웅태, 『새 술은 새 부대에』, 236-237쪽.
23 참조: 유재국, 전게서, 139쪽.
24 참조: 김웅태, 『새 술은 새 부대에』, 242쪽.
25 참조: 상게서, 244-245쪽.

교육 방식이 현대적으로 변화해야 한다는 요구가 이어졌다.[26]

2. 사목적 사랑의 청소년 사목

오랜 기간 동안 이어오던 문답식 교리지식 전달 방식이 변화를 요구받기 시작한 19세기 말, 여러 학자와 사목자[27]는 당시 발전하고 있던 심리학 및 교육학의 원리를 교리교육에 적용하여 현대 교리교육의 새로운 변화를 일으키고자 노력하였다.[28] 이 시기는 세계가 근·현대화의 급격한 변화를 맞이한 시기로 정치적으로는 민주화, 경제적으로는 자본주의의 발달과 도시화·산업화 등이 빠르게 전개되고 있었다. 반면, 이 같은 사회의 변화에 따라 인구의 과도한 도시 집중, 도시 내 빈민굴 형성, 빈부 격차 가속화, 자본가에 의한 노동자의 도구화, 비참한 노동조건 및 인권 경시 등의 부작용도 심각해졌다.[29] 10대 어린이와 청소년, 특히 가난한 청소년은 열악한 노동환경 아래에 착취와 실업의 희생물이 되었으며, 일이 없는 주일에는 굶주린 채 거리를 떠돌기도 했다.[30] 변화에 예민하고 불안정한 청소년의 시기적 특성상,[31] 이들이 사회의 악영향을 흡수하여 범죄와 비행으로 쉽게

---

26 교리교육의 개념에 대한 현대 신학자들의 다양한 정의 및 현대 교리교육의 모델에 대해서는 다음을 참조. 정신철, 전게서, 15-20, 28-37쪽.

27 당시 청소년을 교육하는 데 있어 가족적 분위기의 조성을 강조하는 페스탈로치(Heinrich Pestalozzi)와 합리적인 대화·친절한 사랑·신앙을 통해 청소년의 마음에 다가가야 한다는 토리노 국립대학 교수 아포르티(Ferrante Aporti) 등의 견해는 요한 보스코의 사상과 맥을 같이 하고 있다. 참조: A. 파남파라, 『예방교육과 상담』, 이선비 옮김, 돈보스코미디어, 2000, 48쪽.

28 참조: 김웅태, 『새 술은 새 부대에』, 240-255쪽.

29 참조: 오현교, "보스코, 조반니", 『한국 가톨릭 대사전』5, 한국교회사연구소, 2004, 3464쪽.

30 참조: 테레시오 보스꼬, 『돈 보스꼬』, 한국천주교살레시오회 옮김, 분도출판사, 1986, 122-124쪽.

31 참조: 최윤미 외, 전게서, 278-279쪽.

빠져들 위험성도 높았다. 이에 이러한 상황을 개선하기 위해 박애주의자
들과 교육학자 · 교회 인사들의 노력이 시작되었다.[32] 그 중 이탈리아의 성
요한 보스코(John Bosco, 1815-1888)가 청소년 세대에게 특별한 관심을 갖
고 그리스도의 마음에서 비롯되는 "청소년에 대한 우선적 사랑"[33]으로 사
목활동을 펼침으로써 19세기 말 청소년 사목에 새로운 흐름이 형성되었
다. 본 연구에서는 이를 '사목적 사랑의 청소년 사목'으로 칭하고자 한다.

보스코는 감옥에 갇힌 가난한 청소년과의 만남을 통해 이들의 비참한
처지를 절감했다. 그리고 청소년이 범죄를 자주 저지르고 더욱 비참한
현실로 추락하는 이유는 돌보아 주는 사람 없이 방치되어 있기 때문이라
는 사실을 깨달았다. 그는 가난한 청소년을 보살펴 주고, 도와주고, 교리
를 가르쳐 주는 친구가 그들 곁에 있다면 청소년이 이렇게 쉽게 죄에 빠
지지 않을 것이라고 보았다.[34] 그래서 보스코는 자신이 직접 이들의 친구
가 되어, 버려진 청소년을 사랑으로 받아주고 그들이 인간의 존엄성을
느낄 수 있도록 도와 구원하고자 했다.[35] 그는 청소년을 향해 "여러분이
젊은이라는 이유만으로 나의 사랑을 받기에 충분합니다"[36]라고 하며, 시
대의 희생이 된 청소년을 위한 사목활동을 시작하였다.

청소년에 대한 보스코의 사랑은 단순히 인성적 차원에서만 비롯된 것
이 아니라, 인간을 향한 하느님의 사랑을 드러내는 영성적 차원까지를
포함한다고 볼 수 있다. 그는 자애롭고 선하신 하느님의 자비에 감화되어

---

32 참조: 요한 바오로 2세, 「청소년의 아버지」, 한국천주교살레시오회 옮김, 돈보스꼬 정보문화센
   터, 1995, 2항.
33 성 프란치스코 살레시오 수도회, 「회헌 · 회칙」, 14항.
34 참조: 요한 보스꼬, 『돈보스꼬의 회상』, E. 체리아 엮음, 김을순 옮김, 돈보스꼬 미디어, 1998,
   186-187쪽.
35 참조: 테레시오 보스꼬, 『돈 보스꼬』, 살레시오회 한국관구 옮김, 1986, 126-128쪽.
36 요한 보스꼬, 『청소년 신심서』, 1847, 7쪽: 성 프란치스코 살레시오 수도회, 「회헌 · 회칙」, 14항
   에서 재인용.

있었으며[37] 특히 하느님의 부성애에 초점을 두었다.[38] 보스코가 강조한 하느님의 자비로운 사랑은 인간을 향한 그리스도의 마음을 원천으로 하는 '사목적 사랑'이었다.[39]

보스코는 사목적 사랑을 기반으로 청소년에 대한 시선을 '가르침의 대상'에서 '사랑해야 할 대상'으로 확장하였다. 그는 "교육은 마음의 일"[40]이라고 강조하며, "젊은이들은 그저 사랑을 받는 것이 아니라 사랑받고 있음을 알아야 한다"[41]고 하였다. 이를 위해 교육자는 청소년에게 가르침과 규율만을 하달할 것이 아니라, 그들의 자상한 어버이처럼 혹은 친구처럼 사랑으로 보살피고 타일러서 인도해야 한다고 보았다.[42] 보스코는 교육자의 사랑하는 마음과 그 표현을 통해 청소년이 더 이상 죄를 짓지 않도록 원천적으로 예방하는 자신의 교육방법을 '예방교육'이라고 일컬었으며, 청소년을 사회적·도덕적·학문적으로 교육함으로써 "바람직한 시민, 선량한 그리스도인"[43]으로 양성하는 데에 그 교육의 지향점을 두었다. 보스코는 특히 가난한 청소년을 하느님께로부터 비롯된

---

37 벤자민 푸토타는 보스코의 마음이 "사악한 이들조차도 전멸시키지 않고 마치 보류된 정의처럼 회개의 기회를 주시는 하느님의 자비 쪽으로 기울어 있었다"는 것을 강조한다. 참조: 벤자민 푸토타, 『예방교육영성』, 돈보스꼬 미디어, 1998, 79-80쪽.

38 참조: 요한 보스꼬, 『청소년 기도서』, 제 2조: 상게서, 80쪽에서 재인용: "하느님께서는 거룩한 세례를 통해 여러분을 당신 자녀로 삼으셨다. 그분은 다정한 아버지처럼 여러분을 사랑하셨고, 또한 여러분을 창조하신 유일한 목적은 현세에서 여러분께로부터 사랑과 섬김을 받고 내세에서 여러분을 행복하게 해 주고 싶어서이다."

39 참조: 성 프란치스코 살레시오 수도회, 「회헌·회칙」, 10항: "돈 보스꼬는 하느님의 영감 아래 고유한 생활과 활동양식으로 살았고, 이를 우리에게 물려주었으니, 이것이 곧 살레시오 정신이다. 이 정신의 핵심과 총체는 우리 창립자와 본회 초창기에 강하게 드러났던 젊음에 찬 활력으로 특징 지워지는 사목적 사랑이다."

40 *Memorie Biografiche di S. Giovanni Bosco*, vol.16, 1935, p.447: 요한 바오로 2세, 「청소년의 아버지」20항에서 재인용.

41 요한 보스꼬, "로마에서 보낸 편지", 『살레시오 수도회 최고평의회 의사록 I』, 1920(제 1호, 6월 24일), 40-48쪽; 성 프란치스코 살레시오 수도회, 「회헌·회칙」, 236쪽에서 재인용.

42 참조: 성 프란치스코 살레시오 수도회, 「회헌·회칙」, 227쪽.

43 성 프란치스코 살레시오 수도회, 「회헌·회칙」, 231쪽.

'사목적 사랑'으로 받아들이고 그들의 친구가 됨으로써, 사회에서 소외되어 죄에 빠져 있던 그들을 구원하고자 했다. 이것이 곧 보스코로부터 시작된 '사목적 사랑의 청소년 사목'의 핵심 비전이라고 볼 수 있다.

'사목적 사랑의 청소년 사목'의 비전과 그 지향점을 구체화하기 위해 보스코가 사용한 방법은 크게 두 가지로 나누어 볼 수 있다. 첫 번째는 "교육자의 투신"[44]이다. 이는 기존 사목자의 마음가짐과 자세의 변화다. 이를 위해 보스코는 친구이며 사랑하는 동료이자, 본받아야 할 모범이며 스승이고 지도자인 그리스도의 모습을 닮아야 한다고 강조하였다.[45] 또한 "나는 마지막 숨을 내쉴 때까지 나의 가난한 소년들을 위하여 일생을 바치기로 하느님께 약속드렸다"[46]고 말하며 이를 실천하였다. 이러한 투신을 통해 사목자는 "젊은이들과 함께 현존"[47]하고, 그들이 좋아하는 것을 좋아하며 그들과 친교를 맺음으로써 사랑을 통교하는 진정한 친구가 되어야 한다는 것이다. 보스코는 이러한 개인적·개별적 관계와 친숙함이 없이는 청소년에게 신뢰받을 수 없고 사랑을 전할 수도 없다고 보았다.[48]

'사목적 사랑의 청소년 사목'을 구체화하기 위한 보스코의 두 번째 방법은 '교육적이고 사목적인 공동체의 구현'으로 볼 수 있다. 당시 보스코는 버림받은 청소년을 모아 '오라토리오'[49] 공동체를 형성하였다.

---

44 요한 바오로 2세, 「청소년의 아버지」 12항.

45 참조: 벤자민 푸토타, 전게서, 81-87쪽.

46 John Bosco, *Memorie biografiche di S. Giovanni Bosco*, vol.18., 1937, p.285: 요한 바오로 2세, 「청소년의 아버지」1, 4항에서 재인용.

47 성 프란치스코 살레시오 수도회, 「회헌·회칙」, 39항.

48 참조: 「청소년의 아버지」12항. 보스코는 교육자와 청소년 사이에 올바른 관계를 정의하여 '친숙'이라는 표현을 즐겨 썼다.

49 본래 '오라토리오'(Oratorio)란 수도원이나 신학교 등 특수한 시설에 사는 사람들을 위한 경당을 일컫는 용어로, 16세기 필립보 네리(Filippo Neri, 1515-1595)와 가롤로 보로메오 등이 육성하였다. 필립보 네리는 교구 소속인 동료 사제들과 함께 주일과 축일 등에 청소년을 모아 영적 권고와 화해의 성사를 베풀기 시작했는데, 이 모임이 오라토리오에서 이루어졌다. 1575년 교황 그레고리오 13세가 이 모임을 공식 승인하여 '오라토리오회'(Congregatio dell' Oratorio)가 창설되었다. 참조: 백남용, "오라토리오", 『한국 가톨릭 대사전』9, 2004, 6420쪽.

이 공동체는 기존의 오라토리오와 달리 한 주간 내내 계속되었으며 청소년이 도움과 격려를 받고 우정을 맺을 수 있는 공동체로 운영되었다.[50] 보스코는 그의 오라토리오 안에서 청소년이 마음껏 달리고 소리 지를 수 있도록 자유를 주었고, 스포츠·음악·웅변·연극·소풍과 같은 오락을 통해 청소년 자신이 좋아하는 것을 즐기게 해 주었다. 보스코는 이러한 오락과 더불어 청소년이 화해의 성사와 영성체를 자주 하고 매일 미사에 참여할 수 있도록 하며, 피정·삼일 기도·구일 기도·강론·교리 등을 통해 종교의 아름다움과 위대함, 거룩함을 깨닫게 하는 것도 중요하다고 보았다.[51] 보스코는 오라토리오를 "서로 환대하고 신뢰하며 모든 것을 함께 나누고 기쁨을 맛보는 가정"[52]으로 만들고자 했으며, 청소년이 오라토리오를 통해 "하느님의 계획이 계시되는 교회"[53]를 체험케 하고 이를 통해 고유의 책임감으로 세상에 기여하는 청소년을 양성하고자 하였다.[54] 즉, 보스코는 사목자의 투신과 교육적이고 사목적인 분위기의 공동체 구현을 통해 '사목적 사랑의 청소년 사목'이 실현될 수 있다고 본 것이다.

사목자가 청소년의 어버이이자 친구, 스승이 되어 친교의 공동체 안에서 청소년을 전인적으로 양성해내는 '사목적 사랑의 청소년 사목'은 이와 같이 보스코의 생애와 정신에서부터 시작되었다. 이후 그가 직접 창립한 살레시오 수도회와 수녀회[55]를 중심으로, 청소년의 인성적·영성적 신앙을 성장시킴으로써 그들을 구원하고자 하는 노력[56]이 20세기

---

50 참조: 테레시오 보스꼬, 전게서, 128쪽.

51 참조: 성 프란치스코 살레시오 수도회, 「회헌·회칙」, 229쪽.

52 상게서, 16항.

53 상게서, 47항.

54 참조: 상게서, 35항.

55 참조: 오현교, 전게서, 3465쪽.

56 참조: 김영내, 「비그리스도교 맥락에서의 청소년 영성」, 『한국그리스도사상연구소 제 20차 학술회의 자료집』, 한국그리스도사상연구소, 2004, 21, 43-44쪽.

청소년 사목 안에 확산되어 '사목적 사랑의 청소년 사목' 흐름을 활성화
하였다.

3. 사도직 중심의 청소년 사목

'사목적 사랑의 청소년 사목' 흐름이 이탈리아를 중심으로 확산되던
20세기 초, 청소년 사목의 또 다른 움직임이 벨기에와 프랑스를 중심으
로 태동하였다. 당시 유럽에는 근대 산업화 시대부터 계속되어 온 자본
가 계층의 노동 착취가 만연했으며 여전히 어린이와 청소년은 참혹한 노
동[57]에 시달렸다. 이러한 노동 착취와 빈부 격차에 반발하는 사회주의 세
력은 정치 영역을 벗어나 경제·종교에 이르기까지 그 영향력을 확대하
였다. 이에 교황 레오 13세(재위: 1878-1903)는 1891년 자본주의의 노동
착취와 사회주의 확산이라는 두 가지 사회 문제에 대응하는 그리스도교
적 사회 원리로서 「새로운 사태」(*Rerum Novarum*)[58]를 반포하고, 교회의
빈곤 구제 단체 활동을 활성화할 것과 가톨릭 노동자들이 그리스도 중심
으로 노조 활동을 펼칠 것 등을 권고하였다.[59]

57　참조: 한국가톨릭노동청년회, 『한국가톨릭노동청년회 25년사』, 분도출판사, 1986, 38쪽. 어린이
　　들의 참혹한 노동의 실상은 1908년의 노동실태 관련 조사에서 나타난다. 14세 이하의 어린이
　　가운데 34.8%가 이미 노동을 하고 있었고, 그중에는 6-8세 된 어린이도 18.5%나 된다고 보고하
　　였다. 이들 대부분은 한 주에 40시간 일을 해야 했고, 그들의 25% 정도는 40-50시간, 7%는 60시
　　간의 노동을 해야 했다.

58　참조: 레오 13세, 「새로운 사태」, 최영철 옮김, 한국천주교중앙협의회, 1995; 박종대, "노동 헌
　　장", 『한국 가톨릭 대사전』2, 2003, 1376-1377쪽. 교황 레오 13세의 「새로운 사태」는 사회 문제
　　해결을 위해 노동자 자신들뿐 아니라 가톨릭교회와 국가도 협력해야 함을 강조했다. 레오 13세
　　는 부자와 가난한 자는 모두 교회의 자녀이며, 두 계급은 그리스도의 가르침에 따라 형제적 사
　　랑으로 화해와 일치를 이루어야 한다고 밝혔다.

59　참조: 「새로운 사태」21, 37-40항.

이후 교회 내 각계각층에서 「새로운 사태」의 가르침을 따르기 위한 실천적 연구가 진행되었지만[60] 사회 특권층은 이에 반발했으며, 특권층과 깊은 관계를 맺고 있는 성직자 지도층 또한 노동 문제 해결을 위한 움직임에 크게 관심을 보이지 않았다. 이에 당시 노동자 계층은 성직자를 '노동자의 삶에 대해 무관심한 자들, 자신들의 착취자인 자본가 계급을 감싸주는 자들'로 여겼다.[61] 「새로운 사태」 이후 그리스도 중심의 노동조합이 결성되기는 하였으나, 사회 노동자 단체 대부분은 여전히 무신론자인 사회주의자들이 장악하고 있었기 때문에 노동자들 가운데 교회적 분위기가 형성되기는 쉽지 않았다.[62]

가난한 노동 계층 집안 출신으로 후에 '가톨릭 노동 청년회'(Jeunesse Ouvrière Chrétienne-이후 JOC로 표기)를 창설한 벨기에의 조셉 카르딘(Joseph Cardijn, 1882-1967) 추기경은 노동자 문제에 깊은 관심을 갖고, 노동자들이 교회에 반감을 가지고 있는 당시의 사회 상황을 변화시키고자 했다. 그를 위해 카르딘은 노동자들이 사목활동의 주체가 되어야 하며, 그 중에서도 특히 노동자의 대다수를 차지하는 청소년이 주체가 되어야 한다고 주장했다. 이는 당시 교회 안에서 일어나고 있던 평신도 사도직

---

60 1900년 프랑스 리용에서 시작된 '노동사제단'의 활동, 미국 라이얀 신부의 노동관계 입법운동 등이 「새로운 사태」 반포 이후 전개되었다. 참조: 한국가톨릭노동청년회, 『한국가톨릭노동청년회 25년사』, 35-36쪽.

61 주교들은 노동 계층을 위한 노력이 사회혁명의 선동에 말려들 것을 두려워하였으며, 교회의 원호사업에 기부하던 공장주 혹은 재벌들의 마음을 상하게 할 것을 우려하여 큰 움직임을 보이지 않았다. 당시 상황에 대한 자세한 내용은 다음 참조. 로저 오베르 외, 『노동 청년의 벗 조셉 까르댕』, 성염 옮김, 가톨릭출판사, 1990, 61-62쪽; 조셉 까르댕, 『신도들을 선두로』, 정향숙 옮김, 분도출판사, 1983, 22-23쪽.

62 참조: 비오 11세, 「사십 주년」, 오경환 옮김, 한국천주교중앙협의회, 1987, 14항. 교황 비오 11세는 회칙 「사십 주년」(Quadragesimo Anno)에서 「새로운 사태」 반포 전후의 상황을 설명하면서 가톨릭 노동자들이 당당히 집단을 형성하고 있음을 밝힌다. 그러나 유감스럽게도 사회주의자와 공산주의자들의 조직에 비해 수적으로는 열세였음을 지적하고 있다.

운동의 흐름을 카르딘이 노동 청소년에게 적용 발전시킨 것이다.[63] 카르딘은 노동 청소년 스스로가 자신의 처지를 개선하는 가운데 반교회적 흐름을 극복하고 그리스도교 정신을 사회 내에 불러일으키는 사도가 되어야 한다고 보았다. 본 연구에서는 이와 같은 카르딘의 활동을 '사도직 중심의 청소년 사목'으로 칭하고자 한다.

카르딘은 신학생 시절부터 노동 계층의 사회적 처지와 종교적 소외를 보여주는 사건들을 체험하였다. 신학교 시절 방학을 맞아 고향에 돌아왔을 때, 허물없이 지내던 친구들이 그가 신학생이라는 이유로 자본주의의 착취를 옹호하는 계층으로 치부한 것이다. 그의 고향 친구들을 비롯한 노동 청소년은 공장과 일터에 나가느라 어쩔 수 없이 교회로부터 소외되어 있었으며, 반성직주의에 물들어 있었고 도덕적으로도 타락해 있었다.[64] 이러한 청소년과의 만남과 노동자 생활의 체험을 통해 카르딘은 "이 사회를 인간답게 만들고자 한다면 노동사회를 인간답게 만들어야 한다"[65] 고 생각하였고 그 가운데서도 노동 청소년의 역할이 중요하다는 것을 통찰하였다. 그는 해마다 약 1억 명이나 되는 14–25세의 소년·소녀들이 종교적·도덕적·지적·직업적 빈곤 속에서 살아왔고 대부분은 아직도 빈곤 속에서 살고 있다는 점과 그들이 미래 사회의 노동자 가정을 형성하게 된다는 점에 주목했다.[66] 카르딘은 노동 청소년의 어려움이 그들의

---

63 평신도 사도직 운동은 1003년에 실립된 성 빈첸시오 아 바울로회, 1925년에 설립된 JOC를 비롯하여 제 2차 바티칸 공의회 이후 출현한 다양한 단체들에 의해 활성화되었다. 참조: 한홍순, "가톨릭 평신도 사도직 운동", 『한국 가톨릭 대사전』 1, 2003, 204

64 참조: 로저 오베르 외, 전게서, 20-21쪽. 로저 오베르는 카르딘의 전기에서, "그가 이 상황에 대해 '칼로 심장을 에이는 것 같았다'라고 두고두고 되뇌었다"고 쓰고 있다. 방학의 체험이 카르딘의 모든 생애와 활동의 밑뿌리가 되었다는 것이다.

65 조셉 까르댕, 『신도들을 선두로』, 97쪽.

66 참조: 조셉 까르댕, 상게서, 96-98쪽; 조셉 까르댄, 『삶과 마주선 청년 노동자』, 성찬성 옮김, 한국 가톨릭노동청년회 전국본부, 1982, 20쪽.

잘못에서 비롯된 것이 아니므로 이와 같은 타락을 비난할 수는 없다고 보았다. 그러나 청소년 스스로가 그 어려움에 저항하기 힘들다는 이유로 자신의 삶을 빈곤하고 무력하게 만들어서도 안 된다고 주장했다.[67]

카르딘은 노동 청소년이 "짐을 끄는 가축이 아니며, 기계나 노예가 아니라 하느님의 자녀요, 하느님의 협력자이며 하느님의 상속자"[68], 그리고 하느님의 모상으로서 품위를 지닌 존재로 부르심 받았다고 이해하였다.[69] 그의 이러한 이해는 하느님께서 교회를 통하여, 교회 안에서 이 세상에 태어난 모든 사람들을 유일한 사도이신 그리스도의 사도직에 참여하도록 초대하신다는[70] '그리스도 신자의 사명인 사도직'[71]에 대한 확신에서부터 비롯되었다. 이러한 확신을 통해 카르딘은 청소년 또한 하느님의 모상으로 창조된 그리스도 신자로서 '청소년 사도직'에 초대받고 있으며, 그 사도직을 수행할 능력이 있다고 보았다.[72]

카르딘은 이전까지 '가르치고 인도해야 할 대상'으로 여겨졌던 청소년에게 '사도직 수행'이라는 새로운 정의를 적용하였다. 그는 교황 비오 11세(재위: 1922-1939)가 "노동자들의 일차적이고 직접적인 사도들은 노동자 자신이어야 한다"[73]고 선포한 바와 같이, 청소년 사도직은 청소년

---

67 참조: 상게서, 19-20쪽.

68 상게서, 21쪽.

69 참조: 조셉 까르댕, 전게서, 79쪽: "하느님은 자신의 모습을 닮아 창조된 사람에게 하느님 자신이 근원이시며 목적이신 창조계획을 실현하도록 임무를 맡기셨다."

70 참조: 조셉 까르댕, 상게서, 107-108쪽.

71 참조: 조셉 까르댕, 상게서, 41, 43, 86, 112쪽. 카르딘은 '사도직'이란 하느님이 그리스도 신자 전체에게 주신 사명이라고 강조한다.

72 참조: 조셉 까르댕, 전게서, 22-24쪽.

73 비오 11세, 「사십 주년」60항. 교황 비오 11세는 「사십 주년」에 언급한 사도직의 개념을 확장하여 각 상황에 맞는 사도가 있다는 것을 강조하는 차원에서 다음과 같이 말하였다. "노동자들의 사도는 노동자들이, 농부들의 사도는 농부들이, 어부들의 사도는 어부들이, 학생들의 사도는 학생들이 될 것이다" (Pius XI, *Speech to the Pilgrimage of the ACJF(L' Association Catholique de la Jeunesse Française)*, 1 May 1934: quoted in Young Christian Students' Movement, *Notes for Leaders and Assistants*, Young Christian Students' Movement, 1994, p.38).

고유의 주체적인 것이며 어떠한 다른 이도 이 역할을 대신할 수 없다고 보았다.[74] 즉, 청소년 사도직은 "그들에 의해, 그들 사이에서, 그들을 위해"[75] 스스로가 직접 수행해야 한다는 것이다. 카르딘은 "노동 청년이 교회 안에서 다른 사람이 대신할 수 없는 사도직을 자신이 이행하고 있음을 깨닫는다면 자신의 보잘 것 없고 어려운 조건이 참으로 귀한 것으로 보이게 된다"고 하였으며, 카르딘 자신이 사목활동 안에서 그 변화를 체험하였다.[76]

카르딘은 청소년 사도직이 현실 생활 안에 육화해야 한다는 점에서 기존 청소년 단체와 생각을 달리 하였다. 청소년이 여가 시간을 선용할 수 있도록 돕고 그들이 거리를 방황하거나 불량한 행동을 하지 않도록 예방하는 것이 기존 청소년 단체의 목적이었다면, 카르딘의 청소년 사도직 활동은 "전 생활을 통해 거리로 나가 거리의 분위기를 변화시키는 것이었으며 예방이 아니라 침투를 목적으로 하는 것"[77]이었다. 그는 청소년이 소극적으로 머물러 있는 것이 아니라, 스스로 실천을 통해 동료들에게 자신의 확신을 전달하는 사도직을 수행하는 존재가 되어야 한다고 보았다.[78]

이처럼 카르딘의 '사도직 중심의 청소년 사목' 흐름은 청소년이 사도직

---

74 카르딘은 그리스도 신자 전체의 사도직이란 '신자들만의 고유한 것, 사제의 사도직과는 다르다는 것, 사제의 사도직을 보완한다는 것, 적용된다는 것, 대치될 수 없다는 것'의 특징을 지닌다고 밝혔다. 그리스도 신자 전체의 사도직은 임의적·부수적인 것이 아니라 교회의 본질 자체에 속한다는 것이다. 그리스도 신자 모두는 '선택된 민족이고 거룩한 겨레이며 왕다운 사제'(1베드 2,9)이므로 수동적 임무가 아니라 교회와 사회 속에서 고유한 책임을 지고 수행해야 할 적극적 임무를 지닌다는 것이 카르딘의 기본 사상이었다. Cf. Emilie Arnould et alii.(eds.), *Va Libérer Mon Peuple!*, Les Editions Ouvrières, 1982. pp.196-199; 조셉 까르댕, 『삶과 마주선 청년 노동자』, 12쪽, 22-24쪽; 조셉 까르댕, 전게서, 56-62쪽.

75 조셉 까르댕, 전게서, 22쪽. 기성세대에 의존하지 않고 청소년 스스로의 책임으로 사도직을 수행해야 한다는 핵심 정신을 담은 이 문구는 이후 카르딘이 조직한 JOC의 원칙이 된다. 참조: 한국가톨릭노동청년회, 『한국 가톨릭 노동청년회 25년사』, 41쪽.

76 참조: 조셉 까르댕, 전게서, 61쪽.

77 길버트 그리폰, 『노동 청년들의 사제』, 한국가톨릭노동청년회 전국본부, 1973, 39쪽.

78 참조: 조셉 까르댕, 전게서, 50쪽.

수행의 주체가 되어 자신의 생활 안에서 변화할 뿐만 아니라, 사회에까지 영향을 미칠 수 있도록 실천하고 행동할 것을 강조하였다. 그를 위해 카르딘이 제시한 첫 번째 방법은 청소년이 실제 생활 안에서 사도직을 수행할 수 있도록 '삶의 재조명'[79]이라는 구체적 방법론을 활용하는 것이다. '삶의 재조명'은 "일상생활을 인간적으로 보고 판단하는 대신 점차 하느님으로 보고 판단하기 위하여 객관적으로 그 생활을 바라보고"[80] 그에 대해 공동체 안에서 논의를 거치는 가운데 생활의 사실 및 사건들을 신앙의 눈으로 판단하여 실천하는 방법론이다.[81] 이는 '관찰-판단-실천'[82]의 세 단계로 이루어진다. '관찰'은 청소년이 자기 생활 안에서 사실이나 사건, 상황을 바라보고 조사하는 것이다. 카르딘은 이러한 관찰을 통해 청소년이 "하느님이 부르시는 구체적 환경을 발견할 수 있으며", 또한 "사람들의 구원의 역사에 관심을 갖게 될 것"[83]이라고 보았다. '판단'은 '삶의 재조명'의 핵심 단계로, 관찰한 상황에 대해 먼저 청소년이 자신이나 다른 사람들의 인간적 판단을 찾은 다음 그 판단이 그리스도의 뜻과 일치하는지를 살피는 과정이다. '실천'은 관찰하고 판단한 현실 상황을 적극적 투신을 통해 변화시켜 그리스도의 구원 활동을 계속하는 것이다.[84] 이와 같은 '삶의 재조명' 방식은 청소년에게 종교 생활과 노동 생활 사이의 간격을 사라지게 함으로써 신앙의 생활화를 가능케 한다. 카르딘은 이에 대해 "교육에 있어 대치될 수 없는 방법일 뿐 아니라

---

79 Cf. Young Christian Students' Movement, *Notes for Leaders and Assistants*, pp.25-26; 길버트 그리폰, 전게서, 25-34쪽; 조셉 까르댕, 『신도들을 선두로』, 158-160쪽; 한국가톨릭노동청년회, 『한국 가톨릭 노동청년회 25년사』, 44-46쪽.

80 조셉 까르댕, 전게서, 158쪽.

81 참조: 길버트 그리폰, 전게서, 27쪽.

82 이 방법론은 후에 요한 23세의 회칙에 수용된다. 참조: 요한 23세, 「어머니요 스승」236항, 강대인 옮김, 『교회와 사회』, 한국천주교중앙협의회, 1994, 229-230쪽.

83 길버트 그리폰, 전게서, 31쪽.

84 Cf. Buenaventura Pelegri, *IMCS-IYCS: their option their pedagogu*, IMCS, 1979, pp.160-161.

영적 지도와 양성에 있어서도 귀중한 요소"[85]라고 강조하였다.

'사도직 중심의 청소년 사목' 비전의 실현을 위한 가장 핵심적인 방법이라고도 할 수 있는 카르딘의 두 번째 방법은 '노동 청소년의 체계적 조직화'와 그 조직에서 청소년 리더인 '투사'[86]에 대한 양성이다. 카르딘은 노동 청소년이 종교로부터의 소외와 고립, 허탈과 체념에서 벗어나 현세적으로 사도직을 수행하려면 이들을 공동체로 만들어 훈련해야 하고, 청소년끼리 자신들의 힘으로 서로를 돕고 뒷받침함으로써 실제 생활을 그리스도화할 수 있는 '조직'이 필요하다고 보았다.[87] 카르딘은 이와 같이 조직화된 공동체 안에서, 관찰-판단-실천의 '삶의 재조명' 방법론을 통해 "그리스도께서 자기 동반자들을 사도로 만들기 위해서 하셨던 것처럼"[88] 모든 그리스도 신자들을 양성해야 한다고 주장했다. 또한 그는 먼저 대중으로부터 선발된 잘 훈련되고 영향력 있는 엘리트를 양성하는 것이 참된 대중 조직을 위해 필수적이라고 보았다. 강하게 훈련된 엘리트는 "반죽 속의 누룩과 효소"[89]처럼 대중 안으로 들어가 그들을 행동하게 만드는 사람이다. 카르딘은 이를 '투사'라고 지칭하였다. 투사는 자신이 속한 조직 안에서 일을 주도하고 다른 사람을 이끄는 그들 또래의 지도자

---

85 조셉 까르댕, 전게서, 159쪽.

86 카르딘은 투사(militant)에 대해서 다음과 같이 설명한다. "사람들은 투사라고 하면 너무 거칠게 들려 싫다고 한다. 그러나 예수 그리스도를 위해, 사람들을 위해, 하느님 나라의 건설을 위해, 그리고 정의와 평화를 위해서는 여러 가지 투쟁이 필요하다. 그래서 그리스도의 병사, 청소년 세대에 있어서의 교회의 선봉, 청소년을 위한 전사라 뜻에서 투사라고 한다"(박송성, 『JOC 해설』, 경향신문사, 1960, 56쪽). 그러므로 투사란 혼탁한 물(사회)에 있는 물고기를 낚아 들여오는 것이 아니라, 사회라는 혼탁한 물 자체를 바꾸어 놓음으로써 이 지상에 그리스도의 왕국을 건설하기 위해 투신하는 청소년 사도를 말하는 것이다. 참조: 한국가톨릭노동청년회, 『가톨릭노동청년회의 훈련지』, 본회, 1981, 28쪽. 한국에서 노동사목을 오래했던 프랑스 생드니(Saint-Denis) 교구의 오영진(Olivier de Berranger) 주교에 의하면 투사란 '싸우는 사람'(鬪士)의 의미보다는 '자신을 그리스도께 던진 사람'(投士)으로서 '열성회원'의 의미가 크다고 해설했다.

87 참조: 조셉 까르댕, 전게서, 23-24쪽.

88 조셉 까르댕, 전게서, 144쪽.

89 상게서, 68쪽.

로서 그 조직을 존재하게 하는 사람이다.[90] 카르딘은 청소년을 투사로 키우기 위해서는 반드시 양성이 필요하며, 그들을 양성하기 위한 관심과 방법이 끊임없이 강화되고 심화되어야 한다고 강조했다. 그는 교회의 미래가 필연적으로 이들 투사들의 손에 달려있음을 확신하였다.[91]

이상에서 살펴본 바와 같이 청소년을 중심으로 청소년에 의한 현세적 사도직 활동을 조직적으로 펼친 카르딘의 움직임은 '사도직 중심의 청소년 사목'의 원류가 되었으며, 그 정신은 유럽 뿐 아니라 세계로 확산되었다. 카르딘이 설립한 첫 청소년 조직인 '가톨릭 청년 노동조합'[92]은 1924년에 JOC로 개칭된 후, 이듬해에 교황 비오 11세에 의해 공식 사도직 단체로 인준되었다.[93] JOC는 이후 각 나라에 퍼지면서 조직적 활동을 전개하였고, 국제 연합을 결성하여 청소년의 주체성과 사도성을 더욱 강화하였다. 이와 더불어 기존 평신도 사도직 운동 단체의 청소년부와 다양한 청소년 사도직 운동 단체 및 조직들도 카르딘의 정신을 공유하며 활성화되었다.[94]

---

90 참조: 상게서, 68-70쪽; 조셉 까르댄, 전게서, 16-17쪽. 카르딘이 지향하는 조직은 본질적으로 대중의 조직이자 동시에 엘리트의 조직으로, 두 가지는 분리될 수 없으며 서로를 필요로 하는 것이었다. 그는 엘리트와 대중을 구분하는 것은 운동을 생활화하지 않는 사람들의 개념에 불과하다고 여겼다.

91 참조: 상게서, 49-53쪽.

92 참조: 한국가톨릭노동청년회, 『한국 가톨릭 노동청년회 25년사』, 40쪽. 카르딘은 자신의 부임지였던 벨기에 브뤼셀 근교의 라켄 성당에서 청소년을 모아 작은 소그룹 연구회를 열었다. 소그룹 연구회에서는 레오 13세의 「새로운 사태」를 연구하고 당시 벨기에 지역의 운동 단체들을 분석·비판하였다. 그 과정을 통해 사명을 실제로 계획·실천하고 단위 모임을 통합·조정하며, 노동 청소년 계층을 대변·대표할 수 있는 공식 조직의 필요성을 깨닫고 '가톨릭 청년 노동조합'을 출범시키게 된다. 참조: 로저 오베르 외, 전게서, 43-60쪽; 한국가톨릭노동청년회, 『가톨릭 노동청년운동의 지침』, 한국가톨릭노동청년회 전국본부, 〔발행년도 불명〕, 54쪽.

93 참조: 한국가톨릭노동청년회, 『한국 가톨릭 노동청년회 25년사』, 40-42쪽.

94 성 빈첸시오 아 바울로회, 레지오 마리애 등 평신도 사도직 운동 단체의 청소년부 및 그리고 JOC에 영향을 받은 가톨릭 농촌 청년회(Jeunesse Agricole Chrétienne)·가톨릭 중고등학생회(Young Christian Students)·국제 가톨릭 대학생 연합회(International Movement of Catholic Students) 등의 각종 청소년 사도직 단체가 카르딘의 정신을 공유하며 전 세계에서 활발한 활동을 펼쳤다. Cf. Buenaventura Pelegri, IYCS and IMCS: their option, their pedagogy, IMCS Asian Secretariat, 1979, pp.11-12; 한홍순, "가톨릭 평신도 사도직 운동", 『한국 가톨릭 대사전』1, 2003, 204쪽; 김가람, "가톨릭 노동 청년회", 『한국 가톨릭 대사전』12, 한국교회사연구소, 2005, 9369쪽.

이처럼 '사도직 중심의 청소년 사목'은 교회 가르침의 대상이었던 청소년이 사도로 변화할 때 갖는 효과를 입증하면서, 당시 교회 안에서 활발하게 전개되고 있던 평신도 사도직 운동과 그 맥을 같이 하였다.

4. 통합되는 청소년 사목

교회의 전통적 가르침을 전달하기 위한 문답식 교리서 중심의 교리교육은 19세기 말부터 약화되고 새로운 형태의 교리교육 방법이 계속적으로 모색되고 있었다.[95] 이에 따라 '교리지식 중심의 청소년 사목'에 더불어 성 요한 보스코의 정신이 담긴 '사목적 사랑의 청소년 사목' 흐름이 등장하여 청소년에 대한 사목적 접근 방법이 다양화되었다. 또한 노동 청소년이 사도직으로 부름 받았음을 깨닫고 스스로의 현실을 변화시킬 수 있도록 그들을 훈련함으로써 전체 사회의 변화에까지 이르고자 했던 '사도직 중심의 청소년 사목' 흐름도 성인들의 평신도 사도직 운동과 맞물려 활성화되었다. 이는 JOC 및 가톨릭 중고등학생회(Young Christian Students - 이하 YCS로 표기)를 비롯한 각종 청소년 단체 · 조직의 활동으로도 이어졌다. 이와 같이 교회 안에 교리지식 중심 · 사목적 사랑 · 사도직 중심의 세 가지 청소년 사목 조류가 공존하는 가운데, 사회적으로도 점차 '청소년 세대'에 대한 개념이 정립되고 연구 결과가 축적되면서 청소년의 역할과 그 중요성이 강조되기 시작했다.[96] 그래서 보편 교회에서는

---

95 1900년대 초부터 교리교육 부흥운동이 시작되었는데, 이는 교육학과 심리학의 원리를 수용하여 교리교육 연구에 이용한 새로운 형태의 교리교육 방법이다. 참조: 정신철, 전게서, 44-45쪽.

96 1930년대 대공황 시기에 청소년이 가족을 부양하기 위해 일거리를 찾아 사회로 나서게 되면서, 청소년기가 아동기와 성인기라는 인접한 발달 시기 양쪽 모두로부터 구별되기 시작했다. 참조: 최윤미 외, 전게서, 16-19쪽.

청소년 사목의 세 가지 조류와 더불어 청소년에 대한 사회적 연구결과를 사목에 통합하고자 하는 움직임이 일어나게 되었다. 이는 제 2차 바티칸 공의회(1962-1965)와 교황 바오로 6세(재위: 1963-1978)의 사목 비전을 기반으로 교황 요한 바오로 2세(재위: 1978-2005)에 의해 본격적으로 전개되었다. 본 연구에서는 이와 같은 흐름을 '통합되는 청소년 사목'으로 칭하고, 보편 교회 청소년 사목의 현재 모습으로 이해하고자 한다.

변화하는 현대 세계의 상황 속에서 시대의 징표를 읽고 교회의 쇄신과 현대화를 논의했던 제 2차 바티칸 공의회는 「교회에 관한 교의 헌장」(*Lumen Gentium*)에서 '하느님 백성'이 곧 교회임을 선포하였다.[97] 그리고 '하느님 백성'이라는 개념 하에 교회 내 평신도의 역할을 재조명하고,[98] 「평신도 사도직에 관한 교령」을 통해 "평신도들은 그리스도의 예언직·사제직·왕직에 효과적으로 참여하여 하느님 백성 전체의 사명에서 맡은 자기 역할을 교회와 세상 안에서 수행해야 한다"[99]고 밝혔다. 또한 제 2차 바티칸 공의회는 하느님 백성으로서 그리스도인의 소명을 받은 평신도와 그들의 사도직 수행이라는 관점 아래 '평신도로서의 청소년'을 정의하였다. 즉, 「평신도 사도직에 관한 교령」 제 3장 '사도직의 여러 분야'에서 "청소년은 현대 사회에서 매우 커다란 힘을 지니고 있다〔…〕 사회에서 이처럼 커지는 청소년들의 비중이 거기에 비례하는 능동적 사도직 활동을 요구하며, 그들의 타고난 품성 또한 그러한 사도직 활동에 적합하다"[100]고 밝힌 것이다. 그리고 제 2차 바티칸 공의회는 "청소년들이야말로 청소년을 직접 만나는 첫째 사도가 되어야 하며, 자기들이 살고

97　참조: 「교회에 관한 교의 헌장」 12항.
98　참조: 「교회에 관한 교의 헌장」 30항: "하느님의 백성에 관하여 말한 모든 것은 평신도, 수도자, 성직자들에게 똑같이 해당된다."
99　「교회에 관한 교의 헌장」 2항.
100　「평신도 사도직에 관한 교령」 12항.

있는 사회 환경을 고려하여 자기 자신들 가운데에서 자기 자신들을 통하여 사도직을 수행하여야 한다"[101]고 명시하였다. 이를 통해 '사도직 중심의 청소년 사목'이 강조해왔던 청소년 사도직의 역할과 중요성이 교회 내 평신도 사도직의 활성화와 함께 보편 교회에서 주목받기 시작하였다. 제 2차 바티칸 공의회는 '청소년 사도직'에 대한 언급과 더불어, 사목자들이 교리교육 대상자에게 자애로운 이해와 사랑으로 접근할 것과 어린이 · 청소년 · 어른 등 각각의 대상에 따른 연령 · 성격 · 능력과 생활환경을 고려하여 교육할 것을 강조하였고, 교리교사들도 심리학과 교육학의 이론과 실제를 익혀야 한다고 밝혔다.[102] 이에 따라 '교리지식 중심의 청소년 사목'의 핵심을 이루는 청소년 교리교육에 '사목적 사랑의 청소년 사목'의 특징인 대상의 욕구 · 상황에 맞는 교육 및 이해와 배려, 사랑 등의 요소가 통합되었다.

제 2차 바티칸 공의회를 마무리하고 그 정신에 따라 적극적으로 사목 활동을 펼친 교황 바오로 6세는 1975년 「현대의 복음 선교」[103]를 반포하여 보편 교회의 사명을 '복음화'[104]로 명확하게 제시함으로써, 이와 같은

---

101 같은 곳.

102 참조: 「주교 교령」13, 14, 16항.

103 참조: 「현대의 복음 선교」2-3항. 바오로 6세는 제 2차 바티칸 공의회가 지향했던 여러 가지 목적을 '20세기 인류에게 복음 선포를 하는 데 적용할 수 있는 20세기의 교회가 되도록 하는 것'으로 요약할 수 있다고 보았다. 그는 「현대의 복음 선교」에서 '복음화'를 주제로 논의했던 1974년 제 3차 세계주교대의원회가 열리기 훨씬 전부터 복음화의 중요성을 역설해왔다.

104 라틴어 'evangelizatio'는 한글로 복음화, 복음 신교, 복음 선포, 전교, 선교 등 미묘한 차이가 있는 단어들로 번역된다. 한국에서 1977년 초판된 「현대의 복음 선교」는 'evangelizatio'를 대부분 '복음 선교'라고 표현하고 있다. 그러나 1980년대 요한 바오로 2세가 '모든 사람에게 복음을 전하는 교회의 사명'이라는 광의적 의미를 'nova evangelizatio'로 제시하고 이를 우리말로 '새로운 복음화'로 통칭한 이후부터는 주로 '복음화'라는 단어로 'evangelizatio'를 번역하고 있다. 심상태 신부에 따르면 바오로 6세의 '복음화'와 요한 바오로 2세의 '새로운 복음화'의 개념 간에 질적인 차이는 없는 것으로 드러난다. 따라서 본 연구에서는 「현대의 복음 선교」의 원문을 참조하여, 'evangelizatio'가 광의적 의미로 해석되는 경우 모두 '복음화'로 번역을 통일하였다. 참조: 심상태, 「새로운 복음화의 의미 연구」, 『한국그리스도사상 제 3집』, 한국그리스도사상연구소, 1995, 162-202쪽.

청소년 사목의 통합 흐름에 복음화라는 초점을 제시하였다. 바오로 6세는 「현대의 복음 선교」를 통해 '복음화', 즉 "모든 인류에게 복음을 전하는 것이 교회의 본연의 사명이요, 제일가는 사명"[105]이라고 강조하면서, 인간 존재가 내적으로 온전히 변화하는 인류의 쇄신[106] · 복음적 생활을 통한 무언의 증거[107] · 명백한 교리 전달[108] · 그리스도와 교회에 대한 마음의 귀의[109] · 공동체에 대한 참가[110] · 성사 배령[111] · 사도직 활동의

---

105 「현대의 복음 선교」14항.

106 참조: 「현대의 복음 선교」18, 19항. '인류의 쇄신'이란 복음을 인류의 모든 계층에 전하여 그 힘으로 인류를 '내부로부터 변혁시켜 새롭게 하는 것'이다. 복음화는 이와 같은 '내적 변화의 성취', 즉 인간의 판단 기준 · 가치관 · 관심의 초점 · 사상의 동향 · 사상의 원천 · 생활양식 등이 복음에 맞게 바로잡히는 데 목적을 둔다. 즉, 복음화 개념에는 모든 개인과 집단의 양심, 그들이 관계하고 있는 활동, 그들의 생활과 구체적 환경을 변혁시키기 위해 노력하는 것이 포함된다.

107 참조: 「현대의 복음 선교」21항: "복음은 모든 것에 앞서 증거로서 선포되어야 한다. 한 신자나 적은 신자 단체가 지역 사회 안에 살면서 주변 사람들을 이해하고 포섭할 줄 알고 그들과 행운을 함께 하고 〔…〕 이러한 말없는 증거는 기쁜 소식을 힘 있게 그리고 효과적으로 선포하는 것이 된다. 복음화는 바로 이렇게 시작되는 것이다."

108 참조: 「현대의 복음 선교」22항: "훌륭한 증거라 하더라도 설명되고 납득되지 못하면 때로는 효과를 거두지 못하게 될 것이다. 〔…〕 하느님의 아들 나자렛 예수의 이름과 그의 가르침, 그의 생애, 그의 언약, 하느님 나라와 신비가 설교되지 않고서는 참된 복음화는 있을 수 없다."

109 참조: 「현대의 복음 선교」23항. 설교의 능력과 의미가 충분히 발휘되려면 먼저 사람들이 그것을 듣고 받아들이고 음미하고 긍정하고자 하는 마음을 갖게 해야 한다. 그럴 때에 하느님이 계시하신 진리에 귀의하거나 복음에 의한 새 생활양식에 귀의하는 등 각 사람이 복음에 의한 새로운 상태, 새로운 존재 양식으로 진입할 수 있다는 것이다.

110 참조: 「현대의 복음 선교」21, 23, 71항. '마음의 귀의'는 단순히 관념적으로 머물 것이 아니라 신자 공동체 안에 볼 수 있고 느낄 수 있게 참가함으로써 구체화되어야 한다. 복음에 의해 생활의 변혁을 갖게 된 사람들은 변혁의 표지가 되는 공동체에 가입하게 되는데 이 공동체란 바로 교회이며 볼 수 있는 구원의 성사이다. 그 첫 공동체가 '집안 교회'라고 하는 가정이다. 가정은 교회처럼 복음이 전달되는 곳이며 복음이 빛나는 곳이기도 하다. 「현대의 복음 선교」는 이처럼 가시적 구원으로서의 공동체 참가를 밝히면서, 공동체 안에서 함께 살고 행운을 함께 나누고 결속하는 것이 복음화의 실천을 위해 필요하고 제일가는 분야라고 본다. 교회 공동체 안에서의 나눔과 결속의 생활은 주변에 대한 무언의 증거가 되어 복음화의 과정을 완성해 나가기 때문이다.

111 참조: 「현대의 복음 선교」23항: "복음을 구원의 말씀으로 받아들이는 사람은 교회에 귀의하게 되고 성사를 받아들이게 되는 것이다. 성사는 그 은총으로 이 귀의를 명백하게 해 주고 지원해 준다."

실천[112] 등과 같이 상호 보완적인 모든 요소들이 복음화 개념 안에 포괄된다고 하였다.[113] 그리고 복음을 전하는 방법적 요소로서 복음말씀 설교(강론)[114]와 교리교육,[115] 사회 홍보 수단의 이용,[116] 신앙 체험을 전하는 개인적 접촉[117] 등을 강조하였다. 「현대의 복음 선교」는 현대 사회의 부정성을 긍정적으로 변화시키기 위해서는 세속화된 교회가 이러한 요소들을 통합적으로 실천함으로써 먼저 복음화된 공동체로 쇄신되어야 하며, 그 다음으로 세상을 복음화하기 위한 복음 선포자로 파견되어야 한다고 보았다.[118] 즉, 「현대의 복음 선교」가 제시하는 '복음화'는 개인과 공동체의 내적 변화와 외부를 향한 실천적 활동이 결합되어 있는 총체적 개념이라고 할 수 있다.

이처럼 총체적인 '복음화' 개념의 하위 요소들과 방법적 요소들은 상호 유기적으로 통합되어 있을 뿐 아니라 일련의 방향성을 드러내며, 순환 과정으로서의 특징도 지니고 있는 것으로 보인다. 이러한 하위 요소들의 방향성은 복음화의 범위에 따라 '개인의 복음화―주변 공동체의 복음화―교회 혹은 세상 전체와 같은 넓은 범위의 복음화'의 세 단계로 정리해 볼 수 있다. 1단계는 그리스도를 모르던 한 개인이 다른 신자 혹은 공동체와의 '개인적 접촉', '생활을 통한 증거' 및 효과적인 '복음말씀 설교'에 의해 복음에 '마음의 귀의'를 하게 되고, 나아가 설교와 교리교육 같은 '명백한

---

112 참조: 「현대의 복음 선교」24항: "복음화된 사람은 또한 남을 복음화시켜야 한다. 그것은 진리에 대한 증거요 복음화의 시금석이 되는 것이나."

113 참조: 「현대의 복음 선교」17항.

114 참조: 「현대의 복음 선교」42, 43항.

115 참조: 「현대의 복음 선교」44항.

116 참조: 「현대의 복음 선교」45항.

117 참조: 「현대의 복음 선교」46항. 「현대의 복음 선교」는 개인적 접촉에 의한 복음 전달을 효과적이고 중요한 방법으로 보았다. 이는 그리스도가 니고데모, 자캐오, 사마리아 여인, 바리사이파의 시몬과 함께 대화하신 것처럼 자신의 신앙 체험을 다른 한 사람에게 전하는 것이다.

118 참조: 「현대의 복음 선교」13, 15항.

교리 전달'을 통해 그리스도를 이해하게 되며 '성사'에 참여하는 가운데 '내적 변화가 성취'되는 개인적 차원의 복음화 단계이다. 2단계는 복음화된 개인이 '교회 공동체에 참가'하여 나눔과 결속의 생활을 체험하고, 자신의 내적 변화를 생활 안에서 증거하며 다른 사람에게 영향을 줌으로써 '사도직'을 실천하게 되는 공동체 차원의 복음화 단계이다. 3단계는 복음화된 개인과 공동체의 '사도직 실천'이 더 넓은 범위로 확장되어 교회 공동체 전체를 쇄신하며 더 나아가 세상을 복음화할 수 있게 되는 단계이다. 이러한 3단계의 기본 방향성은 '먼저 한 개인이 내적으로 복음화되어야 그 다음에 다른 사람 혹은 공동체를 복음화할 수 있다'는 것이므로, 모든 단계의 원동력은 1단계인 '개인의 복음화'에 있게 된다. 즉, 1단계가 선행되지 않으면 2, 3단계가 제대로 이루어지기 어렵다는 것이다. 그러나 '복음화' 개념의 모든 요소들은 유기적으로 얽혀 있으므로 일단 2, 3단계가 진행되면 이는 다시 1단계를 활성화하는 데 영향을 주게 되고, 결국 전체적으로는 순환 과정을 이루게 된다. 다시 말해 총체적 개념의 '복음화'를 구성하는 하위 요소들은 유기적인 통합 관계 안에서, 세 단계의 순차적 방향성을 지닌 순환 과정을 형성한다는 것이다(〔그림 1〕 참조).

바오로 6세는 순환 과정이자 총체적 개념인 '복음화'를 교회의 비전으로 제시하여 청소년 사목 흐름 통합에 구심점을 제공했을 뿐만 아니라 교회가 청소년 세대에 관심을 가져야 한다는 점, 그리고 청소년 스스로 또래 청소년을 위한 사도가 되어야 한다는 점도 지적하였다.[119] 이와 같은 바오로 6세의 사목적 시선 아래 보편 교회 전반의 움직임이 복음화를 지향하여 통합된 것과 같이 기존 청소년 사목의 흐름도 복음화를 중심으로 통합되기 시작하였다. 즉, '교리지식 중심의 청소년 사목'의 명백한

---

119 참조: 「현대의 복음 선교」72항: "그들에 대한 관심을 환기시키고 성의와 지혜를 다하여 알아야 하고 생활화해야 할 이상으로서 복음을 제시해 주어야 한다. 더 나가서 청년들로서는 신앙과 기도로써 교육되어 더욱 청년들의 사도가 되도록 해야 할 필요가 있다."

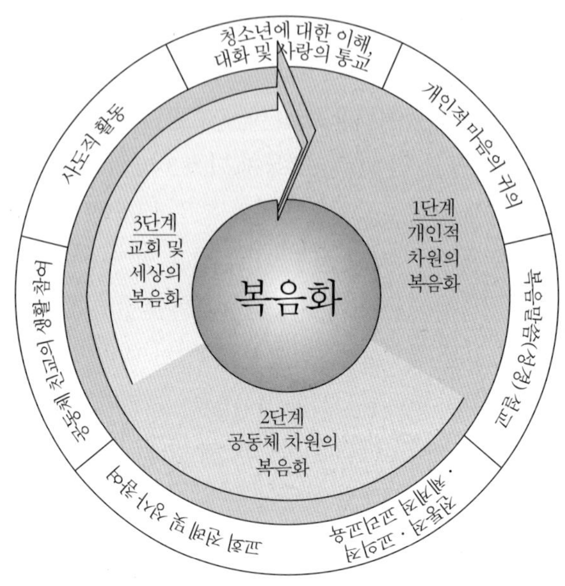

〔그림 1〕 복음화 세 단계의 순환 과정

교리 전달 요소, '사목적 사랑의 청소년 사목'이 내세우는 마음의 귀의·성사 생활 강조·공동체 생활 참여 요소, '사도직 중심의 청소년 사목'이 주장해 온 구체적인 생활 변화·생활의 증거·사도직 활동의 요소가 각각 복음화의 하위 요소들과 맞닿음으로써, 기존의 분리된 흐름 안에 있던 청소년 사목의 개념들이 '복음화'의 총체적 의미에 포괄되었다. 이러한 흐름과 더불어 청소년 세대와 청소년 사목에 대한 관심도 계속적으로 증가하였다. 또한 교회 안에서 먼저 청소년을 교육하고 복음화하여, 그 다음 단계로써 그들을 복음화의 사도로 세상에 파견할 수 있어야 한다는 시각도 점차 확산되었다.

바오로 6세의 뒤를 이은 교황 요한 바오로 2세는 총체적 개념의 '복음화' 비전을 이어받아 사목활동을 펼치면서, 특히 청소년 세대를 향한 사목에 많은 관심을 두었다. 그는 교황이 되기 이전, 공산주의 정권하에서 억압받던 청소년 조직을 보호·지원하는 가운데 청소년과 자주 만나고 직접 대화를 나눌 수 있었다. 이러한 체험을 통해 요한 바오로 2세는 청소년에게 교회를 변화시킬 수 있는 열정과 활기가 있으나, 불안정한 현실이 청소년을 억압하고 있으며 이들의 가능성에 대한 교회의 관심도 부족하다는 것을 통찰하였다.[120] 그는 선임자들의 복음화 사명을 계승하려는 노력 하에, 청소년이야말로 그 복음화의 주역으로서 초대되어야 한다고 보고 기존 청소년 사목 흐름의 초점을 복음화 사명에 맞추어 나갔다.[121]

그 과정 중 하나로 요한 바오로 2세는 1979년 「현대의 교리교육」(*Catechesi Tradendae*)을 반포하고, 제 2차 바티칸 공의회 이후 변화·확장되고 있던 교리교육의 개념을 복음화 비전에 맞게 정리하였다. 그는 교리교육이 중요한 요소이기는 하지만, 복음화를 구성하는 여러 요소들 중 하나라는 점을 강조하면서[122] '복음화' 안에 교리교육이 통합되어야 한다고 명시하였다. 그리고 '그리스도교 신자 생활을 위한 핵심 교리지식과 교회 전통의 가르침 전달'을 좁은 의미의 교리교육으로 보고, 현대의 교리교육은 이를 포함하면서도 초월하는 넓은 의미의 교리교육이 되어야 한다고 보았다. 즉, 넓은 의미의 교리교육이란, 복음화의 총체적 개념을 구성하는 하위 요소 및 그 순환 과정에 따라 '그리스도에 대한 개인적인 마음의 귀의–예수를 더 잘 알고 따르기 위한 전통적·교의적·체계적 교리지식 교육–교회 공동체의 전례 및 성사 생활 참여–신자 공동체

120　참조: 한용희 편저, 『요한 바오로 2세와 사회교리』, 분도출판사, 1985, 23쪽; 요한 바오로 2세, 『일어나 갑시다!』, 성찬은 옮김, 경세원, 2005, 109-111쪽; Catholic News Service, *John Paul II Speaks to Youth at World Youth Day*, Ignatius Press, 1993, pp.9-15.

121　Cf. "Message of the Holy Father Pope John Paul II for the VIII World Youth Day", Vatican, 2008.10.1〈http://www.vatican.va/holy_father/john_paul_ii/messages/youth/documents/hf_jp-ii_mes_15081992_viii-world-youth-day_en.html〉.

122　참조: 요한 바오로 2세, 「현대의 교리교육」, 성염 옮김, 한국천주교중앙협의회, 1980, 18항.

에서의 친교 생활-인간 공동체에 대한 봉사와 세상에서의 신앙 증언'까
지를 모두 포함하는 사목적 차원의 교육을 일컫는 것이다.[123]

　　요한 바오로 2세는 「현대의 교리교육」 제 5장[124]을 통해 사목적 차원을
포괄하는 넓은 의미의 교리교육 개념을 어린이와 청소년에게도 적용해
야 한다고 언급하였다. 특히 사춘기 청소년을 교육할 때는 그 시기적 특
성 및 욕구를 반영해야 하며,[125] 그리스도의 메시지가 청소년의 고유 언
어로 옮겨져야 한다는 점을 강조하였다.[126] 또한 교리교육을 통해 예수
그리스도가 청소년의 "벗이요 길잡이요 인생의 귀감으로, 경탄하고 흠
모할 대상일 뿐 아니라 본받아야 할 분"[127]으로서 제시되어야 한다고 하
였다. 이는 청소년의 친구이며 어버이이자 스승인 그리스도가 그들의 현
실을 이해하고 사랑한다는 점을 강조하는 '사목적 사랑의 청소년 사목'
흐름과 맞닿는다고 볼 수 있으며,[128] 「현대의 복음 선교」에서 복음화의 방법
적 요소로 제시되었던 '개인적 접촉과 대화'가 필요한 부분이기도 하다.

123　참조: 「현대의 교리교육」 19-25항.

124　「현대의 교리교육」은 1977년 바오로 6세 재임 시 개최되었던 제 4차 세계주교대의원회의 결과
　　를 정리하는 권고이기도 했는데, 그 회의의 주제는 '교리교육, 특히 아동과 청소년의 교리교
　　육'이었다. 「현대의 교리교육」 제 5장에서는 특별히 어린이와 청소년의 중요성을 밝히고, 어린
　　이와 청소년 세대에 맞는 교리교육 방향에 대해 자세하게 설명하고 있다. 참조: 「현대의 교리
　　교육」 2, 35항.

125　참조: 「현대의 교리교육」 38항. 청소년, 특히 사춘기 시기에 대해 다음과 같이 언급하고 있다.
　　"이 시기는 자아를 발견하고 자기의 내면세계에 눈뜨는 시기입니다. 관대한 계획이 세워지는
　　시기요, 〔…〕 교리교육이 이 섬세한 인생의 단계에 나타나는 변화무쌍한 측면들을 무시할 수
　　는 없습니다. 사춘기 소년들로 하여금 자기의 삶을 재검토하게 만들고 대화에 뛰어들게 만드
　　는 교리교육이 베풀어져야 합니다. 소년들의 중대한 문제들, 즉 자기헌신, 믿음, 사랑, 성(性)
　　으로 그 사랑을 표현하는 방법 등을 간과하지 않는 교리교육이 베풀어져야 합니다. 그러한 교
　　리교육만이 완벽한 것입니다."

126　참조: 「현대의 교리교육」 40항.

127　「현대의 교리교육」 38항.

128　요한 바오로 2세는 '사목적 사랑의 청소년 사목'의 시각에 따라 청소년 교육에 있어 성 요한
　　보스코의 방식을 권고하기도 했다. 사목자(교육자)가 청소년의 특성을 이해하고 개인적으로
　　대화하며, 그리스도와의 우정과 사랑을 교육에 결합시킴으로서 그들의 현실적인 삶과 젊음을
　　'청소년다운 거룩함'으로 인도해야 한다고 본 것이다. 참조: 「청소년의 아버지」 13-17, 19항.

또한 「현대의 교리교육」은 청년기 진입 시기에 있는 청소년의 경우 선과 악, 은총과 죄, 생명과 죽음 등의 가치가 그의 내부에서 대립을 일으키며 결단을 요구하는 특성을 보인다고 밝혔다. 따라서 이들에게는 노동·공동선·정의와 사랑의 그리스도교적 의미를 알려주고, 국제 평화·인간 존엄성의 증진·개발과 해방에 관한 교리교육을 실시하여 그리스도교적 투신을 준비시켜야 한다고 언급하였다.[129] 이는 세상에 대한 사도적 투신이라는 관점에서 '사도직 중심의 청소년 사목'과 연결된다고 할 수 있다. 이와 같이 「현대의 교리교육」을 통해 교리교육의 개념 자체가 쇄신·확장됨에 따라, 보편 교회의 복음화 사명을 중심으로 하는 '교리지식 중심의 청소년 사목'과 '사목적 사랑의 청소년 사목', '사도직 중심의 청소년 사목' 간의 통합은 더욱 가속화되었다.

요한 바오로 2세는 이러한 흐름에 더해, 청소년 스스로가 사목의 대상이 아닌 '복음화'의 주역으로서 자신의 사명을 깨달을 수 있도록 그들을 적극 초대하였다. 그는 1985년 UN이 제정한 '국제 청소년의 해'(International Youth Year)를 맞아 발표한 서한 「전세계의 젊은이들에게」(*Dilecti Amici*)를 통해 "교회는 청소년들에게 기대를 걸고 있으며, 교회는 청소년을 통해 그 자신을 보고 있다"[130]고 말하면서 교회의 복음화 사명이 곧 청소년의 사명임을 선포하였다. 요한 바오로 2세는 1987년 「평신도 그리스도인」(*Christifideles Laici*)[131]을 통해서도 "젊은이들은 단순히 사목적 관심의 대상으로서만 간주되어서는 안 된다. 〔…〕 복음화의 주역으로서 그리고 사회 개혁의 참여자로서 교회를 대신하여 행동하는 사람이

129　참조: 「현대의 교리교육」 39항.

130　요한 바오로 2세, 「전세계의 젊은이들에게」, 강대인 옮김, 한국천주교중앙협의회, 1993, 15항.

131　참조: 요한 바오로 2세, 「평신도 그리스도인」, 한국천주교중앙협의회, 1989, 2항. 「평신도 그리스도인」은 세계주교대의원회의 후속 권고이자 교회의 친교와 사명 안에서 받은 은사와 책임에 대한 평신도들의 의식 증진을 목표로 한다.

되어야 하고 또 그렇게 행동하도록 격려를 받아야 한다"[132]고 명시하였다. 또한 그는 1997년에 반포한 「교리교육 총지침」(*General Directory For Catechesis*)의 청소년 부분에서도 "젊은이들을 단지 교리교육의 대상으로만 여길 것이 아니라, 복음화의 적극적 주체이고 주역이며 사회 쇄신의 원동력으로 여겨야 할 것"[133]이라고 강조하였다. 이처럼 요한 바오로 2세는 재임 기간 동안 꾸준히 청소년에게 사목적 관심을 보였으며, 그를 통해 기존의 청소년 사목 통합 흐름을 마침내 '통합되는 청소년 사목'으로 정립했다고 볼 수 있다. 요한 바오로 2세는 그 '통합되는 청소년 사목'의 핵심 비전으로 '청소년이 복음화의 주역이 되어야 한다'는 점을 제시하고 있는 것이다.

이상에서 살펴본 바와 같이 요한 바오로 2세는 '복음화'의 총체적 개념을 구성하는 모든 하위 요소와 그 유기적 순환 구조에 따라 현대 교리교육의 개념을 사목적 차원으로 확장하고, 이를 청소년 사목에 적용하였다. 따라서 '복음화'의 하위 요소 및 「현대의 교리교육」에서 드러나는 광의의 교리교육 개념의 하위 요소가 모두 '통합되는 청소년 사목'의 구성 요소를 이룬다고 할 수 있다. 이를 종합하면 그리스도에게 마음을 열고 관계를 맺는 '개인적 마음의 귀의', 그리스도를 알고 교회 전통의 가르침을 익히는 '복음말씀(성경) 설교' 및 '전통적·교의적·체계적 교리지식 교육', 개인의 내면적 귀의를 구체화하고 심화하는 '교회의 전례 및 성사 참여'와 '공동체 친교의 생활에 참여', 그리고 생활을 통한 증거·공동체에 대한 봉사·세상에서의 신앙 증언을 포함하는 '사도직 활동'의 구성 요소로 정리된다. 이와 더불어, 청소년의 '개인적 마음의 귀의'를 일으키기 위한 선행 요소인 '청소년에 대한 사목자의 이해와 대화 및 사랑의

---

132 「평신도 그리스도인」 46항.
133 참조: 「교리교육 총지침」 183항.

통교'를 '통합되는 청소년 사목'의 구성요소로 추가할 수 있다. 이는 '사목적 사랑의 청소년 사목'과 「현대의 복음 선교」 및 「현대의 교리교육」에서 반복적으로 지적된 바대로, '청소년 개인의 변화를 위해서는 사목자가 먼저 청소년의 현실과 시기적 특성 및 그들의 언어를 이해하고 개인적 접촉과 대화를 통해 그리스도의 사랑을 보여주어야 한다'는 내용을 표현한 것이다. 이 모든 구성요소들은 복음화 개념 자체의 특성에 따라 상호 유기적이면서도 순차적인 순환 과정을 형성하며, 그 과정을 순환시키는 원동력은 청소년 개인의 내적 변화와 그를 통한 주체적 움직임이라고 할 수 있다.

요한 바오로 2세가 '통합되는 청소년 사목'의 비전을 공유·확장시키며 '복음화'의 모든 구성요소에 있어 청소년을 주역으로 초대하고 성장시키기 위해 활용한 방법 중 가장 대표적인 것으로는 '세계 청소년의 날' 선포를 들 수 있다. 그는 1985년 「전세계의 젊은이들에게」의 반포를 시작으로 매 해 성지 주일을 '세계 청소년의 날'로 지낼 것을 선포하였다.[134] 이후 요한 바오로 2세는 매 해 '세계 청소년의 날'에 담화문을 발표하여 전세계 청소년에게 복음화 사명에 참여하는 주역이 되어야 함을 지속적으로 일깨웠다. 또한 교회 공동체가 청소년에게 관심을 쏟고 그들의 가능성을 격려·지원해야 한다는 점도 거듭 강조하였다. 그리고 요한 바오로 2세는 '세계 청소년의 날'에 각 지역 교회에서도 청소년이 능동적으로 참여할 수 있는 모임을 갖도록 권고하였다. 이에 따라 그 취지를 실천하기 위한 대규모 행사가 지역 교회별로 다양하게 개최되었고, 그 행사는 점차 국제적 규모의 청소년 사목 축제인 '세계 청소년 대회'[135]로

---

134 이에 대해서는 교황청 평신도 협의회가 한국 천주교 주교회의에 발송한 1986년 1월 20일자 공한(Prot. 120/86/com.8) 참조.

135 '세계 청소년 대회'에 관한 교황 담화는 다음을 참조. "WYD", Vatican, 2008. 9. 11〈http://www.vatican.va/holy_father/john_paul_ii/messages/youth/index.htm〉.

발전하게 되었다. 요한 바오로 2세는 이 대회에 직접 참여하여 청소년을 지지하고 격려하였다. 세계 청소년 대회에 참여한 청소년은 전 세계의 또래들과 교류하면서 자신들의 복음화 사명을 경축하고 교회 공동체의 일치와 기쁨을 체험하였다. 대회에 참가하지 않은 신자들뿐 아니라 비신자들도 세계 청소년 대회를 통해 청소년의 열정과 가능성을 발견하고 체험하게 되었다. 또 국제 규모의 세계 청소년 대회를 유치한 국가들은 대회 준비 과정을 통해 요한 바오로 2세가 제시하는 복음화 사명을 깊이 성찰하면서 기존의 청소년 사목활동을 국가적으로 통합하고 재조직할 수 있었다.[136]

이처럼 '통합되는 청소년 사목'은 요한 바오로 2세에 의해 비전과 구성요소, 실천 방법을 정립함으로써 보편 교회 청소년 사목의 현재 흐름으로 자리 잡았다. 그리고 오늘날 각 지역 교회들도 그동안의 청소년 사목활동을 통합하고자 노력하면서, 관련 사목 · 교육 기구 간의 협력을 통해 '통합되는 청소년 사목'의 흐름을 이어나가고 있다. 구체적으로 살펴보면, 북아메리카 대륙을 대표하는 미국 교회는 1997년 청소년 사목의 기본틀 개정판인 『비전을 새롭게』(*Renewing the Vision*)를 발표하여 청소년 사목의 성과를 거두고 있다. 라틴아메리카 대륙은 제 2차 바티칸 공의회 이후부터 대륙 주교회의 차원에서 청소년 사목을 최우선 과제로 다루어 왔으며, 1995년에 청소년 사목의 기본틀인 『사랑의 문화, 과제와 희망』(*Civilización del Amor*)을 발표하고 계속적으로 청소년 사목의 활성화를 위한 노력을 경주하고 있나. 아시아 대륙 또한 주교회의 차원의 논의를 통해 청소년 사목의 공통 비전을 설정하였고, 필리핀 · 인도 · 뉴질랜드 등의 국가 교회 및 유럽 각국의 지역 교구 등도 청소년 사목의 기본틀

---

136 참조: 교황청 평신도 위원회, 「제 3차 세계 젊은이의 날 거행을 위한 제안」, 『회보』44, 1988, 25-26쪽; 교황청 평신도 위원회, 「세계 젊은이의 날 행사를 위한 제안」, 『회보』57, 1990, 15-17쪽.

이라고 할 수 있는 '청소년 사목 지침서'를 발간하고 전 지역의 청소년 사목 흐름을 통합함으로써 청소년 사목의 발전을 위해 노력하고 있다.

5. 요약

보편 교회 청소년 사목의 역사는 6세기경 '교리지식 중심의 청소년 사목'으로부터 시작되었다. '교리지식 중심의 청소년 사목'은 청소년이 그리스도교의 기본 지식을 충분히 배워 신자로서 살아갈 수 있게 하는 데 초점을 두었으며, 부모나 교리교사가 연역적·추상적으로 교리지식 및 교회의 전통적 가르침을 설명하고 청소년은 문답 형태로 내용을 암기하는 방식을 활용했다. 이후 19세기에 이르기까지 보편 교회 청소년 사목의 주된 흐름이었던 '교리지식 중심의 청소년 사목'은 현대 사회로의 변화를 맞이하여 도전 받기 시작했다. 이러한 상황에서 19세기 말부터 20세기 초, 청소년 사목의 새로운 조류인 '사목적 사랑의 청소년 사목'과 '사도직 중심의 청소년 사목'이 등장하였다.

성 요한 보스코의 사목활동으로부터 시작된 '사목적 사랑의 청소년 사목'은 청소년이 더 이상 죄를 짓지 않도록 예방하고, 전인격적·영적으로 올바르게 성장하도록 하는 것을 목적으로 하였다. 그리고 인간에 대한 하느님의 무한한 자비와 사랑을 기반으로, 가난하고 소외된 청소년을 받아들여 돌보고 가르치는 가운데 신앙으로 인도하였다. 이는 청소년을 가르침의 대상이 아니라 사랑해야 할 대상으로 보고, 사목자가 먼저 그리스도의 모범을 따라 청소년과 같은 시선을 공유하는 친구이자 어버이이며 스승이 되어야 한다고 강조한 것이다. 보스코 이후에는 살레시오 수도회를 비롯한 청소년 교육 수도회의 활동 및 그 정신을 이어받은 각종 청소년 여가 선용 교육을 통해 '사목적 사랑의 청소년 사목'의 흐름이 이어졌다.

한편, 조셉 카르딘으로부터 시작된 '사도직 중심의 청소년 사목'은 청소년이 하느님께 받은 사도직 소명을 깨닫고 실천함으로써 더 넓은 교회와 세상을 변화시킬 수 있도록 하는 데 목적을 두었다. '사도직 중심의 청소년 사목'은 청소년이 하느님의 자녀요 협력자·상속자로서 부르심을 받았으므로, 유일한 사도이신 그리스도를 통해 스스로 삶을 변화시킬 수 있다고 믿었다. 즉, 청소년을 선도하고 교육해야 할 대상이 아니라 사도직 수행의 주체로 본 것이다. '사도직 중심의 청소년 사목'에서 주로 사용하는 방법론은 '삶의 재조명'으로 청소년이 자신의 삶을 면밀히 관찰하고, 이를 그리스도의 시선으로 판단한 다음 구체적으로 실천함으로써 그 삶을 실제로 변화시키는 것이다. 또 다른 방법은 실질적 행동을 위한 조직체 구성으로, 그 조직 안에서 청소년은 '투사'라는 리더가 되어 지도력을 훈련받게 된다. 카르딘이 창시한 청소년 조직체인 JOC, YCS는 '사도직 중심의 청소년 사목'의 흐름을 활성화하면서 유럽 및 전세계 각 국가로 퍼져 나갔다.

20세기 중반에 접어들면서 현대 사회의 청소년 세대에 대한 연구가 활발해지는 가운데, 교회 안에서도 청소년에 대한 사목적 노력을 통합하려는 움직임이 점차 나타나기 시작했다. 제 2차 바티칸 공의회는 「평신도 사도직에 관한 교령」에 '사도직 중심의 청소년 사목'에서 강조해온 청소년 사도직을 명시하였으며, 교리지식을 교육할 때 사목자가 먼저 자애와 사랑으로 접근하고 그들의 연령·상황·심리·욕구 등을 고려해야 한다고 밝힘으로써 '교리지식 중심의 청소년 사목'과 '사목적 사랑의 청소년 사목' 흐름 간의 통합을 촉진하였다. 제 2차 바티칸 공의회의 정신을 이어받은 교황 바오로 6세는 「현대의 복음 선교」에서 교회의 사명이 모든 인류에게 복음을 전하는 '복음화'임을 선포하였다. 여기에서 '복음화'란 인간의 내적 변화와 외적 실천을 통한 환경 변화를 동시에 추구하며 '개인-공동체-세상'을 복음화하는 순환 과정을 지향하는 총체적인 것으로, 그것을 구성하는 모든 하위 요소들이 상호 보완적으로 통합된 개념이다. 이에 따라 기존의 세 가지 청소년 사목 흐름 안에 분리되어 있던 사목적 요소가 이러한 총체적 개념의 복음화를 중심으로 통합되기 시작하였다.

바오로 6세의 뒤를 이은 교황 요한 바오로 2세는 청소년에 대해 깊은 사목적 관심을 가졌으며, 그들의 열정과 가능성이 교회 복음화 사명의 실현에 중요하다고 보았다. 그는 교리교육의 개념과 방법을 복음화 비전에 맞추어 현대적으로 쇄신·확장하고 이를 청소년에게도 적용함으로써, 기존의 세 가지 청소년 사목 조류를 복음화 중심으로 수렴시켜 '통합되는 청소년 사목' 흐름을 형성하였다. 요한 바오로 2세는 '통합되는 청소년 사목'의 비전을 '청소년이 복음화의 주역이 되는 것'에 두고, 총체적 개념의 복음화를 구성하는 개인적 마음의 귀의·복음말씀(성경) 설교·교리지식 교육·교회의 전례 및 성사 참여·공동체 친교의 생활 참여·생활의 증거와 공동체 봉사·전 세계 현실적 문제에 대한 실천적 신앙 증언 등 모든 요소에 있어 청소년이 주체가 되어야 한다고 밝혔다. 또한 사목자가 청소년을 이해하고 대화·수용함으로써 그리스도의 사랑을 보여주어야 한다는 점도 강조하였다. 요한 바오로 2세는 '통합되는 청소년 사목'의 흐름을 실현하기 위한 대표적 방법으로 '세계 청소년의 날'을 활용하였다. 이처럼 요한 바오로 2세에 의해 정립된 '통합되는 청소년 사목'의 비전, 구성요소 및 전략은 오늘날 보편 교회 청소년 사목의 기본 틀을 형성하고 있다. 현대의 각 지역 교회는 이러한 '통합되는 청소년 사목'의 흐름을 이어받아 대륙·국가·교구 단위에서 청소년 사목의 기본 틀을 제시하면서 청소년 사목 활성화에 주력하고 있다.

Ⅱ 지역 교회의 청소년 사목

　　본 절에서는 지역 교회의 청소년 사목에 대하여 대륙별로 나누어 고찰하고자 한다. 즉, 북아메리카를 대표하는 미국 교회, 라틴아메리카 교회와 아시아 교회 그리고 기타 지역으로 유럽 교회와 아프리카 교회 그리고 오세아니아 교회를 순서대로 살펴보겠다. 각 지역 교회별로는 청소년 사목 비전을 파악하고, 각 지역 교회에서 주목할 만한 청소년 사목의 특성을 살핀 다음 그것을 바탕으로 청소년 사목의 구성요소를 도출할 것이다. 그리고 각 지역 교회가 청소년 사목 비전 실현을 위해 활용하고 있는 전략에 대해서 탐구할 것이다. 이러한 작업을 통해 정리한 각 지역 교회의 청소년 사목 비전·구성요소의 배경을 이루는 특성·사목적 전략을 그 지역교회의 '청소년 사목의 기본틀'로서 이해하고, 그 내용을 비교 분석함으로써 한국 교회 청소년 사목의 기본틀 형성을 위한 기반을 마련하고자 한다.

1. 북아메리카 교회 청소년 사목의 비전·특성·전략 – 미국 교회를 중심으로 [137]

　　미국 주교회의는 1976년 청소년 사목에 관한 공식 문헌으로 『청소년 사목 비전』(*A Vision of Youth Ministry*)[138]을 발간하였다. 이는 청소년 사목에

137　캐나다 교회의 청소년 사목에 대해서는 다음 참조. Cf. Michael Warren, "The Future of the Youth Ministry in Canada", Michael Warren(ed.), *Readings and Resources in Youth Ministry*, Saint Mary's Press, 1987, pp.227-241.

138　National Conference of Catholic Bishops, *A Vision of Youth Ministry*, United States Catholic Conference, 1976.

대한 기존의 노력을 교회의 근본 사명에 맞게 통합한 세계 최초의 청소년 사목 지침서였다. 이후 미국 교회[139]는 이에 대한 평가와 수정을 거쳐, 1997년에 개정판인 『비전을 새롭게』(*Renewing the Vision*)[140]를 발표하였다. 본 연구에서는 미국 교회 청소년 사목의 핵심 문헌이라 할 수 있는 두 가지 지침서 『청소년 사목 비전』, 『비전을 새롭게』 및 기타 관련 문헌을 중심으로 미국 교회의 청소년 사목 비전과 특성 및 사목 전략을 고찰하겠다.

1) 미국 교회 청소년 사목의 비전

미국 교회는 『청소년 사목 비전』을 통해 "청소년 사목이란 교회의 여러 사목들 중 하나로서 교회의 사명 안에 포함되어 있다"[141]고 밝히고 있으며, 교회의 사명을 다음의 세 가지로 설명한다. 첫째는 구원의 기쁜 소식을 선포하는 예언직이고, 둘째는 성령에 의해 믿음 · 희망 · 사랑의 공동체로 변화되는 교회를 봉헌하는 사제직, 셋째는 개인적 · 사회적 · 정치적 영역에서 봉사를 통해 이웃에게 하느님의 정의와 사랑을 전하는 왕직이다. 『청소년 사목 비전』은 이와 같은 예언직 · 사제직 · 왕직의 삼중 사명이 모든 그리스도교 신자들의 공동 책임이라고 강조하고 있다.[142]

---

139 1776년 미국이 청교도에 의해 독립되었을 때 1%였던 가톨릭 신자 비율은 1890년 12%인 700만 명에 이르게 되었고, 오늘날 가톨릭교회는 단일 교단으로는 최대 신자 수를 지니며 사회에 영향력을 끼치는 종교 집단이 되었다. 참조: 케네스 보약, 『새로운 가톨릭 복음선교』, 김준철 옮김, 분도출판사, 1997, 7-8, 45쪽; Elizabeth M. Dowling-Richard J. Dowling, "Youth Development through Youth Ministry", Donald Wertlieb et al.(eds.), *Handbook of Applied Developmental Science* 3, Sage Publications, 2002, pp.478-479.

140 National Conference of Catholic Bishops, *Renewing the Vision - A Framework for Catholic Youth Ministry*, United States Catholic Conference, 1997.

141 *AVYM*, p.3.

142 Cf. *Ibid.*

미국 교회가 청소년 사목을 보는 관점도 이와 동일하다. 청소년 사목 역시 여러 사목 분야 중의 하나로서, 전체 교회의 사명 완수를 위한 하나의 영역이라는 것이다. 따라서 미국 교회는 청소년이 교회의 구성원으로서 각자의 재능에 맞게 부르심 받았다는 것을 인정하면서, 그들의 요구를 이해하고 수용하며 청소년 고유의 재능을 더 큰 공동체에 나눌 수 있게 인도해야 한다고 본다.[143] 『비전을 새롭게』는 교회의 이와 같은 사목적 노력을 통해 교회의 일원인 청소년이 하느님의 부르심을 받은 존재임을 자각할 수 있도록 돕고, "주님께서 청소년에게 맡긴 사명을 수행할 수 있게"[144] 해야 한다고 밝힌다. 그러므로 두 지침서에 드러난 미국 교회 청소년 사목 비전은 '청소년이 그리스도의 구원 사업을 지속하는 교회 공동체의 구성원으로서 교회의 삼중 사명을 살아갈 수 있도록 하는 것'으로 요약할 수 있다.

2) 미국 교회 청소년 사목의 특성

미국 교회 청소년 사목의 특성은 크게 두 가지로 나누어 볼 수 있다. 첫 번째 특성은 교회가 앞장서서 청소년이 지닌 삼중 사명을 살 수 있게 하기 위한 환경을 조성해 주어야 한다는 것이다. 그래서 청소년에 대한 조사·분석을 통해 그들의 주변 환경 및 세대적 특성을 파악하고, 그를 바탕으로 청소년에게 적합한 사목을 효과적으로 펼치고자 노력한다. 두 번째 특성은 청소년 사목의 포괄적 측면을 강조한다는 점이다. 미국 교회는 청소년 사목이 복합적이고 다차원적인 성격에 수복하여, 한두 가지 접근으로는 청소년 사목이 균형 있게 이루어질 수 없다고 보고 포괄적 시선의 접근을 중요하게 제시하였다.

---

143 Cf. *AVYM*, p.10.
144 *RTV*, p.2.

(1) 청소년을 향해 선행되어야 하는 교회의 역할

　청소년을 향한 미국 교회의 노력은 엠마오로 가는 제자들을 동반하는 여정 안에서의 예수처럼(루카 24,13-35 참조) 그들의 이야기를 듣는 것으로부터 시작한다. 즉, 청소년이 사목 비전인 삼중 사명을 살아가게 하는 데에 앞서 교회가 먼저 주도적으로 청소년에게 다가가는 것이다.[145] 미국 교회는 청소년에게 초점을 맞추고[146] 그들의 갈망을 파악하여, 그들을 온전히 이해하는 것이 교회가 청소년을 향해 선행해야 하는 역할임을 강조하고 이를 위해 청소년에 대한 철저한 조사 분석을 꾸준히 실행하였다. 그 과정에서 청소년에게 중요한 영향을 미치는 사회적 · 문화적 · 종교적 환경을 파악하고 그에 따라 형성되는 청소년의 욕구 및 발달 시기적 · 심리적 특성 등을 정리하여 이를 반영한 사목의 방향을 제시하였다.[147]

　이러한 시각으로 미국 교회는 '삶의 새로운 단계로 진입하는 청소년을 도와 그들이 사회적 · 문화적 · 영적으로 온전하게 성장할 수 있게 하는 것'이 청소년 사목의 중요한 책임이라고 보았다.[148] 이에 따라 미국 교회는 『청소년 사목 비전』에서 청소년 사목의 첫 번째 목적으로 "청소년

145　Cf. *AVYM*, p.5.

146　Cf. *RTV*, p.4.

147　Cf. *AVYM*, pp.3-8, 11. 미국 교회는 『청소년 사목 비전』에서 청소년이 속한 사회 · 문화가 그들에게 긍정적으로 혹은 부정적으로 중요한 영향을 줄 수 있다고 밝히며, 당시 미국 사회는 청소년에게 주는 부정적 영향을 극복하기 위한 시도가 거의 없음을 지적하였다. 여기서 부정적 영향이란 참된 행복에 역행하는 물질적 성공의 중시, 편견, 비인간적 사회 경향 그리고 연령 · 경제 상황 · 인종 · 능력 등을 이유로 일어나는 억압과 불의 등을 말한다. 그리고 이로 인해 청소년층이 마약, 알코올 중독, 무책임한 성행위나 폭력 등에 빠져 그리스도교적 가치와 멀어지고 있음을 지적한다. 『청소년 사목 비전』에서는 이 같은 현대 미국 사회 · 문화의 부정적 영향을 받고 있는 청소년의 모습을 언급하며, 교회가 이러한 갈등을 해소하기 위해 움직여야 한다고 주장한다.

148　Cf. *AVYM*, pp.8-9. 『청소년 사목 비전』은 청소년의 발달 시기적 특성에 대해서도 중요하게 다루고 있다. 인간 발달상 독특한 시기인 청소년기에서 특히 10대는 어린이에서 성인으로 넘어가는 중대한 변화를 경험하는 때로, 신체적 · 심리적 · 사회적 성장이 집중적으로 일어나며 신앙적 의미를 갈구하고 가치를 판단하기 시작하는 영적 성숙의 시기라고 파악된다. 따라서 청소년은 이러한 시기적 특성으로 인해 일상생활, 가족, 친구 관계, 학업, 과외활동, 도덕적 가치, 종교 문제 등에 많은 관심을 갖고 다양한 방법으로 자신들의 요구를 표현한다.

각 개인의 전인적 성장과 영적 성장을 위해 일하는 것"[149]을 제시하였다. 이러한 특성은 보편 교회의 '사목적 사랑의 청소년 사목' 흐름에서와 같은 통합적 성장의 관점, 즉 청소년의 인성적 성장과 영적 성장을 조화시켜야 한다는 관점을 보여준다.

미국 교회는 이처럼 청소년의 개인적 성장을 중시할 뿐만 아니라, 청소년 사목이 관계성을 기반으로 하여 공동체 안에서 이루어져야 한다는 점도 강조한다. 즉, 청소년은 관계를 맺는 가운데 자기 자신과 타인들을 대면하고 수용하며 공동체를 통해 성장하고 하느님께 자신을 더 개방하게 되는 특성을 지니고 있으므로, 청소년 사목은 교육 내용 구성이나 프로그램 기획에 앞서 가장 먼저 '관계성'을 중시해야 한다는 것이다.[150] 또한 미국 교회는 청소년에게 중요한 영향을 미치는 가정·본당 등의 지역 공동체와 청소년이 소속되어 있는 사회·문화 공동체의 제반 환경을 고려할 때 청소년 사목이 더욱 효과적으로 이루어질 수 있다고 보았다.[151] 『청소년 사목 비전』은 이와 같은 관계성과 공동체에 대한 강조를 종합하여, "청소년이 신앙 공동체의 삶과 사명과 일에 책임감 있게 참여하도록 이끄는 것"[152]을 청소년 사목의 두 번째 목적으로 제시하였다.

『청소년 사목 비전』을 통해 청소년 사목의 지침이 제시된 이후에도 미국 교회는 지속적으로 청소년 세대와 그들의 시대적 환경을 조사하고 분석하였다. 전국 청소년 사목 심포지엄인 '10년을 위한 희망'(1980)[153],

---

149 *AVYM*, p 7

150 Cf. *AVYM*, pp.8-9.

151 Cf. *AVYM*, pp.10-11.

152 *AVYM*, p.7.

153 1980년 미국 교회가 '10년을 위한 희망'(Hope for the Decade)이라는 주제 아래 개최한 최초의 전국 청소년 사목 심포지엄이다. 여기에서는 청소년을 둘러싼 사회·문화적 환경 변화에 대한 조사 자료를 바탕으로 청소년 사목에 영향을 주는 사회 구조·가족 구조·종교 생활 및 가치관의 변화에 대한 조사 연구 결과가 발표되었다. Cf. Elly Murphy(ed.), *Hope for the Decade*, National Catholic Youth Organization Federation, 1980, pp.10-117.

'신앙의 성숙-개인과 공동체 모두의 과제'(1985)[154]에서는 그러한 연구
결과에 대한 논의가 이어졌으며, 전국 청소년 사목 설문 조사 결과를 분
석한 보고서인 「청소년 사목의 새로운 방향」(1996)[155]도 출간되었다. 이러
한 과정 속에서 미국 교회는 한 가지 중요한 사실을 발견하였다. 그것은
청소년이 신앙과 종교에 관심이 없다는 기존의 통념과 달리, 실제로 그
들은 영적 성장과 신앙적 가르침을 갈망하고 있다는 점이었다. '프린스
턴 종교 연구 센터'의 조사에서도 일반적인 미국 청소년의 95%가 신을
믿고 있으며 87%는 신에게 기도한다는 결과가 드러났다.[156] 이러한 연구
결과와 복음화 중심의 문헌들[157]을 바탕으로, 미국 교회는 기존의 청소년
사목 목적을 보완·개정하여 『비전을 새롭게』를 발표하였다. 『비전을 새
롭게』에는 『청소년 사목 비전』에서 제시한 두 가지 목적이 그대로 계승

154　1985년, '신앙의 성숙-개인과 공동체 모두의 과제'(Faith Maturing: A Personal and
　　　Communal Task)라는 주제로 열린 제 2차 전국 청소년 사목 심포지엄. 여기서는 청소년의 환
　　　경적 배경에 대한 검토 및 다문화 사회, 편부모 가정, 청소년 사목 대상 연령층 확대 등 새롭게
　　　변화되고 있는 사항에 대한 논의가 이루어졌다. Cf. John Roberto(ed.), *Faith Maturing: A
　　　Personal and Communal Task*, National Federation for Catholic Youth Ministry, 1985,
　　　pp.35-56.

155　1996년 조지타운 대학교의 '사도직 응용 연구센터'(The Center of Applied Research on the
　　　Apostolate)에 의해 작성된 연구 보고서 「청소년 사목의 새로운 방향」. 6천여 명의 청소년을
　　　대상으로 설문한 이 보고서에는 청소년이 가장 중요시하는 가치, 청소년 사목 참여 이유, 청
　　　소년 사목 평가 등에 대한 설문조사 내용이 수록되어 있다. 대다수의 청소년이 사목적 활동
　　　참여로 가톨릭 신자로서의 정체성 확인과 신앙성장이 이루어졌고 교회에 투신하려는 열망이
　　　커졌다고 응답하였으며, 청소년 사목에 오래 참여할수록 더 큰 영향을 받게 되었다는 청소년
　　　사목의 긍정적 영향력도 주목할 만한 연구결과로 확인되었다. Cf. NFCYM-National
　　　Conference of Catholic Bishops, *New Directions in Youth Ministry - A National Study of
　　　Catholic Youth Ministry Program Participants*, Center for Applied Research in the
　　　Apostolate, 1996, pp.5-18.

156　Cf. Princeton Religion Research Center, *Religion in America 1979-1980*, 1980: quoted in
　　　Thomas Zanzig, *Sharing*, vol.1, Saint Mary's Press, 1985, p.21.

157　Cf. United States Catholic Conference, *Go and Make Disciples - A National Plan and
　　　Strategy for Catholic Evangelization in the United States*, United States Catholic
　　　Conference, 1993; NFCYM, *The Challenge of Catholic Youth Evangellzation - Called to be
　　　witnesses and storytellers*, National Federation for Catholic Youth Ministry, 1993.

되었으며,[158] 청소년의 영성적 갈망에 부응할 수 있도록 하는 새로운 목적이 추가되었다. 그 목적은 "청소년이 현대 세계에서 예수 그리스도의 제자로 살도록 힘을 주어야 한다"[159]는 것이다. 『비전을 새롭게』는 이 목적을 통해, 복음화의 전망 안에서 "의미 있는 모험에 참여하기를 갈망하는 청소년에게 영성적 비전을 제공해야 한다"[160]는 주장을 담고 있다. 즉, 청소년이 교리교육이나 영성적 내용을 별로 원하지 않는다는 편견을 넘어, 교회가 교리교육을 청소년 사목의 중요한 요소로 보고 다시금 강조해야 한다는 것이다.[161]

이와 같이 미국 교회는 청소년 세대 및 그들을 둘러싼 환경에 대해 조사·분석하고, 이를 바탕으로 『청소년 사목 비전』과 『비전을 새롭게』를 통해 청소년 사목의 목적을 다음 세 가지로 제시하였다. 첫째, 청소년이 현대 세계에서 예수 그리스도의 제자로 살도록 힘을 준다. 둘째, 청소년이 가톨릭 신앙 공동체의 삶과 사명과 일에 책임감 있게 참여하도록 이끈다. 셋째, 청소년 각 개인의 전인격적 성장과 영적 성장을 돕는다가 바로 그것이다. 청소년의 특성에 근거한 이러한 목적을 통해, 청소년에게 적합하면서도 효율적인 사목을 펼치기 위해 노력하고 있는 것이다. 미국 교회는 『비전을 새롭게』 이후 2000년대에 들어서도 청소년의 환경 및 특성 파악, 청소년 사목 현황 조사 및 평가를 지속적으로 실시하면서[162]

---

158 Cf. *RTV*, pp.11-18.

159 *RTV*, p.9.

160 *RTV*, p.10.

161 Cf. *Ibid*.

162 '청소년과 종교에 관한 전국적 연구'(National Study of Youth and Religion)에서 2002-2003년 미국의 10대 가톨릭 청소년의 영성 현황에 대해 조사하였다. Cf. Christian Smith, *Soul Searching - The Religious and Spiritual Lives of American Teenagers*, Oxford, 2005, pp.193-217. 그리고 『비전을 새롭게』 발표 10주년인 2007년에는 그 사목적 효과에 관한 강·약점 분석이 이루어지기도 하였다. Cf. Arthur David Canales, "The Ten-Year Anniversary of Renewing the Vision - Reflection on Its Impact for Catholic Youth Ministry", Richard McCarron-Dawn M. Nothwehr(eds.), *New Theology Review*, vol.20, Liturgical Press, 2007, pp.58-67.

이를 사목 현장에 반영하고 있다.

(2) 포괄적인 청소년 사목(Comprehensive Youth Ministry)

미국 교회는 『청소년 사목 비전』을 통해 "청소년 사목은 다차원적 현실(multidimensional reality)"[163]임을 명시하였다. 청소년 사목은 청소년의 온전한 성장을 지향하면서 그들의 교육적·심리적·사회적·영적 요구를 모두 적절히 다루어야 하기 때문에 기본적으로 복합적 특성을 지닌다는 것이다.[164] 미국 교회가 이와 같은 청소년 사목의 특성에 대해 주목한 것은 1970년대에 들어서였다. 당시 미국 교회에는 다양한 관점에서 청소년 사목과 청소년 프로그램을 운용하는 청소년 사목 단체·조직들이 공존하고 있었다.[165] 교회는 이들을 통해 새로운 청소년 사목 프로그램을 개발하고, 청소년 사목을 위한 인적·물적 자원도 지속적으로 투입했지만 그에 합당한 사목적 효과는 거두지 못하고 있는 실정이었다. 1974년 '뉴잉글랜드 청소년 사목 회의'(New England Conference on Youth Ministry)에서 당시 전국 청소년 사목 책임자였던 토마스 레너드(Thomas J. Leonard) 몬시놀은 "우리의 문제는 프로그램이나 구조를 출발점으로 여길 때 발생한다. 이때 우리의 비전은 가려지고 효율성은 사라진다 〔…〕

---

163 *AVYM*, p.7.

164 Cf. *AVYM*, p.24.

165 Cf. Francis G. Weldgen, "A Brief Look at the Growth of Catholic Youth Work in the United States", Elly Murphy(ed.), *op. cit.*, pp.3-4. 1970년대 미국 가톨릭교회의 대표적 청소년 단체는 CCD, 1930년 시카고 주교 버나드 쉴(Bernard J. Sheil)에 의해 설립된 미국 가톨릭 최초의 청소년 조직인 가톨릭 청소년 협회(Catholic Youth Organization)가 있었다. 그 외에도 YCS, 가톨릭 스카우트(Catholic Scout), 가톨릭 신자회(Solidarity), 콜롬부스의 작은 기사단(Columbian Squire) 등이 활동하였다. 당시 미국 가톨릭 청소년 프로그램은 주말을 이용한 2-3일 단위의 피정 혹은 기도 모임이 주를 이루었는데 TEC로 통칭되는 10대 청소년과 그리스도와의 만남(Teen Encounter Christ), 서치 리트리트(Search Retreat), 어웨이크닝(Awakening), 트와이라이트 세미나(Twilight Seminar), 임팩트 프로그램(Impact Program), 스페로 프로그램(Spero Program) 등이 대표적인 모임의 프로그램들이다.

청소년 사목은 넓고 복합적인 영역이므로, 모든 프로그램은 통합적 사목의 기본 구조 안에 있을 때 최대의 효과를 발휘하게 된다"[166]고 말했다. 이러한 토마스 레너드의 통찰을 계기로 미국 교회는 청소년 사목의 복합적이고 다차원적인 특성을 이해하고, 이후 청소년 사목을 효율적으로 펼치기 위한 포괄적 관점을 제시하기 시작했다. 『청소년 사목 비전』은 그러한 과정에서 얻은 첫 번째 결과물이라고 할 수 있다.

미국 교회는 다차원적, 다각적 영역을 통합하기 위하여 청소년 사목이 이루어지는 영역을 네 가지로 정리하였다. 첫째는 청소년을 향한(to youth) 영역으로 청소년이 스스로 성취하기 어려운 부분에 대해 성인 공동체의 재능과 자원을 활용하여 청소년의 성장을 도와주는 영역이다. 둘째는 청소년과 함께 하는(with youth) 영역으로 청소년이 본당 회의에 참여하고 전례 봉사를 하는 등 성인들과 함께 공동 책임감을 갖고 교회 사명을 수행하는 것이다. 셋째는 청소년이 자기 또래의 친구들을 상담하거나 가르치고 청소년 모임 안에서 지도자 역할을 하는 것으로 청소년에 의한(by youth) 영역이다. 그리고 마지막은 청소년을 위한(for youth) 영역으로 청소년 사목자가 청소년의 필요와 요구를 더 넓은 공동체에 알리고 협력하고자 하는 움직임이다.[167]

『청소년 사목 비전』은 청소년 사목의 내용을 구성하는 구체적 요소들에 대해서도 일곱 가지로 정리하고 있다. 첫째는 일상 안에서의 복음 선교와 교리를 의미하는 말씀(word)이며, 둘째는 미사 · 성사 · 기도 모임 · 성경 공부 모임 등을 포괄하는 전례(worship)이나. 셋째는 공동체에서의 생활과 나눔, 축제 등을 의미하는 공동체 형성(creating community), 넷째는 소외감으로 상처받은 청소년을 치유해 주고 개인 성소에 대한 상담을

---

166   *Ibid.*, p.5.
167   Cf. *AVYM*, pp.6-7.

원하는 청소년과 깊이 있는 대화를 나누는 길잡이와 치유(guidance and healing)이다. 다섯째는 청소년이 또래 청소년이나 이웃을 위해 봉사하도록 하고 더 넓은 신앙 공동체와 사회에서 그리스도인의 정의를 구현할 수 있도록 이끄는 정의와 봉사(justice and service)이며, 여섯째는 청소년과 성인 모두가 자신의 재능과 지도력을 계발할 수 있도록 양성하고 인도하는 권한부여(enablement)이다. 마지막 요소는 옹호(advocacy)로써 교회와 사회에서 청소년을 대변하고 그들의 목소리를 전달함으로써 중재자·완충자의 역할을 하는 것이다.[168] 이와 같이 미국 교회는 『청소년 사목 비전』을 통해 청소년 사목 안에서 이루어지는 다양한 활동의 내용을 종합·정리하였다.

또한 미국 교회는 청소년 사목의 영역과 구성요소들이 "통일된 전체적 시각 안에 상호 의존적으로 연결된 것"[169]이므로, 이 내용들을 바탕으로 교회 구성원들의 다각적인 노력이 총합될 때 효과적인 청소년 사목이 가능하다고 보았다. 이때 절대적이고 유일한 대안은 없으며 다양한 구조적 모델이 여러 필요에 따라 사용될 수 있다. 미국 교회는 이와 같은 포괄적 접근에서 '대화와 협력, 공동 계획'이 청소년 사목의 균형을 이루어주고 분열을 최소화하기 위해 중요하다고 밝혔다.[170]

미국 교회는 『청소년 사목 비전』에서 언급했던 포괄적 관점의 중요성을 『비전을 새롭게』에서도 거듭 강조하였다. 『청소년 사목 비전』 이후 20여 년간 청소년을 향한 사목적 노력을 기울이는 가운데 미국 교회는 청소년 사목이 프로그램·전략·활동 중의 한 가지만으로는 이루어질 수 없다는 것, 가정·본당·학교 공동체와 분리되어서는 안 된다는 것, 그리고

---

168   Cf. *AVYM*, pp.12-22.

169   *AVYM*, p.24.

170   Cf. *AVYM*, pp.24-25.

전체 교회의 협력이 요구되는 사목이라는 것을 깨달았던 것이다.[171] 이에 따라 미국 교회는 보다 폭넓게 확장된 '포괄적 전망'(Comprehensive Vision)[172]을 제시하고, 청소년 사목을 청소년의 삶과 교회의 사명에 통합시키며 청소년 사목을 위해서 교회 전체가 공동으로 노력해야 한다고 주장하였다. 이와 더불어 가정 공동체와의 연대 및 본당 공동체 안에서 이루어지는 여러 세대 간의 대화와 협력의 중요성, 미국 사회의 다양한 민족적 · 문화적 배경을 포괄할 수 있는 청소년 사목의 필요성도 새로이 제시되었다.[173]

이로써 미국 교회 청소년 사목 전체의 비전은 『비전을 새롭게』를 통해 "상호 의존적이며 동시에 상호 대등하게 중요성을 갖는"[174] 포괄적인 시선 안에서 세 가지 목적으로 구체화되었다. 『청소년 사목 비전』의 일곱 가지 구성요소 또한 내용면에서 보완 · 수정되어 여덟 가지 요소, 즉 옹호 · 교리교육 · 공동체 생활 · 복음화 · 정의와 봉사 · 지도력 개발 · 사목적 배려 · 기도와 전례[175]로 제시되었다. 포괄적인 청소년 사목은 이러한 여덟 가지 구성요소를 통합적이고 균형 있게 활용하여 청소년 사목의

---

171 Cf. *RTV*, pp.19-25.

172 Cf. *RTV*, p.20.

173 Cf. *RTV*, pp.21-24.

174 *RTV*, p.9.

175 『청소년 사목 비전』의 구성요소와 『비전을 새롭게』에서 새롭게 표현된 구성요소 간의 연결은 다음과 같다. 먼저 '말씀' 요소가 복음화(evangelization)와 교리교육(catechesis)의 두 가지 요소로 구분되어 제시된다. '전례' 요소는 기도와 전례(prayer and worship), '공동체 형성' 요소는 공동체 생활(community life), '길잡이와 치유' 요소는 사목적 배려(pastoral care), '권한부여' 요소는 지도력 개발(leadership development)로 단어 표현이 구체화되었다. '정의와 봉사' 요소 및 '옹호' 요소는 그대로 계승된다. 즉, '말씀' 요소에 포함되어 있던 복음화와 교리교육 요소를 분리하여 각각 하나의 온전한 요소로 강조하고 있는 것이 『비전을 새롭게』 구성요소의 특징이라고 할 수 있다. 그 이유는 앞서 서술한 대로 미국 교회가 기존 편견과 달리 청소년에게 영적 갈망이 있음을 발견하고, 영성적 가르침 · 복음 말씀 · 교리교육의 필요성을 강조하면서 첫 번째 목적으로 '현대 세계에서 청소년이 예수 그리스도의 제자가 되게 하는 것'을 추가한 것과 같은 맥락이라고 할 수 있다. Cf. *AVYM*, pp.13-22; *RTV*, pp.26-47.

세 가지 목적을 효과적으로 달성할 수 있게 한다. 이와 함께 각 지역의 상황과 요구에 맞추어 각 구성요소를 "유연하고 융통성 있게 적용"[176]함으로써, 다양하고 창의적인 프로그램을 창출한다. 이것이 바로 미국 교회 청소년 사목의 '포괄적 전망'인 것이다.

3) 미국 교회 청소년 사목의 전략

미국 교회는 『청소년 사목 비전』을 통해 "비전은 제시되었고, 이제 행동을 해야 할 때"[177]라고 주장하며 청소년 사목의 구체적인 실천을 촉구하였다. 그 실천을 위해 미국 교회가 활용한 사목 전략은 크게 세 가지로 나누어 볼 수 있다. 첫 번째 전략은 『청소년 사목 비전』이나 『비전을 새롭게』와 같은 '청소년 사목 지침서'를 통해 청소년 사목 비전을 주교단의 권한으로 공표하고 발간·보급하는 방법이다. 미국 교회의 '청소년 사목 지침서'는 청소년 사목의 통일된 초점을 밝히고, 그 목적을 달성하기 위한 구성요소의 내용과 실행 방안을 제안하고 있다. 또한 청소년 사목의 다양한 영역 및 사목 활동 안에서 지켜야 할 원칙도 밝히고 있으며 청소년 사목 비전이 달성되었을 때의 이상적 이미지를 복음에 근거하여 제시한다. 이 지침서를 통해 미국 교회 청소년 사목자들은 청소년 사목을 이해하고 계획하며 실행할 수 있는 "공유된 언어"[178]를 갖게 되었다. 즉, '지침서'에 의해 모든 청소년 사목자가 초점을 맞추어야 할 비전과 내용이 명확하게 명문화되었고, 그 비전과 내용은 사목 계획 설정의 방향이자 실행 이후의 평가 기준으로 적용될 수 있었던 것이다.

---

176 *RTV*, p.25.

177 *AVYM*, p.26.

178 Laurie Delgatto(ed.), *Catholic Youth Ministry - The Essential Documents*, Saint Mary's Press, 2005, p.7.

또한 문헌으로 널리 보급된 지침서는 여러 청소년 사목자 간에 소통할 수 있는 공통의 언어가 되었다. 이와 같이 주교단의 권위로 만들어진 청소년 사목 지침서는 다차원적이고 복잡한 청소년 사목의 영역 간 경계를 점차 사라지게 하고, 하나의 통합된 비전을 향해 다양한 자원들이 자유롭게 활용될 수 있게 함으로써 미국 교회 청소년 사목 발전에 기여하고 있다.[179]

미국 교회의 두 번째 전략은 '청소년 사목 지침서'를 중심으로 청소년 사목을 발전·확장시켜 나가기 위하여 전국적 차원의 조직화를 이루는 것이다. 이 전략을 통해 국가 차원의 청소년 사목 전담 기관인 '미국 가톨릭 청소년 사목 연맹'(National Federation for Catholic Youth Ministry – 이후 NFCYM으로 표기)[180]이 주교회의와 분리된 별도의 비영리 법인으로 1982년에 출범하였다. NFCYM은 국가 청소년 사목 전반을 기획·실행·평가하는 총괄 기관으로, 청소년 사목의 전문성과 영속성을 담보하여 미국 교회 청소년 사목의 활성화에 밑거름이 되고 있다. NFCYM의 주요한 활동은 다음 세 가지로 구분된다. 먼저 전국 청소년 대표자들과 사목자들에게 전국 대회[181]와 같은 대화의 장을 제공하여, 청소년 사목자들이 서로 원활하게 소통하고 협력할 수 있도록 돕는 '청소년 사목 네트워크의 중심'으로서의 역할이다. 또 다른 역할은 국가적 차원에서 각 교구를 지원함으로써, 각 교구가 산하 본당에 교육 및 양성 프로그램을 제공할 수 있도록 돕는 것이다. 마지막으로 NFCYM은 사목자들이 청소년 사목 비전을 재공유하고 신화할 수 있도록 『청소년 사목 비전』이나 『비전을

---

179 Cf. *Ibid.*, pp.7-8.

180 Cf. "NFCYM History", NFCYM, 2008. 3. 16〈http://www.nfcym.org/about/mission.htm〉.

181 NFCYM은 1991년부터 미국 주교단과 함께 '전국 청소년 대회'(National Youth Congress), 1993년부터는 '전국 가톨릭 청소년 사목자 회의'(The National Catholic Youth Conference)를 격년으로 개최하고 있다.

새롭게』와 관련된 연구 문헌[182]을 지속적으로 발간하고 있다. 이처럼 통일된 '핵심 청소년 사목 전담 기관'이 청소년 사목 비전을 공유하는 각종 회의·행사를 주관하고 이와 관련된 자료를 보급하며, 청소년 사목자들 간의 네트워크를 지원하는 것이 바로 미국 교회 청소년 사목의 두 번째 전략이다.

　미국 교회의 청소년 사목 활성화를 위한 세 번째 전략은 "훈련된 인재 양성"[183]이다. 즉, 청소년 사목을 위한 인적 자원을 전문적으로 훈련·양성하여 채용하는 전략으로, 미국 교회는 그 중에서도 특히 평신도 청소년 사목자의 양성을 중시한다.[184] 미국 교회는 사제의 부족과 잦은 인사이동이 청소년 사목을 불안정하게 하는 요인임을 통찰하고, 청소년 사목이 안정성과 지속성·전문성을 함께 갖추려면 전임 평신도 사목자를 채용해야 한다고 보았다. 그리고 그들에게 합당한 보수와 충분한 안정성을 보장해야 한다는 점도 지적하였다.[185] 이와 같이 검증 받은 평신도 청소년 사목 전문가가 필요하며, 그들의 유급 채용이 보장되어야 한다는 미국 교회의 주장은 1972년 미국 주교회의가 발간한 『교구 청소년 사목 책임자』(*Diocesan Youth Director*)[186]에서 명시된 바 있다. 미국 교회는 1980년 전국 청소년 사목 심포지엄 '10년을 향한 희망'에서도 청소년

---

182 NFCYM에서 청소년 사목 비전 공유와 이해를 위한 핵심 문헌들을 편집하여 발간한 책은 다음과 같다. Laurie Delgatto(ed.), *Catholic Youth Ministry - The Essential Documents*, Saint Mary's Press, 2005.

183 *AVYM*, p.24.

184 미국 교회가 평신도 사목자에 비중을 두는 이유는 미국의 상황상 사제·수도자의 수가 부족한 반면 교육받은 평신도의 수는 많기 때문인 것으로 보인다. 미국 교회는 형성 초기부터 기존 미국 사회의 반가톨릭적 편견을 극복하기 위해 각 교구에 가톨릭 학교 및 대학을 설립하고 학교 내 종교 교육을 강화해왔다. 그리고 이들 가톨릭 학교 졸업자는 자연스럽게 가톨릭교회를 지원하는 평신도로 성장하였다. Cf. Elizabeth M. Dowling-Richard J. Dowling, *op.cit.*, p.478.

185 Cf. *AVYM*, p.24.

186 Cf. Francis G. Weldgen, *op.cit.*, p.4; United States Conference of Catholic Bishops, *The Diocesan Youth Director*, Division of Youth Activities United States Catholic Conference, 1976, pp.1-2, 8.

사목 전문가를 양성하기 위한 전문 프로그램과 대학교 학위 과목을 세부적으로 제안함으로써[187] 전문적인 청소년 사목자 양성의 기반을 제공하고, 학위 및 관련 자격증으로 청소년 사목자의 자질을 검증할 수 있게 하였다.

미국 교회 최초로 평신도가 설립한 청소년 사목 센터인 '노스이스트 센터'(North East Center) 이후, 이에 영향을 받은 여러 사목 연구 센터들[188]이 지속적으로 설립되면서 청소년 사목 전문가 양성의 흐름이 이어졌다. 이로 인해 미국 교회 내에는 청소년 사목과 관련된 석·박사 및 전문 양성 프로그램을 수료한 평신도 사목자들이 늘어났으며[189], 오늘날 미국 교회의 각 본당·교구·가톨릭 학교 등에서 이들을 채용하고 있다.[190] 또한 미국의 청소년 사목 전문가들은 상호 간의 정보 교류 및 교육·양성을 위한 각종 사목 이론서나 사목 자료집 등을 발간함으로써 청소년 사목 연구 심화에 영향을 미쳤다. 이와 같이 평신도 청소년 사목 전문가의 양성에 주력한 결과, 미국 교회 청소년 사목에 있어 인적 자원의 질이 향상

---

187 Cf. Elly Murphy(ed.), *op. cit.*, pp.155-166, 254-260.

188 로베르토(John Roberto)에 의해 1978년 설립된 노스이스트 센터는 1987년 청소년·청년·가정 사목에 대한 영역을 포괄하게 되면서 '사목 개발 센터'(Center for Ministry Development)로 개칭하였다. 이 외에 1990년 멀카덴트(Frank Mercadante)가 설립한 '경작 사목 센터'(Cultivation Ministries), 2003년 맥코쿼덜(Charlotte McCorquodale)이 설립한 '사목 트레이닝 센터'(Ministry Training Source) 등이 청소년 사목 전문가 양성을 위한 교육·훈련 과정을 마련하고 있다. 그 외에도 '라이프 틴'(Life Teen), '유스 스페셜티즈'(Youth Specialties) 등이 있다.

189 Cf. John Roberto(ed.), *op. cit.*, p.11.

190 2002년 이후 미국 내 2만여 개 본당에 채용된 전임 평신도 청소년 사목 전문가는 3,500여 명으로 나타났다. 200여 개 교구 또한 각 행정 부서에 본당 및 지역 내 신앙 공동체 청소년 대상 프로그램의 정보를 관리·조정하는 전문가를 고용하고 있다. Cf. Charlotte McCorquodale, *The Emergence of Lay Ecclesial Youth Ministry As a Profession*, Ministry Training Source, 2002, p.9; Elizabeth M. Dowling-Richard J. Dowling, *op. cit.*, p.480, 482-486; Robert J. McCarty(ed.), *The Vision of Catholic Youth Ministry - Fundamentals, Theory, and Practice*, Saint Mary's Press, 2005, p.13.

되었고 청소년 사목에 대한 연구도 다양하게 진행될 수 있었다.[191] 미국
교회가 1990년에 발표한 『평신도 청소년 사목자의 자질에 대한 규범』
(*Competency - Based Standards for the Coordinator of Youth Ministry*)[192]은
현재까지도 체계적인 평신도 청소년 사목 전문가 양성을 위한 지침으로
활용되고 있다. 이처럼 미국 교회의 '평신도 청소년 사목 전문가'들은 대
학이나 전문 양성 센터를 통해 훈련을 받고 사목 현장에서 경험을 쌓는
가운데, 전공 분야의 전문 지식과 청소년 사목에 대한 명확한 지향점을
갖춤으로써 미국 교회 청소년 사목을 활성화하는 데 중요한 역할을 담당
하고 있다.

2. 라틴아메리카 교회 청소년 사목의 비전 · 특성 · 전략

'라틴아메리카 주교회의'(CELAM)는 1987년 청소년 사목활동의 방향
성을 제시하는 지침서인 『사랑의 문명에 동참하는 청소년 사목』(*Pastoral*

---

191 Cf. John Roberto, *op.cit.*, p.11. 1976년 이후 발간된 청소년 사목 전문서적 중 대표적인 것으
로는 돈보스코 멀티미디어(Don Bosco Multimedia)에서 1990년대 초에 발간한 '청소년 사목
가이드 시리즈'(*Access Guide to Youth Ministry Series*)가 있다. 청소년 사목 이론 서적으로는
마이클 워렌(Michael Warren)의 *Youth Ministry - A Book of Readings*와 *Youth Gospel
Liberation* 그리고 *Youth and the Future of the Church*가 있으며, 마리아 해리스(Maria
Harris)의 *Portrait of Youth Ministry*와 *Fashion me a People*가 있다. 청소년 사목 전문 미디어
로는 노스이스트 센터에서 제공하는 정보 서비스 '*Youth Ministry Resource Network*'와 청소
년 사목 전공자들이 발행하는 청소년 사목 잡지 '*Youthworker*' 등이 있다.

192 이 지침은 청소년 사목자가 갖추어야 할 기본 자질을 인품 · 신학적 영성 · 성경 지식 · 그리스
도론 · 교회론 · 교의신학 · 성사론 · 윤리신학 · 의사결정기술 · 가톨릭 정체성 · 교회일치 ·
인적 자원 운영 · 청소년 사목 기초 이론으로 종합하였다. 그리고 이 요소들은 현재 미국 교회
평신도 청소년 사목 지도자의 평가 기준으로 활용되고 있다. Cf. NFCYM, *Competency -
Based Standards for the Coordinator of Youth Ministry*, National Federation for Catholic
Youth Ministry, 1990, pp.1-13.

Juvenil, Si a la Civilización del Amor)을 발간하였다.[193] 이후 이 지침서는 수정·보완되어, 1995년에 라틴아메리카 청소년 사목의 총 지침서인 『사랑의 문명, 과제와 희망』(*Civilización del Amor*)[194]으로 출판되었다. 이어 CELAM은 2003년 『삶의 계획: 청소년 사목을 향한 부르심의 길』(*Proyecto de Vida*)[195]을 통해 청소년을 사목적으로 양성하기 위한 전략을 제시하였다. 본 항에서는 『사랑의 문명, 과제와 희망』을 중심으로 CELAM의 총회 문헌[196] 및 위에 언급한 청소년 사목 관련 문헌들을 참조하여 라틴아메리카 교회의 청소년 사목 비전과 특성 및 사목 전략을 분석하겠다.

1) 라틴아메리카 교회 청소년 사목의 비전

라틴아메리카 교회는 『사랑의 문명, 과제와 희망』에서 청소년 사목이란 "교회가 조직적으로 청소년을 동반함으로써 청소년이 예수를 발견·추종·투신하게 하며, 그를 통해 청소년이 자신의 신앙과 삶을 통합하고 새로운 인간으로 변모하여 사랑의 문명을 건설하는 주역이 되도록 하는 것"[197]이라고 정의하였다. 다시 말해 라틴아메리카 교회 청소년 사목의 비전은 '청소년이 그리스도를 따라서 사랑의 문명을 건설하는 주체·주인공이 되는 것'이라고 할 수 있다.

---

193 Cf. CELAM, *Pastoral Juvenil, Si a la Civilización del Amor*, Centro de Publicaciones del CELAM, 1987. 1968년 콜롬비아 메델린(Medellin)에서 CELAM이 제 2차 정기 총회가 열렸다. 교황 바오로 6세는 이 총회에서 청소년에게 특별한 관심을 둘 것을 여러 강조점 중 하나로 권고하였다. 이후 청소년 사목이 조직화된 형태로 발전하였고, 그 후 첫 번째 지침서가 발간되었다.

194 Cf. CELAM, *Civilización del Amor, Tarea y Esperanza - Orientaciones para una Pastoral Juvenil Latinoamericana*, Centro de Publicaciones del CELAM, 2005.

195 Cf. CELAM, *Proyecto de Vida - Camino Vocacional de la Pastoral Juvenil*, Centro de Publicaciones del CELAM, 2003.

196 제 2차 라틴아메리카 주교회의 총회 문헌(메델린 문헌)과 제 3차 총회 문헌(푸에블라 문헌), 그리고 제 4차 총회 문헌(산토도밍고 문헌)을 일컫는다.

197 *CDA*, p.176.

　　라틴아메리카의 청소년 사목 비전에서 명시하고 있는 '사랑의 문명 건설'은 라틴아메리카 교회 전체가 지향하는 것이기도 하다. 1979년 멕시코 푸에블라에서 개최된 제 3차 라틴아메리카 주교회의 총회에서, 주교단은 최종 결의문인 '라틴아메리카 현재와 미래의 복음화'를 통해 대륙의 모든 신자들이 "사랑의 문명을 건설하는 역군이 되기를"[198] 당부했다. 이 총회에서 사랑의 문명이란 "그리스도의 메시지와 생애와 완전한 자기희생 속에서 그 영감을 발견하며, 정의와 자유와 진리 속에서 그 토대를 찾아내는 문명"[199]으로 구체화되었다.

　　라틴아메리카 청소년 사목 지침서 『사랑의 문명, 과제와 희망』은 이러한 '사랑의 문명' 건설을 그대로 청소년 사목 비전으로 계승하였다.[200] 그리고 주교회의 총회에서 제시된 '사랑의 문명' 개념을 보다 심화하여 다음과 같이 설명하였다. '사랑의 문명'이란 그 어떤 가치보다 우선하는 인간의 생명을 중시하고, 자유와 진실의 가치를 존중하며, 참여·연대·대화·평화를 위한 지속적인 노력을 통해 실현되는 개념이라는 것이다.

198　Pablo VI, *Solenne Rito di Chiusura dell' Anno Santo*, 25 dicembre 1975: quoted in *CDA*, pp.145-146. '사랑의 문명'이라는 표현을 최초로 사용한 것은 교황 바오로 6세였다. 1975년 대희년 폐막 강론에서 바오로 6세는 '그리스도인들이 사랑의 문명을 살아야 한다'고 언급하며, 사랑의 문명이란 '인간 삶을 증진시킬 수 있게 하는 것이며, 지적인 충만을 가져오고, 영원한 생명의 기쁨에 도달할 수 있도록 윤리적·사회적·경제적 조건이 되게 하는 것'이라고 말했다. 따라서 푸에블라 문헌에서는 '바오로 6세의 탁월한 식견 속에 묘사된 대로 사랑의 문명을 건설하는 역군이 되자'라고 선포한다. 참조: 라틴아메리카주교단협의회사무국, 『제 3차 라틴아메리카 주교단 총회 최종 결의·푸에블라 문헌』, 성찬성 옮김, 분도출판사, 1991, 1188항.

199　『푸에블라 문헌』, 8항.

200　Cf. *CDA*, p.147. 라틴아메리카 교회는 제 2차부터 제 4차까지의 CELAM 정기총회의에서 라틴아메리카 교회의 비전인 '사랑의 문명' 개념을 청소년 사목 비전에 그대로 계승하면서, 교황 요한 바오로 2세의 '사랑의 문명'에 대한 개념도 청소년 사목 비전에 함께 포함시켰다. 요한 바오로 2세는 1995년 발표된 회칙 「생명의 복음」(*Evangelium Vitae*)에서 '죽음의 문화'와 '생명의 문화' 사이의 극적인 충돌을 직면하고 있는 시대에 무조건적으로 생명을 옹호해야 하는 그리스도인의 책임을 강조하면서, '사랑과 생명의 문명'의 토대 없이는 참된 인간적인 본질을 잃게 된다고 하였다. 그래서 '죽음의 문명'에 대항하는 '사랑과 생명의 문명'에 기초를 두어야 한다고 하였다. 참조: 요한 바오로 2세, 「생명의 복음」, 송열섭 옮김, 한국천주교중앙협의회, 1996, 27항.

또한 '사랑의 문명'은 라틴아메리카 사회에 드러나는 죽음의 표징, 즉 죽음의 문명인 이기주의 · 소비주의 · 쾌락주의 · 비관용 · 불의 · 차별과 소외 · 부패와 폭력을 거부하는 것이라고 명시하였다.[201]

라틴아메리카 교회는 『사랑의 문명, 과제와 희망』을 통해 예수가 삶을 통해 보여준 말과 행동, 그 사랑의 마음과 가르침이 바로 사랑의 문명을 건설하는 요소임을 강조한다.[202] 그리고 인간 삶의 중심에 현존하는 성령의 움직임과 교회의 어머니인 성모 마리아의 삶을 사랑의 문명의 건설자 모델로 제시한다.[203] 『사랑의 문명, 과제와 희망』에서는 예수 그리스도가 라틴아메리카 청소년의 삶 안에 현존함으로써 그들의 존재 자체를 사랑하고 있으며, 청소년은 예수의 사랑과 복음을 통해 삶의 가치를 바꾸는 기회를 갖게 된다고 밝히고 있다.[204] 그리고 이러한 초대와 부르심에 청소년이 응답할 때 그들은 그리스도께서 하셨던 그 사랑을 선택하게 되고, 생명을 섬기고 봉사할 수 있게 된다고 하였다. 이렇게 복음화된 청소년은 가난한 사람들 혹은 신앙이 없는 청소년에게 먼저 다가가 복음을 전함으로써 사랑의 관계를 맺게 되고 다시 자신이 복음화되면서 그의 신앙은 계속해서 성장하게 된다. 나아가 청소년은 인간의 존엄성 · 자유 · 정의 등의 가치가 라틴아메리카의 문화와 사회에 스며들 수 있게 투신하게 되고 결국 그들 스스로 새로운 문명, '사랑의 문명'을 건설할 수 있게 된다.[205] 라틴아메리카 교회는 『사랑의 문명, 과제와 희망』에서 이러한

---

201 『사랑의 문명, 과제와 희망』은 사랑의 문명이 추구하고 우선시하는 요소들, 그리고 사랑의 문명이 거부하는 죽음의 표징들 각각에 대하여 세부적으로 설명하고 있다. 자세한 내용은 다음을 참조할 수 있다. Cf. *CDA*, pp.150-174.

202 Cf. *CDA*, pp.149-150.

203 Cf. *CDA*, pp.118-127.

204 Cf. *CDA*, pp.142-144; CELAM, *Espritualidad y Misión de la Pastoral Juvenil*, CELAM, 1995, pp.114-115.

205 Cf. *CDA*, pp.146-149; Javier González Ramírez, *Jesucristo Buena Noticia para los Jóvenes*, Paulinas, 2000, pp.106-107; CELAM, *Espritualidad y Misión de la Pastoral Juvenil*, pp.161-168.

교회의 과정을 통해 청소년 개개인이 인성적 · 영성적 · 실천적 영역 안에서 통합적으로 양성된다고 보았다.[206]

사랑의 문명 건설에 있어 청소년의 주체성을 강조하는 것은 라틴아메리카 청소년 사목 역사 안에서 이미 꾸준히 지속되어 온 일이었다. 1968년 발간된 『메델린 문헌』에서 라틴아메리카 교회는 청소년이 지닌 예언적 사명이 사회 변혁과정에서 중요한 역할을 차지하고 있음을 인정하였다. 그리고 청소년이 라틴아메리카의 현실에 투신할 수 있도록 교회 공동체가 청소년을 복음적으로 양성할 것을 강조하였다.[207] 메델린 총회 이후 라틴아메리카에서는 교회 차원의 청소년 사목에 관한 모임이 여러 차례 있었는데, 이 모임에서 사목자들은 '청소년이 주체가 되어야 한다'는 것을 재확인하고, 청소년 주체의 사목이 교회 안의 활동만으로 머무를 것이 아니라 사회 변화를 위한 시선으로 확장되어야 함에 의견을 모았다.[208]

메델린에 이어 푸에블라에서도 청소년의 주체적인 참여가 중요함을 주교단 차원에서 재확인하였다. 1979년 푸에블라 총회에서 라틴아메리카 교회는 라틴아메리카 대륙에 대한 복음화 사명과 관련해서 사명의 주체로 청소년을 우선적으로 선택하였다. 그리고 이들을 그리스도께 인도하여 복음화하고, 다시 그들이 역으로 세상을 복음화하여 인간과 사회의 완전한 해방에 기여하게 해야 한다고 언명하였다. 이는 청소년이 사랑의 문명을 건설하는 역군이 되기를 권고하는 것이다.[209]

---

206 Cf. *CDA*, p.199. 라틴아메리카 교회가 내세우는 자기 자신 · 공동체 · 사회 · 하느님 · 교회와의 관계에서의 통합적 양성에 대한 자세한 내용은 다음 참조. Cf. Javier González Ramírez, *En Camino Hacia la Madurez Humana*, Centro de Publicaciones del CELAM, 1998, pp.14-17; *PDV*, pp.43-47.

207 라틴아메리카주교단협의회사무국, 『제 2차 라틴아메리카 주교단 총회 최종 결의-메델린 문헌』, 김수복·성염 옮김, 분도출판사, 1989, 100쪽.

208 Cf. *CDA*, pp.77-79.

209 참조:『푸에블라 문헌』, 1166, 1186, 1188항.

푸에블라 총회 이후 라틴아메리카 교회는 매 해 '청소년 사목 지도자 모임'[210]을 열어 청소년 사목 현안을 논의하였으며, 1991년에는 '제 1차 라틴아메리카 청소년 대회'(El Primer Congreso Latinoamericano de Jóvenes)[211]를 개최하였다. 이 대회에 참석한 19개국 461명의 청소년 대표 자들과 604명의 로마 교황청의 평신도 위원·주교·사제·수도자 등의 참관인들은 '사랑의 문명 건설'을 위한 증거와 헌신에 대해 논의하고, 청소년 사목의 세 가지 선언─생명을 위한 투쟁, 대륙의 청소년을 죽이지 말라, 도시와 농촌의 긴급한 개혁─을 발표하였다. 이 대회의 결과는 청소년 스스로가 사랑의 문명을 건설하는 데 기여할 수 있다는 가능성을 입증시켰으며, 대회에서 나온 제안들은 1992년 도미니카 공화국 산토도밍고에서 개최된 제 4차 라틴아메리카 주교회의 정기총회에 적극 수용되었다.[212] 『산토도밍고 문헌』은 "청소년을 사도적 헌신으로 이끌고 다른 청소년들을 복음화 시킬 수 있게 하는 것 〔…〕 교회와 사회에 대한 비판적인 의식을 키우고, 그들이 교회의 사목적 활동에 참여할 수 있게 하고 사회가 필요로 하는 변화를 일으키게 도와주는 것"[213]을 재차 강조하였다. 라틴아메리카 교회의 역사 속에서 청소년의 주체적 역할은 끊임없이 강조되고 실천되었기에, 청소년 사목의 역사 자체가 그대로 라틴아메리카 교회 전체의 흐름과 맞물려 있으며 청소년 사목 비전 또한 교회 전체의

---

210 이 모임은 각 국 청소년 사목 지도 신부들의 자발적인 모임으로 시작되었으며, 1982년 예비 모임에 CELAM의 청소년 분과 사무총장이 초대됨으로써 CELAM 차원의 모임으로 승격되었다. 이후 각국의 청소년 사목 담당 주교와 국가 지도 신부, 청소년이 함께 라틴아메리카에 '사랑의 문명'을 건설하고 청소년을 주체로 초대하기 위한 청소년 사목의 계획, 방법론, 교육학 등을 논의하였다.

211 '라틴아메리카 청소년 대회'(El Primer Congreso Latinoamericano de Jóvenes)에 대해서는 '제 2차 라틴아메리카 청소년 대회'에 관한 문헌이 출판되어 있다. Cf. CELAM, *Punta de Tralca II Congreso Latinoamericano de Jovenes*, CELAM, 1998, pp.15-25.

212 Cf. *CDA*, pp.80-81, 87. CELAM은 『사랑의 문화, 과제와 희망』을 통해 푸에블라 총회 이후의 청소년 사목 역사 중 주요한 사건과 그 결과들을 기록하고 있다.

213 Alfred T. Hennelly(ed.), *Santo Domingo and Beyond*, Orbis Books, 1993, art.115.

비전과 동일하게 표현되어 있다. 이처럼 라틴아메리카의 청소년 사목 비전인 '사랑의 문명의 건설에 있어 청소년의 주체적 역할'에 대한 강조는 라틴아메리카 교회 청소년 사목 역사 안에서 지금도 꾸준히 지속되고 있다.

2) 라틴아메리카 교회 청소년 사목의 특성

라틴아메리카 교회는 『사랑의 문명, 과제와 희망』에서 청소년의 삶 속에 현존하는 생명의 하느님이 그들을 부르고 있음을 강조하면서, 청소년에게 그들 안의 그리스도를 따르라고 초대한다. 그리고 이 초대의 과정 안에 성령이 활동하고 있음을 밝힌다. 성령의 활동을 통해 청소년은 현실적인 자신의 삶을 신앙의 관점에서 바라보게 되고, 이러한 체험은 그들을 새로운 사람, 즉 새롭게 생각하고 행동하며 사랑하는 사람으로 변화시킨다는 것이다.[214] 『사랑의 문명, 과제와 희망』은 청소년의 현실을 변화시키려는 라틴아메리카 청소년 사목의 특성을 사목 현장에 적용하여 '관찰-판단-실천-평가-경축'의 구체적인 방법론을 제시한다. 그리고 이 방법론의 구체적인 실천에 있어서 현실 체험에 대한 면밀한 관찰, 관찰한 현실에 대해 현존하시는 그리스도의 시선으로 바라보는 판단, 마지막으로 복음적 시선에 따라 현실을 변화시키는 실천이라는 세 단계의 '귀납적 방법론'을 강조한다.[215] 청소년이 자기 삶의 실제 현실을 인식

214　Cf. *CDA*, pp.91-124, 178. 『사랑의 문명, 과제와 희망』은 라틴아메리카 청소년 사목의 신학적 기초에 대해 설명하면서 청소년 자체를 사랑하시고 그들의 삶 안에 현존하시는 하느님에 대해 강조한다.

215　Cf. *CDA*, pp.293-312. 이 방법론은 조셉 카르딘의 '삶의 재조명' 방법론인 '관찰-판단-실천'을 발전시킨 것이다. 산토도밍고에서의 제 4차 라틴아메리카 주교회의 총회에서 '관찰-판단-실천-평가-경축'의 다섯 단계 방법론을 공표했으며, 『사랑의 문명, 과제와 희망』은 이를 청소년 사목 활동에 구체적으로 적용할 수 있도록 그 방법론을 세부적으로 서술하고 있다. Cf. Alfred T.Hennelly(ed.), *op.cit.*, art.119.

하면서 그 안에 현존하는 그리스도의 부르심을 깨닫고, 그 현실을 변화
시키고자 실제적으로 행동하고 투신하는 과정, 즉 삶의 현실에서 출발하
여 투신하는 귀납적 과정이 라틴아메리카 청소년 사목의 특성이라고 할
수 있다.

라틴아메리카 청소년 사목의 특성을 보여주는 '귀납적 방법론' 세 단
계는 『사랑의 문명, 과제와 희망』에서 구체적으로 제시되고 있다. 첫 번
째 단계인 '현실 체험에 대한 면밀한 관찰' 내용을 살펴보면 다음과 같
다. 『사랑의 문명, 과제와 희망』은 청소년이 "날마다 대면하게 되는 모든
사건들에 대하여 하느님께서 사람과 관계 맺고 계심을 드러내는 사랑의
역사로 바라볼 수 있도록"[216] 해야 한다고 밝혔다. 그리고 현실을 바라보
는 것의 중요성을 역설하며[217] 라틴아메리카의 신자유주의 · 포스트 모더
니즘적 사회 상황과 그 안에서 새로이 나타난 개인주의 · 허무주의 · 비
관주의 · 주관적 이데올로기 앞에 무기력한 청소년의 현실을 명시하였
다. 또한 청소년을 아는 것이 쉽지 않음을 강조하면서 청소년의 신체
적 · 심리적 · 사회적 특성에 대한 이해를 통해 청소년에 대한 심도 깊은
관찰이 필요하다는 점도 지적하였다.[218] 이 외에도 『사랑의 문명, 과제와
희망』은 라틴아메리카 청소년 사목의 역사에 주목하여 그 안에서 이루어
진 하느님의 현존을 바라보고자 했다. 이를 위해 1930년대를 전후한 '가
톨릭 액션'[219]의 유입, 그 중에서도 특히 JOC · 가톨릭 대학생 연합회

---

216 *CDA*, p.178.

217 Cf. *CDA*, pp.15-17.

218 Cf. *CDA*, pp.17-57.

219 참조: 최석우, "가톨릭 운동", 『한국 가톨릭 대사전』 1, 1995, 181쪽. 교회 당국의 위임과 지도하
에서 행하는 평신도의 조직적 활동으로 '가톨릭 액션'(Actio Cathoica)이라는 말을 평신도 단
체에 처음으로 적용시킨 사람은 교황 비오 10세였다. 라틴아메리카 교회의 역사를 연구한 에
드워드 클리어리는 가톨릭 액션이 현대 라틴아메리카 교회의 삶에 주요한 요인이 되었다고
설명한다. 참조: 에드워드 클리어리, 『중남미 교회의 위기와 변화』, 오경환 옮김, 가톨릭출판
사, 1988, 11-15쪽.

등의 유입과 활성화를 통해 이루어진 청소년의 교회 참여, 1970년대 청소년 사목의 조직화 흐름 및 그 움직임이 라틴아메리카 주교회의 총회에 수렴되어 발전하게 된 상황 등을 차례로 언급하면서 청소년 사목의 현실적 경험을 자세하게 밝히고 있다.[220] 이와 같이 라틴아메리카 교회는 청소년 사목의 방법론 그 첫 번째 단계에서, 청소년과 청소년 사목이 처한 내적·외적 현실과 그 현실이 이루어져 온 역사를 깊이 있게 관찰하고 파악하는 것이 중요하다고 강조한다.

'귀납적 방법론'의 두 번째 단계는 '관찰한 현실을 그리스도의 시선으로 바라보고 판단'하는 단계다. 『사랑의 문명, 과제와 희망』은 청소년에게 "살아계신 예수 그리스도를 만나게 하는 것, […] 청소년이 추구하는 삶의 의미에 대한 응답으로 길이요 진리요 생명이신 예수 그리스도를 보여주는 것"[221]이 중요하다고 강조하며, 그렇게 하기 위해서는 청소년이 공동체에 참여하여 성사 및 신심행사 등에 참여해야 한다고 하였다. 그러한 참여 속에서 청소년은 그리스도의 모습을 닮은 사람을 통해 기도를 배울 수 있으며, 기도를 통해 하느님과의 친교를 갖는 구체적 방법을 찾게 된다는 것이다.[222] 이 지침서는 "청소년이 성경에 접근하기 쉽고, 더 깊이 이해할 수 있도록 청소년에게 필요한 것을 제공하며, 청소년기부터 성경을 읽게 하고 그들의 삶과 선택에 문제를 제기하고 방향을 정하는 메시지로서 성경을 받아들이게 하는 것"[223]도 이 단계에서 행해야 하는 중요한 내용이라고 지적한다. 청소년이 복음을 판단의 기준으로 삼을 때 "일상생활 속에 살아계시는 하느님을 만날 수 있고, 모든 것을 새롭게

---

220 Cf. *CDA*, pp.65-88.

221 *CDA*, p.178.

222 Cf. *CDA*, p.178, 341-342.

223 *CDA*, p.339.

하는 성령을 받아들일 수 있다"[224]는 것이다. 『사랑의 문명, 과제와 희망』
은 이와 같이 청소년 사목자가 신앙의 시선으로 현실을 조명하고 식별할
수 있도록 신학적 기준과 내용을 제시하고 있다.[225]

'귀납적 방법론'의 마지막 단계는 현실에서의 행동과 현세적 투신, 즉
복음적 시선에 따라 현실을 변화시키는 '실천'이다. 『사랑의 문명, 과제
와 희망』은 이에 대해 "청소년은 일상적인 삶 안에서 하느님께서 마련하
신 구원의 역사로 부르심 받았기 때문에, 하느님을 찾기 위해 세속적 현
실에서 도피하지 않고 현실을 직면할 때 그 안에서 그리스도를 만날 것"
[226]이라고 언급하고 있다. 이와 같이 이 문헌은 청소년에게 라틴아메리카
대륙의 현실을 직시할 것, 가난하고 소외된 자들과 함께 살아가기 위한
구체적인 방법을 개발할 것 그리고 사회적 정의를 실천하기 위해 행동할
것을 강조한다.[227]

이상에서 살펴본 바와 같이 『사랑의 문명, 과제와 희망』은 라틴아메리
카의 현실과 청소년 사목 역사를 관찰한 다음, 그 현실을 신앙의 시선으
로 판단하기 위한 신학적 토대를 제공하고 마지막으로 실천적 틀의 단계
를 강조함으로써 라틴아메리카 청소년 사목의 귀납적 특성을 잘 보여준
다. 이러한 관찰 · 판단 · 실천의 유기적 과정을 통해, 라틴아메리카의 청
소년 사목은 단편적 행위가 아니라 삶 전체의 흐름과 맞물리는 실제적이
고 역동적인 과정으로 진행되는 것이다.

---

224 *CDA*, p.340.

225 Cf. *CDA*, pp.89-180. 라틴아메리카 청소년 사목의 이론적 틀은 신학적 기초에 대한 설명, '사
랑의 문명'에 대한 가치관 서술, '사랑의 문명'을 건설하는 청소년 사목에 대한 개념 정의와
비전 · 특징으로 구성된다.

226 *CDA*, p.343.

227 Cf. *CDA*, pp.343-344.

3) 라틴아메리카 교회 청소년 사목의 전략

라틴아메리카 교회는 현실을 중시하는 귀납적 특성에 따라, 『사랑의 문명, 과제와 희망』에서 청소년 사목 현실을 위한 실제적인 전략 방향도 자세하게 제시한다. 그 중 라틴아메리카 청소년 사목 전략의 중심축이 되는 내용은 두 가지로 볼 수 있는데, 첫 번째는 '청소년을 리더로 양성하는 것'에 대한 강조이고, 두 번째는 '청소년 사목을 체계적으로 조직화'하여 청소년이 리더로서 양성될 수 있는 구조적 장을 마련하는 것이다.

라틴아메리카 청소년 사목의 첫 번째 전략인 '청소년 리더 양성'에 대해 『사랑의 문화, 과제와 희망』은 영성 양성과 더불어 주체적 실천력까지 양성하는 '종합적 양성'이 필요함을 지적한다.[228] 그리고 공동체 참여와 조직적 사목활동 훈련을 통해 종합적으로 잘 양성 받은 청소년을 '투사'[229]라고 지칭한다. 투사는 청소년 '또래 사목자'[230]로서 주체적으로 사목에 참여하는 동시에 다른 또래 청소년에게 모델이 됨으로써 그들의 양성에 대한 갈망을 지속·확장하는 리더 역할을 한다.[231] 라틴아메리카 교회는 이들 '투사'의 주체성을 발전시키기 위해서 성인 청소년 사목 리더가 청소년을 교육하려 하기보다는 '동반'함으로써 그들에게 주체성

---

228 Cf. *CDA*, pp.199-201.

229 참조: 각주 86.

230 협의의 사목자란 교회법전 519조에 의하면 '본당 사목구 주임으로서 교구장의 권위 아래 자기에게 맡겨진 공동체의 사목을 수행하는 자'로 정의된다. 참조: 요한 바오로 2세, 「교회법전」, 한국 주교회의 교회법 위원회 역, 한국천주교중앙협의회, 1989, 317쪽. 반면 광의의 사목자는 제 2차 바티칸 공의회를 기점으로 역동적으로 세상을 향해 개방된 관점에서 '하느님과 사람들 사이에서 구원을 중재하기 위하여 세례를 통하여 그리스도의 예언직·사제직·왕직에 참여하는 신자'를 의미한다. 참조: 임병헌, 「사목자의 상주의무에 대한 소견」, 『사목연구』 2(1995/12), 가톨릭대학교출판부, 56쪽. 따라서 이런 넓은 의미에서 바라볼 때 또래 사목자는 자신의 또래인 다른 청소년의 구원중재를 위해 사도직을 수행하는 청소년 사도를 의미한다.

231 Cf. *CDA*, pp.15-39, 41, 82-91.

실천 및 훈련 기회를 충분히 주는 것이 중요하다고 보고 있다. 즉, 성인 청소년 사목 리더의 '동반자적 시선'과 청소년에 대한 '사목적 배려'는 투사 양성을 위한 중요 요소가 된다.[232] 『사랑의 문화, 과제와 희망』은 투사 양성의 과정을 청소년 공동체에 초대받는 단계인 '모집', 조직에 소속되는 단계인 '입회', 조직과 공동체를 이끌어나가는 단계인 '투신'의 세 단계로 나누고 각 단계에 맞는 신앙교육과 양성이 필요함을 지적한다.[233] 그리고 이 과정이 시작되기 위해서는 청소년이 부르심을 깨닫는 것이 필수적이므로 이에 초점을 맞춘 사목이 중요하다는 것도 언급하였다.[234]

라틴아메리카 교회는 청소년이 부르심을 식별하고 그 길을 걷도록 초대하면서, 특히 '투신' 단계의 청소년과 공동체 및 조직을 이끄는 청소년 리더들이 부르심의 길을 더욱 충실하게 따라야 한다고 제시하고 있다.[235] 그래서 이들 투사들이 스스로 자신의 사명을 성찰할 수 있게 하고 신학적 기초를 다지며 체험과 현실에서부터 시작하는 '삶의 재조명' 방식을 익힐 뿐 아니라, 동반자로서의 자세와 시선을 갖출 수 있도록 체계적인 교육이론을 통해 전문적인 양성을 받아야 한다고 강조하고 있다. 즉, 이 같은 양성의 과정을 거쳐야만 청소년이 자기 자신, 공동체, 나아가 교회 뿐 아니라 사회에서도 현실을 변화시킬 수 있는 리더, 투사로 성장할 수

---

232 Cf. *CDA*, pp.271-292; PDV, pp.72-78.

233 Cf. *CDA*, pp.205-221.

234 Cf. *CDA*, pp.222-227; Gabriel Alberto Reyes, *Decidirse por la Voluntad deDios*, Centro de Publicaciones del CELAM, 1999, pp.89-90.

235 Cf. *PDV*, pp.15-39, 41. 『사랑의 문화, 과제와 희망』 발표 이후 8년여 간의 청소년 사목 현장 경험을 통해 라틴아메리카 교회는 청소년이 하느님의 부르심을 식별하는 것의 중요성을 체험하였다. 그리고 그 부르심을 선택하여 양성 받은 청소년이 자신의 삶 안에서 주체적인 청소년 리더, 즉 투사가 되는 것이 사랑의 문명 건설에 매우 중요하다는 것을 통찰하였다. 이에 라틴아메리카 교회는 청소년이 투사로서의 부르심을 선택하고 양성 받을 수 있도록 인도하는 전략 지침서로서 2003년 『삶의 계획』을 발표하였다.

있다는 것이다.[236] 이는 사랑의 문명을 건설하는 주체가 청소년이라는 라틴아메리카 교회의 시선이 그대로 반영된 것이다. '주체인 청소년'을 깊이 있게 양성하여 청소년 사목을 이끌어나갈 리더로 내세우는 것은 가장 자연스러우면서도 효과적인 라틴아메리카 청소년 사목 전략이라고 할 수 있다.

라틴아메리카 청소년 사목 전략의 두 번째 중심축은 '조직화'다. 이는 양성된 청소년 '투사'들이 활동하고 훈련받는 장이자 청소년을 투사로 양성할 수 있는 가능성의 장이기도 한 '청소년 사목 조직'을 전 대륙에 걸쳐 조직화하는 것을 말한다. 『사랑의 문화, 과제와 희망』은 먼저 현실 관찰의 측면에서 '청소년 조직'에 포함될 수 있는 대상을 명시하였으며, 그 대상은 사목활동에 고정적으로 참여하는 청소년 이외에도 산발적으로 참여하는 청소년 및 참여하지 않는 일반 청소년까지를 광범위하게 포함한다. 그리고 각 대상의 성격에 따라 각각의 방법론을 제시하였는데, 고정적으로 참여하는 청소년에게는 본격적으로 조직화를 실행함으로써 이들이 조직 안에서 주체로 성장할 수 있도록 양성한다. 또한 산발적으로 참여하는 청소년에게는 밤샘기도나 피정 등의 기회를 통해 조직화된 청소년 사목 공동체로 초대하며, 참여하지 않는 일반 청소년에게는 편지나 선언문 등을 통해 복음적 가치를 적극 홍보할 것을 촉구한다.[237]

『사랑의 문화, 과제와 희망』은 청소년에게 복음을 선포하기 위하여 교리교육·학교사목·가정사목·성소사목 등 각 사목의 분야가 통합적

---

236 Cf. *PDV*, pp.44-56. 교육이론은 다섯 가지 전문적 양성 과정으로 정리된다. 즉, 심리적·정서적 차원의 양성인 인격화, 공동체에 소속되어 사회·문화적으로 양성되는 통합화, 신학적 양성인 복음화, 사회 변화를 위한 리더로서 정치적 시선을 키우는 의식화, 참여 도출·활동 기획과 실행 및 평가·조직 구성 등에 대한 구체적인 방법론이다. Cf. Javier González Ramírez, *En Camino Hacia la Madurez Humana*, pp.14-16.

237 Cf. *CDA*, pp.249-251.

으로 상호작용할 수 있는 '조직화'가 필요하다는 점도 지적한다.[238] 그러
나 복잡한 현실과 복합적인 대상을 모두 포괄하는 조직화는 비효율적이
라는 판단 아래 교회의 기초 단위인 본당[239]과 본당 내 소그룹을 시작으
로, 지구/대리구/교구[240]/국가[241]/지역/전 대륙[242]으로 이어지는 기본 조
직을 체계화하여 제시하였다. 그리고 각 단위별로는 '청소년 사목 회의'
와 실무팀을 두어 실제적으로 청소년의 의견이 수렴될 수 있도록 하고,

---

238 Cf. *CDA*, p.248; PDV, pp.56-62.

239 Cf. *CDA*, pp.252-254. 본당을 중심으로 체계화되는 라틴아메리카 청소년 사목의 조직은 본당
내의 청소년 소그룹과 공동체를 그 기초 단위로 삼는다. 소규모의 모임들은 청소년이 주체가
되어 이루어지며 각 모임의 장은 '활성가'라 불리는 청소년 대표가 맡는다. 소그룹과 공동체
가 모여서 본당 단위를 이루며, '본당 청소년 사목 회의'가 마련되어 각 모임의 청소년 대표자
들이 함께 기획 · 의사결정 · 평가를 실행한다.

240 Cf. *CDA*, pp.254-261. 지구 · 대리구 단위는 본당의 상위단계로, 본당과 마찬가지로 대표들이
모여 의사를 결정하는 기구인 '지구 청소년 사목 회의'가 있고, 결정된 사항을 실행하는 '청소
년 사목 팀', 그 팀의 리더인 '지구 코디네이터'가 있다. 교구에서의 청소년 사목 회의는 연 1회
개최를 기본으로 하며, 그 외 특별 상황에 상시 모임이 가능하도록 되어 있다. 교구에도 청소
년 사목 실행을 위한 위원회가 존재하는데, 이 팀을 이끄는 교구 청소년 사목 코디네이터는 흔
히 '실무책임자'로 불린다.

241 Cf. *CDA*, pp.261-265. 각 교구의 모임이 활발해지고 교구 간의 교류가 활성화되면 국가 단위
의 청소년 사목 조직화가 이루어진다. 국가 단위에서 이루어지는 청소년 사목 회의는 교구의
청소년 코디네이터들이 모이는 곳으로, 한 국가의 청소년 사목 방향성 전체를 논의하고 의사
를 결정하는 중요한 기관이다. 각 국가의 주교회의 의장과 각 교구 청소년 코디네이터, 각종
청소년 사도직 운동 · 조직 대표들이 함께 모이는 '국가 청소년 사목 위원회'가 청소년 사목
회의를 동반하며, 교구에서와 마찬가지로 실무책임자 및 조언자가 상호 협력하여 국가의 청
소년 사목 활동을 총괄하게 된다. 또한 국가 차원의 청소년 사목국 및 국가 주교회의 청소년
사목 위원회 담당 주교와 함께 연대한다.

242 Cf. *CDA*, pp.265-268. 라틴아메리카 내의 각 국가는 1987년 청소년 리더 모임 이래 네 개 지역
으로 구분되어 모임을 갖고 있으며, 각 지역 내에서 국가 대표자들의 청소년 사목 회의 및 지
역 내 국가 수교단의 모임이 개최된다. 지역 내 청소년 사목을 관장하는 실무책임자는 결정사
항을 실행할 때 라틴아메리카 주교회의의 청소년 분과에 이를 공유하고 협력하도록 되어 있
다. 네 개 지역 전체의 대표자가 모이게 되면 라틴아메리카 대륙 전체 단위의 조직화가 완성된
다. 대륙 단위에서는 1991년부터 이어오는 '라틴아메리카 청소년 대회'가 있어 청소년의 의견
을 사목에 직접 반영토록 하고 있으며, 각 국가의 실무책임자 전체가 모이는 회의도 마련되어
있다. 이를 주관하는 것은 라틴아메리카 주교회의의 청소년 분과(Sección de Juventud)로 상
근 실무책임자가 있으며, 주교회의에서는 4년 임기로 청소년 분과 담당 주교를 선출하여 전체
적인 사목을 격려하고 동반하는 가운데 라틴아메리카 청소년 사목 조직 전반을 조정토록 하
고 있다.

후기 청소년기에 속하는 청소년이 각 단위의 책임자를 담당하도록 하였다. 이때 각 단위에는 반드시 경험이 풍부한 성인 조언자가 있어 책임을 맡은 청소년과 협력 관계를 이루는데, 이 성인 청소년 사목자는 지시하고 이끄는 것이 아니라 청소년의 주체성·자발성을 수용하고 지지하는 가운데 자연스럽게 조언하고 방향을 제시해 주어야 한다는 점이 강조된다.[243]

『사랑의 문화, 과제와 희망』은 농촌 청소년 사목·노동 청소년 사목·중고등학생 청소년 사목·대학생 청소년 사목·위기상황에 있는 청소년을 위한 사목이라는 5개 특수사목 분야에 대해서는 따로 밝혀두어 '본당 중심의 조직화된 청소년 사목'과 협력할 수 있도록 하였다.[244] 또한 지침서에 나타난 조직화를 일률적으로 적용하기보다는 각각의 상황이나 지역의 특성에 맞게 조직화할 것을 밝힘으로써 라틴아메리카 교회의 현실을 반영하였다. 이처럼 『사랑의 문화, 과제와 희망』은 청소년 사목의 조직화가 단순한 이론이나 탁상공론에 의해 이루어진 것이 아니라 지난 시기 동안의 청소년 사목 체험을 통해 발견된 그리스도의 시선에서 비롯되었음을 강조하며,[245] 조직화 전략을 라틴아메리카 청소년 사목의 현실에 맞는 구체적 방법으로 제시하고 있는 것이다.

3. 아시아 교회 청소년 사목의 비전·특성·전략

아시아 교회[246] 전체의 청소년 사목은 1974년에 설립된 '아시아 주교

243　Cf. *CDA*, pp.271-292; *PDV*, p.108.

244　Cf. *CDA*, pp.234-246.

245　Cf. *CDA*, pp.251-252.

246　참조: 요한 바오로 2세, 「아시아 교회」, 김웅태 옮김, 『가톨릭 교회의 가르침』 14호, 한국 천주교 중앙협의회, 2000, 5-9항. 전승에 따르면 서기 52년, 토마스 사도의 인도 전교를 기원으로, 16세기부터 본격적으로 아시아 대륙에 가톨릭이 전파되었다.

회의 연합회'(FABC)와 1987년에 조직된 'FABC 평신도 위원회'의 '청소년 데스크'(Youth Desk)에서 담당하고 있다. 아시아 교회의 경우 청소년 사목 전체를 아우르는 기본틀의 발표나 지침서의 발간은 아직 이루어지지 않은 상황이나, FABC 정기 총회에서 청소년에 관한 주제는 중요 안건으로 다루어져 왔다. 특히 1993년에 개최된 FABC의 '청소년 협의회'(Youth Consultation) 및 1997년의 '청소년에 관한 평신도 사도직 주교 연수회'(Bishops' Institute for Lay Apostolate on Youth)에서는 청소년 사목 비전과 전략에 대한 전반적인 논의가 이루어졌다. 따라서 이 항에서는 FABC 정기 총회와 청소년 협의회, 청소년에 관한 평신도 사도직 주교 연수회 회의 및 청소년 데스크의 문헌을 참조하여 아시아 교회의 청소년 사목 비전과 특성 및 사목 전략을 분석하겠다.

1) 아시아 교회 청소년 사목의 비전

아시아 교회의 청소년 사목 비전은 '청소년이 그리스도를 따라 아시아의 현실에 육화하는 복음화의 주체가 되는 것'이다. 이러한 비전은 복음화에 대한 아시아 교회의 관점이 청소년 사목 안에서 구체화되는 과정을 통해 점진적으로 형성되었다.

아시아 교회가 본격적으로 전 대륙 차원의 사목적 논의를 시작한 것은 FABC의 개념이 태동하기 시작했던 1970년대부터라고 할 수 있으며, 같은 시기에 청소년 사목에 대한 논의도 함께 시작되었다. 청소년에 대한 아시아 교회의 시선은 다음과 같이 요약해 볼 수 있다. 아시아의 청소년은 아시아의 현실을 반영하는 대표적인 집단으로, 교회는 청소년의 열정과 가능성을 신뢰하고 그들이 사명을 살아갈 수 있도록 초대해야 한다는 것이다. 이러한 내용이 최초로 논의되었던 1970년의 '제 1차 아시아 주교 회의'[247]에서, 주교단은 아시아의 현실에 대해 다음과 같이 통찰하였다. 첫째, 아시아

인구는 인류 전체의 3분의 2가량인 약 20억 명에 달하지만 이들 대부분은 가난하고 병약하며 전쟁과 재난의 고통 중에 있다. 둘째, 아시아 대륙의 60% 정도가 25세 이하이므로 아시아는 '청소년의 대륙'이다. 셋째, 아시아는 고대의 전통과 다양한 문화 · 종교 · 역사가 혼합된 대륙이다. 마지막으로 현대 아시아의 가장 두드러진 특징은 아시아가 다시 깨어나고 있으며 이를 통해 인류의 새로운 역사가 쓰이기 시작했다는 것이다.[248]

아시아 주교단은 이와 같은 현실을 직시하고 아시아의 정체성을 확립함으로써, 아시아 대륙이 과거 식민지의 역사를 극복하고 자립하는 데 있어 교회의 역할을 다하고자 했다.[249] 그리고 대륙의 새로운 변화를 위해서는, 교회가 먼저 육화하신 예수 그리스도의 신비를 실천하여 '아시아의 현실에 육화'해야 한다고 보았다.[250] 즉, 아시아 교회는 대륙의 가난한 현실을 회피하거나 비난 · 무시하지 않고 그 안에 온전히 육화하여, 지난 역사의 상처를 치유하고 인간 존엄성을 드높이는 "가난한 이들의 교회"[251]가 되어야 한다는 것이다. 또한 아시아의 현실에 육화한다는 것은, 아시아의 가난뿐만 아니라 다양한 문화와 종교의 혼재 상황에도 육화해야 한다는 것을 의미하였다. 이에 따라 주교단은 아시아 문화의 전통과 다양성 존중 및 비그리스도인들과의 대화를 강조하였다.[252] 이러한

---

247 '제 1차 아시아 주교 회의'에는 16개국에서 8명의 추기경을 비롯하여 약 180명의 주교가 모였다. 일주일간의 회의 기간 동안 약 30명의 전문가와 자문들이 참석했고, 청년 대표들과 옵서버들도 참관하였다. 주요 의제는 '아시아 민족의 발전'과 '아시아 대학생 사목'의 두 가지였다. 참조: A. J. 레데스마, 「아시아 주교회의와 변천하는 아시아의 면모」, 『사목』18(1971/8), 한국천주교중앙협의회, 60쪽.

248 Cf. FABC, "Asian Bishop's Meeting", Gaudencio Rosales-C.G. Arévalo(eds.), *For All the Peoples of Asia* vol.1, Claretian Publications, 1997, art.5-8.

249 Cf. *Ibid.*, art.9-10.

250 Cf. *Ibid.*, art.11, 18.

251 *Ibid.*, art.19.

252 Cf. *Ibid.*, art.24.

논의 과정 가운데 아시아 주교단은 특히 청소년의 움직임에 주목하였다. 아시아 인구의 반 이상을 차지하고 있는 청소년은 자기 나라의 정치 · 사회 · 경제 문제의 심각성을 인지하고 그에 대한 개혁을 강력히 요구하고 있었던 것이다. 주교단은 이와 같은 청소년의 열정과 교회에 대한 기여를 인정해야 한다고 보고, 아시아 교회는 청소년을 이해하고 신뢰하는 '청소년의 교회'가 되어야 한다고 밝혔다.[253]

아시아 교회는 아시아의 현실에 육화하기 위해 교회 공동체의 협력과 연대가 중요하다고 보고, 그를 위한 상임기구로서 FABC를 출범시켰다. FABC는 1974년 제 3차 세계주교대의원회의 '복음화' 논의에 발맞추어, 같은 해에 개최된 제 1차 정기 총회에서 '현대 아시아의 복음화'를 주요 의제로 다루었다. 이 총회에서 아시아 교회는 "현대 아시아에 복음을 전하기 위해서는 그리스도의 메시지와 삶이 진정으로 사람들의 정신과 마음에 육화되어야 한다"[254]고 하였으며, 가난한 이들의 상처와 고통, 다양한 문화와 전통의 공존이라는 아시아의 현실에 현존함으로써 육화하는 지역 교회 건설을 중요한 초점으로 제시했다.[255] 이와 같이 아시아 교회는 예수 그리스도 육화의 신비를 따름으로써 복음화 사명을 실천하고자 하였다.

아시아 교회는 이러한 복음화 사명에 있어 사제 · 수도자와 더불어 평신도의 책임이 앞으로 점차 확대될 것이라고 보았다.[256] 그리하여 FABC 제 2차–제 4차 정기 총회[257]에서는 '복음화 사명을 위한 평신도의 사도직

---

253 Cf. *Ibid.*, art.23.

254 FABC, "Evangelization in Modern Day Asia" *FAPA* vol.1, 1997, art.9.

255 Cf. *Ibid.*, art.10-12.

256 Cf. *Ibid.*, art.35-38.

257 FABC의 제 2차-제 4차 정기 총회 문헌은 다음 참조. Cf. FABC, *FAPA* vol.1, 1997, pp.27-65, 177-198.

실천'을 집중적으로 논의하였으며, 1986년에는 FABC 산하에 평신도국이 공식 출범하게 되었다. 이러한 과정 중에서 아시아 교회는 평신도로서의 역할을 지닌 청소년의 가능성에 대해 지속적으로 주목하였다. 특히 제4차 정기 총회에서는 청소년에 관한 안건이 주요 현안 중 하나로 채택되기도 하였다. 아시아 교회는 이 총회에서 "아시아의 청소년은 아시아의 거울"[258]이라고 표현하면서, 가난과 무지 · 빈곤 · 억압, 삶과 신앙의 분리와 같은 아시아 대륙의 부정적 특징이 청소년에게 그대로 반영되고 있음을 지적하였다.[259] 그러나 그러한 부정적 면모에도 불구하고 아시아 교회는 청소년의 재능과 긍정적 성향들을 신뢰하고 인정하고자 하였다. 청소년의 모습을 그대로 이해하고 받아들일 때 "청소년은 또래에게 뿐만 아니라 더 넓은 사회에서 성인들에게도 복음을 전하는 사람이 될 수 있다"[260]는 것이 아시아 교회의 시선이며, 이는 곧 '청소년'이라는 아시아의 현실 자체에 육화하는 의미로 볼 수 있겠다.

이처럼 아시아 교회는 청소년의 모습을 그대로 받아들일 뿐만 아니라, 그들이 주도적인 움직임을 통해 아시아를 변화시킬 수 있다는 것에 대해서도 신뢰하였다. 이러한 시선은 1997년 '청소년에 관한 평신도 사도직 주교 연수회'를 통해 명료하게 드러났다. 아시아 교회는 연수회 최종 선언문을 통해 "청소년은 스스로를 미래의 희망일 뿐만 아니라 오늘날 교회의 중요한 주역으로 바라보고 있다"[261]고 명시하며, 아시아 교회에서 청소년의 역할이 중요함을 인지하고 그들의 목소리를 경청하며 청소년의

---

258 FABC, "The Vocation and Mission of the Laity in the Church and in the World of Asia", *FAPA* vol.1, 1997, art.3.2.1.

259 Cf. *Ibid.*, art.3.2.2.

260 *Ibid.*, art.3.2.4.

261 FABC, "Bishops' Institute for Lay Apostolate on Youth", Franz-Josef Eilers(ed.), *FAPA* vol.3, 2002, art.12.

주체적 역량을 양성할 것을 결의하였다.[262] 또한 청소년이 "그리스도의 제자로 양성되는 것, 그리스도가 하셨듯이 아시아 형제자매들의 삶의 현실에 들어가 그 안에서 현존하는 것, 그리고 그 삶이 진리와 생명, 사랑, 빛과 평화의 나라가 될 수 있도록 그리스도처럼 기도하고 행동하는 것"[263]에 대한 시선을 갖추어야 한다고 강조하였다.

요약하자면 아시아 교회의 청소년 사목 비전은 '청소년이 그리스도를 따라 아시아의 현실에 육화하는 복음화의 주체가 되는 것'이라고 할 수 있다. 아시아 교회는 대륙의 현실 그 자체인 '청소년'의 특성을 이해하고자 하며 그들이 복음화 사명의 주체가 될 수 있다는 가능성 또한 신뢰하기에, '아시아의 현실에 육화'하고자 하는 대륙 교회 전체의 비전이 그대로 청소년 사목 비전으로 드러나는 것이다.

2) 아시아 교회 청소년 사목의 특성

아시아 교회는 청소년 사목 비전인 예수 그리스도의 육화를 실현하는 데 있어 '교회 공동체의 일치'를 그 시작점으로 삼는다. 아시아의 복음화를 위해 진정한 지역 교회의 건설을 촉구했던 FABC 제 1차 정기 총회에서는 진정한 지역 교회란 "그리스도의 몸의 구현이요 화신(化身)"[264]으로서, "전체 교회의 다른 공동체들로부터 고립되는 것이 아니라 그들 모두와 일치를 추구하고, 그들과 더불어 하나의 신앙을 고백하며 하나이신 성령과 하나의 성사적 생명에 참여"[265]하는 공동체임을 천명하였다. 이것은 '교회 공동체의 일치'를 특별히 강조하는 아시아 교회의 특성을

---

262 Cf. *Ibid.*, art. 16-17.

263 *Ibid.*, art. 15.

264 FABC, "Evangelization in Modern Day Asia", *FAPA* vol. 1, 1997, art. 10.

265 *Ibid.*, art. 11.

드러내는 것이라고 할 수 있다. 아시아 교회는 1993년에 개최된 '청소년 협의회'의 결의문에 이 부분을 명시함으로써 '교회 공동체의 일치'라는 아시아 교회 전체의 특성을 청소년 사목에서도 계승하였다.[266]

　이러한 '교회 공동체의 일치'를 위해 아시아 교회의 청소년 사목이 강조하는 첫 번째 요소는 '협력'과 더 넓은 교회와의 '연대'다. 청소년 사목자들은 청소년 사목 안에서만 협력하는 것이 아니라 더 넓은 교회와 연대함으로써 전체 교회가 청소년 사목을 전적으로 지지할 수 있게 해야 한다는 것이다.[267] 1997년 '청소년에 관한 평신도 사도직 주교 연수회'에서는 청소년 사목에 있어 공동체의 필요성과 역할에 주목하였으며, 그 공동체는 교회 일치를 지향하며 봉사 정신과 선교 영성으로 고취되어야 한다고 언급하였다. 또한 공동체 상호 간에 자원을 교환하고 아시아 지역을 비롯한 국제 청소년 조직과 연대해야 한다는 점도 중시하였다.[268]

　'교회 공동체의 일치'를 향한 아시아 청소년 사목의 두 번째 강조 요소는 현실의 삶에 육화하는 데 기초가 되는 '대화'다. 이는 청소년을 포함한 교회 내부 구성원들 간의 일상적인 대화뿐만 아니라, 아시아 대륙 전체의 삶과 소통하는 대화까지도 포함한다. FABC는 제 1차 총회에서부터 아시아의 다양한 문화와 전통에 육화하기 위해 타 종교와 열린 마음으로 대화할 것을 강조하였다. 대화를 통해 교회는 "사람들의 깊은 자아와 실재에 접촉할 수 있고, 그리스도 신앙을 생활하고 표현하는 진정한 길을 발견할 수 있게 된다"[269]는 것이다. 아시아 교회는 대화를 통해서 서로 다른 이들 간에도 형제애를 나누고 하느님을 추구할 수 있다고 보았다.

266　Cf. FABC, "The Youth of Asia Envisioning the Fullness of Life and Human Dignity in the Church", Franz-Josef Eilers(ed.), *FAPA* vol.2, 1997, pp.101-103.

267　Cf. *Ibid.*, p.104.

268　Cf. FABC, "Bishops' Institute for Lay Apostolate on Youth", *op.cit.*, art.18.

269　FABC, "Evangelization in Modern Day Asia", *op.cit.*, art.16.

또한 대화 안에서 "그리스도를 믿는 우리의 신앙이 우리로 하여금 다른 종교들로부터 무엇을 받아들이도록 인도해 주는지를, 그리고 다른 이들 안에서는 무엇이 정화되어야 하며 무엇이 하느님 말씀의 빛을 받아 치유되고 완성되어야 하는지를"[270] 배울 수 있다고 강조하였다.

아시아 교회는 타 종교·문화와의 대화뿐만 아니라 가난한 사람들과의 대화도 강조하였다. 이 대화는 특히 "'삶의 대화'로 불리며 아시아인의 가난함, 빈곤과 억압을 진정으로 체험하고 이해하는 것"[271]을 의미한다. 즉, '삶의 대화'란 가난한 사람들에게 무엇을 주는 것이 아니라 직접 그들과 더불어 일하며, 가난한 사람들을 무력하게 만드는 현실의 구조를 변화시키고 사회 정의를 실현하기 위해 헌신하는 것이다.[272]

아시아 교회는 '청소년 협의회'를 통해 '삶의 대화'를 청소년 사목의 특성으로 포함시킬 것을 지적하였고,[273] '청소년에 관한 평신도 사도직 주교 연수회'에서는 '대화'라는 강조점을 회의 전반에 적용하여 청소년의 현실에 대한 대화와 논의를 진행하였다. '청소년에 관한 평신도 사도직 주교 연수회'는 청소년의 의견에 귀 기울이고 대화해야 한다고 강조하면서,[274] "필리핀을 제외하면 아시아 전역에서 가톨릭은 소수 종교이므로, 모든 형태의 대화를 통해 다른 신앙을 지닌 형제자매들과 결합할 필요가 있다. 하느님의 모상대로 만들어진 이들과 공동의 인간애를 공유하며 마음에서 우러나오는 대화를 나눌 때, 이 대화는 인권과 사회 변화를 위해 함께 생활하고 행동할 수 있는 기초가 된다"[275]고 명시하였다.

---

270 *Ibid.*, art.17.

271 *Ibid.*, art.20.

272 Cf. *Ibid.*, art.20-21.

273 Cf. FABC, "The Youth of Asia Envisioning the Fullness of Life and Human Dignity in the Church", *op.cit.*, p.103.

274 Cf. FABC, "Bishops' Institute for Lay Apostolate on Youth", *op.cit.*, art.12.

275 *Ibid.*, art.14.

이상에서 살펴본 바와 같이 아시아 교회 청소년 사목은 교회 공동체의 일치를 지향하여 상호 협력하고 연대하며 대화하는 것을 중시하는 특성을 보인다. '교회 공동체의 일치'란 교회 내부만의 일치가 아니라, 교회 내부의 일치 체험을 기반으로 한 교회 외부, 즉 아시아 대륙 전체와 세상과의 일치를 포함한다. 다시 말해 세상 속의 가난한 이들과 다양한 문화·종교·전통을 지닌 아시아인들, 특히 청소년과 진정한 협력과 연대, 대화를 통해 아시아의 현실에 육화하는 청소년 사목 비전을 실천하고자 하는 것이다.

3) 아시아 교회 청소년 사목의 전략

아시아 교회는 공동체의 협력과 연대, 그리고 교회 공동체의 내부·외부적 대화를 중시하는 특성을 반영하여 청소년 사목 전략을 구성하고 있다. 그 대표적 전략 방향으로 다음의 두 가지를 들 수 있다.

아시아 교회 청소년 사목의 첫 번째 전략은 청소년과 청소년 사목자들이 함께 모여 대화를 나누며 협력과 연대를 다질 수 있는 장(場)을 마련하는 것이다.[276] FABC의 청소년 데스크는 '청소년에 관한 평신도 사도직 주교 연수회'에서 제안된 의견을 기반으로 1997년 프랑스에서 열린 세계 청소년 대회에서 최초로 '아시아 청소년 모임'(the Asian Youth Gathering)을 개최하였다.[277] 그리고 1999년 태국에서 세계 청소년 대회와 유사한 형태의 제 1차 '아시아 청소년 대회'(the Asian Youth Day)를 개최하고,

---

276 Cf. FABC, "Bishops' Institute for Lay Apostolate on Youth", *op. cit.*, art. 19.

277 Cf. FABC Office of Laity Youth Desk, *Youth Desk Journey*, FABC 2nd Bishops' Institute for Lay Apostolate on Youth, 2007(inedit.), p. 1. '우리가 교회'(We are the Church)라는 주제로 이루어진 제 1차 '아시아 청소년 모임'은 세계 교회 안에서 아시아 교회 청소년의 열정과 가치를 재인식하는 중요한 계기가 되었다.

청소년 사목에 대해 심도 있게 논의할 수 있는 '아시아 청소년 사목자 회의'(the Asian Youth Minister's Meeting)도 연달아 개최하였다.[278] 아시아 교회는 이처럼 연속적으로 이어지는 대화와 연대의 장을 마련함으로써, 청소년과 청소년 사목자들이 공동체를 체험케 하고 교회의 일치와 연대성을 경축하는 가운데 아시아의 청소년 사목 비전을 공유할 수 있도록 하고 있다. 또한 각 국의 청소년이 청소년 대회 안에서 서로 대화·협력·연대를 통해 양성 받을 수 있도록 한다. 아시아 교회는 이러한 대륙 차원의 행사나 회의의 준비·실행 과정에 '청소년 협의회'에서 도출한 '대화–식별–실행'의 세 단계 방법론[279]을 공통으로 활용함으로써 청소년 사목에 관한 방법론적 혼란을 방지하고 상호 대화와 협력을 증진할 수 있도록 하였다.

아시아 교회 청소년 사목의 두 번째 전략은 아시아 각국 간의 소통과 연대를 위하여 대륙 교회의 청소년 사목을 담당하는 공식 기구를 운영하는 것이다.[280] 1990년대 초까지는 FABC의 평신도국이 아시아 청소년 사목에 대한 전반 사항을 담당했으나, '청소년 협의회'에서 제안된 바에 따라 1994년 FABC는 평신도국 내에 청소년 사목을 전담할 수 있는 '청소년 데스크'를 설치하였다. 청소년 데스크는 각 국가 단위의 청소년국과

---

278 Cf. *Ibid.*, p.2; Joel d'Cunha, Youth Sessions for the New Millennium, Executive Secretary CBCI Commission for Youth, 1999, pp.213-218. 1999년 태국 후아힌(Hua Hin)에서 제 1차 '아시아 청소년 대회'와 제 1차 '아시아 청소년 사목자 회의'가 개최되었고, 2001년에는 대만 다이페이에서 제 2차 아시아 청소년 대회와 제 2차 '아시아 청소년 사목자 회의'가 차례로 개최되었다. 그리고 2003년 인도 방갈로르에서 제 3차, 2006년 홍콩에서 제 4차 대회가 개최되었다.

279 Cf. FABC, "The Youth of Asia Envisioning the Fullness of Life and Human Dignity in the Church", *op. cit.*, p.104. 세 단계 방법론은 청소년의 현실에 깊이 있게 현존하며 관찰하는 '대화'의 단계, 그 다음으로 복음을 통해 전 단계의 관찰과 대화를 바라보고 판단하는 '식별'의 단계, 마지막으로 결정 사항을 실천하고 평가하는 '실행'의 단계로 구성된다. 이는 '사도직 중심의 청소년 사목'의 방법론과 라틴아메리카의 세 단계 방법론과 같은 귀납적 방법이다.

280 Cf. John B. Thakur, *FABC Journeying with Youth - A Historical Perspective*, FABC 1st Bishops' Institute for Lay Apostolate on Youth, 1997(inedit.), pp.1-3.

전국 청소년 사목 책임자 및 아시아 주교들에게 아시아 청소년 사목 비전 및 실천사항을 공유시키는 역할은 물론, 각 국가의 청소년 관련 조직 간에 교류를 원활히 하고 아시아 전체 규모의 청소년 모임을 기획하는 등 아시아 청소년 사목 관련 실무를 총괄하고 진행하는 역할을 담당하고 있다. 청소년 데스크를 구심점으로 하여 아시아 대륙 전체가 연결되는 체계적인 조직화는 아직 이루어지지 않았으나, 이를 위해 각국 주교회의 내에 청소년 사목 위원회를 설치해야 한다는 의견과 현재의 청소년 데스크를 평신도국에서 독립시켜 청소년국으로 격상시켜야 한다는 논의 등이 2007년 개최된 제 2차 '청소년에 관한 평신도 사도직 주교 연수회'에서 제안된 바 있으며 이 사안들은 현재 진행 중이다.[281]

4. 기타 지역의 청소년 사목

이 항에서는 앞서 살펴본 지역 이외의 기타 지역의 청소년 사목을 고찰하고자 한다. 고찰 순서는 유럽 교회, 아프리카 교회, 뉴질랜드와 오스트레일리아 교회를 중심으로 하는 오세아니아 교회 순이다.

1) 유럽 교회의 청소년 사목

(1) 유럽 교회의 청소년 사목 흐름

유럽 대륙은 그리스도교의 발상지로 사회·문화 전반에 가톨릭이 중심을 이루고 있으며 각 국가별 교회의 역사도 깊다. 유럽의 근·현대 학교교육이 가톨릭 신앙을 전달하기 위해 시작되었다는 사실을 통해서

---

281 Cf. FABC Office of Laity Youth Desk, *Youth Desk Journey, op. cit.*, p.3.

도 알 수 있듯이,[282] 유럽 교회에서는 가톨릭 학교교육의 근간을 이루어 온 어린이와 청소년에 대한 교리교육이 현대까지 청소년 사목 흐름을 주도해왔다고 할 수 있다. 곧 '교리지식 중심의 청소년 사목'이 유럽 전반에 큰 영향을 미쳐 왔다. 그러나 그 외에도 이탈리아의 성 요한 보스코로부터 시작된 '사목적 사랑의 청소년 사목'은 20세기를 전후한 심리학·교육학의 발전과 함께 교리교육의 방향성에 영향을 주었으며,[283] 가톨릭 액션 및 벨기에의 카르딘 추기경의 가톨릭 노동 청년회 운동을 통해 확산되어 온 '사도직 중심의 청소년 사목' 또한 각종 청소년 활동을 이어나가면서 '교리지식 중심의 청소년 사목'의 흐름과 공존해왔다.

그러나 제 2차 바티칸 공의회 이후 보편 교회에 확산된 '통합되는 청소년 사목'은 타 지역 교회와 비교했을 때 유럽 대륙에서 그다지 크게 부각되지 않은 것처럼 보인다. 제 2차 바티칸 공의회가 폐막되던 1965년에 '유럽 주교회의 연합'(Council of European Bishops' Conferences)이 결성되기는 하였으나, 고유한 전통과 역사를 중요시하는 유럽 교회는 통합보다 각 국가의 자체적이고 개별적인 노력을 선호하였다. 그래서 대륙 전체 차원에서 '통합되는 청소년 사목'의 흐름은 크게 드러나지 않게 되었고, 각 국가에서 독립적으로 청소년 사목이 전개되었다. 그 결과 현재의 유럽 교회는 국가별 청소년 사목 양상에는 어느 정도의 편차가 존재한다.

---

282 참조: 본 연구 2. I .1.

283 참조: 유재국, 『교리교육사』, 기쁜소식, 1990, 146-152쪽. 20세기 초 국립학교의 비종교화 및 가정 교회 내에서의 신앙교육 약화 등으로 인해 교리교육을 강화할 필요성이 증대되면서, 각 국가 내에서는 전국 통일 교리서의 발간, 교사 양성을 위한 학원 설립 등의 움직임이 나타났다. 이 시기에 심리학과 교육학의 발전은 '사목적 사랑의 청소년 사목' 흐름을 이론적으로 뒷받침하면서 교리교육에 수공예·운동과 같은 다양한 활동을 접목시켜 어린이와 청소년이 종교를 사랑할 수 있도록 하는 다양한 시도들이 각국에서 펼쳐졌다.

(2) 유럽 내 각 국가의 '통합되는 청소년 사목' 흐름

이탈리아 교회에서는 1996년 리까르도 토넬리(Riccardo Tonelli)가 『삶과 희망을 위하여』(*Per la Vita e la Speranza*)를 통해 처음으로 청소년 사목의 개념을 "교회가 청소년에게 하느님의 구원을 중재하기 위해 청소년의 삶 안에서 청소년과 함께, 청소년을 위해 행하는 총체적 활동"[284]이라고 정의하였다. 이에 따라 '교리지식 중심의 청소년 사목'의 흐름에 성요한 보스코의 '사목적 사랑의 청소년 사목'이 추가되면서 청소년 사목이 활성화되었다. 살레시오 수도회가 설립한 대학에는 청소년 사목학과가 개설되어 청소년 지도자를 양성하였으며 각 교구·지구 내에도 교리교사 양성 코스가 마련되었다.[285]

독일 교회의 경우, 통일 이전 분단의 상황에서도 서독과 동독은 각각 주교 시노드 등을 통해 청소년 사목이 교회의 중요한 사명 중 하나임을 명시하고 말씀 선포와 봉사 등을 강조하였다. 1990년 통일 이후에는 변화된 상황에 맞추어, 청소년이 교회의 구원 대상이면서 동시에 신앙 공동체의 주체로서 세상을 복음화하기 위해 봉사해야 한다는 독일 교회 청소년 사목의 사명이 『청소년 사목 지침』(*Leitlinien zur Jugendpastoral*)을 통해 명시되었다.[286]

프랑스 교회는 각 교구별로 정도의 차이가 있으나, 전반적으로 교구 내 청소년 사목국이 일반 교리교육과 공립학교 가톨릭 학생회(Aumôneries de l'Enseignement Publique)[287] 등의 청소년 운동 간에 연대와 협력을 이끌고 있다.

---

284 Riccardo Tonelli, *op. cit.*, p.23.

285 참조: 최금자, 「이탈리아 교회 교리교육에서 배울 점」, 『가톨릭 디다케』 278(2007/9), 49-53쪽.

286 Cf. Pastoral-Kommission, *Leitlinien zur Jugendpastoral*, Deutsche Bischofskonferenz, 1991(inedit.), pp.3-8.

287 프랑스의 공립 중고등학교 학생들의 신앙 교육을 위한 가톨릭 조직은 다음 참조. Cf. "Présentation de l'Aumônerie de l'Enseignement Publique", AEP, 2008. 3. 17〈http://aep.cef.fr/qui/index.htm〉.

유럽 내에서도 가톨릭 전통이 강한 축에 속하는 스페인 교회는 가톨릭 학교 교육을 기본으로 하되, 학교뿐 아니라 청소년 단체·교구 등에서 다양한 교리교육 강좌를 개설하여 교리지식을 전달하고 신학·철학적 토론이나 성경 해석 등을 활발히 펼침으로써 청소년의 관심을 이끌어 내고 있다. 그리고 이러한 흐름을 유지·발전시키기 위해 필요한 청소년 사목자를 양성하기 위한 기구가 전국 차원에서 조직되었다. 교구나 전국 차원의 봉사활동 단체는 해외 봉사활동 기회 등을 적극 장려하고, 각종 청소년 심신단체, 예수회와 살레시오회 등 각 수도회의 청소년 관련 프로그램을 국가 차원에서 지지하고 후원한다. 환경·생명·정치 문제와 관련된 전국 단위의 청소년 모임, 오랜 역사를 가진 청소년 운동인 포콜라레와 가톨릭 스카우트 등에 대해서도 교회가 활발히 지원하고 있다.[288]

스페인과 마찬가지로 전통 가톨릭이 깊이 뿌리내리고 있는 아일랜드 교회 역시 1979년 교황 요한 바오로 2세의 방문을 계기로 '교구 청소년 사목 책임자 위원회'(National Committee of Diocesan Youth Directors)가 설립되면서 '통합되는 청소년 사목'의 흐름이 나타났다. '교구 청소년 사목 책임자 위원회'의 주도로 교구 청소년 사목 책임자의 역할이 명확히 규정되었고 1985년에는 청소년 사목의 미래상을 밝힌 『겨자씨』(Mustard Seeds)[289]가 발표되었으며 이를 실행하기 위한 본당·교구·전국 차원의 사목 계획 수립이 이어졌다. 이러한 흐름 안에서 청소년 공청회가 개최되었고, 떼제 기도·로마 성지 순례 등 다양한 청소년 사목 프로그램두

---

288 참조: 우광호, "지구촌 젊은이들 유럽을 가다 7 - 스페인 바르셀로나 대교구(상) 청소년 청년 사목의 가교, 견진성사", 『가톨릭신문』, 2008. 3. 16〈http://www.catholic times.org/news/news_view.cath?seq=32769〉; 우광호, "지구촌 젊은이들 유럽을 가다 8 - 스페인 바르셀로나 대교구(중) 청년사목의 대안 삼위일체 사목", 『가톨릭신문』, 2008. 3. 16〈http://www.catholictimes.org/news/news_view.cath?seq=32844〉.

289 Cf. Martin Clarke-Micheal Howlett-Joe McDermott, *Mustard Seeds - Youth Ministry in Ireland Today*, Veritas, 1985.

활발히 제시되었다.[290]

(3) 유럽 대륙 차원의 청소년 사목에 대한 논의

국가별로 다양하게 전개되고 있는 유럽의 청소년 사목이 대륙 전체 차원에서 논의되기 시작한 것은 1994년부터였다. 교황 요한 바오로 2세에 의해 시작된 세계 청소년 대회를 통해 유럽의 청소년 사목자들은 청소년 사목 안에서 상호 이해·소통·연대가 중요하다는 것을 통찰하였다. 이 통찰에 근거해서 유럽 각국의 청소년 사목 책임자들은 교황청 평신도 평의회에 요청하여 청소년 사목 활성화를 위한 '유럽 청소년 사목 회의'(European Meeting on Youth Ministry)를 개최하였다.[291]

한편 21세기에 들어서면서 유럽 교회 전반에 현대 사회의 세속주의·물질주의·쾌락주의로 인한 위기가 찾아왔다. 청소년 사목 역시 많은 노력에도 불구하고 현대 사회의 부정적 영향에서 자유롭지 못했고 포스트모더니즘의 영향으로 청소년은 계속해서 교회를 떠나고 있었다.[292] 이러한 상황에 대해 교황 요한 바오로 2세는 유럽은 이미 그리스도인으로 세례를 받은 대륙이며, 하나의 교회라고 언급하면서 그 근원으로 돌아가야 함을 거듭 강조하였다.[293] 환언하면, 유럽 대륙의 새 복음화가 21세기 유럽 교회의 사명으로 대두된 것이다. 유럽 청소년 사목 회의는 청소년 세계도 새로이 복음화되어야 하며, 바로 그 사명에 청소년이 투신해야 함을 밝혔다. 그러나 아쉽게도 유럽 교회의 통합된 청소년 사목이 활성화되기 위한 실질적이고 구체적인 방법은 도출되지 않았다. 대신 대륙 내 청소년 사목의

290　Cf. Gerard Gallagher, *Are We Losing the Young Church?*, Columba Press, 2005, pp.78-90.

291　Cf. Pontifical Council for the Laity, *Together on the European Roads-Proceeding of the 1st European Meeting on Youth Ministry*, Publications of the Pontifical Council for the Laity, 1995, p.6.

292　Cf. *Ibid.*, pp.52-54.

293　Cf. *Ibid.*, pp.15-18.

협력을 통해 복음적 가치를 확산하는 것이 유럽 교회 전체를 위해 중요하다는 의식이 공유되었다.[294] 그래서 다원주의적 환경을 살아가는 현대의 유럽 청소년이 지닌 개인적이고 실험적인 정체성, 세속화된 문화 등의 사조를 직시하면서도 의미에 대한 갈망, 종교적인 감성과 같은 유럽 청소년의 긍정적 측면 등 전반적 특징에 대한 논의가 1995년에 시작되었다.[295] 이듬해인 1996년에는 제 2차 유럽 청소년 사목 회의가 개최되었지만[296] 유럽교회 청소년 사목 전반에 파격적 개혁이 이루어졌다거나 대륙 전체를 통합하는 청소년 사목 지침서의 발간, 대륙 연합 구조의 재편 등이 시도되지는 않았다. 그러나 교황 요한 바오로 2세가 거듭 강조한 '유럽의 새 복음화를 위한 청소년의 투신'이라는 사명 아래 유럽 각국의 통합된 청소년 사목의 흐름 및 상호 소통과 협력을 향한 노력은 지속적으로 이어지고 있다.

2) 아프리카 교회의 청소년 사목

(1) 아프리카 교회와 YCS 운동

아프리카에 그리스도교 신앙이 처음 전해진 것은 1세기로 거슬러 올라간다. 이후 2세기부터 4세기까지 많은 교부와 성인들이 아프리카 교회에서 배출되었다.[297] 그러나 본격적인 복음화는 14세기부터 16세기까지 선교사들의 활동을 기점으로 시작되었다. 이 시기 유럽 선교회들의 진출과 포르투갈의 보호권으로 인해 선교가 활성화되었고, 그 후 18세기의

---

294 Cf. *Ibid.*, pp.44-54.

295 Cf. *Ibid.*, pp.11-12.

296 Cf. Pontifical Council for the Laity, *Together on the European Roads-Proceeding of the 2nd European Meeting on Youth Ministry*, Publications of the Pontifical Council for the Laity, 1996.

297 Cf. "Ecclesia in Africa" art.30-31, Vatican, 2008. 9. 12〈http://www.vatican.va/holy_father/john_paul_ii/apost_exhortations/documents/hf_jp-ii_exh_14091995_ecc lesia-in-africa_en.html〉.

쇠퇴기를 거쳐 20세기에 아프리카에 사회 간접 시설을 제공하면서 함께 진출한 선교사들의 활동으로 아프리카 선교는 재활성기를 맞았다. 현재 아프리카 대륙의 전체 인구 대비 신자비율은 약 17%에 이르고 있다.[298]

아프리카 교회 안에서 청소년과 관련하여 어떤 움직임이 있었는지 알 수 있는 것은 19세기 후반부터다. 아프리카 교회의 청소년 사목은 특별히 청소년을 주체로 하는 운동이 주류를 차지하는데,[299] 교리교육의 경우 청소년을 대상으로 어떻게 이루어져 왔는지 뚜렷하게 나타나지 않는다.[300] 다만 아프리카가 선교지라는 점과 전체 인구의 50%가량이 15세 미만이라는 인구 특성을 감안하면 교리교육이 선교사들과 선교회가 설립한 학교들을 통해 주로 청소년을 대상으로 이루어졌을 것이라는 추정이 가능하다.[301] 그 대표적인 예로 청소년의 성장과 발달을 위해 교육 및 미디어 사업에 힘쓰고 있는 살레시오회가 19세기 후반부터 알제리를 시작으로 아프리카에 진출하기 시작하여 현재 대륙의 42개국에 설립되어 있다.[302]

YCS는 아프리카의 약 30개국에 퍼져 있다.[303] 그 중 남아프리카 공화국에

---

298 참조: 김웅태, "선교의 역사", 『한국 가톨릭 대사전』7, 2004, 4426-4433쪽; "Ecclesia in Africa", art.32, 35, 37-38.

299 JOC와 YCS 그리고 가톨릭 농촌 청년회(Catholic Agricultural Youth Movement)를 말한다. Cf. Telesphore Mpundu, "The present and the future belong to the youth", *African Ecclesial Review* vol.31, no.4, AMECEA Gaba Pastoral Institute, 1989, p.237.

300 아프리카에서 약 30년간 생활한 신학자 헤이스팅스의 글들을 통하여 1970년대경 아프리카 교회의 교리교사들의 특징을 엿볼 수 있다. 헤이스팅스에 의하면 이들은 본당에서 매우 중요한 위치를 차지하고 있지만 제대로 교육을 받지 못하고, 조당 등의 문제로 교회법을 어기고 영성체도 할 수 없는 상태인 경우가 많았다. Cf. Adrian Hastings, *African Catholicism: Essays in Discovery*, SCM Press, 1989, p.14; Adrian Hastings, "African Christianity", Thomas O'Brien, *New Catholic Encyclopedia* vol.17, McGraw-Hill Book Company, 1979, p.12.

301 Cf. Josaphat Lebulu, "The youth on the threshold of the year 2000 - The Church's & the World's hope in the youth", *African Ecclesial Review* vol.31, no.4, p.211.

302 Cf. Juan E. Vecchi, *Salesian Youth Pastoral Work*, Salesiana Publishers Incorporated, [n.d.], p.19.

303 1956년경에는 아프리카 거의 모든 국가에 JOC가 형성되어, 카메룬에서 첫 번째 JOC 아프리카 모임이 개최되었다. Cf. International Cardijn Foundation, *First Steps Toward A History Of The IYCW*, Cardijn Center for Development, 1997, p.158.

YCS 운동이 도입되어 발달한 과정을 보면, JOC 입회 전 단계의 성격을 띤 조직이 1959년 시작되었다. 그 후 JOC는 1976년에 노동 계층을 위한 JOC와 중산층의 고등학생 · 대학생을 위한 YCS로 분리되었다. 1979년에 이르러 남아프리카 공화국의 YCS 운동은 급속한 성장을 거쳐 조직과 그 정체성이 강화되었다. 하지만 1980년대 초반에 사회투쟁에 적극적으로 참여하는 동안 교회의 사도직 단체로서의 정체성은 약해졌다. 그럼에도 불구하고 YCS는 당시 흑인을 제외시킨 국회 구성에 반대하는 운동에 교회 밖의 청소년 · 청년 단체들과 연합하여 참여했는데 이것이 오히려 가톨릭 운동으로서의 정체성을 다시 되찾게 되는 계기가 되었다.[304] 이처럼 YCS는 비인간적 인종차별에 대한 대 사회적 투쟁에서 주체적 역할을 하였으며 불의한 사회에서 예언직을 수행했다.

(2) 아프리카 주교회의와 청소년 사목

19세기 후반부터 서양 열강들에 의해 식민 지배를 받기 시작한 아프리카 국가들은 1920년대부터 수십 년에 걸쳐 독립하기 시작했다. 그러나 많은 국가에 군부독재정권 또는 공산정권이 들어서면서[305] 교회는 박해를 받게 되었다.[306] 그리고 기타 여러 가지 이유[307]로 대륙 차원의 주교회의를 결성하는 것이 다른 대륙의 교회에 비해 특히 어려웠던 것으로 보인다. 그러나 이런 어려운 상황에도 불구하고 제 2차 바티칸 공의회 기간

---

304 Cf. Young Christian Students National Office, *What is YCS - Manual of the South African Young Christian Students*, Young Christian Students National Office, [n.d.], pp.23-29.

305 참조: 아시아 아프리카 라틴아메리카 연구원, 『제 3세계의 역사와 현실』, 한길사, 1990, 165쪽.

306 교회에서 운영하던 학교들은 1970년대경부터 정부가 운영하기 시작하였고, 성직자들이 체포되거나 살해 및 처형당하는 사건들도 발생하였다. Cf. Adrian Hastings, "African Christianity", *op.cit.*, p.12.

307 아프리카 대륙의 광대함과 대륙 내의 통일되지 않은 수많은 국가들, 부족 간의 언어 · 문화 등의 차이도 대륙 주교회의 결성을 어렵게 만드는 원인이 되었을 것이라고 추정할 수 있다. Cf. "Ecclesia in Africa", *op.cit.*, art.39-40.

동안 아프리카 주교들은 '아프리카 마다가스카르 주교회의'(Symposium of Episcopal Conferences of Africa and Madagascar)를 출범시켰다.[308] 아프리카 전체 인구의 청소년 비율을 고려할 때[309] 아프리카 대륙에서의 청소년 사목은 매우 중요하다고 할 수 있는데 아직 대륙 전체 범위의 청소년 사목 지침은 만들어지지 않았다. 이는 아프리카 교회가 아프리카인의 생존과 관련한 1차적 문제들을 해결하는 데 집중하느라 청소년에 대한 관심을 체계적으로 펼치지 못하는 것에 기인한다.

그렇지만 청소년에 관한 아프리카 주교단의 논의가 전무했던 것은 아니다.[310] 특히 '동아프리카 주교회의'[311](Association of Member Episcopal Conferences in Eastern Africa)는 총회 담화문에서 청소년에 관해 여러 차례 언급했고 1989년에 있었던 10차 총회에서는 '2000년을 향해 가는 청소년'이라는 주제로 아프리카 청소년의 현실과 청소년 사도직의 중요성, 사도직 활성화를 위한 권고 등을 다루었다. 총회에서 동아프리카 주교들은 아프리카 청소년이 아프리카 상황에서 심각한 타격을 받는다고 밝혔다. 예를 들어 사회·경제적으로 보호받지 못하거나 어린 나이에 이미 출산하여 성인과 같은 책임을 맡게 되고 불확실한 미래에 대한 불안감에서

308　Cf. *Ibid.*, art.3; "Identity", Symposium of Episcopal Conferences of Africa and Madagascar, 2008. 3. 16〈http://www.sceam-secam.org/identity.html〉.

309　아프리카의 전체 인구 중 50%가량이 15세 미만이다. 그리고 동아프리카 지역 전체 인구의 60%가 35세 미만이다. Cf. Josaphat Lebulu, "The youth on the threshold of the year 2000 - The Church's & the World's hope in the youth", *op. cit.*, p.211.

310　동아프리카 주교회의는 7차, 11차, 12차 정기총회에서 청소년에 대해서 언급하고 있다. Cf. "Message from the Plenary Assembly", AMECEA, 2008. 9.10〈http://www.amecea.org/message-7.html〉; 〈http://www.amecea.org/message-11.htm〉; 〈http://www.amecea.org/message-12.htm〉.

311　동아프리카 8개국(에리트레아, 에티오피아, 케냐, 말라위, 수단, 탄자니아, 우간다, 잠비아) 주교회의를 위한 운영 기구다. Cf. "About Us", Association of Member Episcopal Conferences in Eastern Africa, 2008. 9. 10〈http://amecea.org/amecea/inde x.php?option=com_content&task= view&id=1&Itemid=4〉.

도피하고자 배회·방종한 성관계·약물중독·기타 범죄 등에 쉽게 빠진다는 것이다.[312] 그리고 청소년을 단지 해결해야 하는 문제의 대상으로만 보는 것이 아니라 도움이 필요한 존재, 교회가 역할을 이행하도록 촉구하는 시대의 징표로 보아야 한다고도 하였다.[313] 아프리카 주교들이 청소년 사목에 관해 강조한 것은 다음과 같다.

먼저 동아프리카 주교단은 청소년이 사회와 교회 생활에 적극적으로 참여하여 사도직을 수행하도록 촉구했다.[314] 그리고 청소년의 사도직 수행을 위해 YCS와 JOC 같은 청소년 운동들이 교회 사목 외에 기타 청소년 운동과도 지속적으로 협력해야 한다고 강조했다.[315] 그 외에 본당과 학교의 청소년 사도직을 위한 협력 및 본당·교구 차원의 청소년 협의회 조직을 통한 청소년 운동 간의 조정에 대해서 언급하였고,[316] 청소년이 삶과 신앙의 통합을 이루어야 한다고 강조하였다.[317] 또한 신앙과 실생활을 일치시키기 위해 교리교육과 전례를 청소년 문화에 맞춰 적용하고, 성찰과 실천을 기본으로 하는 방법론을 개발할 것을 촉구했으며[318] 청소년의 역할 모델로서 청소년 사목자의 중요성을 주지시켰다.[319]

아프리카 주교단은 1994년 대륙 전체의 시노드를 개최하였다. 이때

---

312 Cf. "Message from the 10th Plenary Assembly", AMECEA Bishops, 2008. 9. 10 〈http://www.amecea.org/message-10.htm〉.

313 Cf. Josaphat Lebulu, "The Youth on the Threshold of the Year 2000-The Church's & the World's Hope in the Youth", *op. cit.*, p.218.

314 Cf. *Ibid.*, pp.220-221; AMECEA, "AMECEA Tenth Plenary Assembly: Study Session Recommendations on Youth", *African Ecclesial Review* vol.31, no.4, pp.249-252.

315 Cf. Telesphore Mpundu, "The Present and the Future belong to the Youth", *op. cit.*, p.230.

316 Cf. *Ibid.*, p.231.

317 Cf. AMECEA, "AMECEA Tenth Plenary Assembly: Study Session Recommendations on Youth", *op. cit.*, pp.249-252.

318 Cf. Telesphore Mpundu, "The Present and the Future belong to the Youth", *op. cit.*, p.235.

319 Cf. *Ibid.*, p.229.

교황 요한 바오로 2세는 아프리카 시노드 후속 권고를 통해 아프리카의
현실에 희망·평화·기쁨·조화·사랑·일치를 전하는 것이 이 대륙을
위한 복음화임을 확인하고 청소년 사도직의 중요성을 다시 강조하였다.[320]
동시에 청소년 사목이 본당과 교구의 사목 계획에 포함되어야 함을 언급
하여 많은 아프리카인이 청소년 사목의 중요성을 인지하게 하였다.[321] 아
프리카 교회의 청소년 사목에 관한 교황의 이 같은 언급은 1989년 동아프
리카 주교단의 논의를 재차 강조하고 인정한 것이며, 아프리카 청소년 사
목에서 결여된 부분에 대한 보완을 촉구한 것이라고 볼 수 있다. 이후에도
아프리카 사목자들은 청소년 사목에 대한 관심을 지속하며 1989년에 논의
했던 주제들에 대한 더욱 세부적이고 구체적인 전략을 제안하고 있다.[322]

3) 오세아니아 교회의 청소년 사목

본 항에서는 오세아니아[323]의 여러 교회들 가운데 오스트레일리아 교회
[324]와 뉴질랜드 교회[325]를 중심으로 다루겠다. 오스트레일리아와 뉴질랜드

---

320 Cf. "Ecclesia in Africa", *op. cit.*, art. 40.

321 Cf. *Ibid.*, art. 93.

322 청소년에 관한 여러 주제들, 즉 아프리카 청소년을 위한 사목적 배려의 필요성, 아프리카 청소
년의 외침들, 아프리카 청소년을 위해 오늘날 교회가 해야 할 도전, 청소년에 대한 사목적 투
신 등을 다루고 있다. Cf. AMECEA, *African Ecclesial Review* vol. 38, no. 1, AMECEA Gaba
Pastoral Institute, 1996, pp. 2-41.

323 Cf. S. J. Bourke, "Oceania", *New Catholic Encyclopedia* vol. 10, pp. 626-628.

324 영국의 유형 식민지였던 오스트레일리아는 1820년에 교계제도가 성립되었으며 현재는 복음화
율이 매우 높아 약 1,950만 명의 총인구 중에서 500만 명 정도가 가톨릭 신자이다. 참조: 편찬실,
"오스트레일리아", 『한국 가톨릭 대사전』9, 2002, 6457-6458쪽; "각국 교회 현황", 한국 천주교
주교회의, 2008. 3. 15〈http://www.cbck.or.kr/page/country.asp?p_code=K4520&LGB=아〉.

325 뉴질랜드 교회는 1836년 서오세아니아에 대목구가 설정되었을 때 그 관할지역에 포함되었고,
1848년에 웰링턴과 오클랜드 교구로 나뉘면서 정식 교구로 승격되었다. 현재 전체 인구 390만
명 중 가톨릭 신자는 47만여 명이다. Cf. M. Mulcahy, "New Zealand", *New Catholic
Encyclopedia* vol. 10, p. 407.

교회에서는 '교리지식 중심의 청소년 사목'과 '사목적 사랑의 청소년 사목'보다 '사도직 중심의 청소년 사목', '통합되는 청소년 사목'의 양상이 두드러진다.

오스트레일리아 주교회의 내에 가톨릭 액션 담당 사무국이 개설된 이후 1942년 JOC 운동이 설립되었다. 이 시기에 이미 YCS 운동도 멜버른의 몇몇 학교들에 도입되고 있었고, 1944년경에는 YCS 전국위원회가 세워졌다. 이후 오스트레일리아 전역에 YCS 그룹들과 회원 및 리더들을 위한 프로그램·교육들이 조직되었고 위원회에서는 YCS 교육을 보충하기 위한 소식지도 발행하였다. 오스트레일리아가 전쟁의 영향 아래 있던 시기임에도 불구하고, YCS는 조직이 구성된 초기의 4-5년 동안 안정적으로 성장할 수 있었다. 이것은 주교단·사제·학교 당국의 지원 덕분이기도 했으나 당시 많은 청소년이 YCS 운동을 통해 세상의 변화에 동참하고자 했기 때문이다.[326] 도입 초기부터 매우 활발하게 성장한 오스트레일리아 YCS 운동은 체계적으로 조직된 운영부서들과 함께 현재까지 꾸준히 지속되고 있다.

한편 오스트레일리아 교회는 2008년 시드니에서 세계 청소년 대회를 개최하였다. 시드니 교구는 "성령께서 너희에게 내리시면 너희는 힘을 받아 나의 증인이 될 것이다"(사도 1,8 참조)라는 주제 아래 3년 동안 세계 청소년 대회를 준비하였는데 시드니 교구와 함께 오스트레일리아와 뉴질랜드 전역의 청소년 사목 책임자들이 이를 위해 함께 협력하였다.[327] 이 대회를 통해 교황 요한 바오로 2세가 언급한 대로 청소년은 교리교육과

---

326 Cf. Celine Parkinson, "How the Y.C.S. Began in Australia", Young Christian Students, *50years of Y.C.S. in Australia* issue 56, Young Christian Students National Office, 1992, pp.13-15.

327 Cf. "Message of the Holy Father Benedict XVI to the young people of the world on the occasion of the World Youth Day", Vatican, 2008. 9. 10〈http://www.vatican.va/holy _father/benedict_xvi/ messages/youth/documents/hf_ben-xvi_mes_20070720_youth_ en.html〉.

축제·순례·전례 및 기도와 참된 친교를 경험하고 그리스도교 신앙을 체험할 수 있었다.[328]

뉴질랜드의 경우 주교회의가 1990년 전국 가톨릭 청소년 위원회(National Council for Young Catholics)를 설립하여 청소년뿐 아니라 청소년 사목자를 양성하고 지지하는 데 힘쓰고 있다. 이 위원회는 청소년 사목 종사자들의 훈련과 지원을 조율하며 가톨릭 청소년에 관계된 일들을 주교회의에 보고하고 청소년과 관련된 주제들을 발굴한다. 또한 공인된 청소년 사목 학위과정을 개설하고, 관련 국가 기관들과 교류하고 있다.[329] 특히 뉴질랜드 주교회의는 청소년 사목 지침서인 『일어서라』(*Tu Kahikatea*)를 발간하여 통합되는 청소년 사목의 목적과 내용을 제시하였고,[330] 그 외에도 청소년 사목자들을 위한 평가 지표 등을 제공하고 있다.[331]

이상과 같이 뉴질랜드와 오스트레일리아로 대표되는 오세아니아 교회에서 '통합되는 청소년 사목'의 경향이 드러나기 시작한 것은 1990년대 이후로 최근이지만 그 움직임은 매우 활기찬 모습을 보이며 발전을 거듭하고 있다.

---

328 Cf. "General Outline of WYD", Vatican, 2008.9.10〈http://www.vatican.va/roman_curia/pontifical_councils/laity/documents/rc_pc_laity_doc_20070226_nota-sydney_en.html〉. 세계 청소년 대회는 '교구의 날'(Days in the Dioceses)을 비롯하여 청소년 축제·교리교육·십자가의 길·밤샘기도(Vigil)·교황님과 함께하는 미사 등의 본행사로 이루어진다.

329 Cf. "About Us", National Council for Young Catholics, 2008. 3. 15〈http://www.ncyc.org.nz/?sid=604〉.

330 이 지침서는 미국 주교회의의 VYM과 RTV의 내용을 상당 부분 차용하였다. Cf. "Tu Kahikatea", New Zwaland Catholic Bishops' Conference, 2008. 3. 16〈http://www.catholic.org.nz/resources/Tu%20Kahikatea.pdf〉.

331 Cf. "Resources", National Council for Young Catholics, 2008. 3. 15〈http://www.ncyc.org.nz/?sid =619〉.

5. 요약

미국 교회로 대표되는 북아메리카 교회, 라틴아메리카 교회, 아시아 교회, 그리고 유럽·아프리카·오세아니아를 기타 지역으로 하여 대륙별 지역 교회의 청소년 사목을 살펴보았다. 각 지역 교회 청소년 사목 비전과 특성, 그리고 전략을 요약하여 정리하면 다음과 같다.

미국 교회는 청소년 사목 비전을 '청소년이 그리스도의 구원 사업을 지속하는 교회 공동체의 구성원으로서 교회의 삼중 사명(예언직·사제직·왕직)을 살도록 하는 것'으로 보았다. 이를 실행하는 미국 교회 청소년 사목은 두 가지 주요 특성을 드러낸다. 첫 번째 특성은 청소년을 향한 교회의 사목적 노력을 강조하는 것이다. 교회가 먼저 청소년에 초점을 맞추고, 그들의 특성과 현실 및 그들에게 영향을 주는 교회와 사회의 현실에 대해서 체계적으로 조사 연구해야 함을 강조하고 실천하였다. 두 번째 특성은 '포괄성'이다. 미국 교회는 청소년 사목이 기본적으로 복합적·다차원적 특성을 지닌다고 보고, 효율적 사목활동을 위해서는 '포괄적 전망의 청소년 사목'이 필요하다고 주장하였다. 이러한 포괄적 관점 아래 미국 교회는 청소년 사목을 청소년을 향한 사목, 청소년과 함께 하는 사목, 청소년에 의한 사목, 청소년을 위한 사목이라는 네 가지 영역으로 구분하였다. 이와 같은 청소년 사목 각 영역의 상호 다각적 작용을 강조하면서 각 영역의 특성에 맞는 사목을 효율적으로 실행하도록 했다. 또한 청소년 사목의 내용을 구성하는 구체적인 요소도 '옹호·교리교육·공동체 생활·복음화·정의와 봉사·지도력 개발·사목적 배려·기도와 전례'의 여덟 가지로 정리하여, 모든 구성요소를 균형 있게 포괄하면서도 실제 상황에 따라 유연하게 활용할 수 있도록 하였다. 또한 미국 교회는 청소년 사목을 위한 전체 교회의 협력을 강조하였으며, 가정 공동체와의 연대 및 본당 공동체를 통한 여러 세대 간의 대화 및 협력도 중시하였다.

미국 사회의 다문화적 특성상 다양한 민족적·문화적 배경을 포괄해야 한다는 것도 '포괄적 시선'의 중요한 강조점으로 제시되었다.

미국 교회 청소년 사목의 전략은 세 가지로 정리할 수 있다. 첫 번째 전략은 앞서 언급한 사목 비전을 공유하기 위해 『청소년 사목 비전』, 『비전을 새롭게』와 같은 '청소년 사목 지침서'를 주교단의 권한으로 공표하고 공식 문헌으로 발간하여 보급한 것이다. 두 번째 전략은 국가적 차원의 조직화를 위해 청소년 사목 전담기관인 NFCYM을 설치한 것이다. 세 번째 전략은 사목자를 양성하는 것, 특히 평신도 청소년 사목자를 전문적으로 훈련하고 양성하는 것이다.

다음으로 라틴아메리카의 청소년 사목을 살펴보면, 라틴아메리카의 청소년 사목 비전은 '청소년이 그리스도의 부르심을 깨닫고, 그를 따라 자신의 삶과 교회와 세상에 사랑의 문명을 건설하는 주체가 되는 것'이다. '사랑의 문명 건설'은 그리스도의 생애와 희생을 모델로 하여 전 교회와 사회에 그리스도교적 가치인 사랑과 생명, 인간 존중, 자유와 진실, 평화 등을 실천적 문명으로 만들어 나가는 것임을 말한다. 이는 제 3차 CELAM 총회를 통해 라틴아메리카 교회 전체의 지향점으로 제시된 것으로, 라틴아메리카 교회는 이것을 그대로 청소년 사목 비전으로 수용하고 있으며 비전의 주체가 청소년임을 밝히고 있다.

라틴아메리카 교회 청소년 사목은 삶의 현실과 실제 체험을 중시하고 현실에서부터 시작하여 그리스도의 진리를 깨달아 나가는 귀납적 과정이라는 특성을 갖는다. 이 특성은 다음의 세 가지 강조점을 갖는다. 첫째, 삶의 체험과 존재하는 사실, 그것이 이루어진 역사에 대해 세밀하게 관찰하고 조사하여 파악하는 것이다. 둘째, 관찰한 현실을 그리스도의 시선으로 판단하는 것이다. 셋째, 그리스도의 가치로 판단한 내용의 결과를 다시 현실의 삶과 공동체 안에서 행동으로 실천하는 것이다. 이러한 세 가지 강조점은 귀납적 과정을 통해 순차적으로 연결되어 청소년 사목을 단편적 행위가 아닌 청소년의 현실과 삶 전체를 성장시키는 역동적 과정으로 만든다.

　라틴아메리카 교회의 청소년 사목 전략은 투사 양성이다. 청소년이 자기 또래의 리더인 '투사'가 되어 실제로 사목을 주체적으로 실행할 수 있도록 하고 있다. 뿐만 아니라 대륙 전체를 아우르는 청소년 사목 조직을 체계화함으로써 그 조직 안에서 '투사'들이 직접 훈련·양성 받을 수 있게 하였다. 각 조직 내의 성인 청소년 사목자들은 앞에 나서서 청소년을 지도하기보다는 뒤에서 청소년 리더를 지원하고 지지하는 역할을 담당함으로써 '청소년이 주체'라는 비전이 현실화될 수 있도록 하고 있다.

　아시아 교회의 청소년 사목 비전은 '청소년이 그리스도를 따라 아시아 현실에 육화하는 복음화의 주체가 되는 것'이다. 그리스도가 세상에 대한 사랑으로 육화하신 것처럼, 아시아 교회도 아시아의 복합적인 문화와 가난한 현실에 그대로 육화해야 함을 교회 사명으로 보았다. 아시아의 현실에 육화한다는 것은 하나의 몸으로서 공동체의 일치를 이루는 것이므로 아시아 교회의 청소년 사목은 공동체의 일치와 화합을 추구하며, 개인과 공동체 간의 협력과 연대를 중시하는 특성을 보인다. 아시아 교회는 공동체 일치를 위하여 '대화'를 강조하는데, 이 대화는 두 가지로 구분된다. 하나는 아시아의 다양한 인종과 문화, 종교의 차이점을 열린 마음으로 이해·수용하며 '복음의 메시지를 전달하는 대화'이다. 다른 하나는 가난한 이들과 더불어 일하고 봉사하는 가운데 아시아의 빈곤과 억압을 진정으로 체험하며, 현실 구조의 변화를 추구하고 사회 정의를 위해 헌신하는 '삶의 대화'이다.

　아시아 교회는 청소년 사목 전략으로 세계 청소년 대회 안에 아시아 청소년 모임, 아시아 청소년 대회, 아시아 청소년 사목자 회의 등의 대화와 협력·연대의 장(場)을 마련하는 방법을 활용한다. 그리고 이 회의와 모임의 기획과 실행, 평가에 '대화—식별—실행'의 방법론을 적용하여 상호 소통을 원활히 하고 있다. 또한 대륙 내 대화와 협력, 연대를 위해 FABC 평신도국 산하에 청소년 사목 공식 기구인 '청소년 데스크'를 설치하였다. 이 기구를 중심으로 아시아 교회는 현재 대륙 전체에 걸친 청소년 사목 조직의 체계화를 준비하고 있다.

유럽 교회의 경우 가톨릭의 오랜 전통 아래 각 국가 별로 교리지식을 전달하는 가톨릭 학교 교육이 계속되어 왔으며, 대륙 전체에 걸친 청소년 사목 논의는 20세기 중반에 이루어지기 시작하였다. 유럽 내 각 국가 교회 혹은 국가 내 교구 등에서 청소년 사목 비전이나 전략 등을 정립한 바는 있으나, 아직 유럽 교회 청소년 사목 전체를 대표할 수 있는 기본틀이 확립된 단계는 아닌 것으로 보인다. 한편 아프리카 교회와 오세아니아 교회에는 조셉 카르딘의 JOC, YCS와 같은 청소년 사도직 운동이 널리 전파되어 있다. 두 대륙 모두 전체를 아우르는 청소년 사목의 기본틀이 정립되지는 않았으나, 현재 그를 위한 대륙 차원의 논의가 활발히 이루어지고 있는 상황이다.

Ⅲ 소결

본 장에서는 청소년 사목의 전반적 이해에 목적을 두고, 다음의 두 가지 관점을 통해 현대 교회 청소년 사목의 기본틀을 고찰하였다.

첫째로 통시적 관점에서 보편 교회의 청소년 사목의 역사적 흐름을 살펴보았다. 중세 초기부터 청소년 사목 흐름의 원류로 이어진 '교리지식 중심의 청소년 사목'과 19세기 말부터 20세기 초까지의 현대 사회로 변화하는 시기에 등장하여 활성화된 '사목적 사랑의 청소년 사목' 그리고

'사도직 중심의 청소년 사목'은 제 2차 바티칸 공의회를 통하여 점차 통합되기 시작하였다. 교황 요한 바오로 2세는 이를 교회의 복음화 비전하에 수렴하여 '통합되는 청소년 사목'의 흐름을 형성하였으며, 이는 오늘날 보편 교회 청소년 사목을 대표한다고 할 수 있다. 따라서 본 장에서는 현대 보편 교회의 '통합되는 청소년 사목'의 비전과 구성요소 및 전략을 정리하였다.

둘째로 공시적 관점에서 각 지역 교회의 청소년 사목을 고찰하였다. 그 결과, 북아메리카, 라틴아메리카, 아시아 세 개 지역이 현재 대륙 차원의 청소년 사목 기본틀을 갖고 있음을 발견하였다. 이 세 개의 지역 교회는 청소년 사목 비전에 따라 전략을 실행하고 있었으며, 청소년 사목 구성요소의 경우 그 지역 교회의 특성에서 파악할 수 있었다. 이러한 통시적·공시적 고찰을 통해 보편 교회 및 각 지역 교회가 청소년 사목 비전, 구성요소, 전략으로 청소년 사목을 펼치고 있음을 확인하였다. 그 내용을 청소년 사목의 기본틀로 정리하여 비교해 보면 〈표 1〉과 같다.

〈표 1〉을 통해 현대 보편 교회와 각 지역 교회 청소년 사목 기본틀 간의 연관 관계를 알 수 있다. 보편 교회 청소년 사목 비전은 '청소년이 복음화의 주역이 되는 것'으로, 세 개 지역 교회 모두 보편 교회와 같이 청소년을 주역·주체로 내세우고 있음을 확인할 수 있다. 단 복음화의 총체적 개념에 대한 표현은 각 지역 교회의 특성에 따라 다르게 나타난다. 미국 교회를 중심으로 한 북아메리카 교회는 '교회의 삼중 사명을 사는 것'이라는 포괄적인 의미로 복음화를 표현하나, 구체적 삶의 현실과 사회의 실질적 변화에 초점을 두는 라틴아메리카 교회는 '사랑의 문명을 건설하는 것'이라는 진취적 표현을 활용하고 있다. 아시아 교회의 경우에는 '아시아의 다양한 민족·문화·종교 등의 특징에 맞게 현실에 육화하는 복음화'를 강조한다.

〈표 1〉 보편 교회와 각 지역 교회의 청소년 사목 기본틀 비교

	보편 교회	북아메리카(미국) 교회	라틴아메리카 교회	아시아 교회
비전	청소년이 복음화의 주역이 되는 것	청소년이 그리스도의 구원 사업을 지속하는 교회 공동체의 구성원으로서 교회 삼중 사명(예언직 : 사제직 · 왕직)을 살아갈 수 있도록 하는 것	청소년이 그리스도의 부르심을 깨달아 자신의 삶과 교회와 세상에 '사랑의 문명'을 건설하는 주체가 되는 것	청소년이 그리스도를 따라 아시아의 현실에 육화하는 복음화의 주체가 되는 것
구성요소	**총체적 개념의 복음화 요소** -청소년에 대한 사목자의 이해와 대화 및 사랑의 통교 Ⓤ -개인적 마음의 귀의 Ⓘ -복음말씀(성경) 설교 Ⓖ -전통적 · 교의적 · 체계적 교리교육 Ⓒ -교회 전례 및 성사 참여 Ⓢ -공동체 친교의 생활 참여 Ⓟ -사도직 활동 Ⓐ (생활의 증거/공동체 봉사/세상에서의 신앙 증언)	**포괄적 특성의 구성요소** -사목적 배려 ⓊⒾ -옹호 ⓊⒶ -복음화 ⒼⒶ -교리교육 Ⓒ -기도와 전례 Ⓢ -공동체 생활 Ⓟ -지도력 개발 ⓅⒶ -정의와 봉사 Ⓐ	**현실 중심의 귀납적 과정** -현실 관찰 · 파악 · 이해 ⓊⒾ -관찰한 현실을 그리스도적 가치로 식별하기 위한 기도, 성경 묵상, 교회 공동체의 성사 ⒼⓈ -다시 현실로 돌아가 공동체에 참여하고 일함으로써 그 현실을 변화시킴 ⓅⒶ	**공동체 일치 중시** -공동체의 협력과 연대 Ⓟ -아시아의 다양한 종교 · 문화와 대화 ⓊⒾⒼ -가난한 이들에게 봉사하고 사회 정의를 추구하는 '삶의 대화' Ⓐ
전략	〈세계 청소년의 날〉 1. 비전의 지속적 공유 2. 국제적/지역적 교회 축제 -교회의 일치와 연대 체험 -청소년 참여, 양성 초대 -청소년 사목 조직화	1. 청소년 사목 지침서 보급 2. 청소년 사목 전담기관 설치(NFCYM) -비전 공유, 소통 및 교류 -청소년 사목 조사 및 연구 3. 평신도 청소년 사목 전문가 양성	1. 실제 실천을 위한 '조직화' -관찰 · 판단 · 실천 · 평가 · 경축 방법론 -본당/지역/교구/국가/대륙 조직화 2. 청소년 투사(또래 리더) 양성 -청소년이 부르심을 깨닫게 함 -조직의 리더는 청소년, 성인 사목자는 동반	1. 대화와 협력 · 연대의 장(場) -아시아청소년모임, 아시아청소년대회, 아시아청소년사목자회의 등 -대화 · 식별 · 실행 방법론 2. 청소년 사목 전담기관 설치 -FABC 평신도국 '청소년 데스크' -대륙 전체 조직 체계화 진행중

Ⓤ 청소년에 대한 사목자의 이해와 대화 및 사랑의 통교(understanding of and relationship with youth)
Ⓘ 개인적 마음의 귀의(inner adherence)　　　Ⓖ 복음말씀(성경) 설교(gospels)
Ⓒ 전통적 · 교의적 · 체계적 교리교육(catechesis)　　　Ⓢ 교회 전례 및 성사 참여(sacrament)
Ⓟ 공동체 친교의 생활 참여(participation)　　　Ⓐ 사도직 활동(action)

보편 교회 청소년 사목 비전의 '복음화'란 「현대의 복음 선교」에서 정의한 바대로 인간, 즉 청소년 개인의 내적 변화와 외부를 향한 실천을 동시에 추구하며, '개인-공동체-세상의 복음화'라는 순차적이고 순환적인 방향성을 내포하는 총체적 개념이다. 각 지역 교회 청소년 사목 비전도 이러한 특성에 따라 청소년의 내면적 변화와 외부를 향한 실천을 결합시켜 하나의 비전으로 선포하고 있다고 볼 수 있다. 미국 교회는 '청소년이 그리스도의 구원 사업을 지속하는 교회 공동체의 구성원'임을 밝힘으로써 청소년이 그리스도인으로서 자기 정체성을 깨닫고 내적으로 변화하도록 이끈다. 그리고 이를 바탕으로 청소년 자신에게뿐만 아니라 외부에 대해서도 예언직·사제직·왕직을 생활화해야 함을 강조한다. 라틴아메리카 교회는 '청소년이 그리스도의 부르심을 깨달아' 먼저 내면으로부터 그리스도에게 귀의해야 한다고 강조한 뒤, 외부 세계인 자신의 삶과 교회와 세상을 변화시키라고 초대하고 있다. 아시아 교회 역시 먼저 청소년이 그리스도를 따라야 하며 이로써 복음화를 실천해야 한다고 가르친다. 이렇게 총체적 개념의 '복음화'에 중심이 맞춰진 보편 교회 및 각 지역 교회의 비전은 내적 변화와 외부를 향한 실천이 동시에 언급되며, 복음화의 순차적 순환 과정에 따라 청소년 개인의 주체적 움직임으로부터 외부를 향한 복음화로 확장된다.

다음으로 보편 교회 및 각 지역 교회 청소년 사목 구성요소 간의 연관성을 살펴볼 수 있다. 교황 요한 바오로 2세가 '통합되는 청소년 사목'의 흐름으로 정리한 보편 교회 청소년 사목의 구성요소는 다음의 7가지 요소다. 청소년을 교회와 복음화 사명에 초대하기 위한 기본적 선행 요소인 '청소년에 대한 사목자의 이해와 대화 및 사랑의 통교'(Ⓤ understanding of and relationship with youth)를 포함하여, 복음화의 총체적 개념을 구성하는 여섯 가지 하위 요소인 '개인적 마음의 귀의'(Ⓘ inner adherence), '복음말씀(성경) 설교'(Ⓖ gospels), '전통적·교의적·체계적 교리교육'

(ⓒ catechesis), '교회 전례 및 성사 참여'(Ⓢ sacrament), '공동체 친교의 생활 참여'(Ⓟ participation), 그리고 생활의 증거와 공동체에 대한 봉사 및 세상의 현실적 문제에 대한 신앙 증언 실천을 포괄하는 '사도직 활동'(Ⓐ action)이 그것이다. 이를 지역 교회의 특성과 비교함으로써 지역 교회별로 특징적인 구성요소의 면모를 파악해 볼 수 있다.[332]

포괄적 특성을 강조하는 미국 교회[333]는 보편 교회 구성요소를 보다 세분화하여 제시함으로써 각 구성요소의 내용을 자세히 알 수 있도록 했다. 구성요소 중 하나인 '사목적 배려'는 사목자가 청소년의 특성을 이해하고 배려하며, 그리스도의 사랑 안에서 관계를 맺음으로써 청소년이 마음을 열고 그리스도에게 귀의할 수 있도록 한다는 점에서 '청소년에 대한 사목자의 이해와 대화 및 사랑의 통교'와 '개인적 마음의 귀의'의 결합으로 볼 수 있다. '옹호' 구성요소는 청소년의 특성과 상황을 이해하면서 동시에 그것을 교회와 세상에 알리고 주장한다는 점에서 청소년에 대한 사목자의 이해와 대화 및 그리스도의 사랑을 전달하는 관계에 실천적 '사도직 활동'이 더해진다. 미국 교회 구성요소로서의 '복음화'라는 용어는 복음말씀을 이해하고 공부하며 그 말씀을 주변에 전달하고 생활 안에서 증언해야 한다는 의미까지 포괄하고 있어 '복음말씀(성경) 설교'와 '사도직 활동'이 통합된 것이라 하겠다. '교리교육', '기도와 전례',

---

332 각 지역 교회의 특성은 실질적으로 청소년 사목 구성요소의 통합적·유기적 상호 관계를 통해 드러나기 때문에 정확하게 구성요소별로 구분하기란 불가능하다. 그러나 지역 교회 간 비교를 위하여 각 지역 교회의 특성에서 가장 핵심이 되는 내용을 그와 유사한 보편 교회 구성요소와 연결하였다.

333 미국 교회의 특성은 '포괄성' 이외에도 '청소년을 향한 교회의 사목적 노력이 선행되는 것'을 들 수 있다. '청소년을 향한 교회의 사목적 노력'은 교회와 청소년 사목자가 먼저 청소년과 그들에게 영향을 미치는 요소를 조사·연구하고 청소년 사목 제반 환경을 마련해야 한다는 것이다. 즉, '체계적 사목활동을 통해 먼저 청소년 사목 환경을 구성해야 한다'는 데 강조점이 있고, 내용(contents) 면에서는 포괄적 특성의 여덟 가지 구성요소와 같다고 볼 수 있다. 따라서 〈표 1〉에서는 이 특성의 표기를 생략하였다.

'공동체 생활'과 같은 구성요소는 보편 교회 구성요소와 동일한 의미를 보여준다. '지도력 개발' 구성요소는 공동체 생활에 참여하는 가운데 그 안에서 리더의 역할을 하며 공동체의 복음화를 위해 봉사하는 것이므로 '공동체 생활 참여'와 '사도직 활동'의 결합이라고 볼 수 있다. '정의와 봉사' 구성요소는 '사도직 활동' 중에서도 세상의 현실적 문제에 대한 신앙 증거, 그리스도교적 가치에 대한 생활로서의 증거와 맞닿는다고 하겠다. 미국 교회는 이처럼 포괄적 전망 안에서 보편 교회의 구성요소를 고루 배치하고 그 내용을 명시하여, 청소년 사목의 각 구성요소를 정확히 이해하고 균형 있게 활용하도록 하고 있다.

청소년의 삶과 그들을 둘러싼 교회, 사회 환경의 변화를 중시하는 라틴아메리카 교회의 특성은 '현실 중심의 귀납적 과정'이다. 이 귀납적 과정의 세 가지 강조점도 각각 보편 교회 청소년 사목 구성요소와 연계해 볼 수 있다. 첫 번째 강조점인 '청소년 사목자와 청소년이 스스로의 현실과 특성을 면밀히 관찰·파악하고 이해함으로써 그 경험 안에 현존하는 그리스도를 만나 귀의하고자 하는 것'은 미국 교회의 '사목적 배려' 구성요소와 마찬가지로 보편 교회의 '청소년에 대한 사목자의 이해와 대화 및 사랑의 통교'와 '개인적 마음의 귀의'의 통합이라고 하겠다. 라틴아메리카 교회는 귀납적 과정의 두 번째 강조점으로 '관찰한 현실 상황을 그리스도의 시선으로 식별하는 것'을 내세우며, 이를 위해 개인기도와 공동기도·성경말씀 묵상과 연구·교회 공동체 안에서의 성사 생활을 강조한다. 이것은 보편 교회 구성요소의 '복음말씀(성경) 설교' 및 '교회 전례 및 성사 참여'의 내용과 맞닿는다. 마지막 세 번째 강조점은 '다시 현실 삶 안으로 돌아가, 공동체 생활에 참여하고 일하는 가운데 그리스도적 식별에 따른 결론을 실천함으로써 기존의 현실을 변화시키는 것'이다. 이는 공동체에 참여하고 봉사한다는 점, 그리스도적 가치로 실천하고 투신한다는 점에서 보편 교회의 '공동체 생활 참여'와 '사도직 활동'

의 내용을 보여준다.

아시아 교회의 청소년 사목은 공동체의 화합과 진정한 일치에 중점을 두는 특성을 갖는다. 따라서 청소년 사목 구성요소로 공동체의 협력과 연대가 가장 먼저 언급되는데, 이는 보편 교회의 '공동체 친교의 생활 참여'와 의미적으로 연결된다고 할 수 있다. 공동체적 일치를 지향하는 아시아 교회는 복합적이고 다양한 아시아의 현실 및 아시아 청소년의 삶과 대화하는 것도 강조한다. 이것은 보편 교회 청소년 사목을 위한 선행 요소로 드러나고 있는 '청소년에 대한 사목자의 이해와 대화 및 사랑의 통교'와 같은 방향성을 보여준다. 복음말씀을 기반으로 한 대화를 강조한다는 점에서 '복음말씀(성경) 설교'와도 맥을 같이하며, 사랑의 육화를 통해 '개인적 마음의 귀의'를 지향한다는 점도 같다고 할 수 있다. 아시아 교회의 마지막 특성인 '삶의 대화'는 단순히 언어적 대화를 뜻하는 것이 아니라, 가난한 이들에게 봉사하고 정의·사랑·희생 등 그리스도교의 가치를 행동으로 실천하는 생활의 증거를 의미한다. 따라서 이는 보편 교회 구성요소의 '사도직 활동'과 연결된다.

이와 같이 세 개 지역 교회는 보편 교회의 청소년 사목 구성요소 내용을 두루 포괄하면서 각 지역 교회의 비전과 특성에 적합한 구성요소를 제시하고 있다. 보편 교회와 각 지역 교회 간의 연관 관계는 청소년 사목 전략에 있어서도 유사하다. 교황 요한 바오로 2세가 보편 교회 청소년 사목의 핵심 전략으로 제시한 '세계 청소년의 날'은 정기적인 담화문 발표를 통한 청소년 사목 비전의 지속적 공유, 국제 혹은 지역 단위의 축제 안에서 교회 공동체 일치 및 연대 체험, 청소년의 주도적 참여와 양성, 청소년 사목 전반의 조직화·체계화와 같은 몇 가지 주요 전략 방향을 보여준다.

각 지역 교회는 이러한 핵심 전략 방향을 따르는 동시에 지역적 특성을 반영한 구체적 세부 전략을 기획하여 활용하고 있다. 미국 교회의 경우 비전을 공유하기 위해 청소년 사목의 기본틀을 담은 지침서를 발간하여 보급하였고, 이러한 비전 공유를 지속하고 지역 간 의사소통을 원활히 하기 위하여 청소년 사목 전담기관인 NFCYM을 설치하였다. 그리고 지속적으로 청소년 사목을 연구하고 투신할 수 있는 평신도 청소년 사목 전문가를 양성하여, 이들이 청소년을 교회로 초대하는 일꾼이 되도록 하고 있다. 라틴아메리카 교회는 조직화에 중점을 두어 본당에서부터 지역/교구/국가/전 대륙으로까지 이어지는 청소년 사목 조직을 구성하였으며, 조직의 활동을 효과적으로 실천하기 위해 '관찰―판단―실천―평가―경축'의 체계적 방법론을 전 대륙 공통으로 공유하고 있다. 이 체계적인 청소년 사목 조직 안에서, '투사'라는 이름의 리더가 자기 또래를 위한 사목을 직접 실천하는 것이 라틴아메리카 교회의 청소년 참여 · 양성 전략이라고 할 수 있다. 이 양성 전략에서 성인 청소년 사목자는 조직 활동을 결정하는 데 나서지 않고 청소년 리더를 지지 · 지원해 주는 역할을 담당한다. 아시아 교회는 '세계 청소년 대회'와 유사한 방식으로 대화 · 협력 · 연대의 장(場)을 정기적으로 개최하는 전략을 활용하고 있다. 이 회의와 축제의 준비와 실행, 평가 전 과정에는 '대화―식별―실행'이라는 세 단계 방법론이 활용되어 상호 간에 의견을 조율하고 효과적으로 대화할 수 있도록 돕는다. 또한 아시아 교회는 청소년 사목 비전의 지속적 공유, 국가 간 청소년 사목의 연대 및 의사소통을 위하여 미국 교회와 유사한 청소년 사목 전담기관으로 FABC 평신도국 내 '청소년 데스크'를 설치하였다. 각 국가 내 본당에서부터 연계할 수 있는 아시아 대륙 전체의 청소년 사목 조직 체계화 전략은 현재 기획 진행 중에 있다.

이상에서 살펴본 바와 같이 현대 보편 교회와 각 지역 교회는 청소년 사목의 기본틀, 비전과 구성요소 및 전략을 설정하고 그에 따라 청소년 사목을 펼치고 있다. 기존의 청소년 사목 흐름을 통합한 보편 교회 청소년 사목은 청소년을 복음화의 주역으로 초대하는 비전을 중심으로 각 지역 교회 청소년 사목 비전의 기반을 이룬다. 각 지역 교회는 보편 교회 청소년 사목의 기본틀을 바탕으로 지역의 현실 상황과 특성에 맞추어 청소년 사목 비전을 설정하고 구성요소와 전략을 다각화하면서 통합적인 청소년 사목을 시행하고 있다.

제 3 장

조사연구

이 장에서는 현재 청소년 사목에 참여하고 있는 한국 교회 구성원들을 대상으로 '청소년 사목의 기본틀', 즉 비전·구성요소·전략에 대하여 조사 연구한 결과를 제시할 것이다. 조사도구는 보편 교회 및 지역 교회에 대한 문헌 분석을 바탕으로 개발된 질문지를 활용하였다. 조사결과를 분석하여 '비전·구성요소·전략'을 구성하는 '요인'(factor)들을 확인하고, 이를 보편 교회 및 타 지역 교회의 요인들과 비교 분석함으로써 본 연구의 목적인 '한국 교회 청소년 사목의 기본틀'을 제안하는 준거(reference)로 삼고자 하였다.

I 조사연구방법

본 조사연구에서는 조사내용에 따라 포커스 그룹 인터뷰, 설문조사, 심층면접조사 방법이 활용되었으며 각 조사에 적합한 조사 대상자들과의 접촉은 편의를 위해 5회로 나누어 진행되었다. 또한 예비조사를 실시하여 설문지의 타당성을 검증하였다(〈표 2〉 참조).

조사의 일차적 내용은 청소년 사목의 '비전·구성요소·전략을 구성하는 요인들'이었다. 질문지는 낯선 개념이나 용어, 맥락에 대한 이해를 돕기 위하여 필요한 경우 보조설명을 추가하였다.

조사 대상은 교회 청소년 사목에 관련된 모든 집단, 개인들을 포괄하였으며, 조사기간은 2007년 5월부터 11월까지 만 7개월간이었다. 조사기법은 응답자들의 편의를 고려하되, 과학성을 유지하기 위하여 표집원칙을 준수하였다.

〈표 2〉 조사연구 개요

차수	일시	대상	인원수	방법	조사내용
제 1차	2007년 5월	청소년 사목자	109명	개방형 설문지	청소년 사목 비전
제 2차	2007년 5월	청소년 사목자	8명	포커스 그룹인터뷰	청소년 사목 비전
제 3차	2007년 10월	청소년 사목자	12명	포커스 그룹인터뷰	청소년 사목 전반
예비조사	2007년 9월	청소년 사목자	70명	폐쇄형 설문지	설문구성의 타당성 (사목자) 및 기술문의 이해 편의
	2007년 9월	청소년	20명		
제 4차	2007년 10월–11월	청소년 사목자 청소년	802명 865명	폐쇄형 설문지	청소년 사목 구성요소 및 전략
제 5차	2007년 11월	주교	3명	심층면접	청소년 사목 전반
계			1,889명		

1. 조사 대상

본 조사연구는 현재 본당·지구/대리구·교구에서 청소년 사목 현장에 참여하고 있거나 참여한 경험이 있는 교회 구성원, 즉 사제·수도자·

성인 평신도 청소년 사목자와 중·고등부 주일학교를 다니는 청소년을 모집단으로 하였다.[1]

제 1·2차 조사연구의 대상은 2007년 '청소년 사목자 및 활성가 양성 워크샵'(Chaplain and Animator Formation Exchange)[2]에 참여했던 사제·수도자·평신도 청소년 사목자들이다. 이 워크샵은 전국의 청소년 사목자들에게 개방되어 있는 것으로, 청소년 사목에 관심과 열의가 있는 사목자 및 본당·교구가 자발적으로 시간과 비용을 투자하여 참여하는 모임이다. 따라서 이 모임의 참가자들은 청소년 사목에 대한 경험·열의·고민 등에서 다른 사목자들의 투신도를 능가하고, 본 조사연구에 필요한 내용을 더 잘 숙지하고 있으므로 한국 교회 청소년 사목에 대한 현장의 의견을 더 잘 전달할 수 있을 것이라는 가정 아래 제 1·2차 조사 대상으로 선정하였다. 제 1차 조사에서는 워크샵 참여자 전체[3]를 대상으로 하는 설문조사를 실시하였고, 제 2차는 워크샵 참여자 중 교구·신분·성별·연령·경력 배분을 고려하여 8명을 계통적으로 추출한 후 본 연구자가 토론〔Focus Group Interview〕을 주재하였다.

제 3차 조사연구도 지난 3년간 '청소년 사목자 및 활성가 양성 워크샵'에 참여한 경험이 있는 사람들 중에서 이론적 성찰이 가능한 사제·수도자 14명을 지역·경험·연령 등을 기준으로 계통적으로 추출하여 포커스 그룹을 구성하고, 제 2차와 마찬가지로 토론기법으로 조사를

---

1 보편 교회 청소년 사목의 개념상 '청소년 사목자'란, 교회 사목의 일반적인 실행 주체인 사제·수도자·교사뿐 아니라 청소년까지도 포함한다. 통상적으로 청소년은 사목의 대상이지만, 또래를 위한 최적의 사도로서 사목 주체가 되기도 하기 때문이다. 보편 교회 청소년 사목 개념의 흐름에 대해서는 본 연구 2장. Ⅰ. 참조.

2 전국 청소년 사목자 및 활성가 양성 워크샵(Chaplain and Animator Formation Exchange)은 1997년 필리핀의 전국 청소년 사목 책임자였던 마리오 바클릭(Mario Baclig) 신부를 초청하여 '청소년 사목자 양성 연수'를 개최한 것이 시작이었다. 사제·수도자·신학생·평신도 청소년 사목자를 대상으로 매년 1-2회씩 개최되고 있는 청소년 사목 전문 양성 과정으로, '청소년의 햇살'에서 주최하고 있다. 참조: "CAFE", 청소년의 햇살, 2008. 7. 20〈http://www.hatsal.or.kr/YMFC.htm〉.

3 제 1차 조사 대상의 교구·신원·성별 분포는 〈부록 1-2〉 참조.

진행하였다. 제 3차 조사 이후 다수의 폐쇄형 문항으로 구성되어 있는 제 4차 조사의 조사도구 타당성 검토를 위해 예비조사를 진행하였다. 예비조사는 제 4차 조사 대상인 청소년 사목자와 청소년을 대상으로 하여 각각 70명, 20명 규모로 실시되었다.

제 4차 조사연구는 청소년 사목의 구성요소 및 전략에 대한 설문조사로, 전국의 사제 · 수도자, 중 · 고등부 교리교사[4] 및 청소년을 대상으로 하였다. 설문조사 대상의 표본추출은 모집단과 동일한 특성을 갖도록 사제 · 수도자의 경우 확률표집방법 중 '무작위 표집방법'(random sampling method)[5]을 사용하였고, 중 · 고등부 교리교사와 청소년은 '다단계 집락 표집방법'(multi-stage cluster sampling method)[6]을 사용하였다.[7] 이렇게

---

4 제 1차-제 3차 조사까지는 중 · 고등부 교리교사 외에도 교구 및 대리구 청소년 사목국 직원이나 본당 사목 담당 선교사가 설문조사 대상의 일부로 포함되어 있었으나, 제 4차 조사에서는 한국 평신도 청소년 사목자의 대다수를 차지하는 중 · 고등부 교리교사 집단만을 대상으로 삼아 대표성을 갖도록 하였다.

5 사제들의 모집단은 청소년 사목에 직간접적으로 관여하는 전국 각 교구 사제, 수도자 1,500명이었고, 이들의 명단을 무작위로 작성한 후 그 중 10%를 표집하기 위해 1번에서 10번 사이의 6을 난수로 하고, 표집간격을 10으로 하여 추출하였다. 예비명단은 난수를 3으로 하여 20%를 추가로 확보하였다. 수도자들의 모집단은 청소년 사목에 직접 관여하는 각 본당의 담당 수녀 1,500명이었고, 이들의 명단을 무작위로 작성한 후 10%를 표집하기 위해 1번에서 10번 사이의 5를 난수로 하고, 표집간격을 10으로 하여 추출하였다. 예비명단은 난수를 9로 하여 20%를 추가로 확보하였다.

6 다단계 집락 표집방법은 확률표집방법 중 하나로, 가장 큰 집단을 나누어 표본으로 선정한 후 다시 각 집단을 하위집단으로 나누어 표본으로 재선정하고, 최종적으로 하위집단에 속한 개별가정을 표본으로 선정하는 방법이다. 참조: 최현철, 『사회통계방법론』, 나남, 2007, 453쪽.

7 중 · 고등부 주일학교 교사의 표본 수집은 전국 16개 교구를 모집단으로 하고 교구별 교리교사 구성비를 기준으로 특별시 · 광역시 · 중소도시 소재 교구로 나누었다. 특별시 1곳(서울), 광역시 3곳(부산, 대구, 광주), 중소도시 3곳(청주, 수원, 대전)을 선정한 후, 각 교구별 교리교사 구성비를 기준으로 다시 지구/대리구별로 표본을 할당하였다. 그리고 그 지역 내 1개 본당을 선정하여 그 본당에 할당된 교리교사 수만큼 표집하였다. 청소년의 경우에도 동일하게 교구별 주일학교 참여인원 구성비를 기준으로 하여 특별시 · 광역시 · 중소도시 소재 교구로 나누고, 특별시 1곳(서울), 광역시 3곳(부산, 대구, 광주), 중소도시 3곳(청주, 수원, 대전)을 선정하였다. 그리고 각 교구별 주일학교 참여 학생 수 구성비를 기준으로 다시 지구/대리구별로 표본을 할당한 후, 그 지역에서 1개 본당을 선정하여 그 본당에 할당된 숫자에 성비, 학년비를 고려하여 계통적으로 표집하였다. 이는 2007년 『가톨릭 신자의 종교의식과 신앙생활-가톨릭신문 창간 80주년 기념 신자 의식 조사보고서』에서 했던 샘플링 방법(지역별 배분율)을 준용한 것이다. 그래서 모집단 구성비율과 유사할 것으로 기대한다. 제 4차 조사 대상 청소년에 대해 제시한 〈표 4〉의 교구 · 본당 분포의 세부사항은 〈부록 4-3〉 참조.

하여 표집된 제 4차 조사연구 대상의 특성은 〈표 3〉, 〈표 4〉와 같다.

〈표 3〉 제 4차 조사연구〔설문조사〕 응답자 특성 – 청소년 사목자

구분		표본		모집단	
		사례수	%	사례수	%
전체		802	100	8,269	100
교구별	서울대교구	226	28.2	1,746	21.1
	광주대교구	65	8.1	585	7.1
	대구대교구	101	12.6	899	10.9
	부산교구	80	10.0	677	8.2
	청주교구	34	4.2	256	3.1
	수원교구	122	15.2	1,223	14.8
	대전교구	75	9.4	582	7.0
	인천교구	31	3.9	806	9.7
	의정부교구	31	3.9	368	4.5
	춘천교구	3	0.4	172	2.1
	전주교구	8	1.0	340	4.1
	안동교구	16	2.0	96	1.2
	원주교구	6	0.7	134	1.6
	마산교구	4	0.5	385	4.7
신원별	교리교사	502	62.6		
	사제	150	18.7		
	수도자	150	18.7		
성별	남자	339	42.3		
	여자	456	56.9		
	모름/무응답	7	0.9		
연령별	29세 이하	454	56.6		
	30–39세	228	28.4		
	4U–4Y세	100	12.5		
	50–59세	14	1.7		
	60–69세	2	0.2		
	70세 이상	1	0.1		
	모름/무응답	3	0.4		
사목경험 기간별	5년 미만	533	66.5		
	5년–9년	162	20.2		

10년-14년	36	4.5	
15년-19년	18	2.2	
20년-29년	11	1.4	
30년 이상	1	0.1	
모름/무응답	41	5.1	

사목자의 경우 모집단 전체 8,200여 명 중에서 약 10%인 802명이 조사에 참여하였으며 이 중 서울대교구가 28.2%로 모집단에서와 마찬가지로 가장 많은 비율을 차지하였다. 신원별로는 교리교사가 62.6%, 사제·수도자가 각각 18.7%로 구성되었다.

〈표 4〉 제 4차 조사연구〔설문조사〕 응답자 특성 – 청소년

구분		표본		모집단	
		사례수	%	사례수	%
전체		865	100	54,931	100
교구별	서울대교구	260	30.1	15,739	28.7
	광주대교구	100	11.6	7,210	13.1
	대구대교구	106	12.3	6,648	12.1
	부산교구	113	13.1	7,197	13.1
	청주교구	35	4.0	2,303	4.2
	수원교구	158	18.3	9,698	17.7
	대전교구	93	10.8	6,136	11.2
성별	남자	391	45.2		
	여자	474	54.8		
연령별	14세 이하	458	52.9		
	15–17세	389	45.0		
	18–20세	16	1.8		
	모름/무응답	2	0.2		
학교 단계별	중학생	599	69.2		
	고등학생	260	30.1		
	기타	6	0.7		

청소년 응답자 역시 모집단 구성 비율에 따라 소속별로는 서울대교구

소속이 30.1%로 가장 많고, 학교 단계별로는 중학생이 69.2%, 고등학생이 30.1%, 기타 0.7%로 구성되었다.

제 5차 조사의 경우에는 청소년 사목에 관심과 경험이 있으며 실제 교회 권위를 구성하는 주교 3명을 선정하여 심층면접을 실시하였다.

2. 조사 도구와 자료수집 절차

조사연구를 위한 도구인 질문지는 차수별 조사 내용의 초점에 따라 각각 다르게 구성하였으며, 조사연구 차수에 따라 자료수집 방법도 다르게 진행하였다. 전체 조사내용과 질문형태, 그리고 포함된 질문지에 대한 내용은 아래 〈표 5〉에 제시되어 있다.

〈표 5〉 조사내용의 구성

조사 내용		형태	포함 질문지
영역	세부내용		
청소년 사목의 비전	청소년 사목의 중요 요소	개방형(3개 기술)	1차–1번
		14개 중 2개 선택	3차–1번
	현재 가장 강조해야 할 것	14개 중 3개 선택	4차–3–1번
	향후 10년 동안 가장 강조해야 할 것	14개 중 3개 선택	4차–3–2번
청소년 사목의 구성요소	청소년 사목의 정의	개방형(면접)	5차–1번
	제시된 9개 구성요소의 필요성	개방형(자유 토론)	3차–2번
	'세계시민의식', '옹호'에 대한 의견	개방형(자유 토론)	3차–3번
	각 구성요소 및 하위 구성항목의 필요성	리커트 5점 척도	4차–1번
	주요 구성요소	개방형(면접)	5차–2번
청소년 사목의 전략	청소년 사목의 활성화 방향 활성화를 위한 중요 요소	개방형(자유 토론)	2차–1번
	바뀌어야 할 교회제도	개방형(자유 토론)	2차–3번
	교회의 청소년 환대 미흡 이유	개방형(자유 토론)	2차–6번
	가정과 청소년 사목의 연계 방법	개방형(자유 토론)	2차–8번
	사목 활성화를 위한 사목 시스템	개방형(자유 토론)	2차–9번
	사목 활성화 관련 기타 의견	개방형(자유 토론)	2차–10번

		각 활동이 사목 활성화에 필요한 정도	리커트 5점 척도	4차(청소년용)
청소년 사목의 전략		활성화를 위한 바람직한 정책 방향	개방형(면접)	5차-3번
		세계 청소년 대회 한국 유치의 영향	개방형(면접)	5차-9번
	청소년 사목자	사목자의 의식전환 필요 부분	개방형(자유 토론)	2차-2번
		필요한 청소년 사목자의 특성	개방형(자유 토론)	2차-4-1번
		양성된 사목자 부족의 이유	개방형(자유 토론)	2차-4-2번
		현재 받는 양성 활동	개방형(자유 토론)	2차-5번
		청소년 사목자의 기본 자질	개방형(자유 토론)	2차-7번
		주일학교 교리교사 양성에 대한 의견	개방형(면접)	5차-6번
		평신도 청소년 사목 전문가의 필요성	개방형(면접)	5차-7번
기타		본 연구에 대한 제언	개방형(자유 토론)	3차-4번
		청소년 사목 발전을 위한 조언	개방형(면접)	5차-4번
		현 한국 교회 청소년 사목의 구조	개방형(면접)	5차-5번
		사목교서 위원회 위원 추천 기준	개방형(면접)	5차-8번

5차례에 걸쳐 조사된 내용은 청소년 사목의 비전, 구성요소, 전략이라는 3개 영역으로 구성되었으며 그 외 연구에 대한 제언 등 기타 질문들이 포함되었다. 각 문항은 내용에 따라 개방형·선택형·리커트 척도형의 형태로 개발되었으며, 조사 차수에 따라 각 질문지에 나누어 포함시켰다.[8]

청소년 사목 비전에 대해 조사한 제 1차 조사연구는 '청소년 사목에서 가장 중요한 세 가지'에 대해 조사 대상자 개인이 직접 서술하게 하였으며 2007년 5월에 개최된 '청소년 사목자 및 활성가 양성 워크샵' 과정 중에 실시되었다.[9]

제 2차 조사연구는 제 1차와 같은 워크샵 참여자 중 계통적으로 표본을 추출하여 구성된 포커스그룹 8명의 토론으로 진행되었으며, 제 1차 조사와 동일하게 워크샵 과정 중에 실시되었다. 토론 주제는 '청소년 사목에서 가장 중요한 것·우선적인 것은 무엇이라고 생각하는가? 그

---

8 각 조사차수별 질문지의 세부 내용은 〈부록 1-1〉, 〈부록 2〉, 〈부록 3〉, 〈부록 4-1〉, 〈부록 4-2〉 참조.

9 당시 워크샵에 참여한 118명 중 총 109명이 응답하였고, 회수율은 92.4%였다.

이유는 무엇인가?'였다. 두 시간 정도의 토론을 통해 청소년 사목에서 중요한 요소 11개가 도출되었으며, 이 중 심층 논의가 필요하다고 생각되는 것 4개를 다수결로 선정하고 이에 대하여 한 시간가량의 추가 토론을 진행하였다. 이 과정에서 청소년 사목 비전에 대한 내용뿐 아니라 구성요소 및 전략에 대해서도 토론하였고, 청소년 사목의 현황이나 현장에서 사목자들이 겪는 문제점에 대해서도 논의가 이루어졌다. 토론 내용은 실시간으로 속기(速記)하여 분석 시에 정독이 가능하도록 했으며, 조사 참여자들의 동의를 얻어 영상 녹화도 병행하였다.

제 3차 조사연구에서도 제 2차와 같이 포커스그룹 인터뷰를 실시하였다. 조사는 2007년 10월 서울 혜화동의 '청소년의 햇살' 강당에서 약 세 시간에 걸쳐 이루어졌다. 토론은 청소년 사목의 기본틀을 제안하기 위한 연구의 취지를 설명하고, 보편 교회와 지역 교회의 기본틀에서 추출한 청소년 사목 비전 내용 및 구성요소의 예시[10]를 제시한 뒤 그 중에서 한국 교회의 비전이나 구성요소로서 적합 혹은 부적합하다고 생각하는 것을 선택하여 그 이유를 밝히는 방식으로 진행되었다.[11] 구성요소의 예시의 경우 개념상으로는 보편 교회의 구성요소를 기반으로 하되, 용어의 사용에 있어서는 보다 명료하게 정리되어 있는 미국 교회 구성요소의 표현을 따랐다. 단 미국 교회 구성요소 중 '복음화'의 경우 보편 교회 청소년 사목의 비전과 용어가 같아 혼동될 여지가 있으므로, 이를 '복음말씀

---

10 본 연구에서 '비전 개념의 구체화된 내용'과 '구성요소'는 동일한 의미를 갖는다. 보편 교회와 지역 교회 청소년 사목 비전은 '청소년이 복음화의 주역이 되는 것'이라는 하나의 문장으로 표현할 수 있으나 그 비전의 내용을 구체화할 때에는 '복음화'를 구성하는 모든 요소가 함께 표현되어야 한다. 현대 교회의 복음화는 총체적 개념으로, 그에 포함되는 다양한 요소들이 치우침 없이 유기적으로 수행되어야 한다고 보기 때문이다. 이때 비전의 내용에 해당되는 각 요소들을 단어로 구체화하면 구성요소가 된다. 보편 교회와 지역 교회 비전 및 구성요소의 비교는 2장. III. 소결의 〈표 1〉 참조.

11 제 3차 조사연구의 실제 질문지는 〈부록 3〉 참조.

선포'로 변환하였다. 즉, 구성요소 예시는 사목적 배려, 옹호, 복음말씀 선포, 교리교육, 기도와 전례, 공동체 생활, 지도력 개발, 정의와 봉사로 제시되었다. 이에 더하여 본 연구는 대부분의 지역 교회가 다민족·다문화 대륙이라는 점과 현대 한국 사회의 세계화 추세를 감안했을 때, 청소년이 가톨릭의 보편성에 입각하여 전 세계 사람들의 인권과 평등을 수호하고 그들과 자유롭게 교류·협력하는 요소가 청소년 사목에 필요하다고 보고 이를 '세계시민의식'이라고 명명하여 구성요소 예시에 추가하였다. 따라서 제 3차 조사연구를 위한 구성요소 예시는 총 9개며, 이를 보편 교회 구성요소 및 미국 교회 구성요소와 연결하여 기본 개념을 정리해 보면 〈표 6〉과 같다.[12]

3차 조사연구 참여자들은 예시된 비전 내용과 9개의 구성요소 이외에 자신이 청소년 사목의 비전 및 구성요소라고 생각하는 요인에 대해 자유롭게 제안하는 순서를 가졌다. 이를 통해 한국 교회 청소년 사목의 비전 및 구성요소에 대한 생각이 보편 교회 및 타 지역 교회 청소년 사목의 흐름과 비교 분석되었다. 개인 의견을 제안하는 가운데 한국 교회 청소년 사목의 상황에 대한 추가 토론 및 전략에 관한 내용도 함께 논의되었다. 조사결과의 기록방식은 제 2차 조사연구와 동일하게 속기 및 영상 녹화하였다.

제 4차 조사연구는 전국의 사제·수도자·평신도 청소년 사목자(중·고등부 주일학교 교리교사) 및 청소년 전체를 모집단으로 설정하고 합당한 비율로 표본을 추출하여 설문 조사를 실시하였다. 설문지는 청소년 사목 비전을 제외하고 구성요소와 전략에 대한 내용으로만 구성하였다. 이는 청소년 사목 비전의 특성상 사목자 개인이 장기적 안목으로 제안하는

---

12 보편 교회와 미국 교회 비전 및 구성요소의 비교는 2장 III. 소결의 〈표 1〉에서도 찾아볼 수 있다. 미국 교회 구성요소의 개념에 대해서는 2장. II. 1.2) 미국 교회 청소년 사목의 특성 참조.

<표 6> 제 3차 조사연구를 위한 청소년 사목 구성요소 예시와 기본 개념

보편 교회의 청소년 사목 구성요소	미국 교회의 청소년 사목 구성요소	청소년 사목 구성요소 예시	청소년 사목 구성요소 예시의 기본 개념
−청소년에 대한 사목자의 이해와 대화 및 사랑의 통교 Ⓤ −개인적 마음의 귀의 Ⓘ −복음말씀(성경) 설교 Ⓖ −전통적 · 교의적 · 체계적 교리교육 Ⓒ −교회 전례 및 성사 참여 Ⓢ −공동체 친교의 생활 참여 Ⓟ −사도직 활동 Ⓐ (생활의 증거/공동체 봉사/세상에서의 신앙 증언)	사목적 배려 Ⓤⓘ	사목적 배려	교회의 모든 활동에 앞서 청소년의 상황을 이해 · 수용하고, 그들의 현실을 관찰하고 배려하여 청소년이 그리스도의 사랑에 마음을 열고 귀의하도록 돕는 것
	옹호 ⓊⒶ	옹호	청소년을 대변하고 그들의 목소리를 전달하면서 청소년이 자신의 주장을 펼 수 있도록 지원하는 것
	복음화 ⒼⒶ	복음말씀 선포	성경 말씀을 묵상하고 공부하며 삶을 통해 주변에 그 말씀을 전달하고 선포하는 것
	교리교육 Ⓒ	교리교육	전통적 · 교의적 · 체계적으로 교리지식을 전달하고 가르치는 것
	기도와 전례 Ⓢ	기도와 전례	개인기도 및 공동기도, 교회 공동체의 전통적인 전례와 성사 생활에 참여하는 것
	공동체 생활 Ⓟ	공동체 생활	교회 공동체에 참여하여 나눔과 연대의 그리스도교적 생활을 영위하고, 그 생활로써 복음을 증거하는 것
	지도력 개발 ⓅⒶ	지도력 개발	공동체 안에서 청소년이 주도성을 발휘하고 지도자 역할을 맡아 훈련함으로써 그 능력을 개발하는 것
	정의와 봉사 Ⓐ	정의와 봉사	개인이 속한 공동체뿐 아니라 더 넓은 교회와 사회의 현실을 복음으로 변화시키고자 사도직을 실천하는 것
		세계시민의식	가톨릭의 보편성에 입각하여 전 세계 사람들의 인권과 평등을 수호하고 그들과 자유롭게 교류 · 협력하는 것

Ⓤ 청소년에 대한 사목자의 이해와 대화 및 사랑의 통교(understanding of and relationship with youth)
Ⓘ 개인적 마음의 귀의(inner adherence)　　　　Ⓖ 복음말씀(성경) 설교(gospels)
Ⓒ 전통적 · 교의적 · 체계적 교리교육(catechesis)　　Ⓢ 교회 전례 및 성사 참여(sacrament)
Ⓟ 공동체 친교의 생활 참여(participation)　　　　Ⓐ 사도직 활동(action)

내용에 대해 그 이유와 가치 기준을 충분히 논의하여야 이해가 가능하므로, 그러한 과정 없이 청소년 사목에 참여하는 전체 구성원의 선호도를 일괄 표집·분석하는 양적조사의 결과가 유효하다고 보기 어려웠기 때문이다. 게다가 성인에 비해 인지적 능력과 청소년 사목 주체로서 경험이 부족한 청소년이 조사 대상에 포함되어 있었기 때문에 청소년 사목 비전을 조사하는 데는 무리가 따랐다.

청소년 사목자용 설문지는 총 세 가지 영역으로 구성하였다. 먼저 제3차 조사연구와 동일한 청소년 사목의 구성요소 9개를 예시하고, 각 구성요소별로 그것을 실행하기 위한 세부 전략 설명문 10-11개씩을 하위범주에 포함시킴으로써 해당 구성요소에 대한 이해를 용이하게 하였다. 그리고 북아메리카 및 라틴아메리카 지역 교회 기본틀에서 공통적인 핵심 전략으로 대두되고 있는 '청소년 사목자 양성'에 대해서도 같은 방식으로 하위범주에 세부 설명문 11개를 포함시켰다. 청소년 사목자용 설문지의 두 번째 영역은 청소년 사목의 전략을 조사하기 위한 것으로, 보편 교회 및 타 지역 교회 문헌에서 추출한 여러 가지 프로그램 전략과 조직 전략의 예시를 나열한 뒤 우선순위를 선택하도록 했으며 예시 이외의 전략이 있을 경우 따로 부가하여 기술할 수 있도록 하였다. 마지막으로 응답자의 특성을 묻는 세 번째 영역에서는 신원(사제·수도자·평신도) 및 연령·성별·교구·사목경력 등 응답자의 일반적 특성을 파악하기 위한 문항을 포함시켰다.

청소년용 설문지는 청소년 사목자용에서 세부 전략을 추가적으로 조사하는 두 번째 영역을 제외하고, 나머지 영역인 청소년 사목의 구성요소·전략 및 응답자 특성 조사만으로 구성했으며 사목자용 설문지와 동일하게 청소년 사목의 구성요소·전략에 대해 각 항목과 하위 요인을 예시하였다. 청소년 사목자용 설문지는 응답자가 사목 주체로서 그 요소를 실행할 수 있게 하는 세부 전략 내용으로 하위 요인을 구성한 반면,

청소년용은 청소년의 인지 및 경험수준을 고려하여 응답자가 그 요인에 대하여 기대하고 있거나 필요하다고 생각하는 바를 표현하는 것으로 내용을 변환하였다. 또한 청소년 사목자용 설문지의 9개 구성요소 예시 중 현재 한국 상황에서 현실화되지 않아 청소년이 그 필요성을 인지하기 어렵다고 판단되는 2개 구성요소 '옹호'와 '세계시민의식' 영역은 제외하였으며, '청소년 사목자 양성'에 대한 내용도 청소년이 사목 주체로서 실행할 수 없는 것이라는 판단 아래 포함시키지 않았다. 각 요소의 하위 요인은 본 연구자가 직접 청소년의 욕구를 표현하는 문장으로 변환하였다.

전술한 제 4차 조사의 조사도구는 예비조사를 통해 도구의 타당성을 확인·수정하여 사용되었다. 조사도구 타당성 확인을 위해 90여 명의 예비조사 대상자들에게 조사문항에 무리가 없는지, 각 기술문을 이해하는 데 어려움은 없는지, 제시된 선택지가 타당한지, 이외에 추가되어야 할 항목은 없는지 등에 대한 의견을 수렴하였다. 조사결과 설문지의 구성과 제시된 각 선택지 항목에 대한 별다른 문제제기는 없었으나, 모호하다고 지적된 몇 개의 기술문은 그들의 의견을 반영하여 의미가 분명하고 이해하기 쉽게 다듬는 작업을 수행하였다. 그리고 사목자용 설문지의 첫 번째 질문에 제시된 9개의 '청소년 사목 구성요소 예시 항목' 및 각 구성요소별 하위 요인으로 포함되어 있는 10-11개 전략 실행문의 내적 신뢰도를 확인하기 위해 '크론바하 알파값'[13]을 산출하였다. 분석 결과 항목별 '크론바하 알파값'이 모두 0.8 이상으로 나타나 각 항목 내 요인 간 일관

---

13 '크론바하 알파값'은 특정 조사에서 사용한 항목과 다른 조사에서 사용될 가능성이 있는 유사 항목 간의 상관관계계수를 가리킨다. 한 사람이 특정 조사에서 얻은 점수와 다른 유사한 조사에서 얻을 수 있는 점수와의 상관관계를 제곱한 설명변량값으로 해석한다. 값의 범위는 '0'에서 '1'까지 변화하고, 1에 가까울수록 신뢰도가 높은 것으로 해석한다. 참조: 최현철, 전게서, 462쪽. 신뢰계수 α의 가장 큰 문제점은 아직까지 모든 연구자가 수용할 만한 신뢰계수의 기준이 정확하지 않다는 점이다. 그러나 일반적으로 사회과학에서는 α=0.70을 기준으로 하고 있으며, 하한선은 0.70이지만 탐색조사에서는 0.60까지 낮출 수 있는 것으로 알려져 있다. 참조: 여운승, 『사회과학과 마케팅을 위한 다변량행동조사』, 민영사, 2006, 147-148쪽.

성이 신뢰할 만하였다. 또한 각 항목 내 요인들을 하나씩 제거해 보았을 때 105개 중 4개를 제외한 모든 요인의 '크론바하 알파값'이 평균보다 낮아지는 것으로 나타나, 각 문항이 신뢰할 만한 수준의 내적 일관성을 보이고 있음이 입증되었다.[14] 청소년용 설문지에 대해서도 문항의 내적 신뢰도 분석을 실시하였다. 그 결과 각 항목별 크론바하 알파값이 모두 0.79 이상으로 나타나 하위 요인 간 일관성이 비교적 높은 것으로 확인되었다. 각 항목 내 하위 요인을 하나씩 제거해 보았을 때 90개 중 1개를 제외하고 모두 '크론바하 알파값'이 평균보다 낮아지는 것으로 나타나, 각 하위 요인들이 신뢰할 만한 수준으로 일관성을 보이고 있음이 입증되었다.[15] 따라서 구성요소의 통합, 분할이나 하위 기술문의 삭제 등 구조적인 설문지의 변경작업은 없었으며 조사 과정 중 수정의 필요성이 제기된 몇몇 문장을 이해하기 쉽게 변환하는 정도의 작업으로 조사 도구 수정작업을 마무리하였다.

제 4차 조사연구의 자료 수집은 우편조사와 방문조사 방법을 병행하였다. 사제·수도자의 경우 선정된 조사 대상자들에게 유선전화를 통해 미리 조사 안내를 하였으며, 해당 설문지를 발송하여 각자 자기기입식으로 작성한 뒤 우편이나 이메일을 통해 반송하게 하였다. 이때 사제·수도자가 소속된 본당 주일학교의 교리교사와 청소년이 동시에 조사 대상일 경우, 해당 설문지를 함께 발송하여 조사 대상자들이 자기기입식으로 작성할 수 있도록 한 뒤 사제·수도자가 그 내용을 취합하여 함께 반송하도록 안내하였다. 단 서울 인근 본당 중·고등부 주일학교 교리교사와 청소년이 대상일 경우에는 자원 봉사자가 청소년 미사가 있는 날 직접

---

14 제 4차 조사연구를 위한 청소년 사목자용 설문지의 신뢰도 분석결과표는 〈부록 4-4〉부터 〈부록 4-12〉까지 참조.

15 제 4차 조사연구를 위한 청소년용 설문지의 신뢰도 분석결과표는 〈부록 4-13〉부터 〈부록 4-19〉까지 참조.

방문하여 설문지를 배부·수거함으로써 설문지 회수율을 높였다. 사제·수도자가 설문 대상이 아닌 서울 이외 지역 본당의 교리교사와 청소년을 조사하는 경우, 표본 본당 사목자에게 협조를 요청하여 조사방법을 설명하고 설문지를 발송한 뒤 그 사목자가 설문지를 일괄 배포·수거하여 우편 혹은 이메일로 반송하는 방법을 취하였다. 제 4차 조사연구의 모든 과정은 2007년 10월 16일에서 2007년 11월 15일까지 약 한 달간에 걸쳐 이루어졌다.

마지막으로 2007년 11월에 있었던 제 5차 조사연구는 대상자를 직접 방문하여 심층면접을 실시하였으며, 약 두 시간에 걸쳐 심도 있게 준비된 조사표에 따라 질의 응답식으로 진행하였다. 조사표를 기본으로 하되, 대화의 흐름에 따라 다른 내용도 추가적으로 논의하였다. 조사결과는 녹취 후 컴퓨터 문서 파일로 정리하였다.

3. 조사자료 분석 방법

본 연구자는 제 1차–제 3차, 제 5차 조사연구를 통해 수집된 내용을 질적 조사자료로 보고 귀납적으로 분석하였다.[16] 이를 위해 먼저 조사 대상자의 다양한 표현들을 2-3회 정독한 뒤 그 내용 안에서 핵심이 되는 단어들을 추출하고, 유사한 개념을 표현한 내용들은 하나의 단위로 묶어 그 내용을 포괄하는 핵심 개념으로 지칭하였다. 이와 같이 추출된 핵심 개념들을 현재 한국 교회 청소년 사목의 상황 영역·청소년 사목의 비전·구성

---

16 참조: 데보라 K. 패짓, 『사회복지 질적 연구 방법론』, 유태균 옮김, 나남, 2001, 150-151쪽. 귀납적 탐구 방법은 수집된 자료 그 자체에서 시작하여 특정 주제나 항목으로 구분하고 분석해 나가는 방법이다.

요소·전략 영역까지 총 네 개 영역으로 분류하였다. 분류 기준은 1장에서 밝힌 기본틀의 정의와 성격을 따랐다. 이 과정에서 보편 교회 문헌 및 타 지역 교회 기본틀에서 비전·구성요소·전략으로 도출된 내용들과의 비교 분석도 가능하였다. 보편 교회 문헌 및 타 지역 교회의 핵심 단어와 일치하지 않는 조사결과 내용은 새로운 개념으로 각 영역에 포함시켰다.

제 4차 조사연구를 통해 수집된 내용은 양적 조사자료로서 청소년 사목의 구성요소와 전략을 도출하는 데 활용하였으며, 총 네 가지 측면에서 결과를 분석하였다. 첫째로 청소년 사목자용과 청소년용 설문지에 모두 포함되어 있는 '구성요소' 항목의 리커트 척도 평가 결과에 대해서, 각 항목별로 빈도분석(평균과 긍정율[17])을 실시하였다. 해당 항목의 조사결과가 평균 5점 만점에 3.5 이상이고, 긍정율이 60 이상일 경우 응답자가 그 구성요소의 필요성에 동의하는 것으로 판단하였다. 평균과 긍정율 중 한 가지만 충족할 경우에는 비교적 동의하는 것으로 보았다. 그리고 질적 조사자료 중 해당 구성요소에 대해 필요하다고 밝힌 사람의 의견을 직접 인용함으로써 양적 조사자료 결과를 추가 보완하였다. 둘째로 '구성요소' 필요성 동의 결과에 대해 응답자 집단 간에 태도 차이가 있는지를 검증하기 위해 '일원변량분석'(One-Way ANOVA)[18]을 실시하였다. 셋째로 '구성요소' 항목의 리커트 척도 평가 결과 중 하위 요인 평균값에 순위를 매겨, 해당 항목 내에서 1·2·3순위를 선정하고 이를 응답자가 해당 구성요소를 실행하기 위해 우선시하는 전략이라고 판단하였다. 이 과정에서 청소년 사목자용의 하위 요인인 '세부 전략 우선순위'와 청소년용의 하위

---

17 긍정율이란 동의비율, 즉 응답 중 '매우 그렇다'와 '비교적 그런 편이다'의 값을 더한 것이다.

18 2개 이상 여러 개 유목으로 측정한 한 개의 독립변인이 등간척도로 측정한 한 개의 종속변인에게 미치는 영향을 분석하는 방법이다. 독립변인은 두 개 이상 여러 개의 유목으로 측정된 명명변인이고, 종속변인은 등간척도(또는 비율척도)로 구성되어야 한다. 참조: 이영준, 『SPSS/PC+를 이용한 다변량분석』, 석정출판사, 1991.

요인인 '기대(욕구) 우선순위' 간 유사점과 차이점에 대해서도 비교 분석하였다. 넷째로 청소년 사목자용의 경우 '구성요소'와 연관되지 않는 기타 청소년 사목 전략에 대해 우선순위 분석 과정이 추가되었으며, 이 과정에서 응답자가 개방형 질문 응답을 통해 개인적으로 제안한 청소년 사목 전략 내용은 핵심 개념을 추출하여 최종 전략 영역에 포함시켰다. 또한 질적 조사자료 중 해당 전략에 대해 필요하다고 지지한 사람이나 새로운 전략을 제시한 사람의 의견은 직접 인용하여 추가 서술하였다.

II 조사연구 결과 및 논의

조사연구 결과는 한국 교회 청소년 사목 기본틀의 요소인 비전·구성요소·전략 조사의 세 개 영역으로 구분하여 기술하였다. 한국 교회 청소년 사목의 비전 영역에 대한 분석은 제 1-3차, 제 5차의 조사자료를 바탕으로 하였다. 청소년 사목 구성요소와 전략 영역은 제 4차 조사자료의 결과를 바탕으로 분석하되, 질적 조사를 통해 구술된 내용도 함께 활용함으로써 정보를 보완, 교차 검증토록 하였다.

1. 한국 교회의 청소년 사목 비전 조사

1) 조사결과

제 1차 조사연구에서 개방형 설문지를 통해 '한국 교회 청소년 사목에 중요한 세 가지'를 질문한 결과, 제 1차 조사연구 결과를 보면, 1순위는 '청소년에 대한 이해·수용·사랑', 2순위는 '청소년 사목자 양성'이었으며 3순위가 '재정·공간 등 물질적 지원'이었다([그림 2] 참조). 총 109명 중 40%가량에 해당하는 45명의 청소년 사목자가 청소년을 이해하고 사랑하며 그들의 흥미와 문화를 파악하는 것을 1순위로 기술하였다. 그리고 청소년을 이해하고 생활 안에서 모범이 되는 열정적인 청소년 사목자의 모습이 중요하다는 응답도 24%가량인 26명에 달했다. 청소년과 공동체를 이루어 대화와 만남을 갖고 청소년에게 소속감을 주는 것이 중요하다는 응답이 8명, 청소년 사목 자체가 중요함을 인지하고 청소년 사목의 통합된 목적을 갖는 것이 중요하다는 응답은 5명이었다. 그 외 소수의견으로 신앙·전례·그리스도와의 관계 맺기가 중요하다는 응답이 있었고, 청소년 지도력이 중요하다는 의견도 있었다. 또 다른 소수의견(프로그램 마련, 물질적 지원 등)의 경우 보편 교회 청소년 사목의 비전·구성요소·전략의 내용과 비교해 볼 때 비전보다는 방법의 내용과 유사한 것들이 대부분이었다. 보편 교회 및 지역 교회 기본틀과 비교해 볼 때, 이 중 청소년 사목 비전의 내용에 해당하는 것은 '청소년에 대한 이해·수용·사랑'으로 볼 수 있으며 '청소년 사목자 양성'과 '물질적 지원'은 그를 위한 전략에 속한다고 할 수 있다.

제 2차, 3차, 5차 조사연구의 심층면접 자료를 분석한 결과에서도 청소년을 이해하고 사랑하는 것, 그들의 흥미나 문화를 파악하는 것, 그리고 그러한 모습을 보여주는 청소년 사목자 모델이 중요하다는 것에 대한 인식이 드러났다.

지금까지는 교리 중심의 주입식 교육에 치중해왔기 때문에, 현대 청소년의 문화나 감성에 대한 것을 생각하지 않았다. 하지만 이제는 복음을 받아들일 수 있는 그릇을 고려하는 것이 중요하다. 교회 밖에서 청소년을

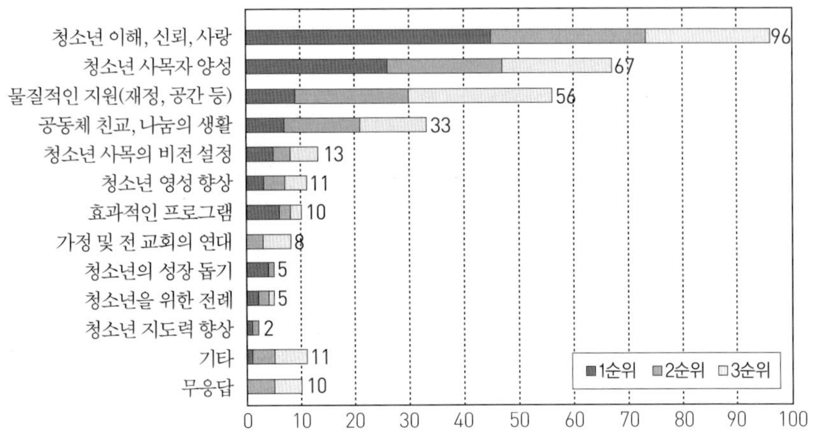

〔그림 2〕 제 1차 조사결과 – 청소년 사목에서 중요한 것

사로잡고 있는 현대 문화에 대한 것을 고려해야 한다. (B1)[19]

예수 그리스도의 마음을 닮고자 하는 연민 가득한 현존이 교회 안에서 사목자나 선생님들의 모델이 되어야 한다. 그래야만 사목자들이 청소년의 필요가 무엇이고 그들이 원하는 것이 무엇인지를 알 수 있다고 생각한다. (F2P2)

심층면접 조사자료를 통해 드러난 또 다른 의견은 청소년이 그리스도를

---

19 심층면접으로 구성된 제 2차, 3차, 5차 조사연구의 경우 조사 대상자를 구분하기 위하여 다음과 같이 기호로 표기하였다.

	주교	사제	수도자	평신도
제 2차 조사연구(집단 심층면접)		F1P(n)	F1R(n)	F1C(n)
제 3차 조사연구(집단 심층면접)		F2P(n)	F2R(n)	F2C(n)
제 5차 조사연구(개인 심층면접)	B(n)			

※ (n)은 대상자를 구분하기 위한 것임.

믿고 따를 수 있도록 도와야 한다는 것, 그들의 영성을 심화시키는 일이 중요하다는 것이었다.

젊은이들이 하느님을 알고 하느님의 사랑을 깨닫고, 자신들도 하느님을 사랑할 수 있도록 이끌어주는 것이 중요하다. (B2)

말로만 신앙이 중요하다고 하는 것이 아니라, 청소년이 그것을 체험할 수 있도록 해야 우리 교회도 달라지지 않을까 싶다. 종교 교육, 영성적인 것들을 강조하고 초대할 수 있게 만들어 주는 것이 중요하다. (F2R4)

청소년의 영성 심화와 관련해서는 그들이 복음과 만날 수 있도록 이끌어야 한다는 의견도 있었다. 청소년이 자신의 삶 안에서 복음적 가치관을 지닐 수 있도록 해야 한다는 것이다.

청소년들이 하느님의 시선으로 살아가기 위해서 복음 나누기와 생활 나눔을 많이 해야 한다. (F2R4)

청소년들이 복음과 만나는 것을 돕는 것이 중요하다. 세상에서 겪는 여러 가지 도전과 시련을 예수님의 복음적 가치관을 가지고 극복하고, 그를 통해 기쁨을 맛보게 하도록 돕는 것이 청소년 사목이라고 본다. (B1)

청소년이 교회 안에서 그들 스스로 생각하고 움직일 수 있는 주체라는 인식을 갖고, 그들이 공동체에 기여할 수 있도록 역할을 주는 것이 오늘날 교회에 맞는 청소년 사목 비전이라는 의견도 있었다. 이는 응답자의 체험에 기초한 것으로, 청소년에게 주도적 역할을 부여하자 그들이 적극적으로 공동체에 참여하였고 다른 청소년에게도 그렇게 움직일 수 있는 영향을 주었다는 점이 지적되었다.

청소년에게 그들만이 할 수 있는 일감을 주고, 교회 공동체를 위해서 중요한 역할을 하게 하는 것, 그들에게 기여할 수 있는 기회를 주어야 한다. 소공동체에서 하는 방식처럼 청소년들이 스스로 생각하고, 행동할 수 있게 해 줘야 한다. 떠먹여주는 교회는 옛날 교회다. (B1)

어떤 모습이든지 학생 자치활동이 있고, 그것이 활성화되어야 한다. 청소년이 주체가 되는 것, 청소년 스스로가 청소년 사목의 주역이라고 시노두스에서도 강조를 했었다. (B2)

이와 같이 제 1차 조사연구 결과 및 제 2차, 3차, 5차의 심층면접 조사 결과를 종합해 보면, 한국 교회 청소년 사목자들이 청소년 사목의 비전으로 인지하고 있는 주요 내용은 '청소년을 이해하고 그들의 흥미나 문화를 수용하며 그들을 사랑하는 것', '청소년이 복음을 통해 그리스도를 알고, 사랑하고 믿음으로써 자기 삶 안에서 복음적 가치관을 지니게 되는 것', '청소년이 교회 공동체에 능동적·적극적으로 참여하고 주도적 역할을 하는 것'의 세 가지로 요약해 볼 수 있다.

2) 논의

본 항에서는 본 연구의 제 1차 조사인 한국 교회 청소년 사목 비전에 대한 조사결과로 나타난 위의 세 가지 주요내용을 보편 교회 및 지역 교회의 청소년 사목 비전 내용과 비교하여 논의하고자 한다.

먼저 이 내용을 보편 교회 청소년 사목의 통합된 비전인 '청소년이 복음화의 주역이 되는 것'과 비교해 보면, '청소년에 대한 이해 · 수용 · 사랑'과 '청소년이 복음을 통해 그리스도를 알고, 사랑하고 믿음으로써 자기 삶 안에서 복음적 가치관을 지니는 것'은 복음화의 총체적 개념 중 '청소년에 대한 사목자의 이해와 대화 및 사랑의 통교' 및 '개인적 마음의 귀의' 부분과 연결된다고 볼 수 있다.[20] 보편 교회 청소년 사목에서는 위의 두 가지 요소가 결합되어 다음과 같은 의미를 갖는다. 청소년이 깊은 신앙을 갖기에 앞서 그리스도의 사랑과 교회 공동체에 마음을 열 수 있도록 해야 하며(개인적 마음의 귀의), 이를 위해서는 청소년 사목자가 먼저 사목 대상인 청소년에게 관심을 가져 그들의 현실과 문화를 이해 · 수용 · 배려해야 한다는 것이다(청소년에 대한 사목자의 이해와 대화 및 사랑의 통교). 즉, 청소년 사목자는 사랑 가득한 현존을 통해 청소년과 개인적으로 관계를 맺고 그리스도의 마음을 그들에게 전하여 청소년이 그리스도와도 관계를 맺고 복음을 만날 수 있도록 해야 한다. 따라서 한국 교회 청소년 사목 비전 조사결과에서 드러난 '청소년에 대한 이해 · 수용 · 사랑'은 이와 유사한 맥락을 보인다고 하겠다. '청소년이 복음을 통해 그리스도를 알고, 사랑하고 믿음으로써 자기 삶 안에서 복음적 가치관을 지니는 것' 또한 청소년과 그리스도의 관계맺음을 중시한다는 점에서 연결된다고 할 수 있다.

'청소년이 복음을 통해 그리스도를 알고, 사랑하고 믿음으로써 자기 삶 안에서 복음적 가치관을 지니는 것'은 청소년이 복음말씀을 알 수 있도록 한다는 점에서 보편 교회 청소년 사목의 '복음화'의 개념 중 '개인적 마음의 귀의'뿐 아니라 '복음말씀(성경) 설교' 개념도 포함하고 있는 것으로 보인다. 그러나 '복음말씀(성경) 설교'가 말씀을 알고 공부하는

20　보편 교회 청소년 사목의 '복음화'를 구성하는 개념은 '마음의 귀의' 요소 이외에도 복음말씀 선포, 성사 배령, 명백한 교리 전달, 생활의 증거, 공동체 참여, 사도직 활동 요소가 있다. 이에 대한 내용은 〈표 1〉 참조.

것과 더불어 그 말씀을 주변에 전교해야 한다는 내용까지 담고 있는 것
과 달리, 한국 교회 청소년 사목 비전 조사결과에서는 청소년 개인이 복
음을 알고 자기 삶의 가치기준으로 받아들여야 한다는 개인에 국한된 결
과가 나타났다. 복음을 알게 된 청소년이 주변에 그 말씀을 전해야 한다
거나, 복음화의 또 다른 요소인 '생활의 증거'에서처럼 청소년 스스로 자
신의 삶을 통해 그 복음을 선포하는 역할을 담당해야 한다는 점은 특별
히 언급되지 않는다. 즉, 복음말씀을 통한 '청소년 개인의 내면적 복음
화'는 드러나지만, 그 내면적 변화의 에너지가 외부로 발산되어 '청소년
의 주변을 복음화하는 것'에 대한 개념은 드러나지 않는다고 볼 수 있다.

'청소년이 교회 공동체에 능동적 · 적극적으로 참여하고 주도적 역할
을 하는 것'의 경우 '공동체 참여'에 대한 내용과 '청소년의 주도적 역
할'에 대한 내용 두 가지를 추출해 볼 수 있다. 먼저 '공동체 참여'에 대
한 내용은 보편 교회 청소년 사목의 '복음화' 개념 중 '공동체 친교의 생
활 참여'의 내용과 유사한 맥락이다. 그러나 보편 교회 및 지역 교회에서
는 청소년이 적극적으로 참여해야 할 공동체가 청소년 자신의 가정 및
본당 공동체를 비롯하여 지구 · 교구 · 국가 공동체, 학교, 봉사활동 단체
등으로 구체화되어 드러난다. 반면에 한국 교회 청소년 사목 비전 조사
결과에서는 교회 공동체의 범위가 명료하지 않으며, 교회 이외의 공동체
에 대한 참여도 언급되지 않는다. 또한 보편 교회 및 지역 교회에서는 가
정과 본당 공동체가 청소년 사목에 있어 특히 중요하다는 점이 강조되었
다.[21] 그러나 한국 교회 청소년 사목 조사결과 중 심층면접 내용에서는
한국 교회 청소년 사목이 본당 공동체와 분리되어 있다는 점이 문제로
지적되어 청소년 가정과의 연계도 부족하다는 점이 드러나고 있다.

---

21 이에 대한 내용은 지역 교회 중 미국 교회의 특성을 설명한 2장, II, 1, 2), (2) 포괄적인 청소년
　 사목 참조.

청소년 사목을 마치 특수 사목처럼 취급을 해왔다. 초등학교와 중고등
학교는 주일학교, 청년들은 동아리나 또래 집단, 어른이 되면 소공동체.
결과적으로 교회 공동체가 서로 단절이 되어 교회 전체가 안 좋게 된다
고 본다. (B2)

청소년 사목에 대해 어떤 작은 것 하나도 공유해 본 적이 없다. 공유할
수 있는 시간도 없고, 다 같이 이야기해 본 적도 없다. 신부님, 수녀님,
부모님들, 교사들…. 각 그룹은 신부님을 통해서만 이야기를 할 뿐 서로
가 함께하는 공통된 자리는 없었다. (F1C3)

부모들은 청소년 사목을 교사들이 하는 것이라고 생각하며, 가정 안에
서 신앙교육을 시켜야 된다는 개념이 없다. 부모들은 자신이 교리를 모
르기 때문에, 교리교육이나 신앙교육은 성당, 주일학교, 신부님이나 교리
교사가 하는 것이라고 생각한다. (F1P1)

마지막으로 '청소년이 교회 공동체에 능동적·적극적으로 참여하고
주도적 역할을 하는 것'에서 '청소년의 주도적 역할'에 대한 내용의 경
우, 보편 교회의 비전인 '청소년이 복음화의 주역이 되는 것'과 단어상의
유사성이 드러난다. 그러나 의미상으로는 보편 교회의 비전과 차이가 있
다. 보편 교회의 비전은 '복음화'의 모든 요소에 있어 청소년이 주역이
될 것을 밝힘으로써, 청소년이 주체적 역할을 발휘해야 할 대상을 청소
년 자신·자기 주변의 공동체·더 넓은 교회와 세상으로 명시하고 있으
며 그 역할을 수행하는 목적이 복음화라는 점도 함께 표현하고 있다.[22]

---

22 보편 교회 청소년 사목의 '복음화'를 구성하는 모든 요소들은 대상의 범위에 따라 세 단계로 구
분되며, 청소년이 주체성을 발휘해야 할 대상은 그에 따라 구체화된다고 볼 수 있다. 복음화 개
념의 세 단계에 대해서는 2장. I. 4. 통합되는 청소년 사목과 〔그림 1〕 참조.

반면 한국 교회 청소년 사목 조사결과에서 드러나는 '청소년의 주도적 역할'의 내용은 청소년이 주도적 역할을 발휘해야 할 대상에 대한 뚜렷한 언급이 없으며, 그 목적은 보편 교회 청소년 사목의 목적인 '복음화'와 달리 '공동체 참여'라는 일부 요소에 초점을 둔다.

이상에서 살펴본 바와 같이 한국 교회 청소년 사목 비전 조사결과에서는 보편 교회 청소년 사목 비전인 '청소년이 복음화의 주역이 되는 것'의 복음화 개념 중에서 '청소년에 대한 사목자의 이해와 대화 및 사랑의 통교' 및 '개인적 마음의 귀의'가 가장 비중 있게 드러난다. '공동체 친교의 생활 참여'와 '복음말씀(성경) 설교'의 경우 그 내용을 확인할 수는 있으나, 보편 교회 혹은 지역 교회가 표현하는 개념에 비해 제한적인 의미로 드러난다. 따라서 한국 교회 청소년 사목 비전은 보편 교회 및 지역 교회 청소년 사목과 같이 총체적 개념의 '복음화' 비전으로 통합되어 있지는 않다고 볼 수 있겠다. 특히 총체적 개념의 '복음화' 요소들 중에서 '청소년 개인의 내면적 복음화'를 외부 환경에 전달하고 선포함으로써 주변을 복음화하는 부분, 즉 '사도직 활동'에 포함되는 '생활의 증거, 공동체 봉사, 세상에서의 신앙 증언'과 같은 개념이 확인되지 않고 있음에 주목할 필요가 있다. 한국 교회 청소년 사목 비전 결과는 보편 교회의 '복음화' 개념을 자신의 지역에 적합하게 적용하여 청소년 내면의 변화를 기반으로 외부를 향한 사도직 활동까지를 통합적으로 강조한 지역 교회 청소년 사목 비전과 차이를 보인다.[23]

한국 교회 청소년 사목 비전 조사결과에 청소년 개인의 내면적 변화만이 부각되고 외부를 향한 '사도직 활동' 내용이 확인되지 않는 이유는 두 가지로 생각해 볼 수 있다. 첫 번째 이유는 한국 교회 청소년 사목에서 청소년 개인의 내면적 변화가 가장 시급한 현안이기 때문인 것으로 보인다.

---

23 지역 교회 청소년 사목의 비전 내용 및 보편 교회 비전과의 연결성에 대해서는 2장. Ⅲ. 소결과 〈표 1〉 참조.

조사결과에서 가장 눈에 띄게 강조되고 있는 '청소년에 대한 사목자의 이해와 대화 및 사랑의 통교' 및 '개인적 마음의 귀의' 부분은 청소년 사목자가 청소년 개인과 직접 만나 그들을 이해하고 배려하는 가운데 사랑의 관계를 맺음으로써 시작되는 것이다. 그러나 심층면접 조사결과에 따르면 한국의 청소년 사목자들은 청소년을 잘 알지 못하거나, 이해하고 싶지만 방법을 잘 모른다고 밝히고 있고, 청소년을 만나고 공감하고 싶어도 시간과 체력의 한계를 느끼는 경우도 있었다.

> 보좌 신부님들이나 교사들이나 청소년에 대한 이해가 많이 부족한 것 같다. 신부님이 강론 때 로봇 태권V 이야기를 했는데 아이들이 아무도 안 웃었다. 문화가 너무 다르다. 요즘 청소년은 논술을 많이 하기 때문에 이론은 잘 알지만, 성당만 오면 벙어리가 된다. (F2R5)

> 청소년들이 모임에 올 때 지쳐서 많이 오는데, 내가 그것을 받아줄 역량이 안 되고 그럴 수 있는 에너지도 부족하다. 함께 하는 다른 수녀와 의견 갈등이 있을 때는 청소년들을 그냥 돌려보내기도 했다. (F1R3)

> 사제 생활이라는 게 내가 가진 에너지보다 훨씬 더 많은 에너지가 필요한 것 같다. 처음에는 청년과 중고등부 청소년들 면담을 다 했는데, 40여 명을 1년에 2번씩만 해도 80번이다. 갈수록 엄두가 안 났다. (F1P1)

보편 교회 청소년 사목 비전의 '복음화' 개념은 유기적이면서도 순차적인 순환 구조로서, 가장 먼저 최초의 복음 선포와 '개인적 마음의 귀의'가 기반을 이루어야만 다음 단계가 온전히 이루어질 수 있다.[24] 따라서

---

24 복음화 개념의 순차적 · 유기적 과정에 대해서는 2장. I. 4. 통합되는 청소년 사목과 〔그림 1〕 참조.

현재 한국 교회 청소년 사목은 복음화의 전 과정을 통합된 시각으로 바라보기에 앞서, 복음화의 시작점인 '개인적 마음의 귀의'를 일으킬 수 있는 '청소년에 대한 사목자의 이해와 대화 및 사랑의 통교' 부분, 즉 '청소년에 대한 이해 · 수용 · 사랑'이 제대로 이루어지지 않아 많은 청소년 사목자들이 그 문제를 해결하는 데 비전의 초점을 두고 있는 것으로 보인다.

한국 교회 청소년 사목 비전에서 외부를 향한 사도직 활동이 드러나지 않는 두 번째 이유는 한국 교회 청소년 사목이 거쳐 온 역사에서 찾아볼 수 있다. 1950년대 후반 한국 교회에서는 청소년의 평신도 사도직 활동을 추구하는 '가톨릭 학생회'가 전국적으로 조직되어, 교회 내에 제 2차 바티칸 공의회의 정신을 전파하는 기능을 담당하며 교회의 현대화와 보조를 맞추어 발전해 나갔다. 당시 총재 주교였던 나길모(William John McNaughton) 주교는 '교회 지도자들이 학생 운동의 중요성과 의미를 인식하지 못하고 있기 때문에 학생 운동의 활동 과정 중 많은 문제점이 발생하고 있다'고 지적하며, 학생 운동이 진정한 대사회적 가톨릭 운동으로 발전하기 위해서는 전문 지도자를 양성해야 한다고 강조하였다.[25] 그러나 이러한 제안은 제대로 이행되지 않았고, 전문 지도자가 부재한 상태의 '가톨릭 학생회' 대학부 총연합회는 당시 유신 정권에 반대하지 못한 주교단에 대해 성토대회를 열고 전국 지도신부단의 사퇴 요구를 전개하는 등 계속적으로 한국 교회 지도부와 마찰을 빚었다. 결국 총재 주교는 '가톨릭 학생회' 대학부 총연합회를 해제시키고 말았다.[26] 이와 같은 '가톨릭 학생회'의 사회변혁활동과 교회 지도부와의 갈등은 교회 전반에 청소년 사도직 운동에 대한 부정적 선입견을 확산시키는 계기가

---

25 참조: 한용희, "가톨릭학생운동", 『한국 가톨릭 대사전』1, 1985, 39-40쪽.

26 '가톨릭 학생회'의 시작과 전개, 교회 지도부와의 갈등 등 자세한 역사는 다음 자료 참조: 나상조·남기탁·유광호, 『한국가톨릭학생운동사』(상), 가톨릭학생운동사 편찬위원회, 1995.

된 것으로 보인다. 대학부 총연합회의 해체 이후 '가톨릭 학생회' 활동이 점차 쇠퇴하면서 청소년 사도직 운동의 흐름은 약화되었으며, 한국 교회 청소년 사목은 오늘날에 이르기까지 본당 주일학교 형태를 주축으로 이루어져 왔다. 본당 주일학교는 일반 학교와 유사하게 교리교사가 학생의 학년에 따라 교의적·전통적 교리를 전달하는 연역식 교수법을 주로 사용하면서[27] 세상의 변화를 위한 사도직 활동보다는 개인의 내면적 변화와 영성 향상에 더 중점을 두었던 것이다. 이처럼 청소년 사도직 단체에 대한 부정적 인식과 그로 인한 청소년 사도직 운동의 흐름 약화, 개인의 변화에 초점을 두는 본당 주일학교 체제를 중심으로 한 청소년 사목 전개 등으로 인하여 현재 한국 교회 청소년 사목 전반에 외부를 향한 사도직 활동이 뚜렷이 드러나지 않는다고 할 수 있겠다.

2. 한국 교회의 청소년 사목 구성요소 조사

1) 조사결과

제4차 조사연구에서는 폐쇄형 설문지를 통해 9개의 '한국 교회 청소년 사목의 구성요소'를 예시하고, 청소년 사목자와 청소년에게 한국 교회에 해당하는 구성요소의 필요성 여부를 조사하였다. 청소년 사목 구성요소의 9개 예시는 사목적 배려·옹호·복음말씀 선포·교리교육·기도와 전례·공동체 생활·지도력 개발·정의와 봉사·세계시민의식이다.[28] 먼저 조사에 참여한 청소년 사목자들에게 각 구성요소의 필요성에

---

27 한국 주일학교 변천의 자세한 역사는 다음 자료 참조: 황규남, 「우리 주일학교의 역사 1」, 『디다케』156(1996/7·8), 서울대교구교육국.

28 각 구성요소의 추출 과정과 기본 개념은 본 장의 〈표 6〉 참조.

대해 동의하는지를 조사하고, 동의 시에 그 구성요소가 한국의 청소년
사목에도 적합한 것으로 해석하였다. 그 결과는 〈표 7〉과 같다.

〈표 7〉 한국 교회 청소년 사목 구성요소에 대한 신뢰도 및 빈도 분석 결과 – 청소년 사목자

구 분	신뢰도 분석	빈도 분석	
	크론바하 α 〉 0.70	평균[29] 〉 3.50	긍정율[30] 〉 60
사목적 배려	0.91	3.98	71.07
옹호	0.92	3.93	68.88
복음말씀 선포	0.92	3.97	69.74
교리교육	0.91	4.02	71.04
기도와 전례	0.91	4.08	73.49
공동체 생활	0.85	3.93	72.85
지도력 개발	0.93	3.92	68.31
정의와 봉사	0.91	3.92	68.40
세계시민의식	0.93	3.90	67.75

〈표 7〉에 제시된 분석결과에 제시되어 있듯이 모든 구성요소의 크론
바하 알파값이 0.85 이상으로 드러나, 각 구성요소는 청소년 사목 구성요
소 설명에 타당한 하위 요인으로 구성되어 있다고 볼 수 있다. 또한 해당
구성요소의 필요성에 동의하는지 알아보기 위하여 실시한 '빈도 분석'에
서, 평균 3.5 이상·긍정율('매우 그렇다'의 값과 '그렇다'의 값을 더한 것)
60 이상인 것을 동의 수준으로 잡았을 때 모든 구성요소가 해당 값 이
상으로 나타났다. 이로써 한국 교회 청소년 사목자들은 사목적 배려·

---

29 본 연구의 제 4차 조사에서 사용된 리커트 척도 단계는 '① 매우 그렇다, ② 비교적 그런 편이
다, ③ 보통이다, ④ 그렇지 않은 편이다, ⑤ 전혀 그렇지 않다'이다. 응답의 평균값을 계산할 때
에는 이해의 용이성을 위해 6에서 응답값을 뺀 값으로 치환하여 계산하였다. 따라서 5에 가까
울수록 제시문에 긍정적인 것이며 1에 가까울수록 제시문에 부정적인 것으로 이해하면 된다.

30 긍정율은 5개의 리커트 척도에서 '① 매우 그렇다, ② 비교적 그런 편이다'를 선택한 비율이다.

옹호·복음말씀 선포·교리교육·기도와 전례·공동체 생활·지도력 개발·정의와 봉사·세계시민의식 모두를 한국 교회 청소년 사목에 필요한 구성요소로 본다고 할 수 있겠다. 특히 세계시민의식 구성요소의 경우, 심층면접 조사결과에서 여러 청소년 사목자들이 그 필요성을 언급하였다. 점차 세계화되어가고 국제결혼이 늘어나고 있는 현재 한국의 실정상 한국만의 청소년 사목 구성요소로 세계시민의식이 중요하다는 지적이었다.

> 읍 단위를 가보면 이주 노동자와 국제결혼을 많이 한다. 지금은 그들이 초등학교 1-2학년이지만, 10년 후에 청소년이 될 아이들이다. 이들과 함께 할 수 있는 방법에 대해 사목 대안이 필요하다. (F2R1)

> 세계시민의식이 굉장히 중요한데, 현재 가능성이 크지 않아서 안타깝다. 우리 사회에 그와 관련된 교육이 적기 때문이다. 예전에 대만이 우리처럼 국제결혼이 많았는데, 그 자녀들이 청년이 되면서 갱단에 들어갔다. 우리도 교육을 제대로 안 하면 대만처럼 될 것이다. (F2R2)

청소년에게 실시한 청소년 사목 구성요소 조사에서는 청소년 사목자가 청소년을 대상으로 실행하는 요소인 옹호 및 청소년의 현실적 상황이나 인지능력상 필요성 판단이 모호할 것으로 예상되는 세계시민의식은 제외하고 사목적 배려·복음말씀 선포·교리교육·기도와 전례·공동체 생활·지도력 개발·정의와 봉사의 7가지 구성요소에 대해서만 조사하였다. 그에 따른 결과는 〈표 8〉과 같다.

〈표 8〉 한국 교회 청소년 사목 구성요소에 대한 신뢰도 및 빈도 분석 결과
　　　　－ 청소년

구 분	신뢰도 분석	빈도 분석	
	크론바하 α 〉 0.70	평균 〉 3.50	긍정율 〉 60
사목적 배려	0.80	3.96	66.88
옹호			
복음말씀 선포	0.79	3.68	54.17
교리교육	0.92	3.78	58.48
기도와 전례	0.84	3.56	50.68
공동체 생활	0.88	3.74	57.32
지도력 개발	0.93	3.76	58.29
정의와 봉사	0.87	3.55	48.75
세계시민의식			

　　청소년용 설문지에는 각 구성요소의 하위 항목으로 해당 요소에 대한 청소년의 기대나 욕구를 표현하였다. 그 표현이 신뢰할 만한 수준으로 해당 요소를 설명하고 있는지 알아보기 위하여 '신뢰도 분석'을 실시한 결과 〈표 8〉에서 보듯이 모든 구성요소가 0.79-0.95 사이의 값을 기록하여 신뢰도가 입증되었다. 해당 구성요소에 대한 청소년의 동의 여부는 청소년 사목자와 다르게 나타났다. 평균 3.5 이상·긍정율 60 이상인 것을 동의 수준으로 잡았을 때, 사목적 배려 구성요소만이 두 가지 모두를 충족시켰다. 복음말씀 선포·기도와 전례·교리교육·공동체 생활·지도력 개발 구성요소의 경우 평균값은 모두 3.5 이상이었지만 긍정율이 60을 넘지 못하는 것으로 나타나 해당 구성요소에 대해 동의는 하지만 그 정도는 청소년 사목자만큼 높지 않은 것으로 파악된다. 정의와 봉사 구성요소는 모두 평균과 긍정율 기준을 충족시키지 못함으로써, 청소년이 정의와 봉사에 대해 큰 필요성을 느끼지 못하는 것으로 드러났다.

　　다음으로 청소년 사목자 조사에서 각 구성요소에 대한 필요성과 응답에 대한 사제·수도자·평신도 각 신원 간의 응답 차이를 알아보기 위해

일원변량분석을 실시하였다(〈표 9〉 참조). 그 결과 모든 구성요소에 대해 수도자가 가장 높게 응답하였으며 교리교사가 낮게 응답하였다. 사제는 그 중간값을 나타냈다.[31] 이로써 각자 신원과 상황에 따라 구성요소의 필요성을 대하는 시각이 다를 수 있다는 것이 입증되었다.

〈표 9〉 한국 교회 청소년 사목 구성요소에 대한 신원 간(사제 · 수도자 · 평신도) 응답차 – 청소년 사목자

구 분	일원변량분석(ANOVA)	
	p-value 〈 0.05(95%)[32]	신원 간 차이 여부
사목적 배려	0.011*	있음
옹호	0.004**	있음
복음말씀 선포	0.000**	있음
교리교육	0.006**	있음
기도와 전례	0.000**	있음
공동체 생활	0.024*	있음
지도력 개발	0.022*	있음
정의와 봉사	0.003**	있음
세계시민의식	0.000**	있음

*p〈.05, **p〈.01

청소년 조사에서도 마찬가지로 성별에 따른 응답 간 차이를 일원변량분석으로 살펴보았다. 결과는 〈표 10〉과 같다.

---

31 청소년 사목자 신원 간 응답차에 대한 자세한 분석 결과는 〈부록 4-20〉 참조.

32 p-value(유의확률)는 귀무가설이 사실일 때 관측된 통계치, 또는 이보다 더 극단적인(즉, 대립가설을 지지하는) 값이 나올 확률이다. 여기에서는 귀무가설(즉, 신원 간 차이가 없다)이 사실일 때 관측된 통계치가 나올 확률로 모두 0.05 이하이다. 따라서 5% 유의수준일 때 귀무가설이 기각되어 신원 간 차이가 있다는 대립가설이 채택된다. 참조: 김우철 편, 『현대통계학』, 영지문화사, 1986, 145쪽.

<표 10> 한국 교회 청소년 사목 구성요소에 대한 성별 간 응답차 – 청소년

구 분	일원변량분석(ANOVA)	
	p–value 〈 0.05(95%)	신원 간 차이 여부
사목적 배려	0.020*	있음
옹호		
복음말씀 선포	0.000**	있음
교리교육	0.006**	있음
기도와 전례	0.001**	있음
공동체 생활	0.043*	있음
지도력 개발	0.242	없음
정의와 봉사	0.831	없음
세계시민의식		

*p〈.05, **p〈.01

청소년이 그 필요성에 동의하지 않았던 정의와 봉사 및 지도력 개발 요소를 제외한 나머지 5개 구성요소에 대해, 남성에 비해 여성이 더 높게 응답함으로써 청소년 성별 간에 유의미한 응답차가 있는 것으로 드러났다.[33]

2) 논의

제 4차 설문조사에서 '청소년 사목 구성요소'의 예시로 제안한 9개 구성요소 중 '세계시민의식'을 제외한 사목적 배려 · 옹호 · 복음말씀 선포 · 교리교육 · 기도와 전례 · 공동체 생활 · 지도력 개발 · 정의와 봉사의 8개 요소는 모두 보편 교회 청소년 사목의 비전인 '복음화'의 총체적 개념을 기반으로 하고 지역 교회 청소년 사목의 구성요소를 종합하여 추출한 것이다. 조사결과 한국 교회 청소년 사목자 대부분은 9개 요소 모두가 한국 교회에 필요한 청소년 사목 구성요소라고 보고 있다. 보편 교회

---

33 청소년 성별 간 응답차에 대한 자세한 분석 결과는 〈부록 4-21〉 참조.

및 지역 교회에서 제시하는 모든 구성요소뿐 아니라 본 연구에서 추가한 세계시민의식 요소도 한국 교회에 필요하다고 보는 것이다.

이와 같은 결과는 앞서 한국 교회 청소년 사목 비전 조사결과와 비교했을 때 차이가 발생한다. 한국 교회 청소년 사목 비전 조사결과에서는 '청소년에 대한 사목자의 이해와 대화 및 사랑의 통교', '개인적 마음의 귀의'가 가장 중점적으로 드러나며, '복음말씀(성경) 설교' 및 '공동체 친교의 생활 참여'의 경우 일부 개념만이 도출된다. 이를 청소년 사목 구성요소의 용어로 치환해 보면 사목적 배려 · 옹호 · 복음말씀 선포 · 공동체 생활 · 지도력 개발에 해당한다고 볼 수 있다. 단 앞서 한국 교회 청소년 사목 비전 조사결과에서 지적한 바대로 '외부를 향한 사도직 활동' 개념이 결여되었다는 점에서 사목적 배려를 제외한 나머지 옹호 · 복음말씀 선포 · 공동체 생활 · 지도력 개발 구성요소는 일부 개념만이 도출된다고 하겠다.

이처럼 한국 교회 청소년 사목 비전 조사결과와 연계할 수 있는 구성요소는 1개만이 온전하며 나머지 4개 요소는 일부만이 연계되는데도 불구하고, 한국 교회 청소년 사목자들은 보편 교회 및 지역 교회의 8개 구성요소 및 추가된 세계시민의식 요소에 대해서도 실질적 필요성을 느끼고 있다. 이는 곧 청소년 사목의 비전과 구성요소를 연계하여 통합하는 과정이 그동안 부재했음을 드러내는 결과이며, 현재 한국 교회에 그 통합 과정인 '청소년 사목의 기본틀'이 필요한 상황을 나타내는 증거라고 볼 수 있을 것이다. 청소년 사목자들이 다양한 구성요소의 필요성은 인지하고 있으면서도 비전의 내용을 한두 가지 요소로 제한하고 있다는 사실은, 이제 한국 교회에도 청소년 사목 비전의 시선 확장이 필요한 시점임을 보여준다. 또한 세계시민의식 구성요소에 대한 시선 확장도 필요할 것이다. 심층면접 조사결과에서 청소년 사목자들은 세계시민의식 요소의 필요성에는 동의하였으나, 아직 현실에서 구현하기는 어렵다고 생각하고 있기 때문이다. 청소년 사목자들이 모든 청소년 사목 구성요소에 대해 필요하다고 느낀다는 것은 곧 그 구성요소 대부분이 현실에서 제대로 작용하지 못하고 있기 때문인 것으로 보인다. 그 근거는 청소년에게 실행한 청소년 사목 구성요소 조사결과에서 유추해 볼 수 있다. 청소년은 구성요소 중 사목적 배려를 제외한 나머지 요소에 대해서는 필요성을 느끼는 정도가 약하며, 정의와 봉사 요소에 대해서는 그 필요성에 동의하지 않는 것으로 드러났다. 청소년 조사에서 구성요소의 하위 요인을 '청소년 사목에 대한 기대 혹은 욕구'로 설정하였으므로, 청소년이 대부분의 청소년 사목 구성요소에 대해 기대하고 있는 바가 적다고 해석할 수 있다. 청소년 사목자들이 비전의 내용으로 '청소년에 대한 이해·신뢰·사랑'에 주로 집중하고 있음을 상기해 볼 때, 청소년은 그 비전에서 비롯된 사목적 배려 요소만을 인지하고 있는 것으로 보인다. 마찬가지로 청소년 사목자들이 '외부를 향한 사도직 활동'을 비전의 내용으로 언급하지 않는 것은 청소년도 교회 안에서 정의와 봉사 구성요소에 대한 기대나 욕구를 느끼지 못하는 것이라고 볼 수 있겠다.

요약하면, 청소년 사목자들은 설문조사에 예시된 사목적 배려·옹호·복음말씀 선포·기도와 전례·교리교육·공동체 생활·지도력 개발·정의와 봉사·세계시민의식이라는 다양한 청소년 사목 구성요소가 한국 교회에 모두 필요하다고 생각하고 있다. 그러나 9개의 청소년 사목 구성요소는 현재 청소년 사목 비전에 대한 시선과 통합되어 있지 않으며, 사목 현장에서 보는 구성요소가 고루 활성화되고 있는 상황은 아닌 것으로 보인다. 따라서 청소년은 현재 한국 교회 청소년 사목자들이 집중하고 있는 구성요소인 사목적 배려 외에 나머지 청소년 사목 구성요소에 대해서는 기대감 정도가 낮으며, 정의와 봉사 요소에 대해서는 기대나 필요성을 인지하지 못하고 있다고 할 수 있다.

3. 한국 교회의 청소년 사목 전략 조사

1) 조사결과

(1) '청소년 사목 구성요소 활성화'를 위한 전략

앞서 제시한 청소년 사목의 9개 구성요소 예시에 대한 청소년 사목자 설문조사의 하위 요인은 각 구성요소를 활성화하기 위한 세부 전략으로 이루어져 있다. 따라서 각 구성요소 조사결과에서 드러난 평균값의 우선순위 비교를 통해 해당 구성요소에서 청소년 사목자가 어떠한 전략을 선호하는지를 도출하였다. 청소년 설문조사의 하위 요인은 각 구성요소에 대해 청소년이 어떠한 기대를 갖고 있는지에 대한 것이므로, 조사결과에서 드러난 평균값의 우선순위 비교를 통해 해당 구성요소에서 청소년이 선호하는 기대치를 파악하였다. 그리고 청소년 사목자가 선호하는 전략과 청소년의 기대 간의 차이점을 비교 분석하였다. 구성요소 활성화를 위한 전략 조사결과의 정렬 순서는 구성요소 예시의 순과 같으며, 각 전략별로 청소년 사목자 조사결과와 청소년 조사결과를 기술하였다.[34] 옹호와 세계시민의식 구성요소의 경우 청소년에게는 조사를 실시하지 않았으므로, 아래의 전략 조사결과 서술에서도 포함시키지 않았다.

구성요소 활성화를 위한 전략 조사결과 중 첫 번째로, 청소년 사목자들이 사목적 배려 구성요소의 세부 전략에 대해 응답한 내용은 〔그림 3〕과 같다.

---

34 전략 조사결과 그래프 및 설명에서 제시되는 '각 구성요소별 세부 전략 내용'은 결과 분석을 명료화하기 위해 핵심 단어만으로 표기한 것이다. 실제 질문지에 표현된 세부 전략의 내용은 〈부록 4-1〉과 〈부록 4-2〉 참조.

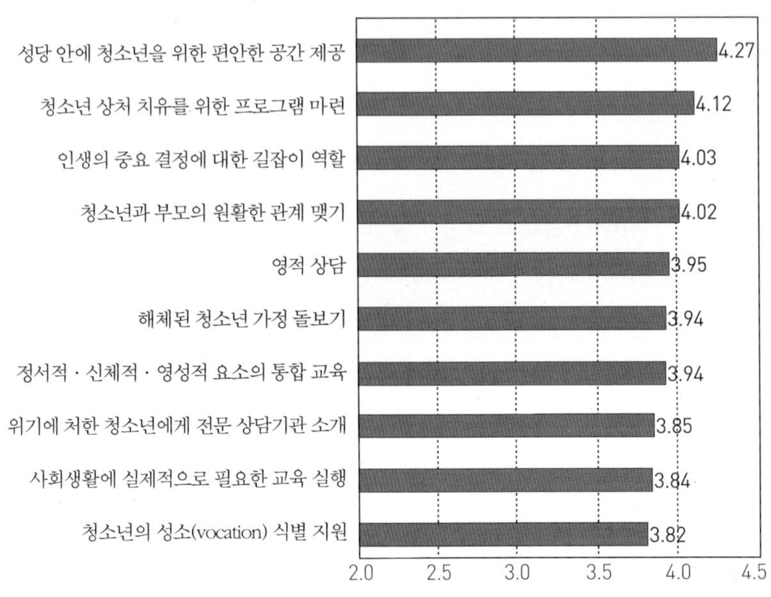

〔그림 3〕 사목적 배려 – 청소년 사목자 조사결과

총 10개 전략 항목 중 상위 3순위를 살펴보면 '성당 안에 청소년을 위한 편안한 공간 제공'(평균 4.27) 〉 '청소년 상처 치유를 위한 프로그램 마련'(4.12) 〉 '인생의 중요 결정에 대한 길잡이 역할'(4.03)로 드러나, 청소년 사목자들은 청소년이 실제로 체감할 수 있는 배려 방식을 선호하고 있음을 보여준다. 반면 '청소년의 성소(vocation) 식별 지원'(평균 3.82) 〈 '사회생활에 실제적으로 필요한 교육 실행'(3.84) 〈 '위기에 처한 청소년에게 전문 상담기관 소개'(3.85)의 경우 우선적으로 강조하는 항목은 아닌 것으로 나타났다.

사목적 배려 구성요소에 대한 청소년의 기대와 욕구는 〔그림 4〕와 같이 드러났다.

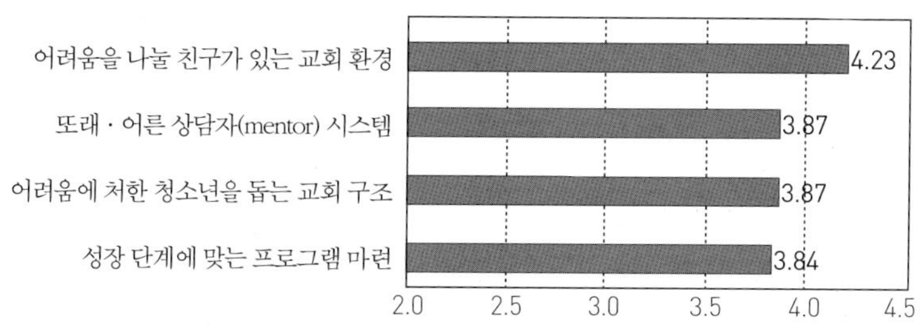

〔그림 4〕 사목적 배려 – 청소년 조사결과

'어려움을 나눌 친구가 있는 교회 환경'에 대한 강조는 평균값 4.23으로 가장 평균값이 높아 또래 집단의 영향력이 가장 큰 시기인 청소년 세대의 심리를 드러냈다. 나머지 항목인 '또래·어른 상담자(mentor) 시스템', '어려움에 처한 청소년을 돕는 교회 구조' 및 '성장 단계에 맞는 프로그램 마련'에 대해서도 청소년은 평균값 3.8 이상의 높은 공감도를 보였다. 이는 다른 여덟 가지 구성요소의 세부 항목들과 비교해 보았을 때 전반적으로 높은 수준이다. 즉, 청소년은 '사목적 배려' 구성요소 전반에 대해 높은 기대감을 보이고 있다고 할 수 있다.

전략 조사결과의 두 번째로 청소년 사목자들이 옹호 구성요소의 전략에 대해 응답한 내용은 〔그림 5〕와 같다.

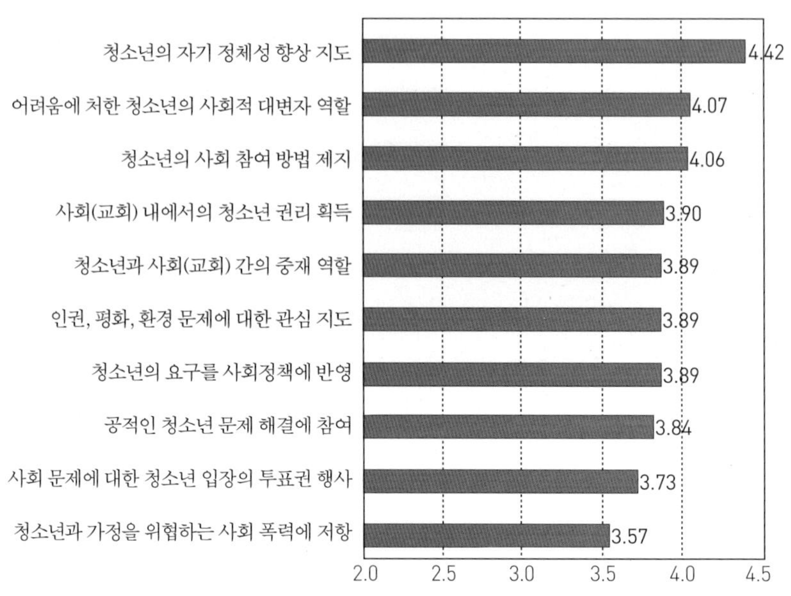

〔그림 5〕 옹호 – 청소년 사목자 조사결과

청소년 사목자들은 10개 전략 항목 중 높은 점수 순으로 '청소년의 자기 정체성 향상 지도'(평균 4.42) 〉 '어려움에 처한 청소년의 사회적 대변자 역할'(4.07) 〉 '청소년의 사회 참여 방법 제시'(4.06)를 우선적으로 선택하였다. 반면 '청소년과 가정을 위협하는 사회 폭력에 저항'(평균 3.57) 〈 '사회 문제에 대한 청소년 입장의 투표권 행사'(3.73) 〈 '공적인 청소년 문제 해결에 참여'(3.84) 등의 전략은 필요하기는 하나, 아직은 집중적인 관심 항목이 아닌 것으로 밝혀졌다.

조사결과의 세 번째는 청소년 사목자들이 복음말씀 선포 구성요소 세부 전략에 대해 응답한 내용으로, 그 결과는 〔그림 6〕과 같다.

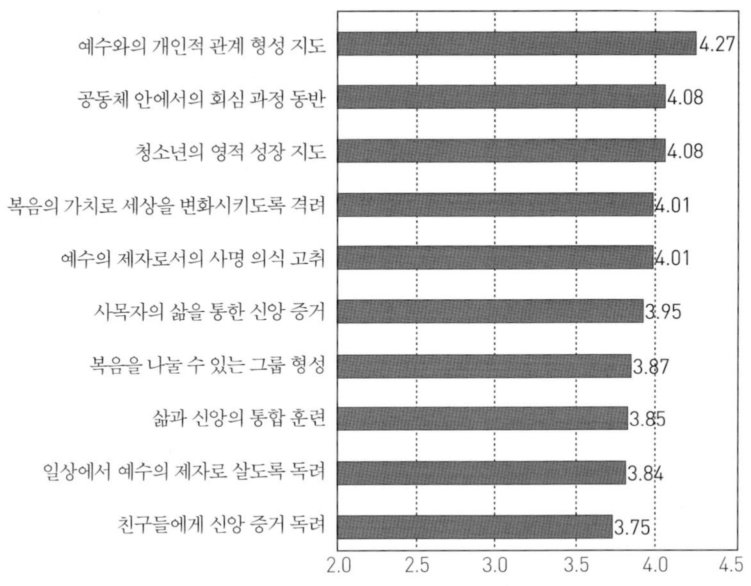

〔그림 6〕 복음말씀 선포 – 청소년 사목자 조사결과

청소년 사목자들은 '예수와의 개인적 관계 형성 지도'(평균 4.27) 〉 '공동체 안에서의 회심 과정 동반'(4.08) = '청소년의 영적 성장 지도'(4.08)를 세 가지 우선순위로 선택하였다. '복음의 가치로 세상을 변화시키도록 격려'와 '예수의 제자로서의 사명 의식 고취' 또한 평균값 4.01로 높은 선호도를 보였다. '친구들에게 신앙 증거 독려'(평균 3.75) 〈 '일상에서 예수의 제자로 살도록 독려'(3.84) 〈 '삶과 신앙의 통합 훈련'(3.85) 등은 다른 항목에 비해 상대적으로 낮은 평가를 받았으나, 평균값 자체로는 큰 차이가 없었다. 이를 통해 볼 때 청소년 사목자들은 복음말씀 선포 전략의 대부분을 높은 수준으로 지지하고 있다고 할 수 있다.

복음말씀 선포 구성요소에 대한 청소년의 기대와 욕구를 살펴보면 〔그림 7〕과 같다.

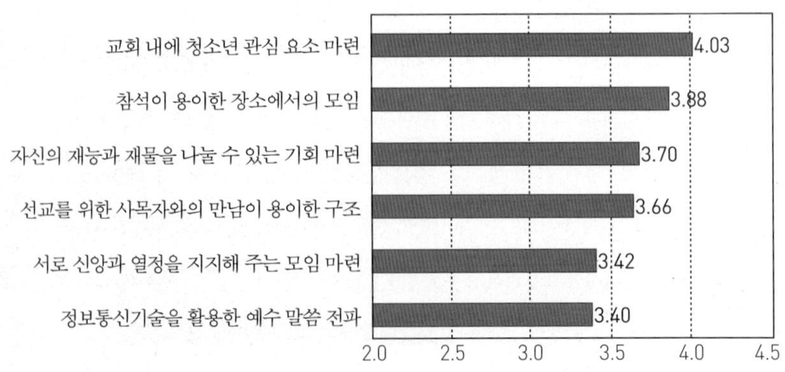

〔그림 7〕 복음말씀 선포 – 청소년 조사결과

조사결과에서는 '교회 내에 청소년 관심 요소 마련'(평균 4.03) 〉 '참석이 용이한 장소에서의 모임'(3.88) 〉 '자신의 재능과 재물을 나눌 수 있는 기회 마련'(3.70)이 높은 선호도를 나타냈다. 이것은 한국의 청소년은 복음말씀 선포에 있어 자신이 연관되어 있는 것, 즉 청소년 세대의 관심사가 반영되어 있고 자신이 직접 참여할 수 있거나 자신의 재능을 발휘할 수 있는 것 등에 깊은 관심을 갖고 있음을 보여주는 것이다. 반면 '정보통신기술을 활용한 예수 말씀 전파'(3.40)와 '서로 신앙과 열정을 지지해 주는 모임 마련'(3.42)에 대해서는 상대적으로 낮은 기대감을 드러냈다.

네 번째로 교리교육 구성요소의 세부 전략에 대한 청소년 사목자 조사결과를 살펴보면 〔그림 8〕과 같다.

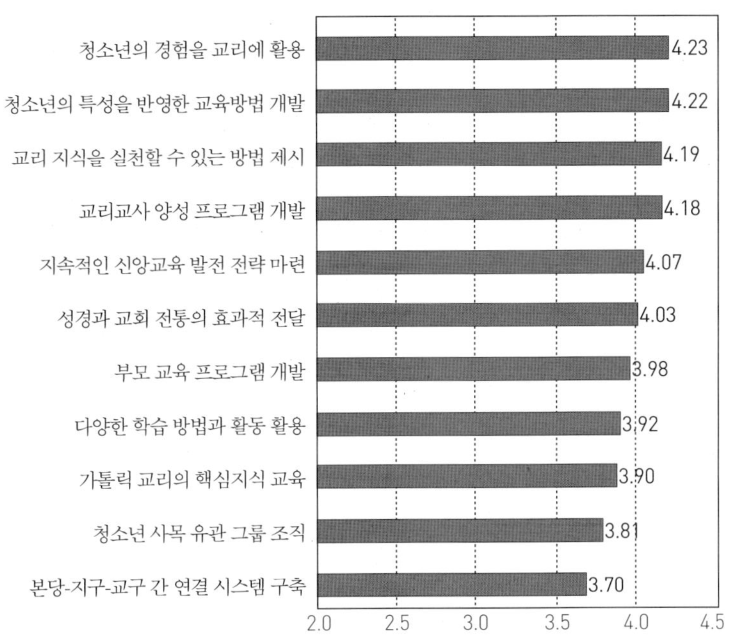

〔그림 8〕 교리교육 – 청소년 사목자 조사결과

11개 항목 중 우선적 전략으로는 '청소년의 경험을 교리에 활용'(평균 4.23) 〉'청소년의 특성을 반영한 교육방법 개발'(4.22) 〉'교리 지식을 실천할 수 있는 방법 제시'(4.19) 등 세 가지 전략이 선호되는 것으로 나타났다. 이에 비해 '본당–지구–교구 간 연결 시스템 구축'(평균 3.70) 〈 '청소년 사목 유관 그룹 조직'(3.81) 〈 '가톨릭 교리의 핵심지식 교육'(3.90)은 신뢰도가 높은 문항이지만, 실제 조사에서는 다른 항목들에 비해 전략 선호도가 높지 않았다.

교리교육 구성요소에 대한 청소년의 기대와 욕구 조사결과를 살펴보면 〔그림 9〕와 같다.

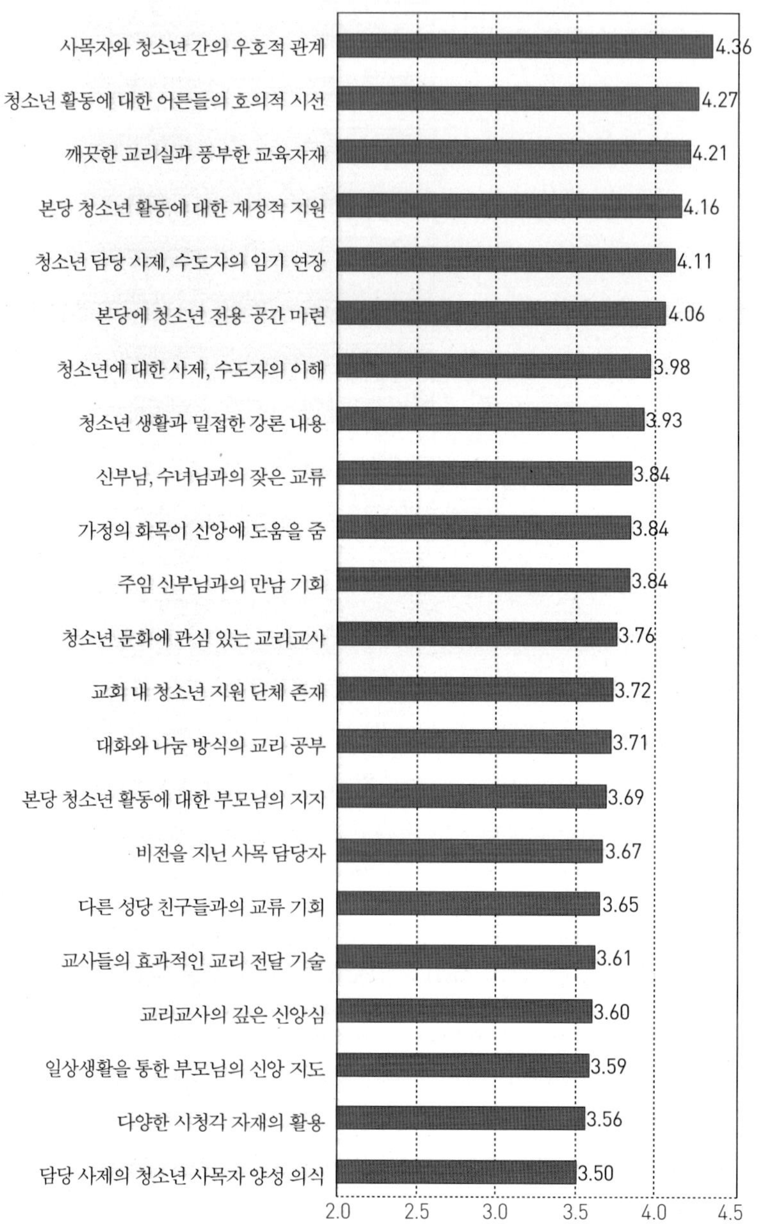

사목자와 청소년 간의 우호적 관계 4.36
청소년 활동에 대한 어른들의 호의적 시선 4.27
깨끗한 교리실과 풍부한 교육자재 4.21
본당 청소년 활동에 대한 재정적 지원 4.16
청소년 담당 사제, 수도자의 임기 연장 4.11
본당에 청소년 전용 공간 마련 4.06
청소년에 대한 사제, 수도자의 이해 3.98
청소년 생활과 밀접한 강론 내용 3.93
신부님, 수녀님과의 잦은 교류 3.84
가정의 화목이 신앙에 도움을 줌 3.84
주임 신부님과의 만남 기회 3.84
청소년 문화에 관심 있는 교리교사 3.76
교회 내 청소년 지원 단체 존재 3.72
대화와 나눔 방식의 교리 공부 3.71
본당 청소년 활동에 대한 부모님의 지지 3.69
비전을 지닌 사목 담당자 3.67
다른 성당 친구들과의 교류 기회 3.65
교사들의 효과적인 교리 전달 기술 3.61
교리교사의 깊은 신앙심 3.60
일상생활을 통한 부모님의 신앙 지도 3.59
다양한 시청각 자재의 활용 3.56
담당 사제의 청소년 사목자 양성 의식 3.50
2.0 2.5 3.0 3.5 4.0 4.5

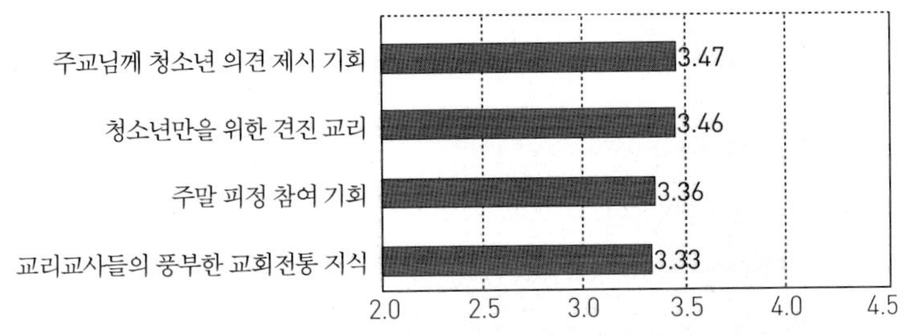

〔그림 9〕 교리교육 – 청소년 조사결과

이 조사결과에서는 '사목자와 청소년 간의 우호적 관계'(평균 4.36) 〉 '청소년 활동에 대한 어른들의 호의적 시선'(4.27) 〉 '깨끗한 교리실과 풍부한 교육자재'(4.21) 등이 우선적인 것으로 나타났다. 더불어 '본당 청소년 활동에 대한 재정적 지원', '청소년 담당 사제, 수도자의 임기 연장' 및 '본당에 청소년 전용 공간 마련' 역시 평균값 4.0을 선회하는 높은 기대감을 보였다. 이를 통해 청소년은 대체로 성인들과 수평적인 관계를 맺고 그것을 지속하고 싶어 하며, 교육 자재 및 교리 공간 마련 등과 같은 교리교육 제반 여건 개선에 대해 기대가 크다는 것을 확인할 수 있다. 반면 '교리교사들의 풍부한 교회전통 지식'(평균 3.33) 〈 '주말 피정 참여 기회'(3.36) 〈 '청소년만을 위한 견진 교리'(3.46)는 다른 항목들에 비해 긍정도가 낮았다.

다섯 번째 조사결과로 기도와 전례 구성요소 세부 전략에 대한 청소년 사목자들의 응답을 살펴보면 〔그림 10〕과 같다.

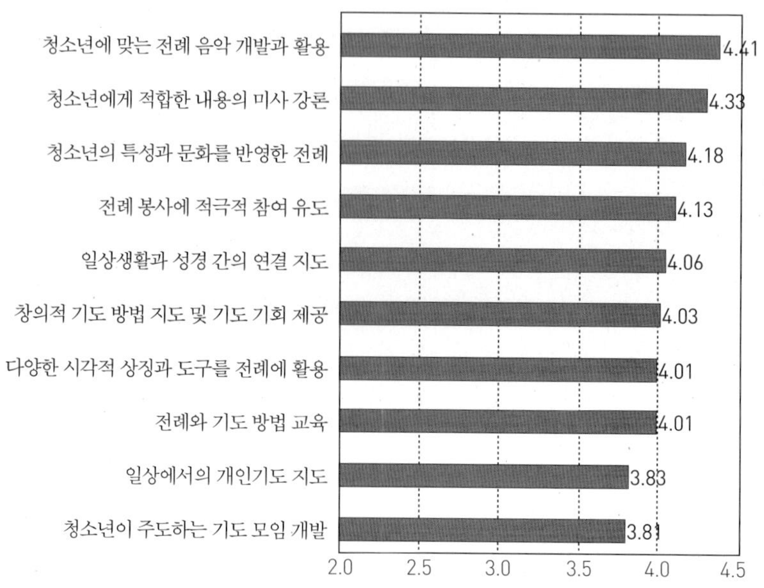

〔그림 10〕 기도와 전례 – 청소년 사목자 조사결과

10개의 전략 항목 중 높은 점수 순으로 우선순위를 살펴보면 '청소년에 맞는 전례 음악 개발과 활용'(평균 4.41) 〉 '청소년에게 적합한 내용의 미사 강론'(4.33) 〉 '청소년의 특성과 문화를 반영한 전례'(4.18)를 들 수 있다. 이에 비해 '청소년이 주도하는 기도 모임 개발'(평균 3.81) 〈 '일상에서의 개인기도 지도'(3.83)는 신뢰도가 높고 평균값도 3.8을 넘는 수준이지만, 다른 항목에 비해서는 우선순위가 낮은 것으로 드러났다.

이어서 기도와 전례 구성요소에 대한 청소년의 기대 및 욕구 조사결과를 살펴보면 〔그림 11〕과 같다.

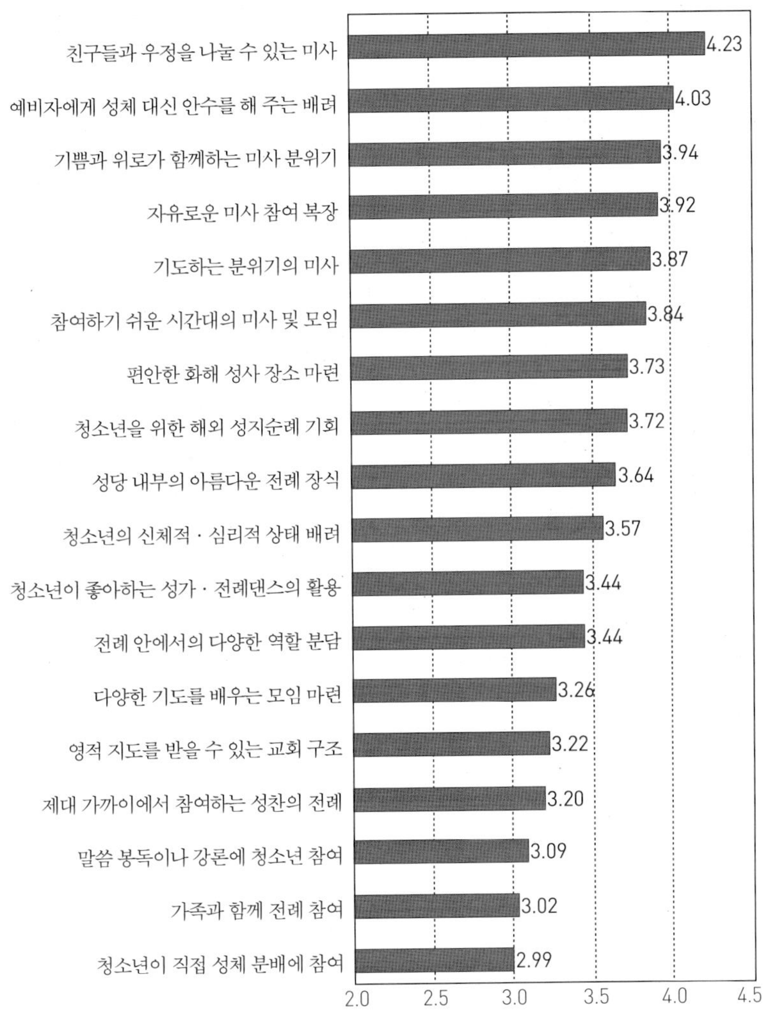

〔그림 11〕 기도와 전례 – 청소년 조사결과

이 조사결과에서는 '친구들과 우정을 나눌 수 있는 미사'(평균 4.23) 〉 '예비자에게 성체 대신 안수를 해 주는 배려'(4.03) 〉 '기쁨과 위로가 함께하는 미사 분위기'(3.94)의 순서로 높은 점수가 나타나, 한국 교회 청소년이 기도와 전례 구성요소에 있어서 위의 세 가지를 가장 기대하고 있음이 드러났다. '자유로운 미사 참여 복장'은 신뢰도 검증 결과 부적절한 항목이었음에도 불구하고 평균값의 순위는 네 번째로 높은 편이었다. 반면 '청소년이 직접 성체 분배에 참여'(평균 2.99) 〈 '가족과 함께 전례 참여'(3.02) 〈 '말씀 봉독이나 강론에 청소년 참여'(3.09)에 대해서는 청소년이 큰 기대를 보이지 않는 것으로 드러났다.

여섯 번째로 공동체 생활 구성요소에 대한 청소년 사목자 조사결과를 살펴보면 〔그림 12〕와 같다.

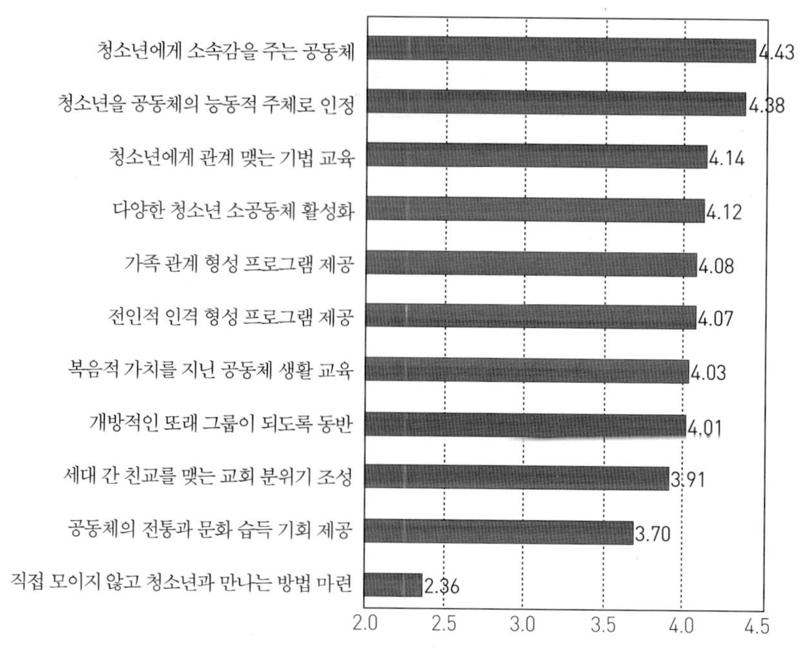

〔그림 12〕 공동체 생활 - 청소년 사목자 조사결과

청소년 사목자들은 '청소년에게 소속감을 주는 공동체'(평균 4.43) 〉 '청소년을 공동체의 능동적인 주체로 인정'(4.38) 〉 '청소년에게 관계 맺는 기법 교육'(4.14)을 우선적 전략으로 선택하였다. 반면 '공동체의 전통과 문화 습득 기회 제공'(3.70) 〈 '세대 간 친교를 맺는 교회 분위기 조성'(3.91)은 상대적으로 선호도가 낮았으며, '직접 모이지 않고 청소년과 만나는 방법 마련'의 경우 평균값이 2.36으로 모든 조사 항목 중 가장 낮은 전략 선호도를 보였다. 이를 통해 볼 때 한국 교회 청소년 사목자들은 청소년과 직접적 만남의 자리를 갖는 것을 매우 중시한다고 볼 수 있다.

다음으로 공동체 생활 구성요소에 대한 청소년의 응답은 〔그림 13〕과 같다.

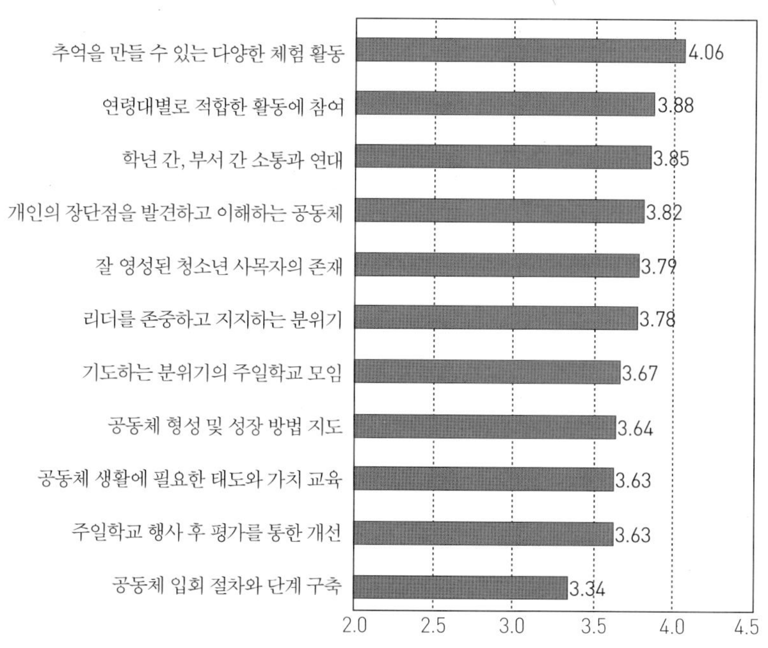

〔그림 13〕 공동체 생활 – 청소년 조사결과

청소년은 '추억을 만들 수 있는 다양한 체험 활동'(평균 4.06) 〉 '연령대별로 적합한 활동에 참여'(3.88) 〉 '학년 간, 부서 간 소통과 연대'(3.85)에 대해 높은 기대감을 보였다. 반면 '공동체 입회 절차와 단계 구축(평균 3.34) 〈 '주일학교 행사 후 평가를 통한 개선'(3.63) = '공동체 생활에 필요한 태도와 가치 교육'(3.63)은 비교적 낮은 지지도를 보여, 청소년이 체계적인 공동체 규칙과 절차에 대해서는 큰 기대를 갖지 않고 있음을 드러냈다.

일곱 번째로 살펴볼 구성요소 세부 전략은 지도력 개발에 대한 것이다. 이에 대한 청소년 사목자 조사결과는 〔그림 14〕와 같다.

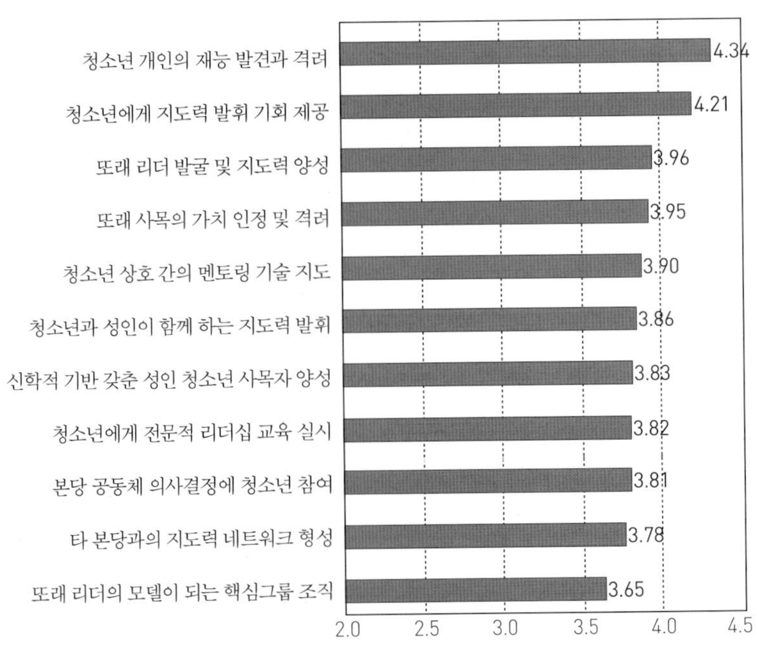

〔그림 14〕 지도력 개발 – 청소년 사목자 조사결과

청소년 사목자들은 지도력 개발 구성요소의 11개 전략 항목 중 '청소년 개인의 재능 발견과 격려'(평균 4.34) > '청소년에게 지도력 발휘 기회 제공'(4.21) > '또래 리더 발굴 및 지도력 양성'(3.96)을 우선적 전략으로 선택하였다. 이에 비해 '또래 리더의 모델이 되는 핵심그룹 조직'(평균 3.65) < '타 본당과의 지도력 네트워크 형성'(3.78) < '본당 공동체 의사결정에 청소년 참여'(3.81)의 경우 평균값은 높은 편이지만 다른 항목에 비해 우선시되는 전략은 아닌 것으로 나타났다.

청소년의 경우 지도력 개발 구성요소에 대해 〔그림 15〕와 같이 응답하였다.

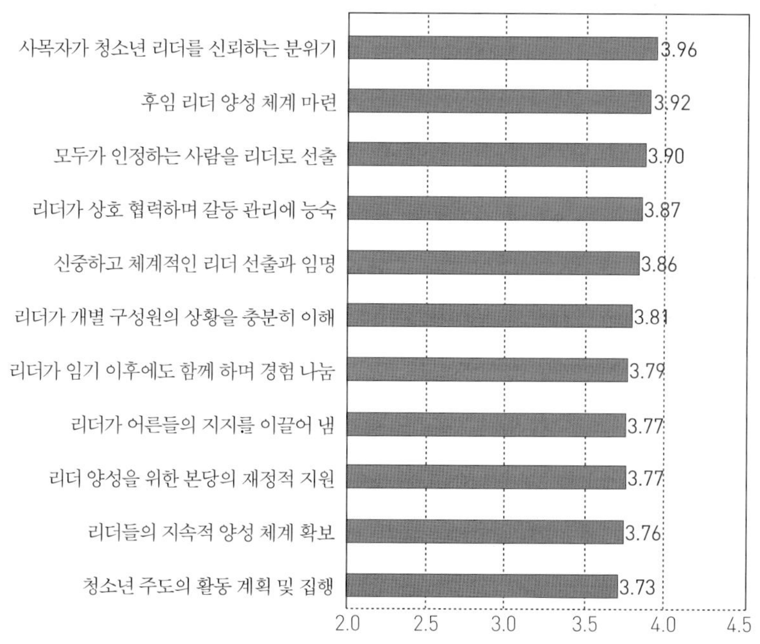

(그림 계속)

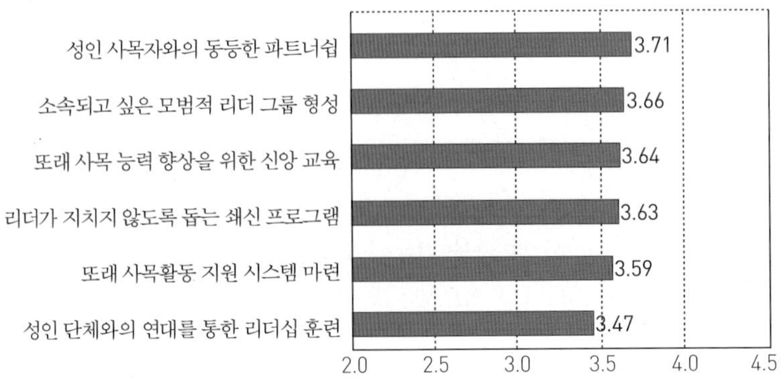

〔그림 15〕 지도력 개발 – 청소년 조사결과

이 조사결과에서는 '사목자가 청소년 리더를 신뢰하는 분위기'(평균 3.96) 〉 '후임 리더 양성 체계 마련'(3.92) 〉 '모두가 인정하는 사람을 리더로 선출'(3.90) 항목이 순서대로 높은 지지도를 보였다. 즉, 한국 교회 청소년은 믿을 수 있는 리더의 선정에서부터 리더 활동에 대한 사목자의 신뢰 및 후임 리더 양성에 이르기까지, 지도력 개발과 관련하여 현재 상황에서 실제로 필요한 항목에 큰 관심을 보이고 있다고 할 수 있다. 반면 '성인 단체와의 연대를 통한 리더십 훈련'(평균 3.47) 〈 '또래 사목활동 지원 시스템 마련'(3.59) 〈 '리더가 지치지 않도록 돕는 쇄신 프로그램'(3.63)과 같이 현재 직접적으로 필요하지 않거나 익숙하지 않은 항목에 대해서는 상대적으로 낮은 기대감을 표현하였다.

여덟 번째로 정의와 봉사 구성요소에 대한 청소년 사목자 조사결과는 〔그림 16〕과 같다.

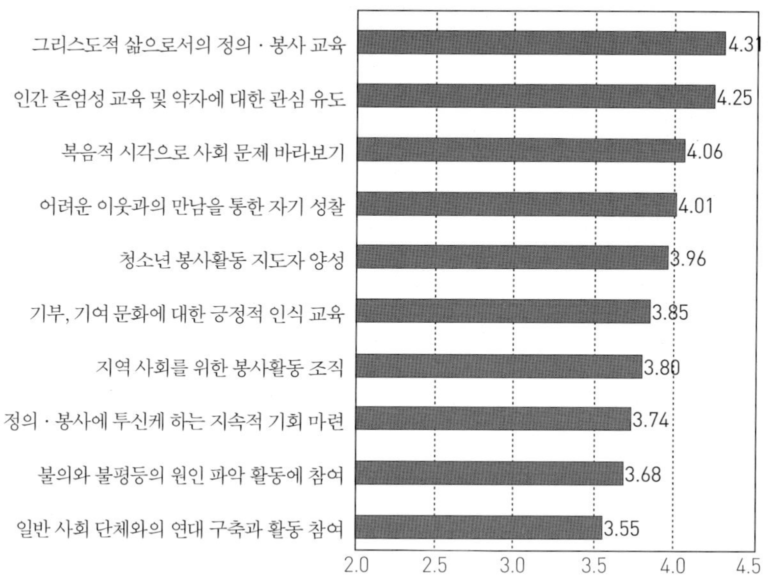

〔그림 16〕 정의와 봉사 – 청소년 사목자 조사결과

10개의 세부 전략 항목 중 높은 점수 순으로는 '그리스도적 삶으로서의 정의 · 봉사 교육'(평균 4.31) 〉 '인간 존엄성 교육 및 약자에 대한 관심 유도'(4.25) 〉 '복음적 시각으로 사회 문제 바라보기'(4.06)가 선택되었다. 반면 '일반 사회 단체와의 연대 구축과 활동 참여'(평균 3.55) 〈 '불의와 불평등의 원인 파악 활동에 참여'(3.68) 〈 '정의 · 봉사에 투신케 하는 지속적 기회 마련'(3.74)의 경우 전략적 필요성에는 동의하지만 다른 항목에 비해 선호도는 높지 않은 것으로 드러났다.

정의와 봉사 구성요소에 대한 청소년 조사결과는 〔그림 17〕과 같다.

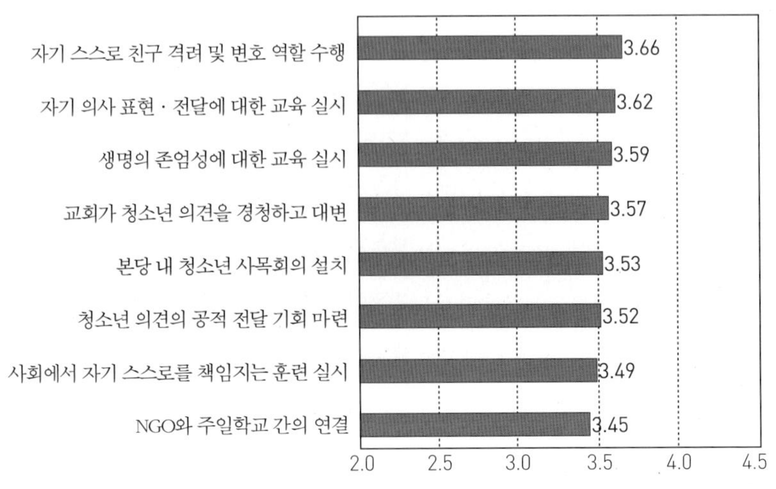

〔그림 17〕 정의와 봉사 – 청소년 조사결과

청소년의 정의와 봉사에 대한 기대감은 다른 구성요소의 세부 항목에 비해 전반적으로 낮게 나타났다. 그 중에서 비교적 평균값이 높은 세 가지는 '자기 스스로 친구 격려 및 변호 역할 수행'(평균 3.66) 〉 '자기 의사 표현·전달에 대한 교육 실시'(3.62) 〉 '생명의 존엄성에 대한 교육 실시'(3.59)지만 항목과의 평균값 차이는 크지 않다. 'NGO와 주일학교 간의 연결'(평균 3.45) 〈 '사회에서 자기 스스로를 책임지는 훈련 실시'(3.49)에 대해서는 평균값 3.5 이하의 낮은 지지도를 보여, 청소년이 이에 대해서는 큰 필요성을 느끼지 못하고 있는 것으로 보인다.

마지막으로 살펴볼 아홉 번째 구성요소는 세계시민의식에 대한 것으로 청소년 사목자 조사결과는 〔그림 18〕과 같다.

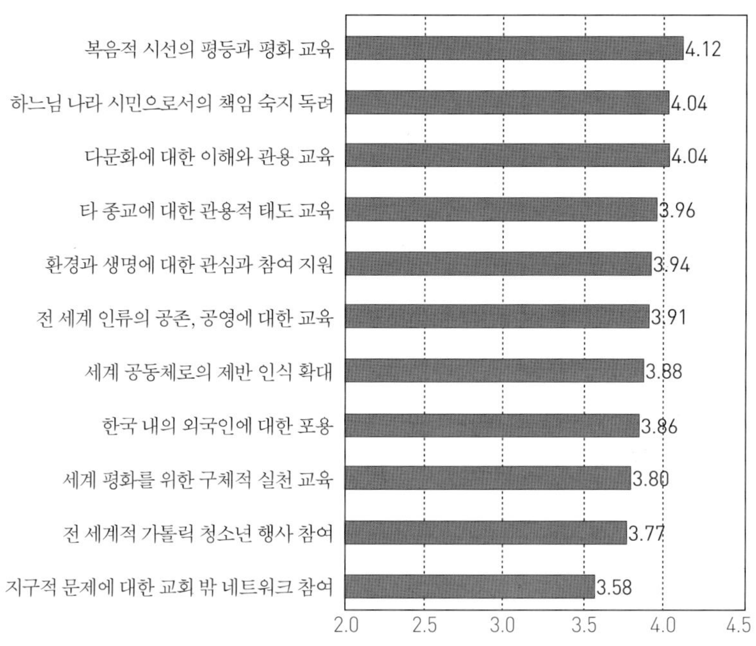

〔그림 18〕 세계시민의식 – 청소년 사목자 조사결과

11개의 세부 전략 항목 중 우선순위 세 가지는 '복음적 시선의 평등과 평화 교육'(평균 4.12) 〉 '하느님 나라 시민으로서의 책임 숙지 독려'(4.04) 〉 '다문화에 대한 이해와 관용 교육'(4.04)으로 드러났다. 이에 비해 '지구적 문제에 대한 교회 밖 네트워크 참여'(평균 3.58) 〈 '전 세계적 가톨릭 청소년 행사 참여'(3.77) 〈 '세계 평화를 위한 구체적 실천 교육'(3.80)의 경우는 다른 항목에 비해 상대적으로 낮은 선호도를 보인다. 그러나 평균값으로는 3.5를 넘는 수준이므로 청소년 사목자들이 전략의 필요성에 대해서는 대체로 동의하고 있다고 볼 수 있다.

(2) '청소년 사목 구성요소 활성화' 이외의 전략

청소년 사목의 구성요소 활성화 이외의 전략은 두 가지로 조사하였다. 첫 번째는 타 지역 교회의 전략에서 공통적으로 드러나는 '청소년 사목자 양성' 전략을 제 4차 조사연구 설문지에 제시하고, 하위 항목에 세부 전략을 예시함으로써 이에 대한 청소년 사목자들의 필요성 인식 여부와 세부 전략 선호도를 살핀 것이다. 두 번째는 같은 설문지를 통해 현재 강조해야 할 전략과 향후 10년간 강조해야 할 전략에 대해 각각 우선순위를 선정케 한 것이다.

먼저 '청소년 사목자 양성' 전략에 대한 조사결과는 〈표 11〉과 같다.

〈표 11〉 '청소년 사목자 양성' 전략 신뢰도 및 빈도 분석 결과

설문내용	문항 제거시 크론바하 α값	크론바하 α값	빈도	최소값	최대값	평균	긍정율	표준편차
청소년 사목 지도자들이 청소년의 욕구를 파악하고, 청소년에게 적합한 방법으로 다가가기	.92		794	1.00	5.00	4.43	85.9	.81
청소년 사목 지도자들이 좋은 품성과 자질을 갖추는 것	.92		793	1.00	5.00	4.36	84.7	.81
청소년 사목 지도자들이 청소년 사목에 대한 비전을 갖고 그에 따라 청소년 사목을 수행하기	.92	.93	795	1.00	5.00	4.23	78.4	.90
청소년 사목 지도자들이 자신의 영성적인 면을 심화 시키는 것	.92		793	1.00	5.00	4.17	76.3	.93
청소년 사목 지도자들이 사제·수도자, 성인 봉사자들과 좋은 관계를 맺는 것	.93		795	1.00	5.00	4.16	79.3	.88
청소년 사목 지도자들이 스스로 청소년 사목에 대한 기초를 익히는 것	.93		792	1.00	5.00	4.16	75.2	.94

청소년 사목 지도자들이 성인 봉사자들과 청소년 리더를 위해 체계적인 훈련과 양성을 시키는 능력을 키우는 것	.92		794	1.00	5.00	4.07	74.9	.96
청소년 사목 지도자들이 다른 지도자들과 네트워크를 형성하는 것	.92		796	1.00	5.00	3.97	71.2	.90
청소년 사목 지도자들이 사람들에게 활기를 불어넣는 카리스마를 키우기 위해 노력하는 것	.93	.93	794	1.00	5.00	3.96	69.7	.96
청소년 사목 지도자들이 공동체를 건설하는 기술을 익히는 것	.92		790	1.00	5.00	3.91	67.0	.93
청소년 사목 지도자들이 지역·전국 단위의 자원들을 잘 활용하는 것	.92		790	1.00	5.00	3.82	65.0	.97
평균(앞의 문항 전체 평균)			775			4.11	75.24	

‘청소년 사목자 양성’의 하위 요인이 신뢰할 만한 수준으로 해당 전략을 설명하고 있는지 알아보는 ‘신뢰도 분석’에서 ‘청소년 사목자 양성’의 크론바하 알파값은 0.93으로 나타나 신뢰도가 입증되었다. 이 전략의 필요성에 응답자들이 동의하는지 알아보기 위하여 실시한 ‘빈도 분석’에서 평균 3.5 이상·긍정율 60 이상인 것을 동의 수준으로 적용했을 때 ‘청소년 사목자 양성’은 평균 4.11, 긍정율 75.24로 드러나 해당값 이상을 달성하였다. 이로써 보편 교회 및 타 지역 교회 청소년 사목에서 공통적인 핵심 전략으로 제시되고 있는 ‘청소년 사목자 양성’ 전략에 대해 한국의 청소년 사목자들도 필요성에 동의하고 있는 것으로 밝혀졌다.

다음으로 ‘청소년 사목자 양성’ 전략의 세부 내용에 대한 선호도를 살펴보면 〔그림 19〕와 같다.

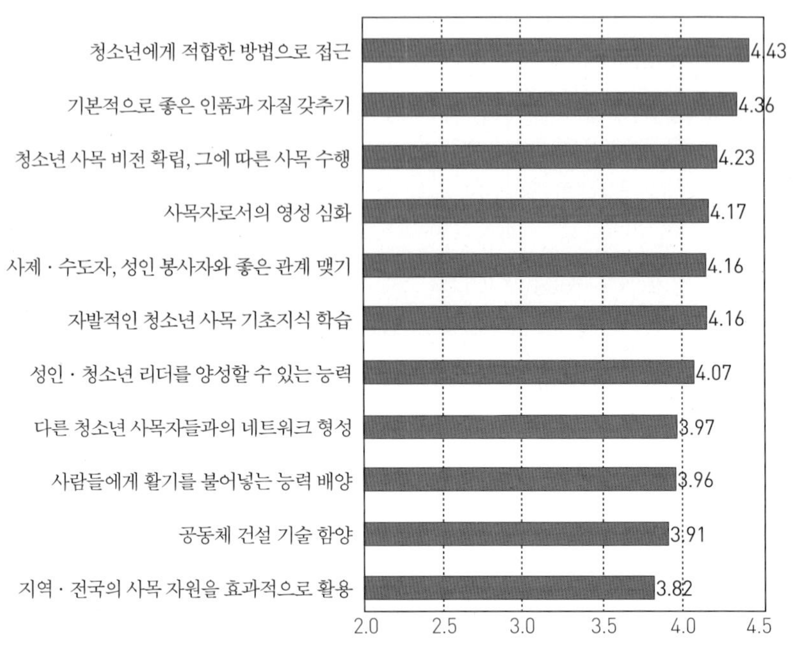

〔그림 19〕 '청소년 사목자 양성' 세부 전략 선호도 분석

'청소년 사목자 양성'의 우선적 전략으로는 '청소년에게 적합한 방법으로 접근'(평균 4.43) 〉 '기본적으로 좋은 품성과 자질 갖추기'(4.36) 〉 '청소년 사목 비전 확립, 그에 따른 사목 수행'(4.23)이 선호되었다. 반면 '지역·전국의 사목 자원을 효과적으로 활용'(평균 3.82) 〈 '공동체 건설 기술 함양'(3.91) 〈 '사람들에게 활기를 불어넣는 능력 배양'(3.96)은 상대적으로 낮은 선호도를 보였다. 그러나 위의 세 항목도 평균값으로는 4.0에 접근하여, 다른 구성요소의 세부 전략 항목에 비해서는 높은 선호도를 보였다. 즉, 한국 교회 청소년 사목자들은 '청소년 사목자 양성' 전략 자체를 중시하며, 그를 위한 다양한 세부 전략도 대체로 선호한다고 볼 수 있다.

　다음으로 전략 부분에서 실시한 조사는 현재 청소년 사목을 활성화하기 위해 강조해야 할 전략의 우선순위와 향후 10년간 강조해야 할 전략의 우선순위를 비교하는 것이었다. 조사결과는 〔그림 20〕과 같다.[35]

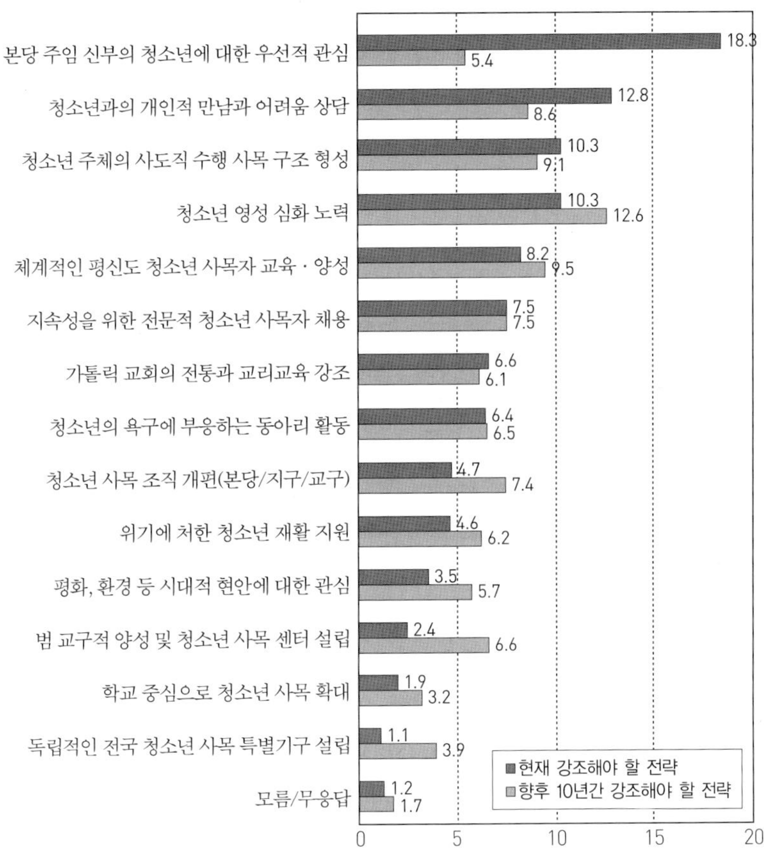

〔그림 20〕 현재 강조해야 할 전략과 향후 10년간 강조해야 할 전략 선호도 비교

35　조사결과 그래프 및 설명에서 제시되는 세부 전략 내용은 결과 분석을 명료화하기 위해 핵심 단어만으로 표기한 것이다. 실제 질문지에 표현된 세부 전략의 내용은 〈부록 4-1〉 참조.

　'현재 강조해야 할 청소년 사목 전략' 조사의 경우 리커트 척도가 아닌 우선순위 방식을 활용하였으므로 선호도 파악은 전체 응답에 대한 백분율 값을 통해 알아볼 수 있다. 백분율이 높은 순서대로 살펴보면 '본당 주임신부의 청소년에 대한 우선적인 관심'(18.3%) 〉 '청소년과의 개인적 만남과 어려움 상담'(12.8%) 〉 '청소년 주체의 사도직 수행 사목 구조 형성'(10.3%)과 '청소년 영성 심화 노력'(10.3%)이 상위 전략으로 선택되었다. 그러나 '향후 10년간 강조해야 할 청소년 사목 전략'의 우선순위를 보면, 현재 강조해야 할 전략의 우선순위 1위였던 '본당 주임 신부의 지원'의 선호도는 현저히 줄어들고 '청소년 영성 심화 노력'(12.6%)이 가장 우선적으로 집중해야 할 전략으로 드러난다. '청소년과의 개인적 만남과 어려움 상담'(8.6%) 및 '청소년 주체의 사도직 수행 사목 구조 형성'(9.1%)의 경우 현재 강조해야 할 전략과 마찬가지로 향후 10년간 강조해야 하는 전략에서도 우선적인 순위로 드러나고 있다. '체계적인 평신도 청소년 사목자 교육 · 양성'(9.5%) 또한 유력한 우선순위로 등장하였다.

　현재 청소년 사목을 위한 전략 조사에서 '독립적인 전국 청소년 사목 특별기구 설립'(1.1%) 〈 '학교 중심으로 청소년 사목 확대'(1.9%) 〈 '범교구적 양성 및 청소년 사목 센터 설립'(2.4%)의 선호도는 낮은 것으로 드러났다. 그러나 향후 10년간 강조해야 할 전략에서는 '학교 중심으로 청소년 사목 확대'(3.2%) 〈 '독립적인 전국 청소년 사목 특별기구 설립'(3.9%)을 제외하고는 대부분 5% 이상의 선호도를 보이면서 항목 간 차이가 그리 그지 않있다. 즉, 청소년 사복자들이 향후 10년과 같이 장기적 시선으로 넘어갔을 때에는 대부분의 전략에 대해 비등한 강조점을 둔다고 할 수 있다.

　심층면접 조사에서는 특별히 단기 전략과 장기 전략을 구분하지 않고 한국 교회 청소년 사목 전략에 대한 토론이 이루어졌는데, 주로 사목 구조에 대한 전략적 아이디어가 여러 측면에서 제시되었다. 첫 번째는

'청소년과의 개인적 만남과 상담'이 전략 조사에서 높은 순위를 차지한 것과 같이, '청소년이 참여하고 주도적으로 움직일 수 있는 구조'가 필요하다는 내용이 있었다. 구체적으로는 청소년의 이야기를 들을 수 있도록 의견 반영 창구를 만들어야 한다는 의견에서부터 청소년 리더 중심의 구조화에 대한 의견까지 다양했다.

> 축제나 행사를 할 때 청소년의 이야기를 들을 통로가 없다. 임시적인 것이 아니라 청소년의 목소리를 들을 수 있는 협의체가 꼭 있어야 한다고 생각한다. 청소년이 하위에 있는 것이 아니라, 사제 · 수도자-교리교사-청소년이 동등한 위치의 구조가 구성되어서 공동선상에서 같은 방향을 추구해야 한다고 본다. (F1C1)

> 한 청소년이 리더로서 잘 양성되어서, 그를 중심으로 다른 아이들이 모여드는 것을 보았다. 그것을 보면서 또 다른 청소년들이 배우고 변화하고 확산이 되는 것이다. 청소년 리더 중심 공동체의 필요성을 절감한다. (F1C2)

청소년 사목 비전 조사결과에서 드러난 바대로, 청소년 사목이 가정 공동체와 분리되어 있다는 현실을 관찰한 청소년 사목자들은 이를 해결하기 위해 청소년 사목에 부모가 참여할 수 있도록 하는 전략이 필요하다고 지적하고 있다.

> 여주에 청소년 타운을 만들 생각이다. 그 곳은 청소년만 따로 교육하는 것이 아니라, 부모님과 함께 와서 하는 곳이다. 그렇게 해야 효과가 있지 따로 해서는 효과가 없다고 본다. (B2)

주일학교 캠프를 위한 부모 기도 모임을 만들어서, 자녀가 잘 때 부모
가 머리맡에서 그 기도를 해 주도록 했다. 그러자 부모들이 자기가 어떤
역할을 할 지 몰랐는데 알게 되었다고 하고, 아이들도 나중에 알고 감동
을 받았다. 그동안 부모들에게 '자녀의 신앙교육에 관심을 가져야 한다'
고 말해주거나 그들을 어떤 역할에로 초대한 적이 있었던가? 무엇보다도
부모에게 사목자의 역할을 주는 것이 중요하다고 본다. (F1P1)

지금 자모회 역할은 청소년들 간식 요리해 주는 수준이고, 자부회도
간식 가져다주는 역할밖에 못하고 있다. 하지만 부모님 중에서도 미술,
사회복지 전공한 분이 있는데, 그런 분들을 활용할 수 있으면 청소년 사
목이 훨씬 전문적으로 발전할 것이다. 사실 자모회 분들이 잘 나오지 않
는 것은 신앙적 보람이 없기 때문인 경우가 많다. (F1C2)

청소년 사목이 본당 공동체와 분리되어 있다는 것 역시 앞서 청소년
사목 비전 조사결과에서 밝혀진 바 있는데, 심층 면접에 임한 주교들은
이를 개선하기 위한 전략으로 본당 내 청소년 사목 회의 본격화 · 교구
차원에서의 통합적 연대 구조 등을 제시하였다.

본당 전체가 청소년 사목을 진지하게 함께 고민하고, 청소년이 복음의
기쁨을 나누면서 성당에서 함께 어울릴 수 있는 방법을 논의해야 한다.
어른들과 교리교사들 다 같이 앉아서 지금까지 해 오던 것을 반성하고,
앞으로 해야 할 모델의 개발에 대해 전문가들의 도움을 받아 쇄신해야
한다. (B1)

우리 교회는 조직이 잘 되어 있으니 그 장점을 최대한 이용해야 한다.
본 교구의 경우, 교구는 정책과 프로그램을 제시하고 대리구는 행사와

교육을 하는 것으로 원칙을 정했다. 그리고 매달마다 교구 청소년 국장
과 대리구 청소년 국장들이 모여 논의하면서 힘을 합치고 있다. (B2)

심층면접에 응한 한 주교는 위와 같은 통합적 연대의 맥락 아래 청소
년 서로 간에 서로 신앙을 나눌 수 있도록 '청소년 대회'와 같은 대규모
의 만남이 있어야 하며 그 만남이 지역 교회 안에서 세대를 뛰어넘어 확
산되어야 한다고 보았다. 넓은 시선의 만남을 통해 청소년이 교회 공동
체를 체험함은 물론, 교회를 넘어 세상 속에서 해야 하는 일들을 바라보
게 해 주어야 한다는 것이다.

한국 청년 대회의 경우, 또래 청년들이 모여서 자신들의 수준에 맞게
신앙을 표현할 수 있음에 그들 스스로 감동을 받았다고 본다. 교회 안에
서 동료를 만날 수 있다는 가능성을 발견한 것이다. 그렇게 전체가 모였
다가 각 본당, 가정으로 흩어지면서 인격적 만남이 이루어진다고 본다.
각 지역 교회 안에서 세대를 뛰어넘는 만남도 이루어질 수 있다. 한국 청
년 대회에서는 지역의 역사나 특색도 소개했기 때문에, 교회가 세상 안
에서 해야 할 일들에 대해 청소년들이 관심을 갖게 해 주는 중요한 장이
되었다. (B1)

또한 청소년 사목자들은 현재 사목 구조로는 청소년 사목을 전문적·
지속적·체계적으로 하기 어렵다는 한계를 지적하면서, 평신도 청소년 사
목자의 양성 및 교회 내 전임 고용 방안에 대한 전략을 내놓기도 하였다.

지속성과 전문성을 가진 전임 청소년 사목자가 반드시 있어야 한다.
그가 사제든 수도자든 평신도이든 청소년과 꾸준히 함께 해 줄 수 있어
야 하고, 교구 차원에서 명확히 지원해야 한다. 평신도 청소년 사목자를

　　고용했다면 사무장과 대등한 처우를 해 주고, 자리 보장을 해 주어야 한
다. (B1)

　　본당에 전임으로 청소년을 위한 사람이 있고, 청소년들이 오면 그 사
람이 항상 맞아줄 수 있어야 한다. 현재 본당에는 청소년들이 와도 아무
도 없기 때문에 결국 아이들이 주일학교나 미사 때만 오는 것이다. (B2)

　　전임 청소년 사목자가 있어서 청소년을 만나는 데 시간 투자를 하고
꾸준히 만나고 모일 수 있도록 해 주어야 한다. 유급 청소년 사목 전문가
를 양성해서 기존 청소년 사목의 틀을 깨야 한다. (F2R1)

　　그 외에도 설문조사에서는 낮은 우선순위였던 '범교구적 청소년 사목
센터'의 필요성에 대해 강조하는 청소년 사목자도 있었으며, 청소년에
대한 보다 새롭고 다양한 프로그램이 필요하다는 의견도 있었다. 사목
구조의 변화에 대한 의견 이외에 예산 지원·공간 지원 확보 또한 현재
청소년 사목을 위한 중요한 전략이라는 의견도 주교 및 청소년 사목자들
을 통해 강조되었다.

2) 논의

(1) '청소년 사목 구성요소 활성화'를 위한 전략 논의

　　청소년 사목 구성요소를 활성화하기 위한 세부 전략에서 먼저 '사목
적 배려' 구성요소를 보면, 청소년 사목자들은 어려움에 처한 청소년을
위한 공간이나 프로그램 마련, 인생의 결정에 길잡이가 되어주기 등 청
소년이 현실적으로 체감할 수 있는 전략을 선호하였다. 청소년은 이에
대해 전반적으로 동의하면서도, 특히 친구를 통해 사목적인 배려를 받고

싶은 욕구가 가장 큰 것으로 드러났다. 이는 청소년기의 심리적 특성상 또래가 주는 영향력이 크다는 것을 반영하는 것으로 볼 수 있다. '사목적 배려'에 대한 청소년 응답의 평균값이 다른 항목에 비해 높은 것을 볼 때, 청소년이 무엇보다도 개인적 관계를 통한 배려와 사랑을 우선적으로 원하고 있음을 확인할 수 있었다.

청소년 사목자에게서만 조사한 항목인 '옹호'의 활성화 전략을 살펴보면, 사목자들은 청소년 스스로가 자기 정체성을 확립하고 교회와 사회 안에서 주체적 목소리를 낼 수 있도록 돕는 방안을 주로 채택하였다. 즉, 청소년 사목자와 청소년 간의 개인적 차원의 전략을 실현 가능한 것으로 받아들이고 있는 것이다. 반면 경제·사회적인 억압에 대항하여 투쟁하거나 투표권을 행사하는 것, 공적인 문제에 직접 참여하는 등 대사회적 차원의 옹호 전략에 대해서는 차선순위로 삼고 있어, 청소년 사목 비전 조사결과에서처럼 청소년 사목자들이 전반적으로 개인의 내면적 차원의 문제 파악과 개선에 집중하고 있음이 재확인된다.

'복음말씀 선포' 구성요소도 '옹호'와 마찬가지로, 청소년 사목자들은 복음을 통해 청소년 개인의 영성을 향상시키는 데 초점을 두고 있다. 청소년이 일상 안에서 다른 청소년에게 신앙을 증거하고 선포하는 선교 측면의 전략은 우선적인 중점이 아닌 것으로 드러난다. 반면 청소년의 응답을 보면 청소년은 개인의 영성을 지지받고 활성화하는 것뿐 아니라, 주변 친구들에게 자신의 신앙을 나누는 부분까지 두루 관심을 보이고 있어 청소년 사목자들의 초점과 차이를 보인다. 따라서 청소년 사목자들은 청소년이 자신의 주변에 복음을 선포하는 것에 관심과 흥미를 갖고 있다는 사실을 인지해야 한다.

구성요소 중 '교리교육'에서 청소년 사목자들은 청소년의 특성·문화를 반영하는 교재 및 그들의 상황과 체험을 활용하는 교육방법이 전략적으로 시행되어야 하며, 이를 통해 익힌 교리지식을 청소년이 스스로 삶 안에서 실천해야 한다고 보았다. 이에 대해 청소년은 지식적 측면보다는 사제·수도자·교리교사와 친밀함을 느끼는 것이 자신들에게 더욱 중요하다고 밝히고 있다. 더불어 교리교육에 대한 본당 어른들의 지지를 원하고 있었으며 교리실·교리 자재 등이 갖추어지기를 바라고 있었다. 이는 친밀함과 공감을 원하는 청소년이 교회에서 그러한 배려를 받지 못하여, 그것을 갈망하고 있는 것으로 해석할 수 있다. 따라서 단순히 청소년의 흥미나 문화뿐 아니라, 관계와 친밀함에 대한 갈망을 충분히 고려하고 그것을 우선시하는 교리교수법 개발이 필요할 것이다.

'기도와 전례' 구성요소에서 청소년 사목자들은 청소년의 특성·문화를 반영하는 것 특히 그들의 감성에 맞는 성가와 음악을 개발하는 전략을 우선시했으며 미사 강론 또한 청소년의 정서에 알맞은 설득력을 갖추어야 한다고 보았다. 이를 청소년이 응답한 결과에 비추어 보면, 청소년은 미사나 전례를 통해 친구와 우정이 깊어지는 것을 원하고 있었으며 예비자인 친구도 믿음의 축복을 나누었으면 하는 갈망을 지니고 있는 것으로 드러났다. 또 전례 안에서 자신의 기쁨·어려움·아픔이 나누어지기를 원하기도 했다. 이는 자신의 감정에 민감하고 또래와의 공감을 갈망하는 청소년 시기의 특성이 '기도와 전례' 구성요소에 반영되었기 때문으로 보인다.

'공동체 생활'의 경우 청소년의 시기적 특성에 맞추어 그들을 환대하고 소속감을 줄 수 있는 본당 공동체 구축 전략에 청소년 사목자들이 낳은 관심을 보였으며, 그들은 청소년에게 관계 맺는 기법을 교육해야 한다는 것에 대해서도 강조하였다. 청소년도 각자의 나이와 상황에 맞게 공동체에 참여하고자 하는 욕구를 보였고 자신의 또래들과 자유롭게 소통할 수 있기를 원했다. 그러나 공동체에 절차를 거쳐 참여하는 것과 공동체 안에서 교육·양성을 평가받는 것에 대해 청소년이 익숙하지 않은 것으로 드러나, 청소년 사목자의 공동체 내 청소년 교육 및 양성에 있어 이에 대한 고려가 필요할 것으로 보인다.

다음으로 '지도력 개발'을 위한 청소년 사목 전략으로 청소년 사목자들은 청소년의 재능을 발견 · 독려하는 것을 가장 우선시하였다. 그리고 이에 적합한 역할을 주어 지도력을 발휘할 수 있게 하고, 그들을 또래 리더로 양성하는 프로그램을 마련해야 한다고 보았다. 그러나 타 지역 교회에서 '지도력 개발'을 위해 주로 채택하고 있는 청소년 핵심그룹 조직화 전략, 즉 청소년 리더들을 핵심그룹으로 조직하고 본당 및 타 공동체 간에 핵심그룹이 연대할 수 있도록 하며 사목 네트워크를 형성토록 하는 등의 전략은 아직 한국 내에서 차선적인 부분으로 드러나고 있다. '지도력 개발'에 대한 청소년의 응답을 보면, 먼저 자신들이 청소년 리더로 신뢰받고 싶다는 욕구가 가장 크게 드러났다. 그러나 청소년은 막상 자신에게 리더 역할이 맡겨졌을 때에만 수행할 뿐, 그 역할을 적극적으로 취하거나 지속하고자 하는 의지는 적은 것으로 보인다. 또래 동반 및 지도력 훈련, 쇄신 프로그램에 대해서는 낮은 동의율을 보이고 있기 때문이다. 다만, 청소년은 사정상 리더를 그만두게 될 때 이를 대체할 수 있는 체계를 마련하는 것에 관심을 보이고 있었다. 한국의 청소년은 자의만으로 리더의 역할을 지속할 수 없는 경우가 많으며 특히 고학년으로 갈수록 부모에 의한 타의로 리더 역할을 그만두게 되는 경우도 많은데 그러한 현실에 대해 청소년은 어쩔 수 없이 순응하고 있는 것으로 보인다. 그러나 리더 역할을 했던 청소년은 자의든 타의든 역할을 떠나게 되었을 때 청소년 사목의 체계가 흐트러지는 것에 대해서는 염려하고 있음을 알 수 있다.

'정의와 봉사' 활성화를 위한 세부 전략에서 청소년 사목자들은 청소년에게 정의와 봉사의 소중함을 알려주고 사회적 약자에 관심을 갖도록 인간 존엄성을 교육하는 것을 우선 방안으로 제시한다. 청소년을 복음적 시각의 봉사활동에 참여토록 하는 전략은 우선순위에 포함되어 있으나,

불의와 불평등의 원인을 규명하고 사회·시민단체와 연대하며 활동에 참여하는 등 보다 적극적인 대사회 활동에 대해서는 아직 거리감을 갖고 있는 것으로 드러났다. 이에 대한 청소년의 응답도 마찬가지였다. 자신의 의견을 표현하거나 또래 친구들을 변호하는 것에 약간의 선호도를 보인 것 외에는 '정의와 봉사'에 대한 기대와 욕구 평균값이 동의 판단의 기준인 3.5 수준에 머무르고 있기 때문이다. 즉, 앞서 청소년 사목 구성요소 분석에서 지적되었던 것처럼, 청소년은 '정의와 봉사' 구성요소 자체에 대해 크게 인지하지 못하고 있는 상황이다.

한국 상황을 고려하여 제시한 청소년 사목 구성요소인 '세계시민의식'의 경우, 차이를 극복하고 화해와 평화를 만드는 방법과 폭넓은 세계관과 더불어 사는 법의 교육 등 전반적으로 '내용에 대한 인식 교육'이 주된 전략으로 선정되었다. 내용 자체가 아직 익숙한 것이 아니기 때문에 '세계시민의식'을 구성하는 핵심 개념의 공유가 우선시된 것으로 보인다. 따라서 교회 안팎의 네트워크 형성·세계 평화를 위한 실천·세계적인 가톨릭 행사 참여 등 실질적인 행동 전략은 내용에 대한 인식이 이루어진 후에 가능한 것으로 구분되었기 때문에 전략 선호도가 낮게 드러났다고 할 수 있겠다.

(2) '청소년 사목 구성요소 활성화' 이외의 전략 논의

'청소년 사목자 양성' 전략의 경우, 한국 교회 청소년 사목자들이 그 필요성에 적극 동의하고 있음을 알 수 있다. 이는 앞서 한국 교회 청소년 사목 비전 조사결과 중 제 1차 조사연구 결과에서 2순위로 나타난 것이기도 하다. 이처럼 '청소년 사목자 양성'의 필요성에 많은 청소년 사목자들이 적극 동의하고 있으나, 현재 한국 교회 사목 구조상 '청소년 사목자 양성'에 대한 현실적 노력은 결여되어 있는 것으로 보인다. 한국 교회 청소년 사목은 한 본당에서의 임기가 2-3년 정도인 보좌 신부를 중심으로

이루어지기 때문에 장기 계획을 세우기가 어려우며, 성과주의 문화의 영향으로 단시간에 가시적 성과를 내기를 기대하고 있어 청소년 사목자 교육이나 양성에 관심을 기울이기가 힘들다는 지적이 다음과 같은 심층면접 조사결과로 드러났다.

어느 사제는 '지금 본당에서 청소년 사목을 하지만 자신이 원해서 하는 것이 아니라 인사 발령에 의해서 왔고 본당 신부님이 하라고 해서 하는 것뿐'이라고 말했다. 어차피 오래할 것이 아니기 때문에, 말로는 청소년을 위한다고 해도 실제로는 마음이 없는 사제들이 많다. (F1P2)

기성 교회는 숫자로 드러나야 한다. 몇 명 참가했나, 돈 얼마 들었나, 손해인가 아닌가. 우리 교구에 여러 개의 대리구가 있는데, 서로 청소년 참여 인원으로 숫자 싸움을 한다. 지금 우리가 '질'을 말해도 기성세대는 '양'을 강조하는 것 같다. (F1P2)

결과물이 바로 보이지 않더라도 지원을 해 줬으면 한다. 청소년도, 청소년 사목자도 시간을 들여 양성을 해 봐야 알 수 있는 것이다. 프로그램을 제안하면 그것이 어떤 성과가 있는지, 돈이 많이 드는지 아닌지 등의 기준에 막히게 된다. 일단 투자를 해서 겪어볼 수 있는 여지가 없다. (F1R3)

위에서 보듯이 청소년 사목자들은 교육·양성과 같은 장기적 투자보다는 가시적 성과를 낼 수 있는 활동에 우선 중점을 두게 된다. 제대로 양성 받지 못한 사목자들은 더욱 단기적 시선을 갖게 되므로 '장기 전략'보다 '단기성과'를 위한 실무·책략 등에만 관심을 쏟게 되고, 이는 다시 교육과 양성에 대한 무관심으로 이어지는 악순환구조를 형성한다.

심층면접 조사결과에서는 이와 같이 제대로 양성 받지 못하고 있는 청소년 사목자들의 모습이 반복적으로 지적되었다.

> 본인이 속한 지구 15개 본당 중 7개 본당에 보좌 신부가 있는데, 청소년에 대한 체계적인 지식을 갖고 있는 친구들은 거의 없다. 열심히 놀아주는 수준이다. (F2P5)

> 알고도 안 하는 것이 아니라, 조금밖에 모르니까 그만큼밖에 할 수 없는 것이다. 양성 프로그램이 있다는 것도 모르고 양성 받아야겠다는 생각도 안 하는 사람이 많다. 단순하게 방법적인 것들만 찾게 된다. 양성 받아야 한다는 사실을 인지한다고 해도, 사실 양성 받을 곳도 없다. (F1P2)

> 청소년 사목자들이 청소년을 위한다고 말하지만, 사실 자기 기준에서 자기 것을 이야기한다. 자기 기준에서 이야기하는 것이 아니라 사목 대상이 옆구리가 가려운지 등이 가려운지 알아야 긁어주는데, '내가 생각하기에는 이렇다'고 처방을 해버리는 것이다. (B2)

이처럼 한국 교회 청소년 사목에서 '청소년 사목자 양성'이 잘 이루어지고 있지 않기 때문에, 이러한 현실 상황을 근본적으로 변화시키고자 하는 살망이 '청소년 사목자 양성'에 대한 전략적 필요성을 높게 나타내고 있는 것으로 보인다.

'청소년 사목자 양성' 전략을 구체적으로 실행하기 위한 세부 전략의 우선순위를 살펴보면, 청소년 사목자 스스로가 청소년을 이해하고 기대와 욕구를 파악해야 한다는 것과 더불어 사목자 개인의 품성과 자질도 중시된다. 또한 청소년 사목자가 사목에 비전을 지녀야 한다는 것도 중요하게 지적되고 있다. 전반적으로 청소년 사목자가 개인적인 차원의 해결을 중시하고 있음을 볼 수 있고, 통합된 비전의 공유가 명확히 이루어지지 않았으므로 이를 개선하여 청소년 사목자 양성에 반영해야 한다는 의견도 함께 제시된 것으로 보인다. 청소년 사목자의 개인 차원의 노력과 개선이 중시된 반면, 다른 지도자들과 네트워크를 형성한다거나 지역·전국 단위의 자원을 활용하는 것 등 연대와 협력 전략에 대해서는 선호도가 낮은 것으로 나타났다. 이는 아직 개인적 차원의 개선이 제대로 이루어지지 않아 그 상위 단계라고 할 수 있는 개인 간 연대·협력 등 공동체적 차원의 개선까지 시선이 열리지 않았기 때문으로 보인다.

다음으로 현재 강조해야 할 청소년 사목 전략과 향후 10년간 강조해야 할 전략에 대해서 비교하여 살펴보면, '본당 주임 신부의 청소년에 대한 우선적 관심'이 현재 가장 강조해야 하는 전략으로 부각되었으나 향후 10년의 강조 전략으로는 그 순위가 낮아지는 것을 볼 수 있다. 즉, '본당 주임 신부의 청소년 사목에 대한 관심과 지원'이 장기 전략으로 반영할 만한 사항은 아니지만, 현재 한국 교회 청소년 사목자들은 본당 주임 신부의 지원이 있을 경우 청소년 사목 상황이 크게 개선될 것으로 기대하고 있는 것이다. 이 같은 분석 외에도 본당 주임 신부의 관심 부재가 청소년 사목의 어려움으로 이어진다고 보는 시각이 존재한다고 볼 수도 있었다. 이것은 한국 교회의 사목 구조가 결정권을 가진 주임 신부 위주로 움직이고 있는 상황 때문이라고도 할 수 있는데, 심층면접 조사결과 중에서 주임 신부의 결정권이 청소년 사목에 많은 부분을 차지한다는 의견을 찾아볼 수 있었다.

> 보좌였을 때 주임 신부님께서 중고등부를 맡으라고 말씀하셨지만, 사실 재정이나 행사의 결정권은 주임 신부님이 갖고 계셨다. 그리고 어떤 제안을 드리면, "나는 본당 전체를 관리하기 때문에 주일학교 하나만

볼 수 없다"고 하셨다. 본당 내에서 주일학교의 중요도가 50% 정도 되는 것처럼 말씀은 하셨지만, 사실 마음으로는 10%도 안 되는 경우가 많았다. 결국 주임 신부님의 마인드 전환이 청소년 사목에 중요하다는 것을 깨달았다. (F1P2)

지금 청소년 사목에서 가장 문제가 되고 있는 부분이 일관성 부족이라고 본다. 본당에서 가장 중요한 역할을 하시는 주임 신부님이 청소년 사목에 대해서 잘 모르시니까, 그분의 신념에 따라서 이렇게 되었다가 저렇게 되기도 하고, 일관성이 없게 된다. (F2R1)

거의 모든 것에 대해 주임 신부님이 결정권을 갖는다. 그래서 청소년 사목자들은 알게 모르게 윗사람의 스타일에 맞추게 된다. 스타일에 맞지 않는 이야기는 자연스럽게 하지 않는다. 필요하다고 생각해도 소용이 없으니까, 어차피 주임 신부님 스타일에 안 맞으면 못하기 때문이다. (F1P2)

'본당 주임 신부의 지원' 이외에 현재 청소년 사목 전략에서 강조해야 할 우선순위로 드러난 전략은 '청소년을 만나 상담해 주는 것'과 '청소년 주체의 사목 구조 형성' 및 '기도·성사·피정 등을 통한 청소년 영성 강화' 등이다. 이 세 가지 전략은 향후 10년 후에도 지속적으로 강조해야 하는 우선순위로 선택되었다. '청소년을 만나 상담해 주는 것'이라는 전략은 청소년을 이해·수용·사랑하고자 하는 청소년 사목 비전 조사결과와 연결된다. 그 비전을 실행하기 위한 우선적 전략으로 청소년의 이야기를 듣고 어려움을 배려해 줄 수 있는 만남과 상담의 자리를 마련해야 한다고 보는 것이다. '기도·성사·피정 등의 활성화'는 청소년 개인이 그리스도와의 관계를 심화시키고 영성을 발전시켜야 한다고 보는 비전 조사결과와 연결되는 전략이라고 볼 수 있다. '청소년 주체의 사목 구조 형성' 또한 교회 공동체에 청소년이 주도적으로 참여해야 한다는 비전 조사결과와 연결되며, 그 구체적 전략 중 하나로 '청소년이 참여하고 주체적으로 움직일 수 있는 구조'의 우선적 형성이 요구된다. 이는 앞서 지적한 바대로 대부분의 결정이 본당 사제에 의해 좌우되는 사목 구조, 그리고 2–3년의 짧은 임기로 인해 청소년을 만나고 이해할 시간이 부족한 보좌 신부 중심의 사목 구조 등 현재 한국 교회의 청소년 사목 구조 전반에 대한 변화 요구와도 연결된다고 할 수 있다. '청소년이 참여하고 주체적으로 움직일 수 있는 구조'는 심층면접 조사결과에서도 전략으로 제안된 바 있으며, 향후 10년 이내에 강조해야 할 영역에 대한 조사결과에서도 '효율적인 청소년 사목을 위한 조직의 개편(본당/지구/교구)'이 7.4% 수준의 지지율이 높은 수준이었다. 심층면접에 응한 여러 청소년 사목 전문가들은 '교구 조직 혹은 국가 조직의 체계화'와 상호 연대를 통해 보다 넓은 시선의 청소년 사목을 펼쳐야 한다고 강조하고 있다. 그 외에도 가정을 중심으로 부모가 양성자로 참여할 수 있는 사목 구조, 평신도 청소년 사목 전문가를 전임으로 고용하는 구조, 교구 차원의 시스템이나 행사를 통해 사제·수도자·평신도 및 전 세대가 연대하는 구조 등 현재 청소년 사목 구조의 변화를 촉구하는 전략 등이 제안되었다.

Ⅲ 소결

본 장에서는 한국 교회 청소년 사목 현장에 참여하고 있는 청소년 사목자들에게 청소년 사목 비전·구성요소·전략에 대해 조사연구하고,

청소년에게 청소년 사목 구성요소에 대한 욕구 및 기대를 조사하였다. 조사결과 드러나는 현재 한국 교회 청소년 사목의 현황과 기본틀의 요소를 2장에서 밝힌 보편 교회 및 지역 교회 청소년 사목 기본틀과 비교 분석함으로써, 이를 '한국 교회 청소년 사목의 기본틀' 내용을 구성하는 데 기초 자료로 삼고자 하였다. 다섯 차례에 걸친 조사연구에서 주교 3명을 포함한 전국의 청소년 사목자(사제 · 수도자 · 평신도) 1,004명과 청소년 885명, 총 1,889명이 조사에 응답하였다. 조사방법은 개방형 · 폐쇄형 설문조사 방식과 심층면접 조사를 병행하였다.

한국 교회 청소년 사목 비전에 대한 조사결과를 살펴보면, '청소년이 복음화의 주역이 되는 것'에 초점을 두고 있는 보편 교회 및 지역 교회 청소년 사목 비전과 차이를 보인다. 2장에서 밝힌 바와 같이 보편 교회 및 지역 교회가 지향하고 있는 복음화는 총체적인 개념이며, 청소년 사목이란 청소년이 그 개념의 모든 요소를 균형 있게 통합적으로 살아갈 수 있도록 하는 일이다. 그에 비해 한국 교회 청소년 사목 비전 조사결과에서는 '복음화' 개념의 일부인 '청소년에 대한 사목자의 이해와 대화 및 사랑의 통교'와 '마음의 귀의'만이 중점적으로 드러나고, '공동체 참여'와 '복음말씀 선포'에 대한 내용은 언급되기는 하지만 보편 교회 및 지역 교회가 표현하는 개념보다는 좁은 의미로 확인된다. 다시 말해, 조사결과에서 드러난 바에 의하면 한국 교회 청소년 사목자는 '청소년 개인이 내적으로 복음화되어야 한다'는 점에 주로 초점을 맞추고 있다. 그것이 청소년의 외부 환경으로 발산되어 주변 공동체와 더 큰 교회, 세상을 그리스도의 가치로 변화시켜야 한다는 관점, 즉 세상으로 나아가 사도직 활동을 펼치며 복음을 널리 전하고 선포해야 한다는 시선은 거의 언급되지 않는다. 따라서 한국 교회 청소년 사목 비전은 보편 교회 및 지역 교회 청소년 사목과 같은 총체적 개념의 '복음화' 비전으로 통합되어 있지는 않다고 할 수 있다. 한국 교회 청소년 사목 비전의 조사결과가 이와 같이 드러나는 이유는 다음 두 가지로 생각해 볼 수 있다. 첫째, 청소년이 외부 세계의 변화를 추구하기 위해서는 자기 스스로의 내적 변화와 성장이 선행되어 기반을 이루어야 한다. 따라서 현재 한국 교회의 청소년 사목 상황상 첫 단계인 청소년 개인의 내적 복음화가 이후 단계보다는 더 중요하게 부각되고 있는 것으로 보인다. 둘째, 1970년대 유신 정권에 저항하는 대학가의 시위 분위기가 당시 전문 지도자가 부재하던 청소년 사도직 단체 활동에 영향을 주었고, 이로 인해 '가톨릭 학생회' 대학부 총연합회의 사회변혁 운동이 교회 지도층과 갈등을 빚으면서 교회 전반에 청소년의 사회 참여에 대한 부정적 시각이 확산된 것에서도 이유를 찾을 수 있다.

한편, 보편 교회 및 지역 교회에 비해 제한된 개념을 드러내고 있는 한국 교회 청소년 사목 비전 조사결과와 달리, 청소년 사목 구성요소에 대해서는 조사 참여자 대부분이 모두 필요하다고 응답하였다. 조사에서 제시한 청소년 사목 구성요소 8개는 보편 교회 및 지역 교회에서 '복음화' 개념을 구체화하는 모든 요인을 통합하여 정리한 것으로, 사목적 배려 · 옹호 · 복음말씀 선포 · 교리교육 · 기도와 전례 · 공동체 생활 · 지도력 개발 · 정의와 봉사 요소다. 여기에 현대의 세계화 추세와 다문화 · 다민족화 되어가는 한국 사회의 경향에 따라 세계시민의식의 요소도 추가하여 모두 9개 요소로 구성된다. 언급한 9가지 구성요소의 예시는 '복음화' 개념 전체를 포괄하므로 한국 교회 청소년 사목 구성요소 조사결과에서 모든 구성요소의 필요성에 동의한다는 것은 그만큼 총체적 의미의 '복음화' 개념에 대한 필요성을 모두가 느끼는 것으로 볼 수 있다. 그러나 아직 한국 교회 청소년 사목 비전에 대한 시선과 그 필요성은 통합되어 있지 않으며, 보다 넓은 시선으로 포괄되지 않았기 때문에 청소년 사목 현장에서 모든 구성요소가 필요하다고 생각하면서도 균형 있게 구성요소를 활성화하는 데에는 어려움을 겪고 있는 것으로 보인다. 청소년 사목 구성요소에 대한 청소년의 기대감과 욕구 조사에 따르면, 그들은 청소년 사목자들이 집중하고 있는 구성요소인 '사목적 배려' 외에 나머지 청소년 사목 구성요소에 대해서는 거의 인지하지 못하고 있거나 기대감 정도가 낮다는 것을 확인할 수 있다.

한국 교회 청소년 사목 전략에 대한 조사결과는 구성요소를 활성화하기 위한 전략과 구성요소 이외의 사목 활성화 전략으로 구분되는데 구성요소를 활성화하는 전략은 각 요소별로 우선순위를 도출하여 분석하였다. 청소년 사목자들의 응답을 보면 청소년 사목 비전에서 드러난 대로, 교리교육이나 전례에 있어서 청소년의 흥미와 체험을 반영하고 그들의 문화를 수용할 수 있는 전략을 선호하였다. 또한 대사회적 차원의 전략보다는 개인의 내적 성장과 영성 향상을 추구하는 전략을 우선적으로 택하고 있다. 청소년 사목자들의 전략 우선순위와 비교할 때 청소년의 경우는 자신의 내적 성장도 원하지만 그것을 주변 사람들과 나누는 것에 대한 욕구도 드러낸다. 청소년은 시기적 특성상 또래 집단과 영향을 주고받으면서 공감과 신뢰를 기초로 친밀한 관계를 맺고 우정을 쌓는 데 주된 초점을 두고 있음이 확인되었다.

청소년 사목 구성요소 활성화 이외의 전략 중 보편 교회와 지역 교회에서 공통적으로 중요하게 지적되는 '청소년 사목자 양성' 전략에 대해서는 한국 교회 청소년 사목자들도 매우 필요하다고 응답하였다. 그리고 구체적 전략 방향으로 청소년 사목자가 청소년을 이해·수용하는 것, 개인의 기본 품성과 자질·청소년 사목 비선을 갖는 것과 같이 개인적 차원의 전략을 선호하였다. 그러나 단기성과를 강조하며 단임제의 보좌 신부에 의존하는 현재 한국 교회 청소년 사목의 구조상 장기적 시선으로 '청소년 사목자 양성'에 자원을 투입하기가 어렵다는 점이 심층면접 조사결과 드러났다. 또한 현 시점에서 가장 시급하게 필요한 전략은 '본당 주임 신부의 청소년 사목에 대한 관심과 지원'으로 드러나 본당의 전반적

결정권을 갖는 본당 주임의 역할이 청소년 사목 안에서 중요하게 언급되었다. 단기성과 중심주의, 보좌 신부의 짧은 임기 등으로 인해 장기적인 비전이 없고 양성에도 투자하기 어려운 현재의 사목 구조를 변화시켜, 청소년이 참여하고 주체적으로 움직일 수 있도록 하는 '체계적인 구조를 마련해야 한다'는 의견도 전략 조사결과에서 대두되었다. 조사를 통해 제안된 사목 구조 변화를 위한 전략 아이디어는 다음과 같다. 가정 공동체와 연계하기 위한 청소년 사목 내 부모들의 역할 개발, 각 본당에 전임 평신도 청소년 사목 전문가 고용, 교구 차원의 청소년 사목 조직 구축 혹은 대규모 행사를 통한 사제·수도자·평신도 및 전 세대를 아우르는 연대 구조 등이다.

본 연구는 이처럼 조사결과를 통해 확인해 본 현재 한국 교회 청소년 사목의 현황과 청소년 사목자들의 비전·구성요소·전략에 대한 의견을 기초로 삼아, 다음 장에서 한국 교회 청소년 사목의 기본틀을 통합적으로 제안하고자 한다.

제 4장

한국 교회 청소년 사목의 기본틀

본 장에서는 한국 교회 청소년 사목의 기본틀, 즉 비전·구성요소·전략의 핵심 내용을 본 연구자의 연구를 바탕으로 제안하고자 한다. 이는 보편 교회와 타 지역 교회의 기본틀에 대한 고찰 및 한국 교회 청소년 사목자·청소년에 대한 조사연구 결과를 근거로 한국 교회 청소년 사목 현황과 나아가야 할 바를 분석하고 종합한 내용이다.

Ⅰ 한국 교회의 청소년 사목 비전

한국 교회 청소년 사목 비전에 대한 조사연구 결과를 보편 교회 및 타 지역 교회의 비전과 비교해 보았다. 그 결과 현재 한국의 청소년 사목자들은 보편 교회 및 타 지역 교회 청소년 사목이 지향하는 총체적 복음화에 대한 이해가 부족하며, 복음화를 청소년 개인의 내적 복음화 영역만으로 축소하여 이해하고 있는 것으로 드러났다.

이에 본 연구자는 여러 가지 요소의 유기적 결합체이며 순차적 순환 과정인 보편 교회의 복음화 개념을 총체적으로 해석하여 '한국 교회 청소년 사목의 통합된 복음화 개념'에 적용하고, 각 복음화 단계의 구체적인 실현에 있어 청소년이 주체가 되어야 함을 제안한다. 즉, 한국 교회 청소년 사목 비전은 '청소년이 개인·공동체·세상을 복음화하는 상호 관계에서 능동적 주체가 되는 것'이며, 여기에서 '복음화'란 청소년 개인의 내적 복음화뿐 아니라 외부 환경을 복음화하기 위한 사도직 수행까지를 모두 포괄하는 통합적 개념이다. '한국 교회 청소년 사목의 통합된 복음화 개념'은 보편 교회 복음화 개념의 세 단계[1]를 적용하여 '청소년 개인의 내적 복음화 → 복음화된 청소년 개인이 주변 공동체를 복음화 → 복음화된 청소년 개인과 공동체가 세상을 복음화'하는 세 단계로 구분할 수 있다. 보편 교회 복음화 개념의 세 단계와 마찬가지로 이 세 가지 단계도 순차적으로 이루어져야 하는 일련의 과정이나, 첫 번째 단계가 이루어진 이후부터 두 번째와 세 번째 단계는 유기적으로 얽혀 동시다발적으로 이루어지며 순환 과정으로 연결된다. 이처럼 '복음화'의 세 단계에서 청소년이 주체가 되는 비전을 통해, 한국 교회의 청소년 사목은 현재 초점을 맞추고 있는 '청소년 개인의 내면에 치중된 복음화' 단계에만 고착되지 않고 장기적으로 나아가야 할 방향에 대한 시선을 마련할 수 있게 될 것이다.

1. 청소년 개인의 내적 복음화

본 연구를 위해 실시한 한국 교회 청소년 사목 비전 조사결과에 따르면

---

1 복음화 개념의 세 단계에 대해서는 2장. Ⅰ. 4. 통합되는 청소년 사목과 〔그림 1〕 참조.

현재 한국 교회 청소년 사목자들의 가장 큰 관심 영역은 '청소년을 이해·수용·사랑하는 것'으로 드러났다. 한국의 청소년 사목자들은 청소년의 눈높이에 맞추어 이해하고 소통하며, 그들의 특성과 문화를 수용·반영하는 사목이 중요하다고 보고 있었다. 청소년과의 대화와 만남을 통해 그들을 이해하고 우정을 맺으며 신뢰하고 사랑함으로써, 자연스럽게 그들을 그리스도와의 깊이 있는 관계로 초대하며 그리스도교적 신앙에 마음을 열도록 이끌 수 있다는 것이다. 청소년 사목자들은 단순히 교리 지식을 전달하기 이전에 이와 같은 인격적 신뢰와 사랑으로 청소년의 마음을 열어 그리스도와 관계를 맺게 하고, 하느님의 사랑을 체험케 함으로써 신앙과 영성에 이르는 체험이 중요함을 강조하였다. 개인적 신앙 체험과 그리스도와의 관계 안에서 청소년은 그리스도의 말씀을 따르는 삶을 살기 위해 노력하게 된다는 것이다. 그러므로 청소년을 만나고 이해·신뢰·사랑하는 과정 없이 교리교육 지식만을 가르치는 기존 청소년 사목의 주일학교 시스템과 청소년 사목에 참여하는 구성원 간에 인간적·복음적 관계를 맺을 시간이 충분히 허락되지 않는 현재의 청소년 사목 구조에 변화가 필요하다는 의견이 제시되었다.

한국의 청소년 사목자들이 갈망하는 대로, 개인과 개인 간에 신뢰와 사랑의 체험을 통해 살아 있는 그리스도와의 만남으로 초대하는 것은 '청소년 복음화'라는 청소년 사목 비전의 첫 번째 단계인 '청소년 개인의 내적 복음화'의 근간이 된다. 청소년은 시기적 특성상 어린이와 성인 세대로부터 소외되었다고 느끼며 심리적으로 '관계'를 갈망하므로,[2] 이와 같은 만남과 관계성이 청소년 사목의 근본을 이루는 것은 심리학적 관점에서도 타당하다고 하겠다. 그러나 '청소년 개인의 내적 복음화'는 단순히 청소년 시기의 필요에 따른 것만이 아니라, 교회가 그리스도께로

---

2 Cf. Michael Carotta, *Discovering - Director's Manual*, Saint Mary's Press, 1995, p.16.

부터 받은 복음화 비전을 실천하는 맥락선상에 있다.

청소년 사목자는 그리스도의 사랑에 감화되어 청소년의 현실 안으로 육화해 들어가야 한다. 청소년 세대의 신체적·심리적·문화적 특성을 그리스도의 육화한 시선 안에서 이해하고 환대하며, 그것을 사랑하고 배려하는 가운데 그들과 진정한 관계를 맺어야 하는 것이다. 그리고 이와 같은 청소년 사목자의 모습을 통해 그리스도께 마음을 열게 된 청소년에게는 그 관계를 심화하기 위한 과정이 반드시 병행되어야 한다. 이밖에도 개인 기도와 공동 기도, 복음말씀 묵상, 교회 공동체의 성사와 전례 참여, 교리지식 습득 등을 통해 청소년과 그리스도와의 관계는 끊임없이 깊어져야 한다.[3] 이처럼 인간적 관계성이 그리스도와의 관계성으로 연결되면서 유기적으로 통합·심화될 때, 한국 교회 청소년 사목 비전의 '복음화' 개념 중 첫 번째 단계인 '청소년 개인의 내적 복음화'가 이루어지는 것이다. 따라서 청소년 개인이 그리스도와 깊은 신뢰 관계를 통해 성장할 수 있도록 돕는 것은 청소년 사목자의 기본 직무다. 이는 일찍이 성 요한 보스코의 '사목적 사랑의 청소년 사목' 흐름을 통해 시작된 바 있으며, 보편 교회 청소년 사목 비전의 복음화 개념 중 '청소년에 대한 사목자의 이해와 대화 및 사랑의 통교' 및 '개인적 마음의 귀의' 요소와도 맞닿는다.[4]

'청소년 개인의 내적 복음화' 단계의 시작점이라고 할 수 있는 인간적인 신뢰와 사랑은 단순히 청소년과 청소년 사목자 간의 관계에서만 적용되는

---

3 미국 교회 청소년 사목 전문가인 돈 킴벌(Don Kimball)은 이처럼 관계성을 기반으로 하는 청소년 사목을 '육화의 사목'(Incarnational Ministry)이라고 지칭하면서 이것이 청소년 사목의 기반이 되어야 한다고 밝힌다. Cf. Don Kimball, *Power and Presence*, Harper and Row, 1987. 현재 활발한 사목활동을 펴고 있는 미국의 청소년 사목자 프랭크 멀카덴트(Frank Mercadante)와 제프리 카스터(Jeffery J. Kaster) 또한 청소년 사목에 있어 '관계사목'(Relational Ministry)의 중요성을 강조한다. Cf. Frank Mercadante, *Growing Teen Disciples - Strategies for Really Effective Youth Ministry*, Ave Maria Press, 1998; Jeffrey J. Kaster, *Youth Ministry*, The Liturgical Press, 1989.

4 '사목적 사랑의 청소년 사목' 흐름과 보편 교회 청소년 사목 비전의 복음화 개념에 대한 내용은 2장. Ⅰ. 보편 교회 청소년 사목의 역사 참조.

것이 아니라, 사목 대상과 사목을 실행하는 주체 간에 광범위하게 적용되어야 하는 요소라고 본다. 기본적으로 사목 대상인 청소년과 사목활동 주체인 청소년 사목자 간의 관계를 포함하여, 대상과 주체에 따라 청소년 사목자와 다른 청소년 사목자 간, 청소년과 청소년 간의 관계에도 똑같이 적용되어야 할 것이다. 즉, 청소년 사목 구성원 간에 이루어지는 모든 개인적 관계에서 그리스도를 모델로 하는 이해 · 수용 · 배려 · 신뢰 · 사랑이 기반이 되고, 이 관계성이 유기적으로 그리스도와 관계맺음으로 이어질 때 첫 번째 단계의 비전인 '청소년 개인의 내적 복음화'가 온전히 구성된다고 하겠다.

2. 복음화된 청소년 개인이 주변 공동체를 복음화하는 것

한국 교회 청소년 사목 비전 조사결과에서 드러난 바대로, 청소년 사목자들은 청소년에게 주도적 역할을 맡기고 교회 공동체에 참여케 할 것을 강조한다. 이러한 요소를 강조하는 이유는 본당이나 교구 안에서 청소년이 수동성을 벗어나 능동적 · 주도적으로 참여할 때 사목이 활성화된다는 것을 청소년 사목자들이 직접 체험했기 때문이다. 이 체험을 통해 한국교회 청소년 사목자들은 청소년이 주도적으로 교회의 여러 활동에 참여하게 하기 위한 방법에 대해 다각적으로 고심해왔다. 그러나 청소년 사목자들의 다양한 방법 고안에도 불구하고 현재 한국 교회 청소년 사목 현장에서는 청소년의 주체적 참여가 제대로 이루어지지 않거나, 주체적 참여가 이루어지더라도 1-2년 이내의 일시적 · 단기직 활싱화 이후 다시 침체되는 현상이 반복되고 있다.[5] 따라서 이와 같은 상황을 개선

---

5 참조: 졸문, 「청소년 작은 공동체-10년의 실험과 과제」, 『제 27차 청소년사목토착화연구회 학술회의 자료집』, 한국그리스도사상연구소, 2007, 61쪽.

하고 청소년의 주체적 참여를 근본적으로 일으키기 위해서는 단순히 방법적 차원의 고민을 넘어 비전으로 통합하는 시선이 필요하다고 본다.

청소년 사목의 장 안에서 복음화 개념의 첫 번째 단계를 체험하고 내적으로 복음화된 청소년은 자신이 속한 공동체에 참여하는 가운데, 주변 사람들에게 그 복음을 증거하고 선포해야 한다. 이는 보편 교회의 복음화 개념 중 '공동체 친교의 생활 참여' 및 '사도직 활동―생활의 증거 및 공동체 봉사'의 개념을 포괄하는 것이다. 본 연구에서는 이와 같이 청소년 개인의 내적 변화가 공동체 차원으로 확장되었을 때, 이를 '한국 교회 청소년 사목의 통합된 복음화 개념'의 두 번째 단계인 '복음화된 청소년 개인이 주변 공동체를 복음화하는 것'이라고 지칭하겠다.

'청소년 개인의 내적 복음화' 단계에서 개인과 개인 간의 관계성이 기반을 이루는 것과 마찬가지로, 복음화된 청소년 개인이 자신이 속한 공동체를 복음화하기 위해서는 그 공동체와 관계를 맺어야 한다. 먼저 그 공동체 자체 그리고 공동체 구성원들의 현실을 이해하고 수용하며, 만남과 대화를 통해 신뢰와 사랑을 실천해야 한다. 이처럼 내적으로 복음화된 청소년 개인이 공동체 생활에 능동적 · 적극적으로 참여하면서 공동체원 상호 간에 친교를 이룰 수 있도록 돕는 것이 통합된 복음화 개념의 두 번째 단계를 구성하는 내용 중 하나가 된다. 이와 같은 인간적 관계의 기반이 이루어짐과 동시에, 그 공동체는 그리스도와의 관계성으로 초대되어야 한다. 공동체 안에서 복음이 생활화되고, 공동 기도와 전례를 통해 그리스도의 신비를 체험하면서 상호 간의 나눔과 기여가 이루어져야 한다. 내적으로 복음화된 청소년 개인은 이와 같이 공동체를 복음화하는 과정에 주체적인 사도가 되어, 비복음화 상태의 다른 공동체 구성원들에게 최초의 복음을 선포하는 지도력을 발휘하게 되는 것이다.

이처럼 청소년이 개인의 사도성을 기반으로 공동체 복음화의 주체가 된다면, 한국 교회 청소년 사목 비전 조사결과에서 드러났던 '청소년의 주체적 참여'의 근본적인 이유와 원동력을 청소년 스스로 제공할 수 있을 것이다. 즉, 복음화라는 궁극적 목적 하에 내적으로 복음화된 청소년이 주체적 리더로서 자기 주변의 공동체를 복음화하는 움직임을 펼칠 수 있게 하는 것, 이것이 통합된 복음화 개념의 두 번째 단계를 구성하는 또 하나의 내용이다. 이렇게 통합된 복음화 개념의 두 번째 차원은 '사목적 사랑의 청소년 사목'이 지향하는 사랑의 공동체 생활과 '사도직 중심의 청소년 사목'이 내세우는 청소년 리더의 주체적 움직임을 통합하면서 보편 교회의 청소년 사목 비전과 맥을 같이 하게 된다.[6]

본 연구자는 한국 교회 청소년 사목 복음화 개념의 첫 번째 단계인 '청소년 개인의 내적 복음화'에서, '청소년'만이 사목 대상이며 '청소년 사목자'만이 사목활동의 주체가 되어야 한다고 제한하지 않았다. 마찬가지로 이 두 번째 단계에서도 단순히 '청소년'만을 공동체 복음화의 주체로 만들어야 하는 것이 아니라, 청소년을 포함한 청소년 사목 구성원 모두가 자신의 주변 공동체에 먼저 사도직을 펼칠 수 있게 하는 것이 청소년 사목이어야 한다고 본다. 그리고 '주변 공동체'의 개념도 보다 명확히 정의되고 확장되어야 할 것이다. 청소년 사목 구성원의 '주변 공동체'란 단순히 교회 내의 청소년 사목 공동체만을 의미하는 것이 아니기 때문이다. 여기서 주변 공동체란 청소년 사목 구성원이 생활하는 모든 공동체, 즉 본당 · 지구 · 교구 · 가정 · 학교 · 직장 · 기타 사회 공동체 등을 광범위하게 포함한다.[7]

그 중에서도 사목의 기본 단위인 '본당의 청소년 사목 공동체'에서 복음화 개념의 두 번째 단계가 우선적으로 이루어져야 한다. 왜냐하면 그리스도의 신비를 기반으로 한 공동체 친교와 나눔, 청소년의 사도성은

---

6 '사목적 사랑의 청소년 사목' 흐름과 '사도직 중심의 청소년 사목' 흐름 그리고 이를 통합하는 '보편 교회 청소년 사목의 비전' 개념의 연결은 2장. Ⅰ. 보편 교회 청소년 사목의 역사 참조.

7 Cf. Merton P. Strommen, *Passing on the faith*, Saint Mary's Press, 2000, p.285.

본당의 청소년 사목 공동체에서 가장 집중적이고 효과적으로 훈련될 수 있기 때문이다.[8] 본당 청소년 사목 공동체에서 복음화 훈련이 잘 된 청소년 사목 구성원들은 자연스럽게 다른 공동체로 파견되어 복음을 선포할 수 있을 것이다. 그런데 이 과정에서 '본당 청소년 사목 공동체'와 더불어 복음화의 두 번째 단계가 강조되어야 할 또 다른 공동체는 바로 '본당 공동체 전체'이다. 청소년 사목은 본당 안에서 분리되어서는 안 되며, 오히려 본당 공동체 전체의 사목을 활성화하는 데 청소년 사목이 중요한 역할을 담당해야 한다.[9] 청소년의 사도성이 본당 공동체 전체를 활성화하는 역할을 맡게 될 때, 점차 가정 · 학교 · 교구 공동체에서도 청소년이 주체적으로 사도성을 발휘하는 역할을 할 수 있을 것이다.[10]

복음화의 총체적이고 통합된 개념을 지향하는 청소년 사목은 사목 구성원이 속한 그 어떤 공동체와도 분리될 수 없으며, 그 모든 공동체를 차례차례 복음화해 나가기 위하여 모든 구성원을 사도로 파견해야 한다. 이와 같이 복음화 중심의 장기적 시선을 통해 순차적이면서도 공동체 통합적인 방향성을 정립하고, 이를 청소년 사목 기획에 반영할 때 효율적인 청소년 사목이 가능해진다고 하겠다.

3. 복음화된 청소년 개인과 공동체가 세상을 복음화하는 것

복음화 개념의 두 번째 단계로 제시한 '주변 공동체에의 주체적 참여

8　Cf. George Boran, *The Pastoral Challenges of a New Age*, Veritas, 1999, p.149.

9　Cf. Kenda Creasy Dean-Ron Foster, *The Godbearing Life*, Upper Room Book, 1998, pp.21-34. 켄다 크레이시(Kenda Creasy)는 오늘날 청소년 사목이 본당 공동체로부터 분리되어 있어서 마치 한쪽 귀만 가진 미키 마우스와 같다고 주장하고 있다.

10　Cf. George Boran, *Youth Ministry That Works*, Paulist Press, 1996, pp.36-38, 53-57.

및 그 공동체를 복음화하기 위한 사도직 실천'은 본당 청소년 사목 공동체로부터 시작하여 본당 공동체 전체 · 지구 · 교구 및 가정 · 학교 · 기타 사회 공동체로 연결되어 나아간다. 이와 같은 공동체 범위의 확장은 전 교회 및 사회 공동체의 복음화로 연결되며, 나아가 전 인류의 복음화라는 교회의 사명에 다다른다. 따라서 '한국 교회 청소년 사목의 통합된 복음화 개념'의 세 번째 단계는 전 인류의 복음화, 전 교회와 사회를 그리스도의 가치로 변화시키는 사도직을 수행하는 것이 된다.

한국 교회 청소년 사목 비전에 대한 조사결과에서는 이와 같은 전 교회와 사회의 복음화, 대사회적인 사도직 실천이 거의 언급되지 않는다. 그 이유 중 하나는 앞서 밝힌 대로 현재 한국 교회 청소년 사목자 대다수가 복음화 개념의 첫 번째 단계인 '청소년 개인의 내적 복음화'에 사목의 초점을 두고 있기 때문이다. 현재 한국 교회 청소년 사목 현장은 개인 복음화의 기초가 되는 청소년 사목 구성원 간의 인간적 만남과 대화도 원활하지 않은 상황이다. 그래서 청소년 사목자들은 기초적인 관계성에 대해 집중적으로 갈망하고 있으며, 그를 통한 개인의 내적 복음화까지를 지향점으로 두고 있는 것이다. 이러한 현실에 기초할 때, 한국 교회 청소년 사목은 무리하여 대사회적 사도직 실천을 추구하기보다는 현재의 당면 과제인 개인의 내적 복음화에 우선적으로 집중해야 할 것이다. 그러나 앞서 언급한 바와 같이 복음화 개념의 세 단계는 순차적이면서도 통합적인 개념이므로, 개인의 복음화 수준이 어느 정도 이루어진 후에는 그 다음 단계인 공동체의 복음화, 세상의 복음화를 차례로 지향하면서 나아가야 한다. 개인의 내적 복음화를 지향하는 현재의 노력이 궁극적으로 세상의 복음화에까지 연결되지 못한다면, 청소년 사목의 장기적 방향이자 교회의 사명인 '복음화'의 온전한 의미를 상실하는 것이다. 이는 곧 청소년 사목의 기본적인 존재 의미를 잃는 것과도 같다고 하겠다.

3장의 논의에서 밝혔듯이, 한국 교회 청소년 사목에서 세상의 복음화에 대한 시선이 크게 드러나지 않는 것은 과거 '가톨릭 학생회'와 같은 청소년 사도직 단체의 사회 참여에 대한 부정적 인식이 여전히 남아 있기 때문일 수도 있다.[11] 그러므로 이와 같은 전철을 밟지 않기 위하여 대사회적 사도직 실천은 반드시 통합된 비전으로서 '복음화'의 시선 안에 있어야 한다. 그리하여 복음화의 장기적 비전 안에서 청소년 세대, 그리고 나아가 교회와 세상의 전 인류를 '그리스도의 가치'에로 초대하고 변화시키고자 하는 것이다.

Ⅱ 한국 교회 청소년 사목 구성요소

한국 교회의 청소년 사목 비전을 '청소년이 개인 · 공동체 · 세상을 복음화하는 상호관계에서 능동적 주체가 되는 것'으로 볼 때, 복음화의 통합적 개념에 포함되는 내용들이 모두 청소년 사목 구성요소에 포함된다고 할 수 있다. 복음화 개념의 첫 번째 단계인 '청소년 개인의 내적 복음화'를 위해서는 먼저 청소년 사목 구성원 상호 간의 개인적 관계를 발전시키기 위한 요소가 필요하다. 이는 서로 간에 이해 · 수용하고 신뢰하며 사목적 애정을 드러내는 요소인 '사목적 배려'라는 구성요소와 연결된다. 즉, '사목적 배려' 구성요소는 도움을 필요로 하는 청소년 사목 구성원, 특히 청소년 세대의 특성과 상황을 예수 그리스도의 마음으로 이해하고 돌봄으로써 관계를 맺고 치유해 주며 그들이 긍정적으로 전인적 성장을 할 수 있게 돕는 것을 의미한다. '사목적 배려'라는 요소를 통해

11　이에 대한 내용은 3장. Ⅱ. 1. 2) 한국 교회 청소년 사목 비전 조사의 논의 부분 참조.

예수 그리스도의 신뢰와 사랑에 마음을 열게 된 청소년 사목 구성원들은 그 관계를 심화하기 위한 한층 더 깊이 있는 지식을 갈구하게 된다. 이때 가톨릭 신앙의 핵심 내용에 대한 지식과 교회의 전통적인 가르침 및 교회의 역사를 전달하는 '교리교육' 구성요소가 필요하다. 또한 개인기도 및 공동기도, 교회 공동체의 공적 성사와 전례는 그리스도와의 관계와 신앙을 경축하고 심화할 수 있게 도와준다. 이러한 요소는 '기도와 전례' 구성요소로 정의할 수 있다.

복음화의 두 번째 단계인 '복음화된 청소년 개인이 주변 공동체를 복음화하는 것'을 위해서는 기본적으로 공동체 생활이라는 구성요소가 전제된다. 즉, '공동체 생활' 구성요소는 개인 간의 상호 관계를 다수와의 관계로 확장시킨 공동체적 친교이며, 공동체 안에서 삶과 신앙생활의 나눔이 이루어지는 것과 구성원 상호 간에 연민·인내·용서·평화와 같은 복음적 가치가 살아 있는 것을 의미한다. 물론 공동체 생활 안에서는 개인적 관계에서의 '사목적 배려' 및 공동체의 '기도와 전례' 구성요소가 필수적으로 이어져야 할 것이다. 생활한 공동체의 공동 사명과 직무에 참여하는 가운데 청소년은 내적으로 성장하면서 점차 능동적이고 적극적으로 변화하며, 나아가 자신의 주변 공동체를 복음화하기 위한 사도직 활동을 펼치기 시작한다. 이러한 청소년에게는 공동체의 중요한 역할이라고 할 수 있는 리더의 역할을 맡겨 공동체를 복음화하기 위한 노력을 활성화하고 동시에 그가 주도적으로 공동체 자체의 사명을 수행할 수 있노록 해야 한다. 청소년 사목 구성원들이 공동체 안에서 그러한 수준에 다다를 수 있도록 그들의 재능과 능력·역량을 불러일으키고 지지하는 것, 그리고 주도적으로 움직이고자 하는 청소년에게 역할을 주어 지도력을 훈련시킴으로써 그 역량을 강화하는 것은 '지도력 개발' 구성요소로 정의할 수 있다.

청소년 사목 구성원과 공동체는 '사목적 배려'와 '교리교육', '기도와 전례' 구성요소를 기반으로 '공동체 생활'을 함께 하는 가운데 '지도력 개발' 구성요소를 갖추면서 점차 성장해 나간다. 그리고 그 성장이 공동체 내부에서만 일어나는 것이 아니라, 공동체 외부로 파견되어 각 개인 안에 심화·단련된 그리스도적 가치를 확산하는 움직임으로 이어질 때 복음화 개념의 세 번째 단계인 '복음화된 청소년 개인과 공동체가 교회와 세상을 복음화하는 것'에까지 다다를 수 있다. 대사회적 복음화 개념에서는 '옹호'와 '복음말씀 선포', '정의와 봉사' 및 '세계시민의식' 구성요소가 온전히 활성화된다.

'옹호'란 청소년 사목 구성원이 청소년 세대와 청소년 사목에 대해 깊이 있게 이해하고 수용하며 그 가치를 보호하고 지지하는 것이다. 청소년 사목 구성원은 청소년 세대의 존엄성과 권리를 적극적으로 주장하고 옹호하며, 다른 교회 구성원과 사회가 청소년에게 관심을 가질 수 있도록 이끌어야 한다. 이는 개인적 관계에서의 '사목적 배려'를 청소년 사목에 대한 사회적 인식으로 확장하기 위해 필요한 요소로서, 가난하고 소외된 이들에게 먼저 관심을 갖고 그들을 존중했던 예수 그리스도의 마음과 일맥상통한다. 청소년은 시기적 특성상 불안정하고 정신적으로 가난하며 쉽게 소외감을 느끼는 세대이고, 청소년 사목 또한 그 개념을 정립한지가 오래 되지 않은 데다 성인 중심적 사목 구조에 의해 소외되기 쉬운 영역이다. 그러므로 그리스도적 가치에 따라 청소년과 청소년 사목을 우선적으로 선택하고 보호·옹호해야 한다는 것이다.

청소년 사목 구성원은 공동체 내에서 주체적으로 자신의 일상과 신앙생활을 나누는 것과 더불어, 공동체 외부의 사람들에게도 자신의 말과 행동, 삶의 변화를 통해 신앙을 증거할 수 있어야 한다. 청소년 사목 구성원이 복음에 대해 깊이 있게 이해하고, 인내·평화·사랑과 같은 복음적 가치를 공동체 안에서 나누는 것과 같이 공동체원 이외의 사람들과도 나누며, 더 많은 이들을 교회 공동체로 초대함으로써 그들의 믿음을 독려하고 그들이 그리스도적 가치로 성장할 수 있도록 이끌어야 한다. 이와 같이 청소년 사목 구성원이 말씀을 연구 · 이해하고 그 가치를 주변에 증거 · 선포함으로써 신앙생활로 초대하는 것은 '복음말씀 선포'라는 구성요소로 정의할 수 있다.

사도직을 수행하려는 청소년 사목 구성원은 주변 공동체뿐만 아니라 전 교회와 사회가 그리스도적 가치를 향해 변화할 수 있도록, 교회와 사회에 펼쳐지는 현상을 관찰하고 무엇을 변화시켜야 하는지 자각하며 그에 따르는 노력을 실천에 옮겨야 한다. 이것이 바로 청소년 사목의 '정의와 봉사' 구성요소에 해당한다. 사회 정의를 위한 정치 · 경제 · 문화적 활동의 참여, 일반 사회단체와 연대, 가난하고 소외된 이들을 위한 국내 · 국제 사회 봉사활동 지원 및 참여 등이 '정의와 봉사' 요소에 포함된다. 이처럼 대사회적으로 사도직을 수행하는 청소년 사목을 위해 '옹호'와 '복음말씀 선포' 및 '정의와 봉사' 구성요소를 갖추는 것은 한국 교회를 포함한 전세계 교회 청소년 사목의 보편적 흐름이라고 할 수 있다.

본 연구자는 한국 교회 청소년 사목이 통합된 비전으로서 '복음화'를 실현하기 위해서는 사도직 수행 차원에서 특별히 한 가지 구성요소가 더 추가되어야 한다고 본다.[12] 정치 · 경제 · 사회 · 문화적으로 세계화되어 국가 간의 상호 교류가 활발해진 오늘날, 한국은 분단국가라는 특수한 상황으로 인해 전 세계에서 유일하게 다른 어떤 나라와도 국경을 접하지 않고 있다. 그렇기 때문에 타문화를 체험하는 데 한계가 있으며 국제적인 넓은 시각을 갖는 것도 상대적으로 쉽지 않다고 볼 수 있다. 또한 국가 내 단일 언어를 사용하고 있으며 단일민족으로서 사회 문화적 동질성도 높아 다른 나라, 다른 민족, 다른 문화에 대한 이해와 관용이 부족한

---

12 '세계시민의식'이라는 구성요소에 대해서는 3장. Ⅱ. 2. 1) 한국 교회의 청소년 사목 구성요소 조사결과 참조.

실정이다.[13] 그러나 최근 세계화의 흐름 속에 한국 내에서도 다양한 문화 가치 및 인종 간의 상호작용과 교류가 확대되고 있으며, 국제결혼 및 혼혈인 비율도 계속적으로 증가하면서 타민족·타문화에 대한 이해가 시급한 과제로 대두되고 있다.[14] 따라서 이러한 시기에 가톨릭교회의 보편성을 기반으로 그리스도적 세계 공동체를 일구어내기 위한 '세계시민의식' 구성요소는 한국 교회 청소년 사목에 있어서 반드시 필요한 요소라고 하겠다. 세계라는 하나의 공동체에 속한 일원으로서 다른 나라의 사람들을 존중하고 형제애를 바탕으로 '다름'을 이해·수용·배려하는 것, 다음 세대를 위해 자연환경을 지키고 보존하기 위해 노력하는 것, 세계평화와 공존을 위해 노력하는 것 등이 바로 전 세계 공통의 그리스도적 가치를 확산하는 '세계시민의식' 요소다.

종합하면 한국 교회 청소년 사목은 '복음화' 개념을 중심으로 사목적 배려·교리교육·기도와 전례·공동체 생활·지도력 개발 구성요소를 발전시키며, 옹호·복음말씀 선포·정의와 봉사·세계시민의식 구성요소를 통해 더 넓은 사회와 전 세계를 향한 사도직을 실천함으로써 청소년 사목의 기본틀을 다져나갈 수 있을 것이다.

Ⅲ 한국 교회 청소년 사목 전략

'한국 교회 청소년 사목의 통합된 복음화 개념'을 실현하기 위한 전략

---

13 참조: 임성택 외, 『청소년의 타민족·문화에 대한 이해와 세계시민의식 증진방안 연구』, 한국청소년개발원, 2002, 4쪽.

14 참조: 상게서, 170-173쪽.

으로 본 연구자는 크게 세 가지 방향을 제안하고자 한다. 첫째는 청소년 사목 비전의 개념을 구체화하는 아홉 가지 구성요소를 활성화하는 전략 이고, 둘째는 청소년 사목 비전을 알리고 그 중요성을 공유할 수 있도록 하는 전략, 셋째는 청소년 사목 비전을 지속하고 확장하기 위한 양성 전략이다. 이는 청소년 사목 기본틀에 입각한 주요 전략 방향으로서 연내 사목 분기별 계획 또는 연간 계획 전체 안에서 원칙적으로 고려되어야 할 것이다.

1. 청소년 사목 구성요소 활성화 전략[15]

한국 교회 청소년 사목의 구성요소인 사목적 배려 · 교리교육 · 기도와 전례 · 공동체 생활 · 지도력 개발 · 옹호 · 복음말씀 선포 · 정의와 봉사 · 세계시민의식은 각 요소별 활성화를 통해 통합된 복음화 개념을 실현하는 데 기여할 수 있다. 또한 청소년 사목 구성요소의 활성화는 어느 한두 가지 요소에 치우침 없이 아홉 가지 모두가 균형 있게 이루어져야 통합된 복음화 개념의 실현에 기여할 수 있다. 복음화 개념의 세 단계에서 도출되는 각 구성요소는 상호 보완적이며 유기적으로 연결되어 있기 때문이다. 각 구성요소를 균형 있게 활성화하기 위해서는 각 요소의 범주 안에서 그것을 활성화하는 전략도 필요하고, 여러 가지 요소가 어우러질 수 있노록 송합적 행사를 기획하는 전략도 필요하다. 그러나 각 구성요소를 균형 있게 활성화해야 한다고 해서, 모든 구성요소에 대해

---

15 한국 교회 청소년 사목 구성요소의 활성화 전략을 제안하기 위한 근거자료로 본 연구의 3장에서 논의한 청소년 사목 전략 조사결과를 활용하였다. 각 구성요소의 전략 예시에 대한 현재 한국 교회 청소년 사목자들의 선호도 조사결과와 각 구성요소에 대한 청소년의 기대 및 욕구의 세부사항은 3장. II. 3. 한국 교회의 청소년 사목 전략 조사 참조.

무조건 동일한 수준의 노력을 들여서는 안 된다.

청소년 사목 비전의 세 단계는 유기적이면서도 순차적으로 이루어져 있어 개인의 복음화 차원이 먼저 기반을 이루기 전에는 그 다음 차원이 효과적으로 활성화되기 어렵다. 따라서 각각의 요소를 균형 있게 활성화하는 전략과 동시에 세 단계의 방향성을 고려하여 순차적으로 노력을 확장해 나가는 전략이 필요하다. 특히 본 연구의 한국 교회 청소년 사목의 현황 조사 결과 비전의 첫 번째 차원에 해당하는 '청소년 개인의 내적 복음화', 즉 청소년에 대한 이해·신뢰·사랑을 통한 예수 그리스도의 치유를 의미하는 '사목적 배려' 구성요소에 대한 청소년 사목자의 필요 욕구가 큰 것으로 드러나고 있다. 그러므로 한국 교회 청소년 사목 전략은 이와 같은 현실을 반영하여, 가장 시급하고 중요한 것으로 드러난 청소년 개인 내면의 복음화를 위하여 '사목적 배려' 구성요소에 우선적으로 중점을 두고 점차 그 영역을 넓혀가는 것이 효과적일 것이다.

'교리교육' 구성요소의 활성화는 '사목적 배려' 구성요소가 활성화되고 청소년 사목 구성원 간에 개인적 친밀함이 생겼을 때 자연스럽게 이루어질 수 있다는 것이 본 연구의 조사결과를 통해 입증되었다. 따라서 청소년과 개인적 관계 및 공동체적 친교를 맺은 뒤 순차적으로 교리지식 교육을 전개해 나가기 위한 세부 전략이 필요하다고 본다. 또한 청소년이 다른 이들과 삶과 신앙에 대한 체험을 나누는 가운데 교리지식이 습득될 수 있도록 체험 활용적인 교리교수법 개발도 활성화되어야 할 것이다.

'기도와 전례' 구성요소의 경우 본 연구의 조사결과에 따르면, 청소년이 자신의 기쁨과 슬픔을 나누면서 또래와 우정을 맺을 수 있게 하는 것이 전례에 있어서 중요한 것으로 드러났다. 따라서 이에 적합한 프로그램의 기획이 뒤따라야 할 것이며 청소년 특성을 배려한 성가와 음악 활용, 시각적 상징물 활용도 더욱 권장된다.

'공동체 생활' 구성요소는 개인의 복음화를 공고히 하는 전략이 활성화된다면 자연스럽게 확장될 수 있는 부분이며, 청소년 또래가 서로 친교를 맺을 수 있게 하는 프로그램이나 공동체 구성을 위한 조직화 전략 등은 당위적으로 추가되어야 할 것이다. 또한 본 연구의 심층면접 조사결과에 의하면 청소년 사목 공동체가 성인 중심의 본당 공동체와 분리되어 있는 것을 볼 수 있는데, 청소년 사목 공동체의 활성화가 본당 공동체 전체의 활성화로 이어질 수 있도록 본당 내 공동체 연계 프로그램이나 조직화를 기획하는 것이 필요하다. 그리고 이를 기반으로 가정 공동체, 나아가 학교나 기타 공동체 사목에도 영향을 미칠 수 있도록 청소년 사목 전략이 기획되어야 한다.

'공동체 생활' 구성요소의 활성화는 '지도력 개발' 구성요소와도 밀접하게 관련되어 있다. 공동체를 활성화하는 데 있어 지도력을 가진 사람들의 투신과 기여는 중요한 전략 요인으로서, '지도력 개발' 구성요소를 활성화한다면 결과적으로 공동체 전체가 활성화될 수 있을 것이다. 본 연구의 조사결과에 따르면 한국 교회의 청소년은 청소년 사목 안에서 지도력을 훈련받아 리더가 되어야 한다는 것에 대해 제대로 인식하지 못하고 있는 듯 보인다. 또한 교회 내에서 역할이 주어졌을 때 그 역할을 수행하기는 하지만, 스스로 주체성을 발휘해야 한다는 것에 대한 자각도 부족한 상태다. 따라서 이와 같은 수동적 시선을 능동적으로 전환시키는 전략이 우선적으로 필요하다. 그리고 그 이후에 점차 본격적인 지도력 개발 전략으로 옮겨 갈 필요가 있다.

청소년 사목 구성요소 중 '옹호'에 대한 본 연구의 세부 전략 조사결과를 보면, 청소년 세대 분석과 청소년 사목의 중요성을 알려야 한다는 것에 대해서는 어느 정도 동의가 있었으나 그들이 지닌 권리를 보호하고 주장해야 한다는 인식은 거의 없었다. 따라서 '옹호'의 요소를 활성화하려면 먼저 개인 차원에서 이 구성요소의 개념을 이해하고 실천할 수 있도록 해야 하며, 이후 지속적으로 대사회적인 움직임까지 확장해야 한다.

본 연구의 전략 조사결과에 따르면 대다수 청소년 사목자들은 '복음말씀 선포' 구성요소 및 '정의와 봉사', '세계시민의식' 구성요소의 필요성에는 동의하였지만, 그 요소를 활성화하기 위한 구체적 전략에 대한 시선은 모호한 상태였다. 이는 현재 한국 교회 청소년 사목 비전 자체가 개인의 내적 복음화에 집중하고 있는 데 따른 자연스러운 결과라 하겠다. 따라서 전략적 측면에서 먼저 이들 구성요소에 대한 개념을 공유하고 그 중요성을 알리는 데 초점을 두고, 그 이후에 실천적 전략을 개발해야 한다.

2. 비전의 공유 및 확산 전략

청소년 사목의 기본틀을 확립하고 비전에 따라 청소년 사목 구성요소를 효과적으로 기획하기 위해서는 일차적으로 비전에 대한 공유 · 확산전략이 조직과 프로그램 측면에서 이루어져야 한다. 먼저 청소년 사목구성원 각 개인이 통합된 복음화 개념을 이해할 수 있도록 하는 홍보 전략이 선행된 다음, 이것이 청소년 사목 공동체 단위로 확산될 수 있도록해야 한다. 앞서 복음화 개념에 대한 설명에서 언급한 대로, 청소년 사목을 위한 일차적인 공동체는 본당의 청소년 사목 공동체이며 이것이 나아가 본당 공동체 전체와 연결된다. 즉, 가장 집중적으로 청소년 사목이 이루어질 수 있는 본당 공동체 안에서 청소년 사목이 활성화될 때, 청소년의 가정 · 학교 등 청소년 사목이 연계되어 있는 공동체에로 그 흐름이확산될 수 있다. 그렇다면 이와 같은 흐름을 따르는 것이 보다 효과적인비전 공유 · 지속 전략이 될 수 있을 것이다. 따라서 무엇보다 먼저 본당의 청소년 사목 공동체, 그리고 나아가 본당 공동체 전체가 '청소년이 개인 · 공동체 · 세상을 복음화하는 상호관계에서 능동적 주체가 되는 것'이라는 청소년 사목 비전을 이해하고 실천함으로써 청소년이 소속된 가정·학교 등과 상호작용하고 연대할 수 있도록 해야 한다. 본당 공동체 전체로의 확산은 현재 일반적으로 '청소년 사목 공동체원'라고 일컬어지는 본당의 청소년·교리교사·청소년 담당 사제·수도자뿐만 아니라, 주임 신부·청소년의 부모형제 등을 포함한 본당 내 전 세대(어린이·청소년층·청년층·중장년층·노인층)가 청소년 사목에 참여하는 것을 의미한다.[16] 이들 본당 공동체 구성원 서로가 개인적인 관계를 맺고, 이 관계성을 바탕으로 각자의 삶을 진정으로 나눌 때 본당의 공동체 생활이 활성화될 수 있을 것이다.

이를 위한 조직 측면의 전략으로, 본 연구자는 무엇보다 먼저 본당 조직의 변화가 필요하다고 주장한다. 현재 본당 공동체 조직을 살펴보면 청소년이 본당 공동체의 책임 있는 일원으로 소통할 수 있는 구조가 거의 마련되어 있지 않다.[17] 즉, 청소년과 본당 공동체 전체가 분리되어 있는 것이다. 이를 개선하기 위해서는 본당 내의 청소년 단체나 위원회가 공식적으로 본당 조직에 포함될 수 있도록 해야 하고, 청소년 대표–교리교사 대표–청소년 담당 사제·수도자–본당 주임 신부–본당 사목위원회 대표 간에 사목적 소통을 할 수 있는 '연석회의'가 마련되어야 한다. 연석회의의 각 대표들은 비록 직책이나 나이, 경험에 있어서 차이가 있지만 교회의 사명을 공유하는 형제·자매로서 교회 정신에 따라 동일한 권리를 가져야 한다.[18] 본당 내 전 세대가 연대할 수 있는 모임, 본당 소공

---

16 Cf. Doug Fields, *Purpose-Driven Youth Ministry*, OMF Literature, 1999, pp.271-289. 덕 필즈는 공동체의 모든 구성원들이 현장 사목팀, 기도팀, 자원제공팀, 응원팀 등을 통해 청소년 사목에 참여할 수 있다고 본다.

17 Cf. Eric H. F. Law, *The Wolf Shall Dwell with the Lamb*, Chalice Press, 1993, pp.19-22. '권력격차가 심한 문화'(High Power Distance Culture)를 지닌 사회는 나이나 지위로 인해 불평등한 관계가 형성된다. 이 이론에 따르면 한국은 '권력격차가 심한 문화'를 지닌 사회에 속하며 이러한 문화는 교회 공동체 안에서도 똑같이 적용되어 공동체 안에서 청소년과 성인들의 수평적 소통이 어려운 양상을 보인다.

18 연석회의에 대한 내용은 다음 참조: 졸문, 「청소년 작은 공동체-10년의 실험과 과제」, 『제 27차 청소년사목토착화연구회 학술회의 자료집』, 한국그리스도사상연구소, 2007, 140쪽.

동체와 연계한 청소년 사목 모임 등을 활성화하는 것도 전략 방향 중 하나라고 볼 수 있다. 청소년 사목 조직에 교리교사를 포함한 평신도 청소년 사목자, 청소년의 부모나 청년 세대, 나아가 중장년층이나 노인층이 참여할 수 있는 방안을 마련하는 것도 좋을 것이다. 특히 청소년 부모가 청소년 사목자로서 참여하는 것은 본당 공동체 및 교회의 청소년 사목의 활성화를 촉진하는 중요한 전략이 될 수 있다고 본다.[19]

비전 공유와 확산을 위한 두 번째 조직 전략은 본당/지구/대리구/교구 및 전국에 걸쳐 청소년 대표로 구성되는 '청소년 주체의 조직'을 구성하는 것이다. 이를 통해 한국 교회 청소년 사목의 통합된 비전을 이해하고 실천할 수 있는 구조적 바탕을 갖추어야 한다. 필리핀 교회나 인도 교회는 본당/교구/전국 차원으로 연결된 '청소년 주체의 조직'을 통해 청소년이 교회의 비전 안에서 주체적으로 활동하고 있다. 청소년 주체의 청소년 조직은 본당으로부터 시작하여 지구/대리구/교구 그리고 전국 차원의 청소년 대표자들과 함께 청소년 사목 비전을 공유하고 심화시키는 역할을 한다. 조직이 가진 정신과 네트워크를 통해 청소년은 자신의 교회적 시선을 확장하고, 더 큰 교회로 투신할 수 있는 것이다.[20] 그러므로 본 연구자는 한국 교회 청소년 사목 비전의 공유 및 확산을 위해 기본적

---

19 Cf. Frank Mercadante, *op. cit.*, pp.42-43.

20 청소년 사목 이론가 조지 보란(George Boran)은 청소년 사목에서 청소년은 자신이 속한 그룹·본당·교구를 넘어 국가 조직과 세계 조직 등과 같은 넓은 네트워크를 필요로 한다고 강조한다. Cf. George Boran, *Youth Ministry That Works*, pp.65-71. 필리핀 교회에는 본당·교구의 청소년 조직이 전국 단위로 확장된 '전국 청소년 조직 연합'(Federation of National Youth Organization)이 있다. Cf. Catholic Bishops' Conference of the Philippines Episcopal Commission on Youth, *Ka-Lakbay*, Catholic Bishops' Conference of the Philippines Episcopal Commission on Youth, 2004, p.170. 그리고 '인도 가톨릭 청소년 운동'(Indian Cathlic Youth Movement)은 인도 교회의 청소년 사목을 통합한 전국 조직이다. Cf. Indian Catholic Youth Movement, *Prophetic Youth for a Progressive Nation*, ICYM, 2007, p.36. 서울대교구의 경우에는 CYA라고 불리는 교구 청소년 조직인 가톨릭 청소년 연합회(Catholic Youth Action)가 2000년에 설립되었다. 참조: 졸문, 「청소년 주일학교 사목의 현실과 전망」, 『한국그리스도사상』10(2002), 한국그리스도사상연구소, 136쪽.

으로 선행되어야 할 조직 전략을 '청소년 주체의 조직 형성'으로 제시하겠다.

청소년 사목 비전을 공유·확산하기 위한 프로그램 전략으로는 본당 공동체를 중심으로 한 다양한 내용이 제시될 수 있다. 본당 내에서 청소년과 본당 전체 구성원 간에 개인적 관계를 맺을 수 있는 프로그램, 그 관계가 그리스도 안에서의 친교로 이어질 수 있도록 하는 복음 나눔의 자리 마련, 본당 공동체 구성원 모두가 함께 나눌 수 있는 축제 등이 그것이다. 본당 공동체가 청소년 가정과 연대하기 위한 프로그램으로는 부모 신앙교육 프로그램 및 청소년 사목의 중요성에 대한 홍보, 가정 안에서의 청소년 양성 방법에 대한 교육, 청소년과 부모가 함께 하는 피정 등이 있다. 본당 주임 신부가 청소년 사목의 통합된 비전에 대해서 이해하고 참여·지지할 수 있도록, 주임 신부 대상의 홍보 및 교육도 필요할 것이다. 또한 청소년과 청소년 사목자, 그리고 청소년 사목을 지지하는 모두에게 개방되어 있는 회의나 공청회 등을 개최하는 것도 청소년 사목 비전의 중요성을 공유하기 위한 프로그램 전략이 될 수 있다.[21] 이와 같이 프로그램 전략의 경우 기본적인 내용의 방향성을 따라 프로그램의 형태 자체는 창의적으로 제안·추가될 수 있으리라 본다.

3. 비전의 지속을 위한 양성 전략

청소년 사목 비전을 지속적으로 이어나가기 위해서는 이를 실현해 나갈 수 있는 인재, 즉 '사람을 양성하는 것'이 중요하다. 청소년 사목의

---

21 미국 교회에서는 전국의 청소년 사목자의 비전 공유와 양성을 목적으로 1974년부터 the National Conference on Catholic Youth Ministry가 격년으로 개최되고 있다. Cf. Elly Murphy(ed.), *op. cit.*, pp.5-6.

기본틀을 이해하고 이를 실천하고자 하는 사람이 잘 양성되어 있을 때 그 사람은 다른 사람에게 영향을 주고, 영향을 받은 사람은 다시 양성되어 다음 사람에게 이를 전하게 된다. 그리고 이렇게 양성된 사람이 모여서 조직을 이룰 때 그 조직은 공통된 비전을 추구하면서 자연스럽게 활성화될 수 있다.[22] 결국 이와 같은 연속적 과정은 청소년 사목 비전을 유지·지속할 수 있게 해 줄 것이다.

한국 교회의 현 시점에서 양성 전략의 우선적인 대상은 '청소년 사목자'가 되어야 한다. 이들이 효과적으로 양성되어 청소년 사목을 키워나갈 때 그 안에서 청소년도 자연스럽게 영향을 받아 새로운 청소년 사목자로 점차 성장해 나갈 수 있기 때문이다. 여기에서 '청소년 사목자'란 사제·수도자·평신도 청소년 사목자 모두를 일컫는다. 이들에 대한 교육은 사제의 경우 신학교 단계에서부터, 수도자의 경우 수련과정에서부터 청소년 사목 양성이 이루어져야 할 것이다.[23] 그리고 사제·수도자뿐 아니라 평신도 청소년 사목자들에 대한 교육 내용까지 포괄할 수 있는 청소년 사목 양성 지침도 마련되어야 한다.[24] 현재 한국 교회의 사목 구조상 청소년 사목을 지속적으로 전담하는 사제·수도자가 나오기는 쉽지

---

22 Cf. Mario V. Baclig, *Journeying with Youth*, Don Bosco Provincial House, 1993, pp.44-51. 마리오 바클릭 신부에 의하면 청소년 사목은 '양성-조직화-활성화'의 단계로 간다고 한다. 가장 중요한 단계가 양성이며 양성된 청소년을 잘 조직할 때 그 결실이 청소년 사목을 활성화한다고 하였다.

23 신학생의 경우 연구과 1학년 때가 청소년 사목 양성에 가장 적합한 때이며 신분별로 양성했을 경우 양성의 효과가 크지 않은 것에 비해 평신도·신학생·수도자·사제를 함께 양성했을 때 더욱 그 효과가 컸다. 한국 교회 안에 이러한 다양한 신분의 사목자가 함께 하는 양성 프로그램으로는 '청소년 사목자 양성 과정'(Chaplain and Animator Formation Exchange-CAFE)이 있다. 참조: 졸문, 「CAFE-청소년·청년 사목자 및 활성가 양성 워크숍」, 『사목정보』5(2008/5), 미래사목연구소, 100-102쪽.

24 미국 교회의 경우 전문적인 평신도 사목자(Lay Ecclesial Minister)를 양성하기 위해서 양성 지침서를 발간했다. Cf. National Federation for Catholic Youth Ministry-National Conference for Catechetical Leadership-National Association for Lay Ministry, *National Certification Standards for Lay Ecclesial Minister*, NFCYM, 2003.

않으므로, 청소년 사목을 지속하기 위해서는 청소년 사목 전문가인 평신도 청소년 사목자를 확보하는 것이 필수적이다.[25] 교회 안에서 평신도 청소년 사목자의 고용을 안정화하고, 이들을 집중적으로 양성하는 것은 청소년 사목의 통합된 비전을 지속하는 효율적 방안이 될 것이다. 특히 현 교리교사 및 후기 청소년인 청년층은 전기 · 중기 청소년의 가까운 또래이자 선배로서 효과적인 청소년 사목자가 될 수 있으므로 이들을 전문적 청소년 사목자로 양성하는 전략이 중요하다고 하겠다.[26]

본 연구자는 청소년 사목의 통합된 비전을 지속하기 위한 양성 전략의 기본 원칙으로 '핵심 리더의 양성'을 제안한다. 이는 청소년 사목자 양성과 청소년 양성 모두에 적용되는 원칙이다. 이때 핵심 리더를 양성하기 위해서는 환경과 특성 · 관심사가 다른 사람들로 이루어진 보통 집단을 단체로 양성하는 것보다는, 양성에 대한 갈망이 있는 몇몇 정예 구성원들, 즉 '핵심그룹'을 도제양성(徒弟養成)의 방법으로 집중 양성하는 것이 보다 효과적일 것이다.[27] 이는 열 두 제자를 뽑아 양성하고 세상에 파견함으로써 구원 사업을 확장 · 지속하였던 예수 그리스도의 방법이자 교회의 전통적인 양성 전략이기도 하다. 한 공동체 안에서 양성을 받아 성장한 구성원들의 모임인 '핵심그룹'은 더 심화된 양성 단계로

---

25 한국 교회 청소년 사목 조사결과에서는 평신도 청소년 사목자 양성 등 다양한 전략을 통해 한국 교회의 사목 구조를 긍정적으로 변화시켜야 한다는 주장이 나타났다. 이에 대한 내용은 3장. II. 3. 2) 한국 교회 청소년 사목 전략 조사의 논의 부분 참조.

26 또래 사목자 양성에 관해서는 다음을 참조: 졸문, 『청소년 사목 활성화 방안에 관한 연구-또래 사목을 통한 청소년 사도 양성을 중심으로』, 석사학위논문, 가톨릭대학교대학원, 2005.

27 '사도직 중심의 청소년 사목' 흐름에서 조셉 카르딘은 소수의 엘리트를 양성하고 이들을 대중 조직 안에 파견하여 주변을 복음화하는 누룩의 역할을 하게 하였다. 카르딘의 핵심그룹 양성에 대해서는 본 연구 2장. I. 3. 사도직 중심의 청소년 사목 참조. 세인트 존 대학의 '신학과 사목 안에서의 청소년'(Youth in Theology and Ministry) 센터의 책임자인 제프리 카스터는 도제양성(Apprenticeship Training)을 통해서 청소년을 양성하는 것이 효과적이라고 주장한다. Cf. Jeffrey Kaster, "Young Disciple", Robert J. McCarty(ed.), *The Vision of Catholic Youth Ministry*, Saint Mary's Press, 2005, pp.59-67.

이동하면서 그에 맞는 가르침을 받음과 동시에, 자신이 이전에 소속되어 있던 단계에는 '양성시키는 자'로서 파견된다. 이 원칙에 따라 '청소년 사목자의 핵심그룹'이 형성될 수 있도록 양성의 단계가 계속 심화된다면, 이 핵심그룹은 순차적으로 다음 양성 단계로 파견되어 도제양성의 순환을 이루면서 한국 교회 청소년 사목 비전을 유지·확장시키게 될 것이다.

이와 같은 양성 단계의 심화를 위한 조직 전략으로는 앞서 청소년 사목 비전의 공유·확산 전략으로 내세운 바 있는 '청소년 리더 및 청소년 사목자 조직의 체계화'를 제시할 수 있다. 이 전략에서 중요한 것은 '청소년 리더가 되는 것'이 단순히 역할을 맡아 주어진 과업을 행하는 것이 아니라, 청소년 사목을 위해 양성되는 것이라는 의식의 전환이다. 즉, '청소년 리더'가 되는 사람은 이미 핵심그룹원이거나 핵심그룹원의 후보여야 하며 리더 역할 수행을 통해 핵심그룹원으로서의 양성이 심화되어야 한다. 체계화된 청소년 사목 조직 안에서의 리더 역할이 한국 교회 청소년 사목 양성 전략과 연계되어야 한다는 것이다.

이처럼 본당/지구/대리구/교구/전국 차원으로 이어지는 '청소년 리더'의 체계적 양성 및 양성 단계 전반의 기획·조정·실행 전략은 한두 본당이나 교구 차원에서 다루기에는 한계가 있다. 이것은 한국 교회 청소년 사목 비전을 지속하고 전수하기 위한 핵심 과정이므로 전국적 차원의 청소년 사목 기구가 이를 전담하는 것이 필요할 것이다. 본 연구자는 미국 교회나 필리핀 교회의 방식과 유사하게 한국 주교회의 산하에 '전국적 청소년 사목을 전담하는 최상위 기구'를 설치해야 한다고 본다.[28] 현재 한국

---

28 미국 교회의 경우 주교회의와 독립된 자체 법인으로 청소년 사목 전담 기구 인 NFCYM이 있으며, 필리핀 교회에는 주교회의 산하에 '청소년에 관한 주교 위원회'(The Episcopal Commission on Youth)가 있어 전국적 차원에서 청소년 사목 양성 전략을 관리하고 본당/지구/대리구/교구 간 사목적 소통의 핵심 역할을 수행하고 있다. Cf. Catholic Bishops' Conference of the Philippines Episcopal Commission on Youth, *op. cit.*, pp.176-177.

주교회의 산하에는 청소년 사목 위원회가 있으나, 임기가 제한된 총무와 1명의 직원만으로 운영되고 있어 전국의 청소년 사목을 위한 실질적 기획과 시행을 담당하기는 어렵다고 파악된다. 따라서 현재의 청소년 사목 위원회와 연대할 수 있는 '전국적 청소년 사목 전담 기구'를 별도로 설치하고, 그 산하에 청소년 사목에 전문성을 지닌 전임 청소년 사목자를 3-4명 정도 고용한다면 보다 효과적이고 실질적인 청소년 사목 통합 및 양성 전략을 구축할 수 있으리라고 본다. 또한 한국 교회의 사목 구조상 전문성과 지속성을 지닌 다수의 사제나 수도자를 청소년 사목 전담 기구에 전임으로 배정하기 어려울 수 있으므로, 평신도 청소년 사목 전문가를 확보하여 고용하는 방안이 적합할 것이다. 이처럼 현재 한국 교회 청소년 사목의 양성 전략에서 우선적으로 집중해야 할 부분은 '전국적 청소년 사목 전담 기구'를 설치하여 전국의 청소년 사목 전반을 통합 기획하고 전국적 청소년 사목 행사를 실행하며, 통합된 비전의 시선 아래 청소년 사목 전반을 관리 · 조정 · 실행할 수 있는 전문적 역량과 장기적 안목을 가진 인재를 양성하기 위한 양성 지침을 마련하는 데 있다고 하겠다.

'전국적 청소년 사목 전담 기구'에서 청소년 사목 비전에 맞게 사목 전반을 조정하고 양성 전략을 기획한다고 볼 때, 양성 전략의 구체적인 하위 내용들을 인계받아 실제로 그 전략을 시행하고 단계별로 핵심그룹을 양성시킬 수 있는 기관들도 존재해야 할 것이다. 그런데 이 기관들은 교구 차원에서 설립하기보다는 범교구적 · 전국적 차원의 비영리 독립 법인으로 설립하는 것이 보다 효과적이리라 생각된다.[29] 즉, '청소년 사목 전담 기구'의 양성 전략 방향에 따라 구체적인 양성 내용을 기획 · 제공하고, 양성 전략을 위한 제반 자료 수집 · 해외 청소년 사목 자료 번역 ·

---

29 미국 교회의 경우 Center for Minstry Development, Cultivation Minisry, Ministry Tranning Source 등 평신도들이 독립 법인으로 설립한 다양한 청소년 사목 센터들이 있고, 필리핀 교회의 경우에도 Bukal Ang Tipan Center가 있다.

효과적인 전략 실행을 위한 조사(전국 청소년 설문, 통계연구 등)·청소년 사목 관련 자료 전문 출판 등의 심화 연구를 수행하는 '청소년 사목 연구 센터'의 설립이 필요하다는 것이다. 이 센터는 '전국적 청소년 사목 전담 기구'와 상호 연대하는 것은 물론, 본당/지구/대리구/교구 청소년 사목과도 상호 협력하고 지지하는 관계를 이루어야 할 것이다. 그 관계를 바탕으로 '청소년 사목 연구 센터'는 전국적 차원의 양성 프로그램 시행, 본당이나 교구에 양성 프로그램 제공, 양성 전략 실행 인원 파견, 청소년 사목을 위한 설문조사 정보 제공, 연구 자료 출판 등을 시행함으로써 한국 교회 청소년 사목의 양성 전략 및 전반적인 사목 활성화에 다각적으로 기여할 수 있다.

한국 교회 청소년 사목 비전을 지속시키기 위한 양성 전략의 구체적 프로그램은 비전의 공유·확산 전략과 마찬가지로 추후 창의적인 개발이 가능하며, 본 연구에서는 프로그램 전략을 위한 몇 가지 방향성만을 제시하겠다. 복음화 개념의 '개인-공동체-세상의 복음화' 흐름에 따라 핵심그룹을 양성하기 위한 프로그램은 가장 먼저 개인적 차원의 전인적·영적 양성, 개인과 개인 간의 관계맺음과 그를 통한 그리스도와의 만남, 공동체 생활 안에서 친교와 나눔을 기반으로 해야 한다. 그리고 그 토대 위에서 일대일로 청소년 사목 양성 내용을 전수하는 '도제양성' 방식을 적용하는 것이 바람직하다고 본다. 이를 위한 프로그램의 한 가지 형태는 휴가나 방학 기간을 이용한 '봉쇄형 양성 프로그램'(lock-in program)이다. 이것은 양성 대상자들이 자신의 생활과 분리된 연수원 등에 입소하여 3-4주 정도를 함께 생활하면서 청소년 사목에 대한 집중 훈련을 받는 방식이다.[30] 그 외에 '생활 밀착형 양성 프로그램'도 가능하다.

---

30 미국 교회의 Youth in Theology and Ministry Program, Life-teen, The Three Day Encounter of a Lifetime 등이 대표적인 봉쇄형 양성 프로그램이다.

이는 양성 대상자들이 학교나 직장 등 기존의 개인 생활을 유지하되, 따로 마련된 '양성의 집'에서 숙박하도록 하여 저녁과 주말 시간을 양성에 활용하는 방식이다. 양성 대상자들은 3-6개월 단위로 '양성의 집'에 묵으면서 공동체 생활을 체험하고 주말에는 사목에 대한 집중 훈련을 받을 수 있다.[31]

이처럼 청소년 사목에 대해 본격적으로 훈련하는 '도제양성'의 방식 이외에도 주말을 이용한 청소년 사목자 양성 프로그램, 청소년 대표 양성 프로그램 등 단기적인 프로그램 시행이 가능하다. 또한 국내외 가톨릭대학교와 연계하여 청소년 사목에 대한 이론 및 실습 프로그램을 교내 학점 과정으로 이수할 수 있게 하거나, 청소년 사목자 표준 인증제를 시행하여 자격증 및 수료증을 발행할 수 있다.[32] 청소년 사목자 표준 인증을 위한 '청소년 사목 전문가 자질의 표준'을 마련하는 것도 한국 교회 청소년 사목 양성 전략의 효과적 시행에 도움이 되리라 본다.

4. 한국 교회 청소년 사목 전략에 대한 기타 논의

한국 교회 청소년 사목의 복음화 개념 및 '청소년이 개인·공동체·세상을 복음화하는 상호관계에서 능동적 주체가 되는' 사목적 비전을 본당 공동체 중심으로 공유·확산하면서, 동시에 비전을 지속하기 위한 양성까지 시행할 수 있는 방안으로는 교구 청소년 대회·전국 청소년

---

31 이러한 예로 미국 시카고 교구의 Amate House가 있다.

32 미국 교회의 경우 청소년 사목과 관련된 청소년 사목 자격증(Youth Ministry Certificate)·학사·석사 과정은 많은 가톨릭계 대학들과 청소년 사목 센터와 연결되어 있다. NFCYM의 홈페이지에 많은 정보가 있다. Cf. "Professional Development", NFCYM, 2008. 10. 3〈http://www.nfcym. org/profdev/academicopps.htm〉.

대회와 같은 대규모 행사를 활용하는 전략을 들 수 있다. 2007년 개최된 제 1회 한국 청년 대회를 통해 대규모 행사가 갖는 사목적 효과를 체험한 한국 교회 청소년 사목자들과 주교들은 본 연구를 위한 조사에서도 대규모 행사를 통한 청소년 사목 활성화를 제안하였다. 이러한 대규모 행사는 아시아 교회를 비롯한 타 지역 교회와 보편 교회에서도 청소년 사목 활성화를 위해 적극 활용하는 전략이다. 단, 대규모 행사의 사목적 효과는 그 목적을 분명히 할 때에만 드러난다는 것을 잊지 말아야 할 것이다. 본당/지구/대리구/교구/전국 청소년 대회와 같은 행사는 흥미와 규모 위주의 일회성 행사여서는 안 되며, 행사에 참여하는 이들의 마음 안에 청소년 사목 비전을 공감시켜줄 수 있어야 하고 참여하지 못하는 이들에게도 청소년 사목의 열정과 가능성을 보여줄 수 있어야 한다. 그리고 행사를 준비 · 실행 · 평가하는 과정에 청소년 사목자와 청소년 양성 프로그램이 통합되어, 대규모 행사를 치른 후에는 더 많은 이들이 청소년 사목의 복음화 비전을 위한 일꾼으로 성장해 있어야 한다. 이와 같이 행사의 목적을 분명히 공유한 뒤, '전국적 청소년 사목 전담 기구'와의 연대와 조정을 통해 각 본당/지구/대리구/교구별 청소년 대회가 활성화되고 전국 청소년 대회 안에서 청소년 사목을 위한 양성과 교류가 활발해진다면 행사의 효과는 더욱 확대될 것이다. 같은 관점에서 아시아 차원의 청소년 대회나 청소년 사목자 회의, 세계 청소년 대회 및 각종 청소년 사목 관련 국제 행사에의 참여를 장려하는 것도 한국 교회 청소년 사목을 활성화하고 성장시키기 위한 좋은 전략이라고 본다. 특별히 한국 교회의 세계 청소년 대회 개최는 청소년 사목을 총체적으로 활성화하기 위한 매우 탁월한 전략이 될 것으로 예상된다. 왜냐하면 준비 과정 · 본 대회 · 후속조치를 통해 한국 교회 청소년 사목의 복음화 비전을 공유할 수 있고 청소년 핵심그룹도 양성할 수 있으며, 전국에 걸친 청소년 사목의 체계적 조직화를 이루어 낼 수 있는 기회도 될 수 있기

때문이다.[33]

청소년 사목 비전을 공유하고 인재도 양성해낼 수 있는 대규모 행사와 더불어 한국 교회 청소년 사목을 위한 재정이나 공간 등의 물질적 지원의 확보도 중요한 전략 중 하나다. 지금까지 한국 교회의 물질적 지원은 청소년 사목보다는 다른 사목 분야에 집중되어 왔다.[34] 그러나 청소년 사목의 기본틀 확립을 통해 한국 교회 내에 청소년 사목의 중요성과 그 효과가 인식되고, 교회와 세상이 복음화되는 흐름이 강조된다면 청소년 사목에의 투자도 계속적으로 이끌어낼 수 있으리라고 본다. 또한 청소년 사목에 대한 투자도 '청소년이 개인·공동체·세상을 복음화하는 상호 관계에서 능동적 주체가 되는 것'이라는 명확한 비전 아래 있어야 효과적일 것이다. 청소년 사목 공간에서 이루어지는 프로그램이나 행사에 비교회적·세속적 컨텐츠가 주를 이루거나, 청소년 사목 재정이 국가의 청소년 복지 사업과 구분되지 않고 사용되는 것 등은 통합된 개념의 복음화를 달성하는 데 있어 비효율적인 전략이라 할 수 있다. 보다 효율적인 자원 활용을 위해서는 현재의 물적 자원을 우선적으로 본당 청소년 사목 활성화를 위해 사용해야 한다고 본다.[35] 본당 공동체를 통한 청소년 사목 활성화에 먼저 집중할 때 '복음화' 개념은 가장 효과적으로 이루어지며,

---

33　서울대교구 정진석 추기경은 2006년 추기경 서임 후, 한국 가톨릭 언론을 통해 세계 청소년 대회의 한국 유치를 위해 노력하겠다는 의사를 밝혔다. 참조: 주정아, "정진석 추기경 귀국 인터뷰", 『가톨릭신문』, 2008. 3. 16〈http://www.catholictimes.org/news/news_view.cath?seq=31584〉.

34　서울대교구의 경우 청소년 사목과 관련한 교회의 재정지원에 대한 설문조사에서 사제, 교리 교사, 학부모 응답자들은 대체로 부정적인 반응을 보였다. 참조: 천주교 서울대교구 시노드 사무국, 『청소년·청년 의안 준비위원회 설문조사 결과 보고서』, 2002, 42, 103, 358쪽.

35　NFCYM 등이 주관하여 미국 전역 96개 본당의 400명에게 실시한 '효율적인 청소년 사목을 위한 리서치' 결과를 보면 청소년 사목의 효율을 높이기 위해서 각 본당은 기도 시간, 각종 설비, 그리고 재정 지원에 사목적 우선순위를 두고 청소년을 지원할 것을 언급하고 있다. Cf. Thomas East, *Effective Practice for Dynamic Youth Ministry*, Saint Mary's Press, 2004, p.81.

이는 자연스럽게 가정·학교·사회의 청소년에게로 확장되어 나갈 수 있기 때문이다.

청소년 사목을 위한 공간은 본당 청소년의 현실과 문화를 반영하고 이를 활성화하는 교회적 콘텐츠로 채워져야 한다. 청소년 사목의 재정 역시 국가나 시로부터 위탁을 받아 운영하는 청소년 복지시설보다는 본당/지구/대리구/교구의 청소년 사목 자체를 위한 부분에 더 집중해야 한다. 이는 한국 교회 청소년 사목이 비전에 초점을 두고 모든 것의 우선순위를 결정해야 함을 의미하는 것이다.[36] 현재 각 교구 청소년국의 '청소년 재단 법인'이 행하고 있는 국가 청소년 복지 사업에 치우쳐 있는 물적 지원의 방향성을 수정하고, 교구 내 본당/지구/교구 중심의 '청소년 사목 법인'의 설립을 통해 본당 청소년 사목을 위한 지원 계획을 마련함으로써 청소년 사목 기본틀에 적합한 효과적 사목 활성화를 실현할 수 있을 것이다.

Ⅳ 소결

본 연구를 통해 제안하는 한국 교회 청소년 사목의 기본틀은 〈표 12〉와 같이 요약할 수 있다. 기본틀의 중심이 되는 한국 교회 청소년 사목 비전은 '청소년이 개인·공동체·세상을 복음화하는 상호관계에서 능동적 주체가 되는 것'이다. 여기에서 '개인·공동체·세상의 복음화'로

---

36 참조: 서기원, 「본당에서의 청소년 사목에 대하여」, 『사목연구』15(2005/겨울), 가톨릭대학교사목연구소, 67-68쪽.

명시된 복음화 개념은 보편 교회 청소년 사목 비전의 복음화와 같이, 개인의 내적 변화에서부터 외부를 향한 사도직 실행까지를 포괄하는 통합적 의미를 갖는다. 본 연구에서는 이를 세 단계로 살펴보았다.

첫째 단계는 '청소년 개인이 내적으로 복음화되는 것'이다. 이 단계를 위해서는 청소년 사목자가 청소년 삶의 현실, 즉 그들의 신체 변화나 심리 상황, 문화 등에 그리스도의 마음으로 육화하고 청소년을 이해·수용·배려하는 과정이 선행되어야 한다. 그 과정에서 사목자가 그리스도의 사랑을 보여주며 청소년과 깊은 관계를 맺을 때 청소년은 그리스도와 교회에 마음으로 귀의하고자 하며 그리스도를 깊이 있게 알고 관계 맺기를 원하게 된다. 개인기도 및 공동기도, 교회의 성사와 전례에 참여하는 것 또한 청소년 개인의 내적 복음화를 심화시켜 준다.

이러한 개인의 내적 복음화는 외부를 향한 사도직 실천으로 이어져야 한다. 이에 따라 한국 교회 청소년 사목 비전의 둘째 단계인 '복음화된 청소년 개인이 주변 공동체를 복음화하는 것'이 비전 내용에 통합된다. 내적으로 복음화된 청소년 개인은 먼저 자신이 소속된 주변 공동체를 향해 사도직을 실천하게 된다. 이러한 사도직 실천은 공동체 생활에 능동적·적극적으로 참여하고, 공동체원 상호 간에 친교를 이루는 가운데 그리스도의 나눔과 일치의 신비를 체험하는 것으로 드러난다. 내적으로 복음화된 청소년이 공동체에서 주도적인 역할을 담당할 때 그 청소년은 공동체의 리더가 되어 다른 공동체원들에게 최초의 복음을 선포하고 그리스도의 사랑을 보여주게 된다.

둘째 단계에서 '주변 공동체'의 범위가 확장될 때, 한국 교회 청소년 사목 비전은 '내적으로 복음화된 청소년 개인과 공동체가 세상을 복음화'하는 셋째 단계까지를 포괄하게 된다. 이 단계는 청소년 개인이 전 교회와 사회를 복음적 가치로 변화시키는 주체이자 리더로서 주변과 관계를 맺고 복음을 선포하며 그리스도를 전하는 것이다.

〈표 12〉 한국 교회 청소년 사목의 기본틀 제안

비전		청소년이 개인·공동체·세상을 복음화하는 상호관계에서 능동적 주체가 되는 것
		복음화 개념의 세 가지 단계 1. 청소년 개인의 내적 복음화 2. 복음화된 청소년 개인이 주변 공동체를 복음화 3. 복음화된 청소년 개인과 공동체가 세상을 복음화
구성요소		사목적 배려, 교리교육, 기도와 전례, 공동체 생활, 지도력 개발, 옹호, 복음말씀 선포, 정의와 봉사, 세계시민의식
전략	구성요소 활성화 전략	• 아홉 가지 구성 요소의 각 범주 내 활성화 및 여러 요소가 어우러질 수 있는 종합적 전략 기획 • 아홉 가지 구성 요소의 균형 있는 활성화 및 현재 한국 교회 현실에 따른 우선순위 비중 고려
	비전의 공유 / 확산 전략	◉본당 공동체 전체에 먼저 비전 공유, 그리고 주변 공동체와 통합되어 상호작용하고 연대하게 되는 단계 • **조직 전략** : 본당/지구/교구/전국에 청소년 주체의 조직 체계화 : 대표 간에 소통할 수 있는 연석회의 마련 • **프로그램 전략** : 본당 내 관계 형성 프로그램, 복음 나눔, 축제 행사 등 : 가정 공동체와 연대하는 청소년 사목 홍보 및 부모 교육 : 본당 주임 사제 대상의 청소년 사목 홍보 및 교육 프로그램 : 청소년 사목자 회의나 공청회 개최
	비전 지속을 위한 양성 전략	◉청소년 사목자 및 청소년 리더 양성 • **조직 전략** : 양성 단계 심화를 통한 핵심그룹 형성 및 파견 : 청소년 사목자 및 청소년 리더 역할을 통한 핵심그룹 체계화 : 주교회의 산하에 전국 차원의 청소년 사목 전담 기구 설치 : 범교구적 비영리 청소년 사목 연구 센터 설립 • **프로그램 전략** : 도제양성 방식의 봉쇄형(lock-in) 및 생활밀착형 집중 양성 : 주말을 활용한 피정 및 양성 프로그램 : 가톨릭대학교와 연계한 청소년 사목자 자격 인증제
	기타 전략	• 비전 공유와 양성을 목적으로 하는 대규모 행사 (본당/교구/전국 청소년 대회, 아시아·세계 청소년 대회 등) • 청소년 사목 비전에 초점을 둔 재정·공간 지원 확보

　한국 교회 청소년 사목 비전의 세 단계는 순차적으로 이루어지는 과정이지만, 청소년 개인의 내적 복음화가 시작되고 난 이후에는 모든 단계가 유기적으로 얽혀 동시다발적으로 이루어지며 순환 과정으로 연결된다. 현재 한국 교회 청소년 사목은 청소년 개인의 내적 복음화를 위해 선행되어야 할 '청소년 사목자의 청소년에 대한 이해·수용·사랑과 관계 맺기'가 제대로 이루어지지 않은 상황이므로, 우선 청소년 사목 비전의 첫째 단계부터 충실히 기반을 닦는 것이 앞으로 공동체의 복음화와 대사회적 복음화를 실현하기 위해 중요할 것이다.

　한국 교회 청소년 사목 비전을 구체화하는 세부 구성요소는 복음화의 통합적 개념을 중심으로 다음과 같이 아홉 가지로 정리할 수 있다. 사목적 배려·기도와 전례·교리교육·공동체 생활·지도력 개발·옹호·복음말씀 선포·정의와 봉사·세계시민의식이 그것이다. 각각의 구성요소는 고유의 성격에 따라 정도의 차이는 있으나, 공통적으로 청소년 개인의 내적 복음화 및 사도직 실천을 통한 공동체의 복음화, 나아가 전 교회와 세상의 복음화까지를 통합적으로 추구한다. 그리고 궁극적으로 구성요소의 모든 역동에서 청소년이 능동적 주체가 되는 것을 지향한다.

　한국 교회 청소년 사목 전략에 대해서는 크게 세 가지 방향으로 나누어 제안하였다. 첫 번째는 '청소년 사목 구성요소 활성화 전략'으로, 이를 위해 아홉 가지 구성요소를 균형 있게 활성화시키기 위한 통합적 전망이 필요하다. 이때 주목할 점은 아홉 가지 구성요소 전체를 한 번에 활성화하려고 노력하기보다는, 현재 한국 교회 청소년 사목의 현실에 맞추어 '사목적 배려'와 같이 청소년 사목자와 청소년이 만남을 갖고 관계를 심화할 수 있는 요소부터 우선적으로 강조해야 한다는 것이다.

　두 번째로 '비전을 공유하고 확산하기 위한 전략'을 위해서는 먼저 집중적으로 청소년 사목이 이루어질 수 있는 본당 공동체 안에서 청소년 사목 비전을 공유하고, 이후 청소년의 가정·학교 등 주변 공동체로 점차 확산시켜 나가는 구체적 전략이 필요하다. 이를 위한 조직 측면의 전략은 본당/지구/교구/전국에 청소년 리더 조직을 체계화하는 것, 조직 리더들 간에 소통할 수 있는 연석회의를 마련하는 것을 들 수 있다. 프로그램 측면의 전략으로는 본당 공동체 내 관계형성 프로그램·복음 나눔·축제나 행사를 통한 비전 공유·가정 공동체와 연대하는 청소년 사목 홍보 및 부모 교육·본당 주임 사제를 대상으로 한 청소년 사목 홍보 및 교육 실시·청소년 사목자 회의나 공청회 개최 등이 있다.

세 번째는 '비전을 지속하기 위한 양성 전략'이며, 여기에서는 우선 청소년 사목자를 양성하고 그 흐름이 청소년 양성으로까지 이어질 수 있도록 하는 시선이 중요하다. 청소년 사목자 양성을 위해서는 사제·수도자에 대한 전문적인 청소년 사목 교육, 청소년 사목자 양성의 지침 마련, 평신도 청소년 사목 전문가 양성 및 고용 안정화 등이 요구된다. 이를 위한 조직 전략으로는 양성 단계 심화를 통한 '청소년 사목 핵심그룹' 형성과 이들의 파견, 청소년 사목자 및 청소년 리더 훈련을 통한 핵심그룹 체계화, 주교회의 산하에 전국적 차원의 청소년 사목 전담 기구 설치, 범교구적인 청소년 사목 연구 센터 설립 등이 있다. 프로그램 전략으로는 도제양성 방식을 활용하는 봉쇄형 또는 생활밀착형 집중 양성 프로그램, 주말을 활용하는 피정 프로그램, 가톨릭대학교와 연계하는 청소년 사목자 자격 인증제 등이 있다.

위의 세 가지 청소년 사목 전략 이외에 기타 전략으로는 비전 공유·확산 및 양성 전략을 동시에 실행할 수 있는 본당/교구/전국 청소년 대회, 아시아·세계 청소년 대회 참여 및 한국에서의 세계 청소년 대회 개최 등을 제안하였다. 또한 청소년 사목 비전에 명확히 초점을 맞춘 재정 활용과 공간 지원 확보 등도 한국 교회 청소년 사목 활성화를 위해 중요하게 고려되어야 할 점이다.

제 5 장

결 론

오늘날 한국 교회의 청소년 사목은 위기에 직면해 있다. 교회 내 청소년 신자 수의 계속적인 감소는 그 위기 상황을 드러내 보여준다. 청소년의 교회 참여가 줄어들고 있는 이유로 청소년 사목자 수 감소 및 자질 부족·사목의 장기 전망 부재·주입식 교리 전달 방식·재정적 지원 부족 등 교회 내적 원인이 일차적으로 지적되어 왔다. 또한 현대 사회의 세속화 경향 및 물질만능주의·신앙보다 자녀의 학업을 우선시하는 부모의 가치관 등과 같은 교회 외적인 문제들도 청소년을 교회로부터 멀어지게 하는 원인이라고 볼 수 있다. 본 연구는 이러한 교회 외적 원인에 대해서는 논외로 하고, 특별히 교회의 내적 원인들에 주목하여 현재의 위기 상황을 사목신학적 관점으로 진단하고 극복할 수 있는 방안을 모색하고자 했다. 그 과정 안에서 본 연구자가 파악한 한국 교회 청소년 사목의 사목적 위기를 야기하는 핵심 원인은 신학적 기반이라고 할 수 있는 사목의 기초 토대가 뚜렷이 정립되어 있지 않다는 것이었다. 이는 활성화된 다른 교회의 청소년 사목과 비교해 볼 때 더욱 두드러지는 문제점이다. 그리하여 한국 교회 청소년 사목을 활성화하기 위해서 우선적으로 사목신학적 기초 토대를 마련하는 것이 중요하다고 확신하였다. 이에 본 연구자는 한국 교회 청소년 사목의 토대가 될 수 있는 '청소년 사목의 기본 틀', 즉 청소년 사목의 장기 전망이자 지향인 '비전'과 그 내용을 구성하 는 명확한 '구성요소', 이를 실천하기 위한 '전략'을 제안하는 데 연구의 초점을 맞추었다.

한국 교회 청소년 사목의 기본틀 내용을 제안하기에 앞서, 본 연구의 2장에서는 공시적·통시적 관점에서 보편 교회와 각 지역 교회의 청소 년 사목 관련 교회 문헌을 연구함으로써 각 교회가 지닌 청소년 사목의 기본틀을 파악하고자 했다.

초대 교회에서부터 오늘날까지의 보편 교회 청소년 사목의 흐름은 크 게 네 가지로 정리해 보았다. '교리지식 중심의 청소년 사목'에서 시작된 사목 경향은 19세기 말 '사목적 사랑의 청소년 사목'과 '사도직 중심의 청소년 사목'을 거쳐, 20세기 말에 이르러 교황 요한 바오로 2세에 의해 '통합되는 청소년 사목'으로 정립되었다. '통합되는 청소년 사목'의 흐 름으로 대표되는 현대 보편 교회의 청소년 사목 비전은 '청소년이 복음 화의 주역이 되는 것'으로 파악할 수 있었다. 보편 교회 청소년 사목의 구성요소로 현대 복음화의 총체적 개념을 구성하는 개인적 마음의 귀 의·복음말씀(성경) 설교·교리지식 교육·교회의 전례 및 성사 참여· 공동체 친교의 생활 참여·생활의 증거와 공동체 봉사·전 세계 현실적 문제에 대한 실천적 신앙 증언이라는 7개 요소를 꼽을 수 있었다. 그리고 보편 교회는 청소년 사목 비전을 달성하기 위해 '세계 청소년 대회'로 대 표되는 전략을 내세웠다. 오늘날 세계 청소년 대회는 보편 교회 청소년 사목의 비전을 공유 및 확산하는 역할을 하고 있으며, 아울러 세계 청소년 대회를 기획·실행하는 과정을 통해 보편 교회와 각 지역 교회는 청소년 사목자와 청소년을 양성하고 각 지역 내 사목 조직을 체계적으로 정비해 왔다.

현대 지역 교회는 이와 같은 보편 교회 청소년 사목의 기조를 이어

받아, 각 대륙 교회별로 '청소년 사목 기본틀'을 제시하고 있었다. 북아메리카 교회를 대표하는 미국 교회는 청소년 사목 비전으로 '청소년이 그리스도의 구원 사업을 지속하는 교회 공동체의 구성원으로서 교회의 삼중 사명(예언직·사제직·왕직)을 살아갈 수 있도록 하는 것'을 제시하였다. 미국 교회 청소년 사목의 특성은 청소년을 향한 교회의 선행적 노력을 강조한다는 점, 그리고 포괄적 시선으로 청소년 사목을 실행한다는 점을 들 수 있다. 따라서 미국 교회는 보편 교회 청소년 사목의 구성요소를 포괄적 시선으로 해석하여 옹호·교리교육·공동체 생활·복음화·정의와 봉사·지도력 개발·사목적 배려·기도와 전례라는 여덟 가지 요소로 정리하였다. 미국 교회 청소년 사목 전략은 '청소년 사목 지침서' 보급을 통한 비전의 공유 및 확산, 전국적 차원의 청소년 사목 전담 기관 NFCYM 설립, 전문적인 평신도 청소년 사목자 양성으로 밝혀졌다.

라틴아메리카 교회의 청소년 사목 비전은 '청소년이 그리스도의 부르심을 깨닫고, 그를 따라서 스스로의 삶과 교회와 세상에 사랑의 문명을 건설하는 주체가 되는 것'으로 드러났다. 라틴아메리카 교회의 청소년 사목 특성은 현실을 중심으로 한 '관찰-판단-실천'의 귀납적 과정을 따른다는 것으로, 청소년 사목 구성요소 또한 보편 교회 청소년 사목 구성요소를 현실 중심적으로 해석하여 적용하고 있었다. 라틴아메리카 교회의 청소년 사목 전략으로는 전 대륙에 걸친 청소년 사목 조직화 및 청소년 또래 리더인 투사 양성을 주된 내용으로 정리할 수 있었다.

아시아 교회 청소년 사목 비전은 '청소년이 그리스도를 따라 아시아의 현실에 육화하는 복음화의 주체가 되는 것'이었다. 아시아 교회는 청소년 사목에서 공동체의 일치와 화합을 중시하여 개인과 공동체 간의 협력과 연대 및 대화를 강조하는 특성을 갖고 있었다. 아시아 교회의 청소년 사목 전략은 FABC 산하에 청소년 데스크를 설치하고, 각종 회의와 모임을 통해 대화와 연대의 장을 마련하는 것이었다.

그 외에 유럽·아프리카·오세아니아 교회의 경우 대륙 전체에 걸친 청소년 사목 논의가 20세기 중반 이후부터 이루어지고 있으며, 기본틀은 정립되지 않았으나 현재 그를 위한 논의가 활발히 이루어지고 있었다.

이상과 같은 연구를 통해 보편 교회와 각 지역 교회의 문헌을 통해 연구한 '청소년 사목의 기본틀'은 현대 한국의 상황에 맞는 '청소년 사목 기본틀'의 예시를 만드는 데 도움이 되었다. 그리하여 3장에서는 이렇게 만들어진 예시를 한국의 청소년 사목자들과 청소년에게 제시한 다음, 그에 대한 의견을 조사하여 그 결과를 분석하였다. 그리고 이 과정을 통해 현재 한국 교회의 청소년 사목 현황 및 '청소년 사목의 기본틀'에 대한 사목 현장의 의견을 파악·반영하고 나아가 보다 발전적인 방향으로 기본틀의 내용을 구성하고자 했다.

3장의 조사연구를 통해 드러난 주목할 만한 결과는 보편 교회 및 지역 교회의 청소년 사목 비전과 한국 교회 청소년 사목자들의 비전 개념 간에 차이가 있다는 점이었다. 보편 교회 및 지역 교회는 한 개인이 그리스도와의 관계 안에서 전심으로 귀의하는 '개인의 내적 복음화'가 공동체 참여·봉사 등의 각종 사도직 활동으로 이어져 '공동체의 복음화'를 이루고 나아가 '전 교회와 세상의 복음화'를 도모한다는 세 단계의 총체적인 순환 과정을 청소년 사목의 기반으로 삼고 있었다. 그리고 복음화의 총체적 개념을 구성하는 모든 요소에 있어 '청소년이 주역이 되어야 한다'는 내용을 청소년 사목 비전으로 확립하고 공유하고 있음이 확인되었다.

이에 비해 한국 교회 청소년 사목자들의 경우, 복음화의 총체적 개념 중 '청소년에 대한 사목자의 이해와 대화 및 사랑의 통교'와 '개인적 마음의 귀의'라는 두 가지 요소에 집중적인 관심을 보이면서 이를 청소년 사목의 비전으로 생각하고 있었다. 그들은 또한 복음화의 또 다른 요소인 '공동체 친교의 생활 참여'와 '복음말씀 선포'에 대해서도 관심을 보였지만, 보편 교회나 지역 교회가 표현하는 총체적 개념과는 다소 차이가 있는 제한적 의미로 해당 단어를 받아들이는 것으로 나타났다. 이러한 조사결과를 통해 본 연구는 현재 한국 교회의 청소년 사목 비전이 복음화 개념의 일부인 '청소년 개인의 내적 복음화'에 치중되어 있다는 것, 즉 청소년 사목자가 청소년을 이해하고 수용하면서 관계를 맺고 그 관계를 통해 청소년이 그리스도에게 마음을 열고 개인적 신앙을 심화할 수 있도록 하는 데 사목의 주된 초점을 맞추고 있다는 것을 발견하였다. 이처럼 청소년 사목 비전에 대한 조사에서 한국 교회의 비전이 타 교회 비전의 일부만을 반영하는 제한적 내용임을 파악할 수 있었다.

반면에 청소년 사목 구성요소에 대한 조사에서는 대다수의 청소년 사목자들이 예시에 제안된 아홉 가지 구성요소 모두가 한국 교회 청소년 사목 현장에 필요하다고 응답하였다. 아홉 가지 구성요소는 보편 교회 및 지역 교회의 복음화 비전을 구성하는 모든 내용을 반영한 것이므로, 이러한 결과는 비전에 대한 조사결과와는 상충되는 것이었다. 이를 통해 본 연구는 한국 교회 청소년 사목자들이 사목 현장 경험에 의해 복음화의 모든 요소가 고루 필요하다는 점은 인지하게 되었으나, 각 요소들이 복음화 개념을 중심으로 통합됨으로써 청소년 사목의 궁극적 지향인 비전을 형성한다는 데 대한 시선은 부족하다고 보았다. 그러므로 통합적 시선으로 청소년 사목의 비전과 구성요소의 유기적 상관관계를 밝히고 그 내용을 명시할 수 있는 '청소년 사목의 기본틀'의 필요성을 거듭 확인할 수 있었다.

청소년 사목 전략에 대한 조사에서도 많은 청소년 사목자들이 공동체 차원이나 대사회적 차원의 복음화 전략보다 청소년 개인의 내적 성장을 위한 전략을 중요하게 생각하고 있음을 알 수 있었다. 그리고 보편 교회와 지역 교회에서 통합적 시선의 비전을 지속하기 위해 주요 전략으로 내세우는 '청소년 사목자 양성 전략'에 대해서, 한국 교회 청소년 사목자들은 양성의 중요성에는 동의하였으나 현재의 사목 구조의 한계로 인해 실제 실행하기는 쉽지 않을 것이라고 보았다. 따라서 현재 한국 교회 청소년 사목의 전략 방향 역시 비전에 대한 시선과 마찬가지로, 복음화의 총체적 개념을 구성하는 개인의 복음화·공동체의 복음화·세상의 복음화 중에서 청소년 개인의 내적 변화에만 초점이 맞추어져 있으며 외부를 향한 사도직 활동 전략에 대한 선호도는 높지 않다는 것을 파악할 수 있었다.

본 연구는 위와 같은 조사결과와 논의를 통해 현재 시점에서 '청소년 사목의 기본틀'을 제안하는 것이 중요하다는 점을 재차 확인하였다. 그래서 현재 청소년 사목 현장이 지닌 비전에 대한 제한된 시선을 확장하고 현장에서 필요로 하는 모든 구성요소를 그 비전 안에 통합시키며, 청소년 사목 비전의 실현을 향해 효율적으로 나아가도록 하는 핵심 전략 방향을 포함시켜 '청소년 사목의 기본틀' 내용을 구상하였다. 그리고 이를 4장에서 최종적으로 제안하였다. 한국 교회 청소년 사목의 비전으로는 '청소년이 개인·공동체·세상을 복음화하는 상호 관계에서 능동적 주체가 되는 것'을 명시하였다. 여기에서 '개인·공동체·세상의 복음화'로 명시된 복음화 개념은 보편 교회 청소년 사목 비전의 복음화와 동일하게 쓰이는 개념으로 청소년 개인의 내적 변화로부터 외부를 향한 사도직 실행까지를 모두 포괄하는 통합적 의미다. 청소년 개인의 내적 복음화는 각 개인의 사도직 활동, 즉 주변 사람들에게 복음을 전하는 활동이나 소속 공동체에의 봉사 및 주도적 리더 활동을 통해 공동체의 복음화로 이어지며, 나아가 교회와 세상을 복음화하는 흐름으로까지 이어질 수 있다. 한국 교회의 청소년 사목 비전은 이러한 '개인·공동체·세상의 복음화'의 세 가지 단계가 순차적이면서도 유기적인 관계를 이룬다는 것을 통합적 시선으로 이해하고, 청소년이 그 모든 단계를 움직여 나가는 복음화의 능동적 주체가 되도록 하는 것이다. 이로써 한국의 청소년 사목이 현재 중점을 두고 있는 '청소년 개인의 내적 복음화'를 가장 우선적으로 추구하면서도 그 단계에만 고착되지 않고, 장기적인 시선으로 교회의 복음화 사명을 수행해 나갈 수 있다고 보았다.

한국 교회 청소년 사목 비전의 내용을 구체화하는 청소년 사목 구성요소로는 복음화의 통합적 개념을 구성하는 아홉 가지 구성요소, 즉 사목적 배려·교리교육·기도와 전례·공동체 생활·지도력 개발·옹호·복음말씀 선포·정의와 봉사·세계시민의식을 제시하였다. 이 내용에 대해서는 앞서 조사결과에서 한국 교회 청소년 사목자들이 그 필요성에 모두 동의한 바 있다. 본 연구에서는 각각의 구성요소가 독립적인 것이 아니라, 총체적으로 연결되어 청소년 사목 비전의 내용을 구성한다는 점을 명시함으로써 '청소년 사목의 기본틀' 구조 아래 비전과 구성요소를 연결하여 이해할 수 있도록 하였다.

한국 교회 청소년 사목의 전략으로는 구성요소 활성화 전략, 본당 공동체로부터 시작되는 청소년 사목 비전 공유 및 확산 전략, 청소년 사목의 통합된 비전을 지속적으로 이어나가기 위한 인재 양성 전략의 세 가지로 나누어 제시하였다. 이는 보편 교회 및 지역 교회에서 공통적으로 추진하고 있는 핵심 전략 방향들로, '청소년 사목의 기본틀' 구조 하에 비전과 구성요소를 효과적으로 활성화하기 위해 갖추어야 할 기본적인 내용이라고 하겠다. 각 전략 방향 아래 조직 전략과 프로그램 전략을 위한 아이디어를 제시하고, 비전 공유와 양성을 동시에 이룰 수 있는 대규모 행사의 개최 및 청소년 사목 비전에 초점을 둔 재정 활용 및 공간 지원 확보 등의 제안도 추가하였다. 보다 구체적·세부적인 전략 기획은 사목 현장의 상황과 시기에 맞추어 유연성 있게 이루어질 수 있을 것이다.

본 연구에서 제안하는 '청소년 사목의 기본틀'을 통해 한국 교회 청소년 사목 비전이 '복음화의 모든 요소와 그 상호작용에 있어 청소년이 능동적 주체가 되는 청소년 사목'으로 정립되고, 아홉 가지 구성요소로

그 내용이 충실하게 채워지며 그에 따라 제시된 효율적인 전략이 시행
된다면 현재 한국 교회가 겪고 있는 위기 상황을 효과적으로 극복할 수
있으리라 기대한다. '한국 교회 청소년 사목의 기본틀'은 한국 교회 청
소년 사목의 토대가 되어 교구와 본당의 청소년 사목활동을 점검하고
발전시킬 수 있는 평가지표를 제공하며, 보다 폭넓은 시선과 장기적 방
향성을 명료하게 제공할 수 있을 것이다. 그러므로 미시적인 문제 상황
에 매몰되거나 일시적 · 지엽적 해결책으로 인해 결국 같은 위기를 반복
적으로 겪게 되는 부분도 극복할 수 있게 되리라고 본다. 또한 본 연구
에서 제시하는 '한국 교회 청소년 사목의 기본틀'은 향후 청소년 사목
연구에 이론적 내용을 제공할 수 있으며, 한국 천주교 주교회의나 각 교
구에서 청소년 사목 지침서를 마련할 때 통합적으로 고려할 수 있는 안
내 혹은 실제 활용 가능한 모델이 될 수 있으리라 본다. 한국 교회 전체
혹은 교구의 청소년 사목 구조 개편, 청소년 사목자 양성 과정 기획 등
실질적 전략 방향에서도 '청소년 사목 기본틀'의 내용을 활용할 수 있을
것이다.

본 연구가 제안하는 '한국 교회 청소년 사목 기본틀'은 연구 자료의
시공간적 한계, 개인 연구자로서의 언어적 · 문화적 한계 및 연구 대상
의 제한 등으로 인해 여러 가지 보완해야 할 사항이 있을 것이다. 본 연
구는 청소년 사목 전반을 아우르는 통합적 시선과 기초 토대를 최초로
마련하는 데 초점을 두었으므로, 이를 기반으로 한 보다 구체적이고 세
부적인 연구는 앞으로 보다 심화 · 확산되어야 할 것이다. 후속 연구를
통해 청소년 사목에 대한 활발한 논의가 계속 이어지기를 바라며, 마지
막으로 본 연구에서 다루지 못한 내용에 대하여 다음과 같이 제언하고
자 한다.

첫째, 본 연구에서 실시했던 최초의 전국 청소년 사목 조사에 대해
보다 심도 있는 분석 · 연구 및 정기적인 추적 조사(follow-up)가 이루어

져야 한다고 본다. 본 연구는 '청소년 사목의 기본틀'을 형성하는 주된
방향을 추출하는 데 초점을 맞추었기 때문에, 조사결과 중에서 전략 아
이디어의 세부적인 내용에 대해서는 크게 다루지 않았다. 그러므로 이
를 추가적으로 분석하고 심화한다면 각 교구나 본당에서 구체적·세부
적 추진 계획(action plan)을 마련하는 데 기초 자료가 제공될 수 있을 것
이다.

둘째, 한국의 청소년 사목 현장에 맞게 '청소년 사목의 기본틀'을 적
용하려는 노력이 필요하다. 본 연구에서 제안하는 청소년 사목 비전의
통합적이고 장기적인 시선을 공유하되, 조사결과에서 현재 청소년 사
목자들의 가장 큰 갈망으로 드러난 '청소년 사목자와 청소년 간의 개
인적 관계 심화' 및 이를 통한 '청소년 개인의 내적 복음화'에 우선적
으로 사목적 관심을 기울여야 할 것이다. 이는 사목 현장에서 '청소년
사목의 기본틀'을 온전하게 추구하기 위한 중요한 출발점이 되기 때문
이다.

셋째, 주교단 차원에서 '한국 교회 청소년 사목의 기본틀'을 발표하
고 확립하고자 할 경우 국가 차원의 '청소년 사목의 기본틀'을 갖추고
있는 여러 지역 교회에 대한 연구가 추가되어야 할 것이다. 현재 필리
핀·인도·뉴질랜드·독일 교회 등은 '청소년 사목의 기본틀'을 확립
한 상태이며, 영국·오스트레일리이 교회의 깅우 '청소년 사목의 기본
틀'을 기획하는 과정 중에 있다. 본 연구에서 제안하는 '한국 교회 청소
년 사목의 기본틀' 내용을 각 국가 교회의 '청소년 사목의 기본틀'과 비
교·분석한다면, 추후 한국 천주교 주교회의 주관으로 마련될 수 있는
'한국 교회의 청소년 사목 지침서' 내용에 실질적인 도움이 되리라고
본다.

한국 교회 청소년 사목이 오늘날의 위기를 극복하는 데에 본 연구가
부족하나마 기여할 수 있기를 바라며, 본 연구 이후로도 청소년 사목에

대한 관심과 연구가 더욱 확산되기를 바란다. 이를 통해 한국 교회 청소년 사목이 활성화 된다면 더 많은 청소년이 교회로 초대되고, 그들이 그리스도의 사도로서 복음화의 주체가 되어 젊음과 활기가 넘치는 교회를 만들어 나갈 수 있을 것이다. 그리고 그 젊음을 통해 양성된 청소년이 전 세계 인류를 복음화하는 교회의 사명에 더 깊이 투신하고 기여할 수 있기를 희망한다.

▌참고문헌

1. 성경

『성경』, 한국천주교주교회의, 2005.

2. 사전 및 전집류

『한국 가톨릭 대사전』, 한국교회사연구소, 1985.

『한국 가톨릭 대사전』, 한국교회사연구소, 1995-2005.

Donald Wertlieb(ed.), *Handbook of Applied Developmental Science* vol.3, Thousand
  Oaks, Sage publications, 2002.

Eggenberger, David(ed.), *New Catholic Encyclopedia*, Washington, D.C., McGraw-Hill,
  1966-1974.

Alberigo, Giuseppe et alii, Les conciles oecuméniques, tome 2, Paris, Cerf, 1994.

3. 교회문헌

레오 13세, 「새로운 사태」, 최영철 옮김, 한국천주교중앙협의회, 1995.

바오로 6세, 「현대의 복음 선교」, 이종흥 옮김, 한국천주교중앙협의회, 1994.

________, 「교회에 관한 교의 헌장」, 강대인 옮김, 『제 2차 바티칸 공의회 문헌』,
  한국천주교중앙협의회, 2002.

________, 「전례 헌장」, 김종수 옮김, 『제 2차 바티칸 공의회 문헌』, 한국천주교중
  앙협의회, 2002.

________, 「주교 교령」, 김남수 옮김, 『제 2차 바티칸 공의회 문헌』, 한국천주교중
  앙협의회, 2002.

________, 「평신도 사도직에 관한 교령」, 김남수 옮김, 『제 2차 바티칸 공의회 문
  헌』, 한국천주교중앙협의회, 2002.

비오 11세, 「사십 주년」, 오경환 옮김, 한국천주교중앙협의회, 1987.

요한 23세, 「어머니요 스승」, 강대인 옮김, 『교회와 사회』, 한국천주교중앙협의회,
  1994.

요한 바오로 2세, 「현대의 교리교육: 교황 요한 바오로 2세의 사도적 권고」, 성염 옮김, 한국천주교중앙협의회, 1980.

___________, 『교회법전』, 한국 주교회의 교회법위원회 옮김, 한국천주교중앙협의회, 1989.

___________, 「평신도 그리스도인」, 강대인 옮김, 한국천주교중앙협의회, 1989.

___________, 「전세계의 젊은이들에게」, 강대인 옮김, 한국천주교중앙협의회, 1993.

___________, 「청소년의 아버지」, 한국천주교살레시오회 옮김, 돈보스꼬정보문화센터, 1995.

___________, 「생명의 복음」, 송열섭 옮김, 한국천주교중앙협의회, 1996.

___________, 「아시아 교회」, 김웅태 옮김, 『가톨릭 교회의 가르침』14호, 한국천주교중앙협의회, 2000.

교황청 성직자성, 「교리교육 총지침」, 한국천주교중앙협의회, 2001.

라틴아메리카주교단협의회사무국, 『제 2차 라틴아메리카 주교단 총회 최종 결의-메델린 문헌』, 김수복-성염 옮김, 분도출판사, 1989.

___________, 『제 3차 라틴아메리카 주교단 총회 최종 결의-푸에블라 문헌』, 성찬성 옮김, 분도출판사, 1991.

주교회의 교리교육 위원회, 『한국 천주교 교리교육 지침』, 한국천주교중앙협의회, 2005.

천주교 서울대교구, 『희망을 안고 하느님께』(서울대교구 시노드 후속 교구장 교서), 천주교 서울대교구, 2003.

한국 천주교 주교회의, 『한국 천주교 사목지침서』, 한국천주교중앙협의회, 1995.

한국천주교회 200주년 기념 사목회의위원회, 「청소년사목 의안」, 『사목회의 의안』, 200주년 기념 사목회의위원회, 1984.

Pontifical Council for the Laity, *Together on the European Roads-Proceeding of the 1st European Meeting on Youth Ministry*, Publications of the Pontifical Council for the Laity, Vatican City, 1995.

___________, *Together on the European Roads- Proceeding of the*

2nd European Meeting on Youth Ministry, Publications of the Pontifical Council for the Laity, Vatican City, 1996.

Secretaria Status, *Annuarium Statisticum Ecclesiae 2005*, Vatican, Libreria Editrice Vaticana, 2007.

Association of Member Episcopal Conferences in Eastern Africa, *African Ecclesial Review*, vol.31, no.4, Kampala, AMECEA Gaba Pastoral Institute, 1989.

____, *African Ecclesial Review*, vol.38, no.1, Kampala, AMECEA Gaba Pastoral Institute, 1996.

Alfred T. Hennelly(ed.), *Santo Domingo and Beyond*, New York, Orbis Books, 1993.

Catholic Bishops' Conference of the Philippines Episcopal Commission on Youth, *Ka-Lakbay-Directory for Catholic Youth Ministry in the Philippines*, Manila, Catholic Bishops' Conference of the Philippines Episcopal Commission on Youth, 2004.

Federation of Asian Bishops' Conferences, *For All the Peoples of Asia* vol.1, Gaudencio Rosales - C. G. Arévalo(eds.), Manila, Claretian Publications, 1997.

_______________________________________, *For All the Peoples of Asia* vol.2, Franz-Josef Eilers(ed.), Manila, Claretian Publications, 1997.

_______________________________________, *For All the Peoples of Asia* vol.3, Franz-Josef Eilers(ed.), Manila, Claretian Publications, 2002.

Federation of Asian Bishops' Conferences Office of Laity Youth Desk, *Youth Desk Journey*, Federation of Asian Bishops' Conferences 2nd Bishops' Institute for Lay Apostolate on Youth, 2007(inedit.).

National Conference of Catholic Bishops, *A Vision of Youth Ministry*, Washington, D.C., United States Catholic Conference, 1976.

_______________________________________, *Renewing the Vision - A Framework Catholic Youth Ministry*, Washington, D.C., United States Catholic Conference, 1997.

National Federation for Catholic Youth Ministry, Competency - *Based Standards for the Coordinator of Youth Ministry*, Washington, D.C., National Federation for Catholic Youth Ministry, 1990.

__________________, *The Challenge of Catholic Youth Evangelization - Called to be witnesses and storytellers*, Washington, D.C., National Federation for Catholic Youth Ministry, 1993.

National Federation for Catholic Youth Ministry-National Conference of Catholic Bishops, *New Directions in Youth Ministry - A National Study of Catholic Youth Ministry Program Participants*, Washington, D.C., Center for Applied Research in the Apostorate, 1996.

National Federation for Catholic Youth Ministry-National Conference for Catechetical Leadership-National Association for Lay Ministry, *National Certification Standards for Lay Ecclesial Minister*, National Federation for Catholic Youth Ministry, Washington D.C., 2003.

United States Catholic Conference, *Go and Make Disciples - A National Plan and Strategy for Catholic Evangelization in the United States*, Washington, D.C., United States Catholic Conference, 1993.

United States Conference of Catholic Bishops, *The Diocesan Youth Director*, Washington, D.C., Division of Youth Activities United States Catholic Conference, 1976.

Consejo Episcopal Latinoamericano, *Espritualidad y Misión de la Pastoral Juvenil*, Bogotá, Consejo Episcopal Latinoamericano, 1995.

__________________, *Punta de Tralca - Il Congreso Latinoamericano de Jóvenes*, Bogotá, Centro de Publicaciones del Consejo Episcopal Latinoamericano, 1998.

__________________, *Proyecto de Vida - Camino Vocacional de la Pastoral Juvenil* (Colección Documento Consejo Episcopal Latinoamericano No.162), Bogotá, Publicaciones Consejo Episcopal Latinoamericano, 2003.

__________________, *Civilización del Amor, Tarea y Esperanza - Orientaciones para una Pastoral Juvenil Latinoamericana*(Colección Documento Consejo Episcopal Latinoamericano No.161), Bogotá, Centro de Publicaciones del Consejo Episcopal Latinoamericano, 2005.

Pastoral Kommission, *Leitlinien zur Jugendpastoral*, Deutschen Bischofskonferenz, 1991(inedit.).

4. 단행본

강인철, 『한국 천주교회의 쇄신을 위한 사회학적 성찰』, 우리신학연구소, 2007.

강홍렬 외, 『메가트렌드 코리아』, 한길사, 2006.

권용근 외, 『기독교교육개론(상)』, 한국장로교출판사, 1998.

권이종, 『청소년 교육 개론-신세대 이해와 지도』, 교육과학사, 2004

그리폰, 길버트, 『노동 청년들의 사제』, 한국가톨릭노동청년회전국본부, 1973.

김우철 편, 『현대통계학』, 영지문화사, 1986.

김웅태, 『선교의 역사와 개념』(가톨릭 신학총서15), 가톨릭대학출판부, 1993.

______, 『새 술은 새 부대에』, 바오로딸, 1995.

까르댕, 조셉, 『삶과 마주선 청년 노동자』, 성찬성 옮김, 한국가톨릭노동청년회전국
　　　　본부, 1982.

까르댕, 조셉, 『신도들을 선두로』, 정향숙 옮김, 분도출판사, 1983.

나상조-남기탁-유광호, 『한국가톨릭학생운동사』(상), 가톨릭학생운동사 편찬
　　　　위원회, 1995.

나이스비트, 존-애버딘, 패트리셔, 『메가트렌드 2000』, 김홍기 옮김, 한국경제신문사,
　　　　1990.

박종성, 『JOC 해설』, 경향신문사, 1960.

박태일, 『R세대의 등장과 국가 · 기업의 과제』, 현대경제연구원, 2002.

배규한, 『미래사회학』, 나남, 2000.

배동만, 『대한민국 변화의 태풍- '젊은 그들'을 말한다』, 제일기획, 2003.

보스꼬, 요한, 『돈보스꼬의 회상』, E. 체리아 엮음, 김을순 옮김, 돈보스꼬 미디어,
　　　　1998.

보스꼬, 테레시오, 『돈 보스꼬』, 한국천주교살레시오회 옮김, 분도출판사, 1986.

보약, 케네스, 『새로운 가톨릭 복음선교』, 김준철 옮김, 분도출판사, 1997.

블랜차드, 켄, 『비전으로 가슴을 뛰게 하라』, 조천제 옮김, 21세기북스, 2006.

서키, 클레이, 『끌리고 쏠리고 들끓다』, 송연석 옮김, 갤리온, 2008.

성 프란치스코 살레시오 수도회, 「회헌 · 회칙」, 살레시오 수도회, [발행년도 불명].

심상태 엮음, 「한국교회 선교 200주년 기념 사목회의 의안 해설집」,
　　　(사)한국그리스도사상연구소출판부, 1994.

아리에스, 필립, 『아동의 탄생』, 문지영 옮김, 새물결, 2003.

아시아 아프리카 라틴아메리카 연구원, 『제 3세계의 역사와 현실』, 한길사, 1990.

여운승, 『사회과학과 마케팅을 위한 다변량행동조사』, 민영사, 2006.

오베르, 로저 외, 『노동 청년의 벗 조셉 까르댕』, 성염 옮김, 가톨릭출판사, 1990.

요한 바오로 2세, 『일어나 갑시다!』, 성하은 옮김, 경세원, 2005.

우메다 모치오, 『웹 진화론』, 이우광 옮김, 재인, 2006.

유재국, 『교리교육사』, 기쁜소식, 1990.

이면희, 『명품경영학』, 청년정신, 2007.

이종원-이경상-김종길, 『인문사회연구회 협동연구 총서② - 월드컵 현상을 통해 본 신
　　　세대의 사회 · 문화적 정체성과 청소년 정책의 과제』, 한국청소년개발원, 2003.

이홍주-이장욱, 『유비쿼터스 혁명』, 이코북, 2004.

임성택 외, 『청소년의 타민족 · 문화에 대한 이해와 세계시민의식 증진방안 연구』,
　　　한국청소년개발원, 2002.

정신철, 『현대 교리교육의 모델』(인가대 총서4), 인천가톨릭대학교출판부, 2007.

조은상, 『인재개발론』, 도서출판 범한, 2007.

최윤미 외, 『현대 청년심리학』, 학문사, 1998.

최현철, 『사회통계방법론』, 나남, 2007.

콜린스, 짐-레지어, 윌리엄, 『짐 콜린스의 경영 전략』, 임정재 옮김, 위즈덤하우스,
　　　2002.

클리어리, 에드워드, 『중남미 교회의 위기와 변화』, 오경환 옮김, 가톨릭출판사,
　　　1988.

탭스콧, 돈, 『N세대의 무서운 아이들』, 허운나 · 유영만 옮김, 물푸레, 1999.

펜, 마크-잴리슨, 키니, 『마이크로트렌드』, 안진환 옮김, 해냄, 2007.

푸토타, 벤자민, 『예방교육영성』, 돈보스꼬 미디어, 1998.

한국가톨릭노동청년회, 『가톨릭 노동청년회의 훈련지』, 본회, 1981.

__________________, 『한국가톨릭노동청년회 25년사』, 분도출판사, 1986.

__________________, 『가톨릭 노동청년운동의 지침』, 한국가톨릭노동청년회 전국본부, [발행년도 불명].

한상철, 『청소년학: 청소년 이해와 지도』, 학지사, 2004.

한용희 편저, 『요한 바오로 2세와 사회교리』, 분도출판사, 1985.

Baclig, Mario V., *Journeying with Youth*, Makati, Don Bosco Provincial House, 1993.

Boran, George, *Youth Ministry That Works*, Makati, Paulist Press, 1996.

__________, *The Pastoral Challenges of a New Age*, Dublin, Veritas, 1999.

Carotta, Michael, *Discovering -Director's Manual*, Winona, Saint Mary's Press, 1995.

Catholic News Service, *John Paul II Speaks to Youth at World Youth Day*, San Francisco, Ignatius Press, 1993.

Clarke, Martin-Howlett, Micheal-McDermott, Joe, *Mustard Seeds -Youth Ministry in Ireland Today*, Dublin, Veritas, 1985.

D' Cunha, Joel, *Youth Sessions for the New Millennium*, New Delhi, Executive Secretary CBCI Commission for Youth, 1999.

Dean, Kenda Creasy-Foster, Ron, *The Godbearing Life*, Nashville, Upper Room Book, 1998.

Delgatto, Laurie(ed.), *Catholic Youth Ministry - The Essential Documents*, Winona, Saint Mary's Press, 2005.

East, Thomas, *Effective Practice for Dynamic Youth Ministry*, Winona, Saint Mary's Press, 2004.

Fields, Doug, *Purpose-Driven Youth Ministry*, Mandluyoung City, OMF Literature, 1998.

Gallagher, Gerard, *Are We Losing the Young Church?*, Dublin, Columba Press, 2005.

Hastings, Adrian, *African Catholicism: Essays in Discovery*, London, SCM Press, 1989.

Indian Catholic Youth Movement, *Prophetic Youth for a Progressive Nation*, Orissa, ICYM, 2007.

International Cardijn Foundation, *First Steps Toward A History Of The IYCW*, Cardijn Center for Development, manila, 1997.

Kaster, Jeffrey J., *Youth Ministry*, Minnesota, The Liturgical Press, 1989.

Kimball, Don, *Power and Presence*, San Francisco, Harper and Row, 1987.

Kouzes, James M. et al.(eds.), *Christian Reflections on the Leadership Challenge*, San Francisco, Jossey-Bass, 2004.

Law, Eric H. F., *The Wolf Shall Dwell with the Lamb*, St. Louis, Chalice Press, 1993.

McCarty, Robert J.(ed.), *The Vision of Catholic Youth Ministry - Fundamentals, Theory, and Practice*, Winona, Saint Mary's Press, 2005.

McCorquodale, Charlotte, *The Emergence of Lay Ecclesial Youth Ministry As a Profession*, Washington, D.C., Ministry Training Source, 2002.

Mercadante, Frank, *Growing Teen Disciples-Strategies for Really Effective Youth Ministry*, Notre Dame, Ave Maria Press, 1998.

Murphy, Elly(ed.), *Hope for the Decade*, Washington, D.C., National CYO Federation, 1980.

Parkinson, Celine, "How the Y.C.S. Began in Australia", Young Christian Students, *50 Years of Y.C.S.* in Australia issue 56, Ascot Park, Young Christian Students National Office, 1992.

Pelegri, Buenaventura, *IYCS and IMCS: their option, their pedagogy*, Hong Kong, IMCS Asian Secretariat, 1979.

Roberto, John(ed.), *Faith Maturing: A Personal and Communal Task*, Washington, D.C., National Federation for Catholic Youth Ministry, 1985.

Smith, Christian-Denton, Melinda Lundquist, *Soul Searching - The Religious and Spiritual Lives of American Teenagers*, New York, Oxford University Press, 2005.

Strauss, William-Howe, Neil, *Millennials and the Pop Culture*, Great Falls, Life Course Associates, 2006.

Strommen, Merton P., *Passing on the faith*, Winona, Saint Mary's Press, 2000.

Thakur, John B., *FABC Journeying with youth - A Historical Perspective*, FABC 1st Bishops' Institute for Lay Apostolate on Youth, 1997(inedit.).

Vecchi, Juan E., *Salesian Youth Pastoral Work*, Manila, Salesiana Publishers

Incorporated, [n.d.].

Warren, Michael, *Youth Ministry: A Book of Reading*, New York, Paulist Press, 1977.

Warren, Michael(ed.), *Sourcebook for Modern Catechetics*, Winona, Saint Mary's Press, 1983.

__________________, *Readings and Resources in Youth Ministry*, Winona, Saint Mary's Press, 1987.

Wyckoff, D. Campbell (ed.), *Renewing the Sunday School and the CCD*, Birmingham, Religious Education Press, 1986.

Young Christian Students' Movement, *Notes for Leaders and Assistants*, Adelaide, Young Christian Students' Movement, 1994.

Young Christian Students National Office, *What is YCS: Manual of the South African Young Christian Students*, Johannesburg, Young Christian Students National Office, [n.d.].

Zanzig, Thomas, *Sharing*, vol.1, Winona, Saint Mary's Press, 1985.

Arnould, Emilie et alii.(eds.), *Va Libérer Mon Peuple!*, Paris, Les Editions Ouvrières, 1982.

Ramírez, Javier González, *En Camino Hacia la Madurez Humana*, Bogotá, Centro de Publicaciones del CELAM, 1998.

__________________, *Jesucristo Buena Noticia para los Jóvenes*, Bogotá, Paulinas, 2000.

Reyes, Gabriel Alberto, *Decidirse por la Voluntad de Dios*, Bogotá, Centro de Publicaciones del CELAM, 1999.

Tonelli, Riccardo, *Per la Vita e la Speranza*, Roma, LAS, 1996.

5. 논문, 정기 간행물

교황청 평신도 위원회, 「제 3차 세계 젊은이의 날 거행을 위한 제안」, 『회보』44, 1988.

__________________, 「세계 젊은이의 날 행사를 위한 제안」, 『회보』57, 1990.

김영내, 「비 그리스도교 맥락에서의 청소년 영성」, 『한국그리스도사상연구소 제 20차 학술회의 자료집」, 한국그리스도사상연구소, 2004.

레데스마, A. J., 「아시아 주교회의와 변천하는 아시아의 면모」, 『사목』 18(1971/8), 한국천주교중앙협의회.

박종주, 「간추린 교리교육의 역사」, 『신앙과 삶』17(2008/3), 부산가톨릭대학교출판부.

서기원, 「본당에서의 청소년 사목에 대하여」, 『사목연구』15(2005/겨울), 가톨릭대학교사목연구소.

서정원 편, 「청소년 사목, 현장의 목소리를 듣다」, 『사목정보』7(2008/7), 미래사목연구소.

심상태, 「새로운 복음화의 의미 연구」, 『한국그리스도사상 제 3집』, 한국그리스도사상연구소, 1995.

이미영, 「청소년 신앙교육의 새로운 모색을 위하여」, 『우리신학』3호(2004), 우리신학연구소.

이영호, 「청소년에 대한 다양한 명칭과 사회적 인식의 변천」, 『한국교육』제 29권 제 2호(2/2002), 한국교육개발원.

임병헌, 「사목자의 상주의무에 대한 소견」, 『사목연구』2(1995/12), 가톨릭대학교출판부.

정의채, 「2천 년대 민족복음화와 세계화를 위한 200주년 사목회의의 의미」, 『사목』210(1996/7), 한국천주교중앙협의회.

조군호, 「청소년 사목 토착화 연구를 위한 현실인식」, 『한국그리스도사상』10(2002), 한국그리스도사상연구소.

조재연, 「청소년 주일학교 사목의 현실과 전망」, 『한국그리스도사상』10(2002), 한국그리스도사상연구소.

______, 「청소년 사목 진단-청소년들의 신앙생활 실태」, 『사목』303(2004/4), 한국천주교중앙협의회.

______, 「청소년 사목 진단-청소년은 교회에서 무엇을 바라는가?」, 『사목』304(2004/5), 한국천주교중앙협의회.

______, 「청소년 사목 활성화 방안에 관한 연구-또래사목을 통한 청소년 사도 양성을 중심으로」, 석사학위논문, 가톨릭대학교대학원, 2005.

______, 「한국 교회의 청소년 사목에 비전이 있는가?」, 『제 23차 학술회의 자료집-
　　　활기찬 청소년 사목을 위하여』, 한국그리스도사상연구소, 2005.

______, 「청소년 작은 공동체-10년의 실험과 과제」, 『제 27차 청소년 사목 토착화
　　　연구회 학술회의 자료집』, 한국그리스도사상연구소, 2007.

______, 「CAFE-청소년 · 청년 사목자 및 활성가 양성 워크숍」, 『사목정보』5
　　　(2008/5), 미래사목연구소.

조한수, 「본당에서의 청소년 사목」, 『사목연구』15(2005/겨울), 가톨릭대학교사목
　　　연구소.

최금자, 「이탈리아 교회 교리교육에서 배울 점」, 『가톨릭 디다케』278(2007/9).

최준규, 「청년 사목의 방향 모색」, 『사목연구』17(2006/겨울), 가톨릭대학교사목
　　　연구소.

______, 「청소년 사목을 위한 교회의 권위」, 『제 25차 학술회의 자료집- 어른들이
　　　모르는 우리의 교회』, 한국그리스도사상연구소, 2006.

티안둠, 히아신스, 「주교대의원회의 아프리카 특별회의 토론 전 보고서: 복음, 토착
　　　화와 대화」, 『회보』82호, 한국천주교중앙협의회, 1994.

현정수, 「한국천주교청소년사목비전 설정의 문을 열며」, 『제 25차 학술 회의 자료집
　　　-어른들이 모르는 우리의 교회』, 한국그리스도사상 연구소, 2006.

McCarron, Richard - Nothwehr, Dawn M.(eds.), *New Theology Review*, vol.20,
　　　Collegeville, Liturgical Press, 2007.

6. 통계자료

마산교구, 『주일학교 실태 조사』, 2001.

서울대교구, 『청소년 · 청년 의안 준비 위원회 설문조사』, 2002.

인천교구, 『시노드 표본본당 진단 설문조사』, 1998.

전주교구, 『청소년 사목 현황파악을 위한 설문조사』, 2002.

제주교구, 『청소년 백서』, 2001.

천주교 서울대교구 본당 중 · 고등학교 사목부, 『본당 청소년 공청회 자료집 모음』,
　　　2002.

천주교 서울대교구 시노드 사무국, 『청소년 · 청년 의안 준비 위원회 설문조사 결과 보고서』, 2002.

통합사목연구소, 『가톨릭 신자의 종교의식과 신앙생활–가톨릭신문 창간 80주년 기념 신자 의식 조사보고서』, 가톨릭신문사, 2007.

한국갤럽, 『제4차 한국인의 종교와 종교 의식』, 2004.

한국 천주교 중앙협의회, 『한국 천주교회 통계』1997–2006.

Episcopal Commission on Youth-Catholic Bishops' Conference of the Philippines, *National Filipino Catholic Youth Survey*, ECY CBCP, 2002.

7. 인터넷 자료

가톨릭신문, "정진석 추기경 귀국 인터뷰", 2008. 3. 16<http://www.catholic times.org/news/news_view.cath?seq=31584>.

__________, "지구촌 젊은이들 유럽을 가다 7 – 스페인 바르셀로나 대교구(상) 청소년 청년 사목의 가교, 견진성사", 2008. 3. 16<http://www.ca tholictimes.org /news/news_view.cath?seq=32769>.

__________, "지구촌 젊은이들 유럽을 가다 8 – 스페인 바르셀로나 대교구(중) 청년 사목의 대안 '삼위일체 사목'", 2008. 3. 16<http://www.ca tholictimes.org/ news/news_view.cath?seq=32844>.

청소년의 햇살, "CAFE", 2008. 7. 20<http://www.hatsal.or.kr/YMFC.htm>.

한국 천주교 주교회의, "각국교회 현황", 2008. 3. 15<http://www.cbck.or. kr/page/country.asp?p_code=K4520&LGB=아>.

AEP, *"Présentation de l'Aumônerie de l'Enseignement Public"*, 2008. 3. 17 <http://aep.cef.fr/qui/index.htm>.

AMECEA Bishops, *"Message from the 7th Plenary Assembly"*, 1979, 2008. 9. 10<http: //www.amecea.org/message-7.html>.

_______________, *"Message from the 10th Plenary Assembly"*, 1989, 2008. 9. 10<http: //www.amecea.org/message-10.htm>.

_______________, *"Message from the 11th Plenary Assembly"*, 1992, 2008. 9. 10<http: //www.amecea.org/message-11.htm>.

_________________, *"Message from the 12th Plenary Assembly"*, 1995, 2008. 9. 10<http ://www.amecea.org/message-12.htm>.

Association of Member Episcopal Conferences in Eastern Africa, *"About Us"*, 2008. 9. 10 <http://amecea.org/amecea/index.php?optio n=com_content&task =view&id=1&Itemid=4>.

Federation of Asian Bishops' Conference, *"Youth Desk"*, 2008. 3. 16<http://www. fabc.org/offices/olaity/youth.html>.

National Council for Young Catholics, *"About Us"*, 2008. 3. 15<http://www.ncyc. org.nz/?sid=604>.

_________________________________, *"Resources"*, 2008. 3. 15<http://www. www.ncyc.org.nz /?sid=619>.

National Federation for Catholic Youth Ministry, *"History"*, 2008. 3. 16<h ttp://www.nfcym.org/about/History.htm#PreHistory>.

_______________________________________, *"NFCYM history"*, 2008. 3. 16 <http://www.nfcym.org/about/mission.htm>.

_______________________________________, *"Professional Develop-ment"*, 2008. 10. 3<http://www.nfcym.org/profdev/academicopps.htm>.

New Zealand Catholic Bishops' Conference, *"Tu Kahikatea"*, 2008. 4. 10 <http:// www.catholic.org.nz/resources/Tu%20Kahikatea.pdf>.

Southern African Catholic Bishops' Conference, *"SACBC Offices"*, 2008. 3. 16<http: //www.sacbc.org.za/Site/index.php?option=com_content&task=view&id =43&Itemid=66>.

Symposium of Episcopal Conferences of Africa and Madagascar, *"Identity"*, 2008. 3. 16 <http://www.sceam-secam.org/identity.html>.

Vatican, *"Discorso del Santo Padre ai Vescovi degli Stati Uniti d'America, in Visita ad Limina Apostolorum"*, 2008. 9. 26<http://212.77.1.245/news_services/ bulletin/news/3004.php?index=3004&po_date=21.05.1998%20% 20&lang=po>.

_______, *"Ecclesia in Africa"*, 2008. 9. 12<http://www.vatican.va/holy_fathe

r/john_paul_ii/apost_exhortations/documents/hf_jp-ii_exh_14091995
_ecclesia-in-africa_en.html>.

_______, *"General Outline of WYD"*, 2008. 9. 10<http://www.vatican.va/
roman_curia/pontifical_councils/laity/documents/rc_pc_laity_doc
_20070226_nota-sydney_en.html>.

_______, *"Message of the Holy Father Benedict XVI to the young people of the world
on the occasion of the World Youth Day"*, 2008. 9. 10<http://www.
vatican.va/holy_father/benedict_xvi/messa ges/youth/documents/hf_ben-
xvi_mes_20070720_youth_en.html>.

_______, *"Messages to the Youth of the World on the Occasion of the World Youth
Day"*, 2008. 3. 20<http://www.vatican.va/holy_father/john_paul_ii/
messages/youth/index.htm>.

_______, *"WYD"*, 2008. 9. 11<http://www.vatican.va/holy_father/john_paul
_ii/messages/youth/index.htm>.

_______, *"23th World Youth Day Information Sheet"*, 2008. 3. 16<http://
www.vatican.va/roman_curia/pontifical_councils/laity/documents/
rc_pc_laity_doc_20070226_nota-sydney_en.html>.

부록

<부록 1> 제 1차 조사연구
<부록 1-1> 제 1차 조사연구 질문지(청소년 사목 비전에 대한 개방형 설문)

> ✝ 찬미예수님
>
> 안녕하십니까? 청소년 사목자 및 교리교사 여러분.
> 먼저 귀한 시간을 내어 이 조사에 응해 주심에 감사드립니다.
>
> 저는 지난 18년 간 청소년 사목을 하면서, 교회의 비전 부재로 방향
> 성의 혼란을 겪어왔습니다. 이것은 한국 천주교회가 겪고 있는 문제라
> 고 사료됩니다. 비전 설립을 위해 외국의 선진 청소년 사목을 연구하면
> 서 여러 교회의 체계적인 청소년 사목에 대한 기본틀을 집중적으로 연
> 구하게 되었습니다. 마침 이 주제로 박사 학위 논문을 준비하게 되었기
> 에 한국적인 청소년 사목 비전을 파악하는 설문조사를 하고자 합니다.
>
> 부디 어려우시더라도 기꺼이 협조해 주시길 부탁드리며, 답변해 주
> 신 모든 내용을 소중하게 참고하여 한국 교회의 청소년 사목 발전에
> 유용하게 쓰도록 하겠습니다.
>
> 2007년 5월
>
> 가톨릭대학교 종교학과 박사과정 (청소년 사목)
> 천주교 서울대교구 조재연 신부

Ⅰ. 청소년 사목에서 가장 중요한 요소가 무엇이라고 생각하십니까? 중요한 순서대로 세 가지만 작성해 주시기 바랍니다. 혹시 더 많은 의견이 있으시면 기타에 써 주시기 바랍니다.

1순위	
2순위	
3순위	
기타	

〈부록 1-2〉 제 1차 조사대상의 교구 · 신원 · 성별 분포

구분		사례수	%
전체		109	100
교구별	서울대교구	15	13.63
	광주대교구	4	3.54
	대구대교구	7	6.29
	부산교구	1	0.79
	청주교구	3	2.61
	수원교구	12	10.87
	대전교구	12	10.87
	인천교구	38	34.73
	의정부교구	2	1.70
	춘천교구	4	4.54
	전주교구	3	2.61
	안동교구	4	4.54
	원주교구	2	1.70
	마산교구	1	0.79
	제주교구	1	0.79
신원별	평신도	36	33.03
	사제	21	19.27
	수도자	52	47.70
성별	남자	29	26.6
	여자	80	73.4

<부록 2> 제 2차 조사연구 질문지(청소년 사목 비전 조사를 위한 포커스 그룹 인터뷰)

1. 청소년 사목의 활성화를 위하여 중요한 요소는 무엇이라고 생각하십니까?

____

2. 청소년 사목의 활성화를 위하여 사목자가 의식을 전환해야 할 부분은 무엇이라고 생각하십니까?

____

3. 청소년 사목의 활성화를 위하여 바뀌어야 할 교회제도는 어떤 부분이라고 생각하십니까?

____

4. 청소년 사목을 위하여 어떤 사목자가 필요하다고 생각하십니까? 양성된 사목자가 부족한 이유는 무엇이라고 생각하십니까?

____

5. 현재 청소년 사목과 관련하여 어떠한 양성을 받고 계십니까?

____

6. 교회 내에서 청소년에 대한 환대가 잘 이루어지지 않는 이유가 무엇이라고 생각하십니까?

____

7. 어떤 사람이 청소년 사목자가 될 수 있다고 생각하십니까?

____

8. 가정과 청소년 사목을 연결할 수 있는 방법에 어떤 것이 있다고 생각하십니까?

____

9. 청소년 사목 활성화를 위하여 어떠한 사목 시스템을 이루어야 한다고 생각하십니까?

____

10. 그 외 청소년 사목에 관한 의견이 있으시다면 말씀해 주십시오.

____

<부록 3> 제3차 조사연구 질문지(청소년 사목 전반에 대한 포커스 그룹 인터뷰)

1. 그동안의 경험을 통해 한국 교회의 청소년 사목에서 가장 중요시해야 하는 것을
   무엇이라고 보십니까? 두 가지를 선택하시고, 선택하신 이유도 말씀해 주십시
   오. 다음의 예를 참조하실 수 있습니다.

〔예〕
① 정의 · 평화 · 봉사 · 환경 · 통일 · 다문화 등, 동시대 주요 현안에 대한 우선적 관심
② 본당 차원에서 청소년 사목의 지속성을 위해 전문적인 평신도 청소년 사목자(유급) 채용
③ 위기에 처한 청소년 돕기(미혼모, 청소년 범죄자 등) 및 청소년 재활 지원
④ 영성심화 노력(기도 생활, 각종 성사 및 피정 등)
⑤ 종교 교육(가톨릭교회의 전통과 가르침, 교리, 성경 관련 교육 등)에 대한 강조
⑥ 청소년이 예수 그리스도의 제자로 주체가 되어 청소년 사도직을 수행하는 사목구조
⑦ 효율적 청소년 사목을 위한 조직 개편(본당/지구/교구)
⑧ 청소년 지도, 카운슬링, 도덕 및 가치 교육(자아, 성, 사랑, 다양한 삶의 형태 등)
⑨ 체계적인 교리교사 혹은 평신도 청소년 사목자 교육 및 양성
⑩ 독립적인 전국 청소년 사목 특별기구(조직/네트워크) 설립
⑪ 청소년 사목을 위한 범 교구적 양성 실시 및 청소년 사목 컨설팅 센터 설립
⑫ 본당 중심의 청소년 사목에서 학교 중심의 청소년 사목으로 확대
⑬ 청소년의 다양한 욕구에 부응하는 동아리 활동
⑭ 본당 주임 신부의 청소년에 대한 우선적인 관심

2. 다음은 청소년 사목의 구성요소들입니다. 이러한 구성요소들 안에는 여러 가지 세부 요소들이 들어 있습니다. 그동안의 사목 경험에 비춰볼 때 아래의 9가지 구성요소들이 한국 교회의 청소년 사목을 위해 반드시 필요한 구성요소들이라고 보십니까? (아래 자료를 참조하십시오)

[참조] 포괄적인 청소년 사목의 아홉 가지 구성 요소

각 구성요소들은 '청소년 세대와 함께 하는 사목'을 위한 교회의 미션으로, 서로 상호 작용하는 9가지의 특수한 영역들을 묘사해 주고 있다. 이 구성요소들은 가톨릭 공동체가 청소년의 요구에 응답하게 하고, 또한 청소년이 더 넓은 공동체에 그들이 가진 독특한 재능을 나눌 수 있도록 하는 데 기본적인 틀을 제공한다. 각 구성요소들은 서로를 지지하고 강화시키는 특성을 갖고 있다. 즉, 사목적인 응답이 9가지 사목의 영역 안에서 서로 균형을 이룰 때, 그 사목은 보다 더 효과적인 것이 되는 것이다. 여기에서 이 '균형'이란, 단지 각 구성요소의 범주 안에서 사목적 활동이나 전략을 개발한다고 얻어질 수 있는 것이 아니다. 그것은 때로, 여러 가지 사목의 구성요소가 어우러진, 피정과 같은 하나의 이벤트일 수도 있다. 이 구성요소들에 대한 균형 잡힌 관점은, 사목의 한 시즌 혹은 연간 계획 전체 안에서 항상 고려되어야 한다.

1) 사목적 배려

'사목적 배려'란 예수 그리스도의 사람들에 대한 배려, 특히 상처받은 이들, 도움을 필요로 하는 이들을 향한 예수 그리스도의 마음을 닮고자 하는 연민 가득한 현존을 의미한다. 이 구성요소는 청소년과 그 가족이 다양한 긍정적 전략들을 통해 긍정성을 키워낼 수 있도록 하는 것이며, 위기에 처한 청소년과 가족들을 지지/상담해 주고 적합한 공동체와 연결시켜줌으로써 그들을 돌보아주는 것이다. 또한 삶의 중요한 결정의 순간에 직면한 청소년이 도덕적인 선택을 할 수 있도록 지침을 제공해 주는 일이며, 그들의 긍정적 성장에 장애가 되는 시스템에 도전하는 역할을 담당하기도 한다. (옹호의 직무와 연결됨)

사목적 배려, 연민 가득한 현존이라는 의미에서 이 구성요소는 가장 근본적인 '관계맺음'의 영역이다. 이는 모든 사람들, 특히 상처 받고 도움을 필요로 하는 이들에 대한 예수 그리스도의 자세를 그대로 이어나가는 것이다. 이 구성요소는 개인과 그들의 관계 안에서 치유와 성장이 가능하게 해 준다. 전인적인 성장을 위한 자양분을 공급해 주는 것이다.

2) 옹호

'옹호'란 '청소년이 그들의 삶과 사명, 그리고 가톨릭 공동체에서의 활동을 얼마나 잘 통합하고 있는가'를 측정하기 위한, 교회의 우선순위와 그 직능들을 결정하는 구성요소이다. 이는 어떤 정책이나 프로그램(가정/본당/교구/국제 교류 등을 모두 포함하는)들을 분석할 때, 청소년과 가족을 가장 우선적으로 고려하도록 만들어준다. 우리의 일상적인 노력 가운데 가난한 자와 사회적 약자, 그리고 위기에 처한 청소년의 요구가 가장 먼저 배려되어야 한다는 것이다.

'옹호'의 구성요소는 가난과 실직, 건강관리를 받을 수 있는 여지가 부족한 것, 그리고 적당한 거주지의 부재 및 여러 가지의 차별 등 청소년과 그 가족의 삶을 위협하는 경제적이고 사회적인 권력에 대하여 투쟁하는 것이다. 이 구성요소는 청소년과 그 가족들이 가난을 극복하기 위하여 일할 수 있도록 지원해 주는 여러 정책과 프로그램을 제공하며 알맞은 직장을 공급해 주고 그들의 평등권을 신장시키기 위해 힘쓴다. 우리는 모든 옹호적인 노력 안에서 청소년과 그 가족들이

지닌 가장 중요한 요구에 초점을 맞춰야 함을 잊지 말아야 한다. 이것
은 가난한 자들을 위한 우선적 선택을 실천하는 것을 의미한다.

3) 복음말씀 선포

'복음말씀 선포'는 하느님 나라의 기쁜 소식을 나누고, '말씀이 살
이 되신 육화의 신비'를 청소년이 들을 수 있도록 초대하는 것이다.
예수님의 말씀을 응용해서 표현한다면 '하느님 나라가 이루어질 것이
며 그 길은 예수를 통해서 이루어진다'라는 것을 공동체가 선포하고,
그 증거자로서 살아간다는 의미를 포함한다. '복음말씀 선포'는 이미
청소년 안에, 그들의 경험과 문화 혹은 그들의 가족 안에 이미 하느님
께서 현존하신다는 것을 인식하는 것에서부터 시작된다. 즉, 이미 그
들 안에 현존하여 활동하시는 하느님의 존재를 청소년 스스로가 드러
낼 수 있도록 하는 것이다. 이는 예수 그리스도라는 하늘 나라의 기쁜
선물을 열린 마음으로 받아들이게 한다. 이 구성요소는 생활 안에서
의 증거 · 최선을 다하는 봉사 · 말씀 선포 · 초대 · 변화 · 사도직과 같
은 여러 가지 필수적인 구성요소들과 연결된다.

4) 교리교육

'교리교육'은 청소년이 예수 그리스도와 그리스도교 공동체에 더
깊은 관계를 맺을 수 있도록 도와주며 가톨릭 신앙의 핵심 내용에 대
한 지식들을 신장시켜 준다. 또한 교리교육은 성경 구절에 대한 이해
를 높여줌은 물론, 거룩한 전통을 오늘날의 삶에 적용하는 데 있어 시
선을 넓혀주고 더욱 풍요롭게 해 줌으로써 청소년이 기도 및 정의롭
고 애정 깊은 봉사를 통해 일상적인 삶에서 예수 그리스도의 제자로

서 더욱 충실하게 살아갈 수 있도록 한다. 진정한 믿음이란, 정신 · 마음 · 의지의 세 가지 측면을 모두 포함하는 '한 인간의 전체'에서 우러나오는 통합적인 응답이다. 교리교육은 그 세 가지 단면 모두에서 가톨릭 신앙의 성장을 촉진시켜 주는 것이다.

5) 기도와 전례

'기도와 전례'는 식사 전후 기도나 공동 기도, 다양한 전례의 경험들을 통하여 청소년이 예수 그리스도와의 관계를 경축하고 더욱 깊이 있게 만들어가도록 하는 것이다. 이 구성요소는 청소년을 깨어있게 함으로써 그들이 자기 삶 안에서 활동하시는 성령의 움직임을 감지할 수 있게 해 준다. 이 구성요소는 청소년이 '성찬례'와 같은 교회의 신성한 예식에 더욱 깊이 있게 참여할 수 있도록 도와주며, 청소년 각자의 삶에도 기도가 풍요롭게 흐르도록 해 준다. 또한 그를 통해 가족 단위의 예식과 기도 모임도 촉진된다.

6) 공동체 생활

'공동체 생활'은 사랑과 지지, 다양성에 대한 이해, 그리고 가톨릭의 원칙을 뚜렷이 알게 해 주는 신중한 받아들임과 같은 여러 가지 환경들을 마련해 준다. 또한 의미 있는 관계를 발전시켜 주고, 가톨릭 신앙을 성장시킨다. 우리가 전하는 메시지의 내용이 제대로 전달되기 위해서는, 그것이 우리의 관계와 공동체 생활 안에 살아 있어야 한다. 복음적 가치로서의 연민과 관대함 · 인내 · 평화 · 용서 · 수용 · 사랑을 가르치기 위해서는, 그리고 그를 통해 우리가 스스로 그리스도인임을 자각하기 위해서는, 공동체 생활 안에서 청소년 서로 간의 상호작용을 통해 이러한 가치들을 경험할 수 있어야 한다. 이 구성요소는 단지 '우리가 행동하는 것'(activity)에 그치는 것이 아니라, '우리 자신'(identity)이자 '우리가 어떻게 상호 작용하는가'(relationship)를 모두 의미하는 것이다.

7) 지도력 개발

'지도력 개발'은 '청소년과 함께 하는 포괄적인 사목'을 지향하는 신앙 공동체의 모든 성인 및 청소년의 다양한 재능·역량·능력을 불러일으키고 지지하며 강화시켜 준다. 청소년 사목에 있어서 리더십이라는 역할은 중요한 열쇠이다. 리더들은 철저히 훈련 받고 또한 격려 받아야 한다. 이러한 접근 방법을 통해 성인 리더와 청소년 리더를 넘나드는 다양성이 여러 가지 역할 안에 살아 있도록 할 수 있다. 대부분은 직접적으로 청소년과 함께 사목을 하겠지만, 또한 어떤 리더들은 여러 가지 봉사 활동을 지지해 줄 수 있게 되고, 또 다른 리더들은 더 넓은 공동체의 자원과 연결하기 위한 사목적인 노력을 이어나갈 수 있게 된다.

8) 정의와 봉사

'정의와 봉사'는 청소년에게 사회 현상을 자각하게 해 주며 그들이 예수 그리스도와 복음말씀에 대한 믿음과 사회에 대한 가톨릭적인 가르침에 근거한 정의와 봉사의 삶을 책임감 있게 받아들일 수 있도록 해 준다. 사목적인 노력에 불어넣는 것이 바로 이 구성요소이다.

9) 세계시민의식

가톨릭교회는 '보편 교회'로서 전통적으로 온 세상 사람들에 대한 구원에 대한 관점을 지니고 있다. 다민족 · 다문화를 지향하는 세계화된 사회 안에서 살아가는 오늘날의 청소년은 세계시민으로서의 의식을 갖고 세상이 지니고 있는 문제에 기여해야 한다. 동시에 보편 교회인 세계 교회에 대한 사명도 지니고 있다. 이 구성요소는 보편성의 가치를 살아가야 하는 세계시민으로서 하늘 나라 시민으로서의 역할을 일컫는다.

이 가운데에서 한국 상황에서 적절치 않은 요소들은 어떤 것이라고 생각하십니까? 그렇게 생각하시는 이유는 무엇입니까?

3. 옹호(advocacy)와 세계시민의식(global citizenship)에 대해서는 한국 상황에서 이해가 충분하지 않은 것 같습니다. 그러나 한국 교회와 사회의 상황을 고려할 때 반드시 포함되어야 할 요소라고 생각합니다. 이를 청소년 사목에 반영하고 그 영역을 확장할 수 있는 좋은 의견을 부탁드립니다.

4. 기타 본 연구에 도움이 될 것이라 생각하시는 의견을 자유롭게 제시하여 주십시오.

<부록 4> 제 4차 조사연구
<부록 4-1> 제 4차 조사연구 질문지(청소년 사목 구성요소 및 전략)
　　　　 －청소년 사목자용

† 찬미예수님

안녕하십니까? 청소년 사목자 및 교리교사 여러분.
먼저 귀한 시간을 내어 이 조사에 응해 주심에 감사드립니다.

저는 지난 18년간 청소년 사목을 하면서, 이에 대한 교회의 비전과
평가 지표의 부재로 인하여 사목적인 성장에 어려움을 겪어 왔습니다.
그러던 중 교회 어른들의 배려로 보다 깊이 있는 배움의 기회를 얻
어 외국의 선진 청소년 사목을 연구하게 되었고, 여러 교회의 체계적
인 청소년 사목에 대한 기본틀을 집중적으로 연구하게 되었습니다.
저는 이 연구를 통해, 한국 교회의 청소년 사목에도 이와 같은 체계적
인 접근이 필요하다는 것을 절실하게 느끼게 되었습니다. 마침 이 주
제로 박사 학위 논문을 준비하게 되었기에 한국적인 청소년 사목 기
본틀의 구성 요소를 파악하는 설문을 실시하고자 합니다.

부디 어려우시더라도 기꺼이 협조해 주시길 부탁드리며, 답변해 주
신 모든 내용을 소중하게 참고하여 한국 교회의 청소년 사목 발전에
유용하게 쓰도록 하겠습니다.

작성해 주신 설문은 조사윤리에 입각하여 통계처리 된 결과만 공개
합니다.

조사와 관련하여 협조하신 내용은 모두 비밀을 보장해드립니다.

2007년 10월

가톨릭대학교 종교학과 박사과정 (청소년 사목)

천주교 서울대교구 조재연 신부

　　이 질문지는 청소년 사목을 활성화하는 데 필요한 주요 영역과 그 영역을 구성하는 세부 요소들을 다루고 있습니다. 본 설문의 내용은 이 요소들이 한국 교회의 청소년 사목 활성화에 얼마나 필요한 것인지를 확인해 보기 위한 항목으로 구성되어 있습니다.

　　응답 요령은 각 영역의 모든 질문에서 귀하의 의견과 가장 가깝다고 생각되는 해당란에 ○ 또는 ∨로 표시해 주시는 것입니다. 별도의 안내가 없는 경우는 한 질문에 한 가지 답만 하셔야 합니다. 질문 앞에 (　　)가 있는 경우는 해당되는 분만 답하십시오.

Ⅰ. 다음의 각 ■로 표시된 그룹 질문들은 청소년 사목의 각 영역을 구성하는 요소들로써 한국 교회의 청소년 사목을 활성화하는 데 긴요하다고 평가되는 것들입니다. 이 구성요소들이 청소년 사목에 얼마나 필요할 것이라 보시는지 귀하의 생각과 같은 란에 ○ 또는 ∨로 표시하여 주십시오.

■ 사목적 배려(Pastoral Care)

번호	서술	매우 그렇다	비교적 그런 편이다	보통	그렇지 않은 편이다	전혀 그렇지 않다
1	상처받은 청소년과 소외된 청소년을 위한 특별 프로그램 마련	①	②	③	④	⑤
2	성당 안에 청소년이 편안하게 머물 수 있는 공간 확보 및 제공	①	②	③	④	⑤
3	위기에 처한 청소년들을 직접 도울 수 있는 특화된 공동체 혹은 전문기관에 청소년을 연결시켜 주기	①	②	③	④	⑤
4	가족문제(이혼, 별거, 가족 해체, 홀 부모 등)로 고통을 당하는 청소년과 그 가족 돌보기	①	②	③	④	⑤
5	사춘기 청소년이 중년기 부모와 원활한 관계를 형성할 수 있는 방법 가르쳐 주기	①	②	③	④	⑤

6	청소년이 인생의 중요한 결정을 내려야 할 때(대학 입학, 진로 등) 길잡이 되어주기	①	②	③	④	⑤
7	청소년의 사회생활에 필요한 방법, 지식, 또는 지혜 등을 가르쳐 주기	①	②	③	④	⑤
8	정서적, 육체적, 영성적인 요소들을 통합할 수 있는 방법으로 이끌어주거나 그 방법을 가르쳐 주기	①	②	③	④	⑤
9	청소년 각자의 성소(vocation) 식별을 도와주기	①	②	③	④	⑤
10	청소년을 영적으로 상담해 주기	①	②	③	④	⑤

■ 옹호(Advocacy)

번호	서술	매우 그렇다	비교적 그런 편이다	보통	그렇지 않은 편이다	전혀 그렇지 않다
1	교회와 사회 안에서 청소년이 자신의 권리를 찾을 수 있는 방법 가르쳐 주기	①	②	③	④	⑤
2	청소년의 정당한 주장이 교회와 사회 정책에 반영될 수 있도록 청소년 스스로 노력하는 것을 도와주기	①	②	③	④	⑤
3	청소년과 관련된 공적인(public) 문제에 관심을 갖고 이를 해결하는 데 참여하기	①	②	③	④	⑤
4	청소년이 교회와 사회의 구성원으로서 주체적으로 자기 목소리를 낼 수 있는 방법 가르쳐 주기	①	②	③	④	⑤
5	인권, 자유, 평화, 환경 등의 문제에 대하여 청소년이 자신의 목소리를 낼 수 있는 방법 가르쳐 주기	①	②	③	④	⑤
6	어려움(빈곤, 장애 등)에 처한 청소년들을 대변하고, 그들이 자신의 목소리를 낼 수 있도록 돕기	①	②	③	④	⑤
7	청소년이 스스로를 지탱할 수 있도록 자기 확신과 자아 정체감을 키울 수 있는 방법 가르쳐 주기	①	②	③	④	⑤
8	청소년과 사회, 혹은 교회 사이에 중재 또는 완충 역할 해 주기	①	②	③	④	⑤
9	청소년과 그의 가족을 위협하는 경제적이고 사회적인 압력 혹은 폭력에 대해 청소년들 편에서 투쟁하기	①	②	③	④	⑤
10	청소년의 미래를 위협하는 윤리적, 사회적 문제들이 있을 때 청소년을 옹호하는 투표권 행사하기	①	②	③	④	⑤

번호	서술	매우 그렇다	비교적 그런 편이다	보통	그렇지 않은 편이다	전혀 그렇지 않다
1	예수님의 사명을 수행하는 '제자직'으로서의 삶의 가치를 청소년에게 심어주기	①	②	③	④	⑤
2	청소년이 자신의 미래를 교회의 나아갈 방향과 일치시킬 수 있도록 훈련시키기	①	②	③	④	⑤
3	청소년이 복음말씀을 듣고 예수님과 개인적 · 인격적인 관계를 맺는 방법을 스스로 터득하도록 돕기	①	②	③	④	⑤
4	공동체 안에서 청소년들이 회심할 수 있도록 각자에 맞게 다양한 방법으로 동반해 주기	①	②	③	④	⑤
5	사목자가 실생활 속에서 드러내야 하는 믿음의 여러 측면을 모범적으로 증거하기	①	②	③	④	⑤
6	꾸준히 영적으로 성장할 수 있도록 동반하고 지도하기	①	②	③	④	⑤
7	청소년이 일상에서 예수님의 제자로 살아갈 수 있도록 결단을 독려하기	①	②	③	④	⑤
8	청소년이 다른 청소년들에게 신앙을 증언하고 선포하도록 돕기	①	②	③	④	⑤
9	복음에 깊은 관심이 있는 청소년들끼리 그룹을 만들어주고, 지도하기	①	②	③	④	⑤
10	청소년 스스로가 복음적인 가치로 개인 · 공동체 · 사회를 변화시키도록 격려하기	①	②	③	④	⑤

■ 교리교육(Catechesis)

번호	서술	매우 그렇다	비교적 그런 편이다	보통	그렇지 않은 편이다	전혀 그렇지 않다
1	청소년 성장과정의 시기적 특성에 적합하며, 청소년의 욕구를 반영한 교재와 교육방법 개발	①	②	③	④	⑤
2	청소년이 처해 있는 상황(기쁨과 고통, 삶에 대한 의문과 관심 등)과 경험의 활용	①	②	③	④	⑤
3	다양한 학습 방법과 활동 활용	①	②	③	④	⑤
4	성경과 교회 전통에 대한 지식을 풍부히 담고 있으면서도, 이를 이해하기 쉽게 설명해 주기	①	②	③	④	⑤
5	믿음의 성장을 도울 수 있는 가톨릭 교리의 핵심(신앙고백, 교회력, 그리스도의 신비, 기도 등) 교육	①	②	③	④	⑤
6	배운 교리 지식을 청소년 스스로 삶에 적용하고 실천할 수 있는 방법 제시 혹은 지도	①	②	③	④	⑤
7	청소년 교리교육을 지속적으로 발전시켜 나갈 수 있는 장기 전략 마련 및 실천방법 개발	①	②	③	④	⑤
8	본당, 지구(대리구)와 교구를 연결하는 신앙교육 지원 시스템 구축	①	②	③	④	⑤
9	청소년 담당 교리교사 양성을 위한 다양한 프로그램 개발	①	②	③	④	⑤
10	부모들을 위한 양성 · 실천 프로그램 개발	①	②	③	④	⑤
11	청소년의 신앙에 영향을 줄 수 있는 유관 그룹(자모회, 청소년 사목 위원회 등) 조직	①	②	③	④	⑤

■ 기도와 전례(Prayer and Worship)

번호	서술	매우 그렇다	비교적 그런 편이다	보통	그렇지 않은 편이다	전혀 그렇지 않다
1	청소년 성장과정의 시기적 특성과 청소년의 문화적 배경을 반영한 전례의 활성화	①	②	③	④	⑤
2	전례 안에서 청소년의 특징에 맞는 창의적 기도방법 개발 및 기도할 수 있는 기회 제공	①	②	③	④	⑤
3	청소년에게 맞는 전례음악 개발 및 청소년의 활력을 표현할 수 있는 성가와 음악 활용	①	②	③	④	⑤
4	전례에서 영상세대인 청소년에 걸맞은 시각적 상징, 세팅, 전례 댄스, 영상 매체 등의 활용	①	②	③	④	⑤
5	청소년 정서에 맞고, 설득력도 있는 미사 강론	①	②	③	④	⑤
6	청소년에게 전례와 기도방법 교육하기	①	②	③	④	⑤
7	청소년을 전례 봉사에 적극적으로 참여시키기	①	②	③	④	⑤
8	청소년 스스로 주관하고 주체적으로 이끌 수 있는 기도 모임 개발	①	②	③	④	⑤
9	청소년이 일상생활에서 개인적으로 기도할 수 있도록 사목자들이 이끌기	①	②	③	④	⑤
10	일상에서 성경을 가까이 하고 이를 생활에 연결시키는 방법 가르치기	①	②	③	④	⑤

■ 공동체 생활(Community Life)

번호	서술	매우 그렇다	비교적 그런 편이다	보통	그렇지 않은 편이다	전혀 그렇지 않다
1	청소년을 교회 활동의 능동적인 주체로 수용하고, 그들이 교회 공동체의 중요한 구성원임을 인정해 주기	①	②	③	④	⑤
2	청소년에게 자신이 환영받고, 신앙 공동체의 일원으로 받아들여지고 있다는 느낌과 소속감을 줄 수 있는 청소년 친화적 본당 공동체 만들기	①	②	③	④	⑤
3	다양한 청소년 소공동체 형성과 이 공동체들의 활성화 지원	①	②	③	④	⑤
4	청소년이 공동체 구성원으로서 제 역할을 잘 해낼 수 있도록 돕는 전인적 인격 형성 프로그램 제공	①	②	③	④	⑤
5	청소년들에게 우정을 맺고 이를 잘 가꾸어나갈 수 있는 '관계 맺는 기법' 교육	①	②	③	④	⑤
6	가족 관계를 풍요롭게 할 수 있는 프로그램 및 방법 제공	①	②	③	④	⑤
7	각 세대가 상호 깊은 친교를 맺고 교류하는 교회 분위기 조성	①	②	③	④	⑤
8	청소년들이 복음적 가치(연민과 관대함, 평화와 용서, 수용 등)를 배울 수 있는 공동체 생활 방법 교육	①	②	③	④	⑤
9	청소년 또래 그룹이 친구들과 이웃에 개방적일 수 있도록 동반하기	①	②	③	④	⑤
10	공동체가 지닌 복음적인 전통과 문화를 습득할 수 있는 기회 제공	①	②	③	④	⑤
11	직접 모이지 않아도 청소년들과 만날 수 있는 방법 마련	①	②	③	④	⑤

■ 지도력 개발(Leadership Development)

번호	서술	매우 그렇다	비교적 그런 편이다	보통	그렇지 않은 편이다	전혀 그렇지 않다
1	청소년 각자가 갖고 있는 재능과 능력을 찾아내 이를 격려하고, 그것을 더 개발할 수 있도록 도와주기	①	②	③	④	⑤
2	또래 리더를 발굴하고 지도력 개발을 위한 양성 교육 프로그램 제공	①	②	③	④	⑤
3	또래 청소년들이 닮고 싶어 할 수 있는 청소년 핵심그룹 조직	①	②	③	④	⑤
4	신학적 이해를 바탕으로 청소년을 동반할 수 있는 성인 청소년 사목자 양성	①	②	③	④	⑤
5	역할 조정을 통해 청소년이 성인 청소년 사목자와 함께 지도력을 발휘할 수 있는 기회 넓혀주기	①	②	③	④	⑤
6	청소년이 자신들에게 적합한 역할과 지도력을 발휘할 수 있도록 도와주는 실제적인 경험 기회 제공	①	②	③	④	⑤
7	청소년이 서로를 멘토링(mentoring) 할 수 있는 기술 가르치기	①	②	③	④	⑤
8	청소년 리더들이 지속적으로 헌신할 수 있도록 전문적인 리더십 교육	①	②	③	④	⑤
9	또래 사목의 영향력과 중요성의 가치를 인정하고 격려하기	①	②	③	④	⑤
10	청소년에게 본당 공동체의 의사결정 과정을 참관토록 하거나 직접 결정할 수 있는 기회 제공	①	②	③	④	⑤
11	본당 간 연계, 다른 공동체와의 협력을 통해 지도력 네트워크 형성해 주기	①	②	③	④	⑤

■ 정의와 봉사(Justice and Service)

번호	서술	매우 그렇다	비교적 그런 편이다	보통	그렇지 않은 편이다	전혀 그렇지 않다
1	예수 그리스도를 따르는 삶의 구체적 방법으로서, 정의와 봉사의 의미와 가치의 소중함을 알도록 교육하기	①	②	③	④	⑤
2	불의와 불평등의 원인을 밝히려는 노력에 청소년과 가정, 본당 공동체를 참여시키기	①	②	③	④	⑤
3	고통 받는 이웃들을 만나게 하여 자신을 돌아보게 하기	①	②	③	④	⑤
4	인간 존엄성에 대하여 교육하고, 사회적 약자에 관심 갖게 하기	①	②	③	④	⑤
5	평생 정의와 봉사에 투신할 수 있도록 지속적인 기회 마련	①	②	③	④	⑤
6	지역사회에 대한 이해와, 지역사회 구성원으로서의 책임감을 키울 수 있는 봉사활동 조직	①	②	③	④	⑤
7	청소년이 복음적 시각으로 사회 문제를 바라볼 수 있는 봉사활동 프로그램 개발	①	②	③	④	⑤
8	청소년 봉사활동을 효과적으로 지도할 수 있는 지도자 양성	①	②	③	④	⑤
9	건전한 공동체 건설을 위해 사회단체, 시민 단체와 연대(네트워크)를 구축하고 그 활동에 참여하도록 독려하기	①	②	③	④	⑤
10	기부 문화, 기여 문화에 대한 긍정적 인식 심어주기	①	②	③	④	⑤

■ 세계시민의식 (Global Citizenship)

번호	서술	매우 그렇다	비교적 그런 편이다	보통	그렇지 않은 편이다	전혀 그렇지 않다
1	복음적인 시선(헌신, 배려, 양보, 타협 등)으로 차이를 극복하고 화해와 평화를 만들어가도록 교육하기	①	②	③	④	⑤
2	세계 평화를 위한 구체적인 실천 교육(비폭력 교육, 타협과 조정 훈련 등) 실시	①	②	③	④	⑤
3	세계 시민으로서 지구적인 문제에 대한 교회 밖 네트워크에도 참여할 수 있도록 돕기	①	②	③	④	⑤
4	청소년이 하느님 나라 시민으로서의 자부심을 갖고, 보편 교회의 역할을 이해하며 각자의 책임을 숙지할 수 있도록 돕기	①	②	③	④	⑤
5	타 종교에 대하여 관용적 태도를 길러주는 교육 및 훈련기회 제공	①	②	③	④	⑤
6	자신이 살고 있는 교회, 지역, 국가를 초월하여 세계 공동체(전 인류, 환경 등)로까지 인식을 넓혀주는 교육	①	②	③	④	⑤
7	세계의 모든 사람들이 인종과 국가와 문화를 초월하여 상호 의존하고 있음을 인식시키기	①	②	③	④	⑤
8	폭넓은 세계관과 다문화에 대한 이해와 관용을 통해 더불어 사는 방법을 익히도록 돕기	①	②	③	④	⑤
9	한국인과 결혼하여 이 땅에 사는 아시아인들의 문화를 존중하고, 그들을 사회 구성원으로 받아들이도록 돕기	①	②	③	④	⑤
10	지구적인 문제(지구온난화, 전쟁, 기아, 질병 등)에 관심을 갖고 그 원인과 해결방법을 스스로 찾도록 돕기	①	②	③	④	⑤
11	전 세계적인 대규모 가톨릭 행사(세계 청소년 대회, 아시아 대회 등)에 참여하기	①	②	③	④	⑤

Ⅱ. 다음 제시된 전략이 본당 청소년 사목을 활성화하는 데 <u>얼마나 기여할 수 있다고 생각하십니까?</u> 귀하의 생각과 같은 란에 ○ 또는 ∨로 표시하여 주십시오.

■ 청소년 사목자 양성(Youth Minister Formation)

번호	서술	매우 그렇다	비교적 그런 편이다	보통	그렇지 않은 편이다	전혀 그렇지 않다
1	청소년 사목 지도자들이 청소년의 욕구를 파악하고, 청소년에게 적합한 방법으로 다가가기	①	②	③	④	⑤
2	청소년 사목 지도자들이 청소년 사목에 대한 비전을 갖고 그에 따라 청소년 사목을 수행하는 것	①	②	③	④	⑤
3	청소년 사목 지도자들이 좋은 품성과 자질을 갖추는 것	①	②	③	④	⑤
4	청소년 사목 지도자들이 자신의 영성적인 면을 심화시키는 것	①	②	③	④	⑤
5	청소년 사목 지도자들이 공동체를 건설하는 기술을 익히는 것	①	②	③	④	⑤
6	청소년 사목 지도자들이 사람들에게 활기를 불어넣는 카리스마를 키우기 위해 노력하는 것	①	②	③	④	⑤
7	청소년 사목 지도자들이 사제·수도자, 공동체, 성인 봉사자들과 좋은 관계를 맺는 것	①	②	③	④	⑤
8	청소년 사목 지도자들이 다른 지도자들과 네트워크를 형성하는 것	①	②	③	④	⑤
9	청소년 사목 지도자들이 지역·전국 단위의 자원들을 잘 활용하는 것	①	②	③	④	⑤
10	청소년 사목 지도자들이 성인 봉사자들과 청소년 리더를 위해 체계적인 훈련과 양성을 시키는 능력을 키우는 것	①	②	③	④	⑤
11	청소년 사목 지도자들이 스스로 청소년 사목에 대한 기초를 익히는 것	①	②	③	④	⑤

Ⅲ. 다음은 한국교회의 청소년 사목의 발전을 위해 알고 싶은 항목입니다. 귀하의 생각과 가장 가까운 답의 번호를 (   )에 적어 주십시오. 별도의 안내가 없는 한 답은 하나만 적어 주십시오.

01. **아래의 보기**에서 우리 교회가 청소년 사목을 위해 현재 가장 강조할 필요가 있다고 생각하시는 것은 무엇입니까? 중요한 순서대로 세 가지만 적어 주십시오.
(1순위 :   , 2순위 :   , 3순위 :   )

02. **아래의 보기**에서 우리 교회가 향후 10년 동안 가장 관심을 기울여야 할 청소년 사목영역은 무엇이라고 보십니까? 중요한 순서대로 세 가지만 적어 주십시오.
(1순위 :   , 2순위 :   , 3순위 :   )

보기	① 정의 · 평화 · 봉사 · 환경 · 통일 · 다문화 등 동시대의 주요 현안에 대한 우선적 관심 ② 본당 차원에서 청소년 사목의 지속성을 위해 전문적인 평신도 청소년 사목자(유급) 채용 ③ 위기에 처한 청소년 돕기(미혼모, 청소년 범죄자 등) 및 청소년 재활 지원 ④ 영성심화 노력(기도 생활, 각종 성사 및 피정 등) ⑤ 종교 교육(가톨릭교회의 전통과 가르침, 교리, 성경 관련 교육 등)에 대한 강조 ⑥ 청소년이 예수 그리스도의 제자로 주체가 되어 청소년 사도직을 수행하는 사목구조 ⑦ 효율적인 청소년 사목을 위한 조직의 개편(본당/지구/교구) ⑧ 청소년 지도, 카운슬링, 도덕 및 가치 교육(자아, 성, 사랑, 다

양한 삶의 형태 등)

⑨ 체계적인 교리교사(평신도 청소년 사목자) 교육 및 양성

⑩ 독립적인 전국 청소년 사목 특별기구(조직/네트워크) 설립

⑪ 청소년 사목을 위한 범 교구적 양성 실시 및 청소년 사목 컨
  설팅 센터 설립

⑫ 본당 중심의 청소년 사목에서 학교 중심의 청소년 사목으로
  확대

⑬ 청소년의 다양한 욕구에 부응하는 동아리 활동

⑭ 본당 주임신부의 청소년에 대한 우선적인 관심

보기

02-1. **(보기에 생각하는 답이 없는 경우만)** 그렇다면 귀하는 어떤 영역을 제안하시겠습니까? 자유롭게 적어 주십시오.

다음은 통계 처리를 위한 질문입니다. 이 부분은 전산 처리를 위해 필요하므로 다소 불편하시더라도 빠짐없이 기록해 주시면 감사하겠습니다.

SQ 1. 귀하는 현재 어느 신원에 속해 있습니까? (   )
　　① 교리교사　　　　② 사제　　　　③ 수도자

SQ 2. 귀하는? (   )
　　① 남자　　　　② 여자

SQ 3. 귀하의 현재 나이는 어떻게 되십니까?

만 ____________세

SQ 4. 귀하는 청소년 사목에 투신하신 지 얼마나 되셨습니까?

만 ____________년 ____________개월

SQ 5. 귀하가 현재 활동하시는 교구는 ?

____________교구

SQ 6. 귀하는 청소년 사목을 위해 별도의 양성을 받으셨습니까? (   )

① 예   ② 아니오

SQ 6-1. (6에서 ①에 답하신 분만) 받으신 양성의 제목과 내용을 적어 주십시오.

____

SQ 7. (교리교사만) 선생님은 입교하신 지 얼마나 되셨습니까?

만 ____________년

SQ 8. (교리교사만) 선생님은 견진을 받으셨습니까? (   )

① 예   ② 아니오

<부록 4-2> 제 4차 조사연구 질문지(청소년 사목 구성요소 및 전략)
 – 청소년용

† 찬미예수님

안녕하십니까? 청소년 여러분.
먼저 귀한 시간을 내어 이 조사에 응해 주심에 감사드립니다.

저는 지난 18년간 청소년 사목을 하면서, 이에 대한 교회의 비전과 평가 지표의 부재로 인하여 사목적인 성장에 어려움을 겪어 왔습니다.
그러던 중 교회 어른들의 배려로 보다 깊이 있는 배움의 기회를 얻어 외국의 선진 청소년 사목을 연구하게 되었고, 여러 교회의 체계적인 청소년 사목에 대한 기본틀을 집중적으로 연구하게 되었습니다. 저는 이 연구를 통해, 한국 교회의 청소년 사목에도 이와 같은 체계적인 접근이 필요하다는 것을 절실하게 느끼게 되었습니다. 마침 이 주제로 박사 학위 논문을 준비하게 되었기에 한국적인 청소년 사목 기본틀의 구성 요소를 파악하는 설문을 실시하고자 합니다.

부디 어려우시더라도 기꺼이 협조해 주시길 부탁드리며, 답변해 주신 모든 내용을 소중하게 참고하여 한국 교회의 청소년 사목 발전에 유용하게 쓰도록 하겠습니다.

작성해 주신 설문은 조사윤리에 입각하여 통계처리된 결과만 공개합니다.
조사와 관련하여 협조하신 내용은 모두 비밀을 보장해드립니다.

2007년 10월

가톨릭대학교 종교학과 박사과정 (청소년 사목)
천주교 서울대교구 조재연 신부

이 질문지는 청소년 사목을 활성화하는 데 필요한 주요 영역과 그 영역을 구성하는 세부 요소들을 다루고 있습니다. 본 설문은 이 요소들이 한국교회의 청소년들에게 얼마나 도움이 되고, 그들의 신앙생활과 학교 및 사회생활에 절실한지를 확인해 보기 위한 항목으로 구성되어 있습니다.

응답 요령은 모든 질문에서, 학생의 의견과 가장 가깝다고 생각되는 해당란의 번호에 O 또는 V로 표시해 주시면 됩니다. <u>별도의 안내가 없는 경우 한 질문에 한 가지 답만 하셔야 합니다.</u> 다음의 각 표에 들어있는 그룹질문에 얼마나 동의하시는지 여러분의 의견을 써주십시오.

번호	서술	적극 동의	비교적 동의 하는 편	보통	동의 하지 않는 편	전혀 동의 안함
1	미사에 우리가 좋아하는 노래/전례댄스/액션송/율동찬양이 들어가면 좋겠다	①	②	③	④	⑤
2	우리가 참여하기 쉬운 시간대에 미사나 공동체 모임을 하면 좋겠다	①	②	③	④	⑤
3	미사 참여 때 복장을 자유롭게 하면 좋겠다	①	②	③	④	⑤
4	미사 전례에서 우리가 다양한 역할을 맡을 수 있으면 좋겠다	①	②	③	④	⑤
5	가끔 가족들과 함께 전례에 참여하면 좋겠다	①	②	③	④	⑤
6	성당의 전례 장식을 아름답게 하면 좋겠다	①	②	③	④	⑤
7	미사 때 미사의 의미를 모두가 잘 알고, 기도하는 분위기에서 참여하면 좋겠다	①	②	③	④	⑤
8	예비자들이나 성체를 모실 수 없는 친구는 성체 대신 신부님의 축복(안수)을 받으면 좋겠다	①	②	③	④	⑤
9	미사를 통해 친구들과 우정이 더욱 깊어지면 좋겠다	①	②	③	④	⑤
10	미사 때 나의 기쁨을 경축하고, 어려움과 아픔에 대해서는 위로를 받으면 좋겠다	①	②	③	④	⑤

11	신부님의 강론 대신 우리가 직접 참여하여 복음을 표현하거나 또래 친구들이 표현하는 것을 볼 수 있는 기회가 마련되면 좋겠다	①	②	③	④	⑤
12	성찬 전례 때 제대 가까이 올라가서 그리스도를 가까이 느끼며 참여하면 좋겠다	①	②	③	④	⑤
13	우리도 어른 성체 분배자처럼 성체분배에 참여할 수 있으면 좋겠다	①	②	③	④	⑤
14	교회에서 우리에게 영적인 지도나 지지를 해 주는 사람이 있으면 좋겠다	①	②	③	④	⑤
15	교회 안에 자유롭게 참여할 수 있는 기도모임이나 다양한 기도방법을 배울 수 있는 장이 있으면 좋겠다	①	②	③	④	⑤
16	본당이나 교구에 청소년을 위한 편안한 화해의 성사(『JOC 해설』)의 장소가 적절한 형식으로 마련되면 좋겠다	①	②	③	④	⑤
17	청소년을 위한 해외 성지순례 기회가 마련되면 좋겠다	①	②	③	④	⑤
18	주일학교 혹은 성당활동 중에 신부/수녀님과 교리교사들이 나의 심리/몸 상태를 고려해 주면 좋겠다	①	②	③	④	⑤
19	교리시간에 교리교사와 학생, 또 학생과 학생 간에 대화하고 나누는 방식으로 교리를 공부하면 좋겠다	①	②	③	④	⑤
20	교리교육에서 시청각을 많이 사용했으면 좋겠다	①	②	③	④	⑤
21	신부님, 수녀님, 교리교사들이 우리 청소년과 친하게 지내면 좋겠다	①	②	③	④	⑤
22	나는 교리교사들이 교회전통에 대한 지식이 풍부할 때 도움을 받는다	①	②	③	④	⑤
23	교리교사들의 신앙이 깊고, 돈독하면 나의 신앙에 도움이 된다	①	②	③	④	⑤
24	교리교사들이 교리를 전달하는 기술이 뛰어나면 내가 교리를 이해하는 데 도움이 된다	①	②	③	④	⑤
25	우리의 생활과 문화에 관심을 가져주는 교리교사들이 있으면 좋겠다	①	②	③	④	⑤
26	신부님이 우리 생활과 밀접한 강론을 자주 해 주실 때 좋다	①	②	③	④	⑤

번호	서술	적극 동의	비교적 동의 하는 편	보통	동의 하지 않는 편	전혀 동의 안함
27	신부님/수녀님을 자주 쉽게 만날 수 있으면 좋겠다	①	②	③	④	⑤
28	신부님/수녀님이 우리(생활, 고민 등)를 충분히 이해해 주실 때 좋다	①	②	③	④	⑤
29	주일학교 담당 신부님/수녀님이 자주 안 바뀌시면 좋겠다(최소한 5년 임기)	①	②	③	④	⑤
30	우리를 지도하는 사목자(신부님, 수녀님, 교리교사)가 큰 비전을 갖고 있으면 좋겠다	①	②	③	④	⑤
31	신부님이 어른 청소년 지도자를 양성하고자 하는 의식이 있으면 좋겠다	①	②	③	④	⑤
32	부모님이 내가 주일학교와 성당활동에 참여하는 것을 적극 지지해 주실 때 나의 신앙생활에 큰 힘이 된다.	①	②	③	④	⑤
33	부모님이 일상생활에서 나의 신앙생활에 도움을 줄 수 있으면 좋겠다	①	②	③	④	⑤
34	부모님이 화목하신 것이 나의 신앙생활에도 도움이 된다	①	②	③	④	⑤
35	성당에 우리들끼리만 사용할 수 있는 전용공간이 마련되면 좋겠다	①	②	③	④	⑤
36	교리실이 깨끗하고, 교육 자재들도 잘 갖추어져 있으면 좋겠다	①	②	③	④	⑤
37	성당 어른들이 성당에서 활동하는 우리를 호의적이고, 편견 없이 바라보면 좋겠다	①	②	③	④	⑤
38	성당에서 우리 활동을 재정적으로 충분히 지원해 주면 좋겠다	①	②	③	④	⑤
39	담당 신부님/수녀님 외에 주임 신부님과도 자주 만날 수 있으면 좋겠다	①	②	③	④	⑤
40	성당에서 청소년을 지원하는 어른들의 단체가 있으면 좋겠다	①	②	③	④	⑤
41	지구/대리구/교구 차원의 축제나 교류를 통해서 다른 성당 친구들을 만날 수 있는 기회들이 자주 있으면 좋겠다	①	②	③	④	⑤

42	본당 혹은 지구/대리구 차원에서 청소년만을 위한 견진교리가 있으면 좋겠다	①	②	③	④	⑤
43	주말을 이용하여 나의 신앙생활을 돌아볼 수 있는 피정을 마련해 주면 좋겠다	①	②	③	④	⑤
44	주교님을 뵙고 성당생활에 대한 우리의 바람을 말씀드릴 수 있는 기회가 마련되면 좋겠다	①	②	③	④	⑤
45	내가 참석하기 쉬운 장소에서 성당 활동 모임을 하면 좋겠다	①	②	③	④	⑤
46	깊은 신앙 체험 혹은 선교의 열망을 가진 친구들만의 정기 모임을 만들어 서로 지지해 주면 좋겠다	①	②	③	④	⑤
47	내가 잘 하는 것이나 가진 것, 나의 재능이나 내가 가진 물질을 나눌 수 있는 기회를 성당에서 자주 마련하면 좋겠다	①	②	③	④	⑤
48	정보통신기술을 잘 활용하여 예수님의 말씀을 전할 수 있는 방법을 배우면 좋겠다	①	②	③	④	⑤
49	성당 생활에 소극적인 친구들을 신부님, 수녀님과 교리교사들에게 소개하고, 연결시켜 줄 수 있는 장치가 마련되면 좋겠다	①	②	③	④	⑤
50	우리 청소년이 매력을 느낄 수 있는 요소들이 교회에 충분히 갖춰져 있으면 좋겠다	①	②	③	④	⑤
51	내게 어려운 일이 있을 때 함께해 줄 수 있는 친구들이 성당에 있으면 좋겠다	①	②	③	④	⑤
52	내게 닥친 여러 문제들에 대하여 조언과 도움을 줄 수 있는 신뢰할 수 있는 어른 및 또래 상담자(mentor)가 있으면 좋겠다	①	②	③	④	⑤
53	어려운 상황에 놓여 있는 친구들을 성당에 데려왔을 때 그들이 도움을 받을 수 있는 조건들을 갖추고 있으면 좋겠다(예, 관련단체 연결해 주기)	①	②	③	④	⑤
54	우리들의 성장(발달)단계에 맞게 도움을 줄 수 있는 프로그램들이 마련되어 있으면 좋겠다	①	②	③	④	⑤
55	우리 의견을 어른들에게 공적으로 전달할 기회가 마련되어 있으면 좋겠다	①	②	③	④	⑤
56	자신의 의사를 바르게 표현하고 전달하는 방법을 우리 성당에서 가르쳐 주면 좋겠다	①	②	③	④	⑤

번호	서술	적극 동의	비교적 동의 하는 편	보통	동의 하지 않는 편	전혀 동의 안함
57	성당에 어른들처럼 청소년 사목회의를 설치하여 우리 시선을 넓히고, 우리의 의견도 성당의 사목 정책에 반영해 주면 좋겠다	①	②	③	④	⑤
58	우리가 교회와 사회 안에서 스스로 책임질 수 있는 훈련을 성당에서 시켜 주면 좋겠다	①	②	③	④	⑤
59	청소년이 손쉽게 사회문제의 해결에 기여할 수 있는 단체(NGO)들과 주일학교가 연결되어 있으면 좋겠다	①	②	③	④	⑤
60	생명의 존엄성/소중함을 일깨우고, 이를 변호할 수 있는 준비를 주일학교에서 시켜 줄 수 있으면 좋겠다	①	②	③	④	⑤
61	교회가 우리들의 목소리를 경청하고 우리의 처지를 어른들과 사회에 대변해 줄 수 있으면 좋겠다	①	②	③	④	⑤
62	주일학교에 참여하면서 우리도 다른 친구들을 격려하고 변호하는 역할을 할 수 있게 되면 좋겠다	①	②	③	④	⑤
63	내가 속한 주일학교/부서에서 나의 장점과 단점을 발견해 주고, 이를 이해해 주면 좋겠다	①	②	③	④	⑤
64	우리 주일학교/부서에 각자의 나이에 맞는 활동이나 일에 참여할 수 있는 여건이 마련되어 있으면 좋겠다	①	②	③	④	⑤
65	우리 주일학교/부서에 함께 체험하며 추억을 만들 수 있는 여러 일들이 마련되어 있으면 좋겠다	①	②	③	④	⑤
66	우리 학년 혹은 우리 부서가 다른 학년 혹은 다른 부서와 개방적으로 소통하며 연대할 수 있으면 좋겠다	①	②	③	④	⑤
67	우리 성당에서 잘 준비된 청소년 사목자(신부님, 수녀님, 교리교사)들을 많이 만날 수 있으면 좋겠다	①	②	③	④	⑤
68	우리 주일학교/부서에서 우리에게 스스로 공동체를 건설하고 성장시켜 나가는 방법을 가르쳐 주면 좋겠다	①	②	③	④	⑤
69	우리 주일학교/부서에서 공동체 생활에 필요한 태도나 가치들을 우리가 잘 익힐 수 있도록 도와주면 좋겠다	①	②	③	④	⑤

70	우리 주일학교/부서에 들어오기 위한 준비과정으로 절차와 단계가 정해져 있으면 좋겠다	①	②	③	④	⑤
71	우리 주일학교/부서에 리더를 존중하고 지지해 주는 분위기가 있으면 좋겠다	①	②	③	④	⑤
72	우리 주일학교/부서가 기도하는 것이 익숙한 분위기이면 좋겠다	①	②	③	④	⑤
73	우리 주일학교/부서가 행사를 마친 후에는 평가를 통해 개선할 점을 찾으면 좋겠다	①	②	③	④	⑤
74	우리가 직접 또래 친구들을 동반할 수 있도록, 우리 주일학교/부서에 하느님과 교회에 대한 더 깊은 이해를 돕는 프로그램이 있으면 좋겠다	①	②	③	④	⑤
75	우리 주일학교/부서의 여러 가지 활동을 우리 스스로 계획하고 집행할 수 있으면 좋겠다	①	②	③	④	⑤
76	우리 주일학교/부서가 성당의 다른 어른 단체와 연대하면서 성당의 일들을 해결해 나가는 방법을 훈련할 수 있으면 좋겠다	①	②	③	④	⑤
77	우리가 직접 다른 친구들을 동반할 수 있는 다양한 기법을 배우고, 동반할 수 있는 시스템이 주일학교/부서 안에 마련되면 좋겠다	①	②	③	④	⑤
78	성당에 우리들이 매우 소속되고 싶어 할 만한 모범적인 리더 그룹이 있으면 좋겠다	①	②	③	④	⑤
79	우리 성당에 리더들이 지쳐서 그만두지 않도록 하는 쇄신 프로그램이 마련되어 있으면 좋겠다	①	②	③	④	⑤
80	우리 성당 안에서 신부님, 수녀님, 신자들이 함께 수평적으로 성당 일에 참여하고 해결할 수 있도록 보장해 주면 좋겠다	①	②	③	④	⑤
81	우리 주일학교/부서의 리더들(학생회장, CYA 회장, 으뜸이, 부서장 등)이 모임 구성원 각자의 상황을 잘 이해하고 있으면 좋겠다	①	②	③	④	⑤
82	우리 주일학교/부서의 리더들이 어른들의 지지를 이끌어 낼 수 있는 능력을 가지고 있으면 좋겠다	①	②	③	④	⑤
83	우리 주일학교/부서의 리더들이 상호협력하고, 갈등이 발생했을 때도 이를 잘 관리하는 방법을 알고 있으면 좋겠다	①	②	③	④	⑤

번호	서술	적극 동의	비교적 동의 하는 편	보통	동의 하지 않는 편	전혀 동의 안함
84	리더(학생회장, CYA 회장, 으뜸이, 부서장 등)가 사정상 그만두게 될 때 그를 대체할 수 있는 체계를 갖추고 있으면 좋겠다	①	②	③	④	⑤
85	리더들이 성장하면 다음 단계로 올라갈 수 있는 체계를 갖추고 있으면 좋겠다	①	②	③	④	⑤
86	우리 성당이 청소년 리더들을 양성하기 위한 훈련 프로그램에 재정적인 지원을 많이 하면 좋겠다	①	②	③	④	⑤
87	우리 주일학교/부서의 리더들(학생회장, CYA 회장, 으뜸이, 부서장 등)이 임기가 끝나더라도 떠나지 않고 공동체에 남아 경험을 잘 나눠주면 좋겠다	①	②	③	④	⑤
88	사목자(신부님, 수녀님, 교리교사)들이 청소년 리더들을 신뢰하면 좋겠다	①	②	③	④	⑤
89	우리 주일학교/부서의 리더들이 학교/가정 그리고 동료들 사이에서 모두가 인정하는 괜찮은 친구들 가운데서 나오면 좋겠다	①	②	③	④	⑤
90	우리 주일학교/부서의 리더의 선출 및 임명 과정이 신중하게 잘 짜여져 있으면 좋겠다	①	②	③	④	⑤

다음은 통계 처리를 위한 질문입니다. 이 부분은 전산 처리를 위해 필요하므로 다소 불편하시더라도 빠짐없이 기록해 주시면 감사하겠습니다.

SQ 1. 학생은? (　　　　)

　① 남자　　　　　② 여자

SQ 2. 학생의 나이(만 나이)는?

　만 _________ 세

SQ 3. 학생은 현재 몇 학년입니까? (　　　　)

　　　① 중 1　　　② 중 2　　　③ 중 3　　　④ 고 1

　　　⑤ 고 2　　　⑥ 고 3　　　⑦ 기타______

SQ 4. 학생은 언제 세례를 받았습니까? (　　　　)

　　　① 유아영세　　　　② 7세 이전　　　　③ 8세~14세 사이

　　　④ 15세~17세 사이　　⑤ 신자 아님　　　⑥ 기타 ______

SQ 5. 학생은 견진을 받으셨습니까? (　　　　)

　　　① 예　　　　　　　② 아니오

SQ 6. 학생 가족의 종교는 어떻게 됩니까? (　　　　)

　　　① 가족 전부 신자　　② 가족 일부만 신자　　③ 나만 신자

SQ 7. 학생의 성적은 어떻게 됩니까? (　　　　)

　　　① 상위권　　　　② 중상위권　　　　③ 중위권

　　　④ 중하위권　　　⑤ 하위권

〈부록 4-3〉 청소년 조사 대상의 교구 · 본당 분포

구분		사례수	%
전체		865	100
교구별	서울대교구	260	30.1
	광주대교구	100	11.6
	대구대교구	106	12.3
	부산교구	113	13.1
	청주교구	35	4.0
	수원교구	158	18.3
	대전교구	93	10.8
본당별	서울대교구		
	중계동 성당	30	3.5
	홍은3동 성당	26	3.0
	혜화동 성당	31	3.6
	전농동 성당	18	2.1
	양재동 성당	10	1.2
	청담동 성당	49	5.7
	반포동 성당	44	5.1
	등촌3동 성당	34	3.9
	봉천5동 성당	10	1.2
	장한평 성당	8	.9
	광주대교구		
	쌍암동 성당	27	3.1
	나주 성당	28	3.2
	영암 성당	24	2.8
	중흥동 성당	15	1.7
	장성 성당	6	.7
	대구대교구		
	복현동 성당	32	3.7
	이곡 성당	31	3.6
	성주 성당	31	3.6
	침산 성당	12	1.4
	부산교구		
	이기대 성당	23	2.7
	안락동 성당	31	3.6
	당감 성당	39	4.5
	해운대 성당	20	2.3
	청주교구		
	복대동 성당	18	2.1
	문화동 성당	17	2.0

본당별	수원교구	분당요한 성당	60	6.9
		영덕 성당	48	5.5
		연성 성당	24	2.8
		고잔 성당	16	1.8
		여주 성당	10	1.2
	대전교구	서산 동문동 성당	10	1.2
		궁동 성당	31	3.6
		버드내 성당	22	2.5
		법동 성당	30	3.5

〈부록 4-4〉 제 4차 청소년 사목자 조사 결과(사목적 배려)

설문내용	문항 제거시 크론바하 α값	크론바하 α값	빈도	최소값	최대값	평균	긍정율	표준편차
성당 안에 청소년이 편안하게 머물 수 있는 공간 확보 및 제공	.91		796	1.00	5.00	4.27	80.7	.98
상처받은 청소년과 소외된 청소년을 위한 특별 프로그램 마련	.90		796	1.00	5.00	4.12	77.7	1.07
청소년이 인생의 중요한 결정을 내려야 할 때(대학입학, 진로 등) 길잡이 되어주기	.90		797	1.00	5.00	4.03	72.3	.95
사춘기 청소년이 중년기 부모와 원활한 관계를 형성할 수 있는 방법 가르쳐 주기	.90	.91	798	1.00	5.00	4.02	74.2	1.00
청소년을 영적으로 상담해 주기	.90		800	1.00	5.00	3.95	69.2	1.03
가족문제(이혼, 별거, 가족 해체, 홀 부모 등)로 고통을 당하는 청소년과 그 가족 돌보기	.90		800	1.00	5.00	3.94	72.4	1.06
정서적, 육체적, 영성적인 요소들을 통합할 수 있는 방법으로 이끌어주거나 그 방법을 가르쳐 주기	.90		798	1.00	5.00	3.94	70.4	.93

설문내용	문항제거시 크론바하 α값	크론바하 α값	빈도	최소값	최대값	평균	긍정율	표준편차
위기에 처한 청소년들을 직접 도울 수 있는 특화된 공동체 혹은 전문기관에 청소년을 연결시켜 주기	.90		796	1.00	5.00	3.85	68.6	1.09
청소년의 사회생활에 필요한 방법, 지식, 또는 지혜 등을 가르쳐 주기	.91	.91	797	1.00	5.00	3.84	62.2	.95
청소년 각자의 성소(vocation) 식별을 도와주기	.90		798	1.00	5.00	3.82	63.0	.96
평균(앞의 문항 전체 평균)			784			3.98	71.07	

〈부록 4-5〉 제 4차 청소년 사목자 조사 결과(옹호)

설문내용	문항제거시 크론바하 α값	크론바하 α값	빈도	최소값	최대값	평균	긍정율	표준편차
청소년이 스스로를 지탱할 수 있도록 자기 확신과 자아 정체감을 키울 수 있는 방법 가르쳐 주기	.91		796	1.00	5.00	4.42	84.3	.89
어려움(빈곤, 장애 등)에 처한 청소년들을 대변하고, 그들이 자신의 목소리를 낼 수 있도록 돕기	.91		795	1.00	5.00	4.07	75.4	.99
청소년이 교회와 사회의 구성원으로서 주체적으로 자기 목소리를 낼 수 있는 방법 가르쳐 주기	.91	.92	794	1.00	5.00	4.06	74.1	.94
교회와 사회 안에서 청소년이 자신의 권리를 찾을 수 있는 방법 가르쳐 주기	.92		798	1.00	5.00	3.90	70.2	.88
청소년과 사회 혹은 교회 사이에 중재 또는 완충 역할 해 주기	.92		793	1.00	5.00	3.89	67.5	.91

설문내용	문항 제거시 크론바하 α값	크론바하 α값	빈도	최소값	최대값	평균	긍정율	표준편차
인권, 자유, 평화, 환경 등의 문제에 대하여 청소년이 자신의 목소리를 낼 수 있는 방법 가르쳐 주기	.91		791	1.00	5.00	3.89	67.6	1.00
청소년의 정당한 주장이 교회와 사회 정책에 반영될 수 있도록 청소년 스스로 노력하는 것을 도와주기	.91		799	1.00	5.00	3.89	68.2	.92
청소년과 관련된 공적인 (public) 문제에 관심을 갖고 이를 해결하는 데 참여하기	.92		797	1.00	5.00	3.84	65.5	.91
청소년의 미래를 위협하는 윤리적, 사회적 문제들이 있을 때 청소년을 옹호하는 투표권 행사하기	.92	.92	795	1.00	5.00	3.73	61.3	1.06
청소년과 그의 가족을 위협하는 경제적이고 사회적인 압력 혹은 폭력에 대해 청소년들 편에서 투쟁하기	.92		796	1.00	5.00	3.57	54.7	1.01
평균(앞의 문항 전체 평균)			781			3.93	68.88	

〈부록 4-6〉 제 4차 청소년 사목자 조사 결과(복음말씀 선포)

설문내용	문항 제거시 크론바하 α값	크론바하 α값	빈도	최소값	최대값	평균	긍정율	표준편차
청소년이 복음말씀을 듣고 예수님과 개인적·인격적인 관계를 맺는 방법을 스스로 터득하도록 돕기	.91		796	1.00	5.00	4.27	79.4	.93
공동체 안에서 청소년들이 회심할 수 있도록 각자에 맞게 다양한 방법으로 동반해 주기	.91	.92	797	1.00	5.00	4.08	73.8	.92

설문내용	문항제거시 크론바하 α값	크론바하 α값	빈도	최소값	최대값	평균	긍정율	표준편차
꾸준히 영적으로 성장할 수 있도록 동반하고 지도하기	.91		793	1.00	5.00	4.08	73.2	.92
청소년 스스로가 복음적인 가치로 개인·공동체·사회를 변화시키도록 격려하기	.91		796	1.00	5.00	4.01	72.6	.99
예수님의 사명을 수행하는 '제자직'으로서의 삶의 가치를 청소년에게 심어주기	.91		797	1.00	5.00	4.01	72.7	.90
사목자가 실생활 속에서 드러내야 하는 믿음의 여러 측면을 모범적으로 증거하기	.91	.92	796	1.00	5.00	3.95	68.3	.94
복음에 깊은 관심이 있는 청소년들끼리 그룹을 만들어주고, 지도하기	.91		795	1.00	5.00	3.87	67.3	1.07
청소년이 자신의 미래를 교회의 나아갈 방향과 일치시킬 수 있도록 훈련시키기	.91		796	1.00	5.00	3.85	63.6	.95
청소년이 일상에서 예수님의 제자로 살아갈 수 있도록 결단을 독려하기	.90		792	1.00	5.00	3.84	66.5	.92
청소년이 다른 청소년들에게 신앙을 증언하고 선포하도록 돕기	.91		794	1.00	5.00	3.75	60.0	1.00
평균(앞의 문항 전체 평균)			779			3.97	69.74	

〈부록 4-7〉 제 4차 청소년 사목자 조사 결과(교리교육)

설문내용	문항제거시 크론바하 α값	크론바하 α값	빈도	최소값	최대값	평균	긍정율	표준편차
청소년이 처해 있는 상황(기쁨과 고통, 삶에 대한 의문과 관심 등)과 경험의 활용	.90	.91	800	1.00	5.00	4.23	81.8	.89

청소년 성장과정의 시기적 특성에 적합하며, 청소년의 욕구를 반영한 교재와 교육방법 개발	.90		800	1.00	5.00	4.22	80.2	.93
배운 교리 지식을 청소년 스스로 삶에 적용하고 실천할 수 있는 방법 제시 혹은 지도	.90		798	1.00	5.00	4.19	79.4	.92
청소년 담당 교리교사 양성을 위한 다양한 프로그램 개발	.90		799	1.00	5.00	4.18	78.2	1.00
청소년 교리교육을 지속적으로 발전시켜 나갈 수 있는 장기 전략 마련 및 실천방법 개발	.89		796	1.00	5.00	4.07	73.1	1.00
성경과 교회 전통에 대한 지식을 풍부히 담고 있으면서도, 이를 이해하기 쉽게 설명해 주기	.90	.91	796	1.00	5.00	4.03	71.1	.96
부모들을 위한 양성·실천 프로그램 개발	.90		795	1.00	5.00	3.98	70.2	1.14
다양한 학습 방법과 활동 활용	.90		794	1.00	5.00	3.92	67.5	.92
믿음의 성장을 도울 수 있는 가톨릭 교리의 핵심(신앙고백, 교회력, 그리스도의 신비, 기도 등) 교육	.90		798	1.00	5.00	3.90	67.5	.97
청소년의 신앙에 영향을 줄 수 있는 유관 그룹(자모회, 청소년 사목 위원회 등) 조직	.91		797	1.00	5.00	3.81	64.3	.89
본당, 지구(대리구)와 교구를 연결하는 신앙교육 지원 시스템 구축	.90		797	1.00	5.00	3.70	56.9	1.00
평균(앞의 문항 전체 평균)			776			4.02	71.84	

<부록 4-8> 제 4차 청소년 사목자 조사 결과(기도와 전례)

설문내용	문항 제거시 크론바하 α값	크론바하 α값	빈도	최소값	최대값	평균	긍정율	표준편차
청소년에게 맞는 전례음악 개발 및 청소년의 활력을 표현할 수 있는 성가와 음악 활용	.90		797	1.00	5.00	4.41	85.7	.82
청소년 정서에 맞고, 설득력도 있는 미사 강론	.90		793	1.00	5.00	4.33	81.2	.88
청소년 성장과정의 시기적 특성과 청소년의 문화적 배경을 반영한 전례의 활성화	.90		800	1.00	5.00	4.18	76.9	.95
일상에서 성경을 가까이 하고 이를 생활에 연결시키는 방법 가르치기	.90		798	1.00	5.00	4.06	72.9	1.02
전례 안에서 청소년의 특징에 맞는 창의적 기도방법 개발 및 기도할 수 있는 기회 제공	.90	.91	798	1.00	5.00	4.03	72.2	1.02
전례에서 영상세대인 청소년에 걸맞은 시각적 상징과 세팅, 전례 댄스, 영상 매체 등의 활용	.91		799	1.00	5.00	4.01	71.9	1.05
청소년에게 전례와 기도방법 교육하기	.90		795	1.00	5.00	4.01	70.3	.95
청소년이 일상생활에서 개인적으로 기도할 수 있도록 사목자들이 이끌기	.90		796	1.00	5.00	3.83	63.0	1.08
청소년 스스로 주관하고 주체적으로 이끌 수 있는 기도 모임 개발	.90		798	1.00	5.00	3.81	62.6	1.12
평균(앞의 문항 전체 평균)			774			4.07	72.97	

설문내용	문항 제거시 크론 바하 α값	크론 바하 α값	빈도	최소값	최대값	평균	긍정율	표준편차
청소년에게 자신이 환영받고, 신앙 공동체의 일원으로 받아들여지고 있다는 느낌과 소속감을 줄 수 있는 청소년 친화적 본당 공동체 만들기	.83		797	1.00	5.00	4.43	84.7	.83
청소년을 교회 활동의 능동적인 주체로 수용하고, 그들이 교회 공동체의 중요한 구성원임을 인정해 주기	.83		797	1.00	5.00	4.38	85.8	.81
청소년들에게 우정을 맺고 이를 잘 가꾸어나갈 수 있는 '관계 맺는 기법'교육	.83		795	1.00	5.00	4.14	76.7	.95
다양한 청소년 소공동체 형성과 이 공동체들의 활성화 지원	.83		794	1.00	5.00	4.12	76.8	.92
가족 관계를 풍요롭게 할 수 있는 프로그램 및 방법 제공	.83	.85	794	1.00	5.00	4.08	73.7	1.02
청소년이 공동체 구성원으로서 제 역할을 잘 해낼 수 있도록 돕는 전인적 인격 형성 프로그램 제공	.82		790	1.00	5.00	4.07	75.4	.96
청소년들이 복음적 가치(연민과 관대함, 평화와 용서, 수용 등)를 배울 수 있는 공동체 생활 방법 교육	.83		794	1.00	5.00	4.03	71.6	.93
청소년 또래 그룹이 친구들과 이웃에 개방적일 수 있도록 동반하기	.83		794	1.00	5.00	4.01	71.9	.94
각 세대가 상호 깊은 친교를 맺고 교류하는 교회분위기 조성	.83		792	1.00	5.00	3.91	67.6	.96

설문내용	문항 제거시 크론바하 α값	크론바하 α값	빈도	최소값	최대값	평균	긍정율	표준편차
공동체가 지닌 복음적인 전통과 문화를 습득할 수 있는 기회 제공	.83		795	1.00	5.00	3.70	58.1	.94
직접 모이지 않아도 청소년들과 만날 수 있는 방법 마련	.92		802	1.00	9.00	2.36	59.0	1.17
평균(앞의 문항 전체 평균)			778			3.93	72.85	

〈부록 4-10〉 제 4차 청소년 사목자 조사 결과(지도력 개발)

설문내용	문항 제거시 크론바하 α값	크론바하 α값	빈도	최소값	최대값	평균	긍정율	표준편차
청소년 각자가 갖고 있는 재능과 능력을 찾아내 이를 격려하고, 그것을 더 개발할 수 있도록 도와주기	.93		797	1.00	5.00	4.34	83.9	.85
청소년이 자신들에게 적합한 역할과 지도력을 발휘할 수 있도록 도와주는 실제적인 경험 기회 제공	.92		790	1.00	5.00	4.21	78.8	.93
또래 리더를 발굴하고 지도력 개발을 위한 양성 교육 프로그램 제공	.92	.93	797	1.00	5.00	3.96	70.4	.96
또래 사목의 영향력과 중요성의 가치를 인정하고 격려하기	.93		793	1.00	5.00	3.95	70.3	.95
청소년이 서로를 멘토링(mentoring) 할 수 있는 기술 가르치기	.93		792	1.00	5.00	3.90	68.7	1.01
역할 조정을 통해 청소년이 성인 청소년 사목자와 함께 지도력을 발휘할 수 있는 기회 넓혀주기	.92		793	1.00	5.00	3.86	66.5	.99

신학적 이해를 바탕으로 청소년을 동반할 수 있는 성인 청소년 사목자 양성	.93		794	1.00	5.00	3.83	63.7	1.05
청소년 리더들이 지속적으로 헌신할 수 있도록 전문적인 리더십 교육	.92		794	1.00	5.00	3.82	65.5	1.03
청소년에게 본당 공동체의 의사 결정 과정을 참관토록 하거나 직접 결정할 수 있는 기회 제공	.93	.93	796	1.00	5.00	3.81	64.8	1.03
본당 간 연계, 다른 공동체와의 협력을 통해 지도력 네트워크 형성해 주기	.93		795	1.00	5.00	3.78	62.8	1.01
또래 청소년들이 닮고 싶어할 수 있는 청소년 핵심그룹 조직	.93		793	1.00	5.00	3.65	56.0	1.02
평균(앞의 문항 전체 평균)			770			3.92	68.31	

〈부록 4-11〉 제 4차 청소년 사목자 조사 결과(정의와 봉사)

설문내용	문항 제거시 크론 바하 α값	크론 바하 α값	빈도	최소값	최대값	평균	긍정율	표준편차
예수 그리스도를 따르는 삶의 구체적 방법으로서, 정의와 봉사의 의미와 가치의 소중함을 알도록 교육하기	.91		797	1.00	5.00	4.31	83.5	.81
인간 존엄성에 대하여 교육하고, 사회적 약자에 관심 갖게 하기	.90	.91	795	1.00	5.00	4.25	82.3	.90
고통 받는 이웃들을 만나게 하여 자신을 돌아보게 하기	.91		796	1.00	5.00	4.01	72.2	.97
청소년이 복음적 시각으로 사회 문제를 바라볼 수 있는 봉사 활동 프로그램 개발	.90		797	1.00	5.00	4.06	73.3	1.03

설문내용	문항제거시 크론바하 α값	크론바하 α값	빈도	최소값	최대값	평균	긍정율	표준편차
청소년 봉사활동을 효과적으로 지도할 수 있는 지도자 양성	.90		796	1.00	5.00	3.96	70.9	1.06
기부 문화, 기여 문화에 대한 긍정적 인식 심어주기	.91		796	1.00	5.00	3.85	65.3	1.02
지역사회에 대한 이해와 지역사회 구성원으로서의 책임감을 키울 수 있는 봉사활동 조직	.90		792	1.00	5.00	3.80	63.7	.96
평생 정의와 봉사에 투신할 수 있도록 지속적인 기회 마련	.90	.91	784	1.00	5.00	3.74	61.3	.97
불의와 불평등의 원인을 밝히려는 노력에 청소년과 가정, 본당 공동체를 참여시키기	.91		793	1.00	5.00	3.68	57.6	.93
건전한 공동체 건설을 위해 사회단체, 시민 단체와 연대(네트워크)를 구축하고 그 활동에 참여하도록 독려하기	.90		795	1.00	5.00	3.55	53.9	1.03
평균(앞의 문항 전체 평균)			767			3.92	68.40	

〈부록 4-12〉 제 4차 청소년 사목자 조사 결과(세계시민의식)

설문내용	문항제거시 크론바하 α값	크론바하 α값	빈도	최소값	최대값	평균	긍정율	표준편차
복음적인 시선(헌신, 배려, 양보, 타협 등)으로 차이를 극복하고 화해와 평화를 만들어가도록 교육하기	.93	.93	797	1.00	5.00	4.12	77.2	.92
청소년이 하느님 나라 시민으로서의 자부심을 갖고, 보편 교회의 역할을 이해하며 각자의 책임을 숙지할 수 있도록 돕기	.92		796	1.00	5.00	4.04	71.3	.97

문항			N	최소값	최대값	평균	%	SD
폭넓은 세계관과 다문화에 대한 이해와 관용을 통해 더불어 사는 방법을 익히도록 돕기	.92		795	1.00	5.00	4.04	73.3	.96
타 종교에 대하여 관용적 태도를 길러주는 교육 및 훈련기회 제공	.93		791	1.00	5.00	3.96	71.4	.95
지구적인 문제(지구온난화, 전쟁, 기아, 질병 등)에 관심을 갖고 그 원인과 해결방법을 스스로 찾도록 돕기	.92		795	1.00	5.00	3.94	70.0	1.05
세계의 모든 사람들이 인종과 국가와 문화를 초월하여 상호 의존하고 있음을 인식시키기	.92		795	1.00	5.00	3.91	67.8	1.00
자신이 살고 있는 교회, 지역, 국가를 초월하여 세계 공동체(전 인류, 환경 등)로까지 인식을 넓혀주는 교육	.92	.93	792	1.00	5.00	3.88	67.0	1.02
한국인과 결혼하여 이 땅에 사는 아시아인들의 문화를 존중하고, 그들을 사회 구성원으로 받아들이도록 돕기	.93		794	1.00	5.00	3.86	66.3	1.02
세계 평화를 위한 구체적인 실천 교육(비폭력 교육, 타협과 조정 훈련 등) 실시	.92		793	1.00	5.00	3.80	64.0	.99
전 세계적인 대규모 가톨릭 행사(세계 청소년 대회, 아시아 대회 등)에 참여하기	.93		795	1.00	5.00	3.77	63.0	1.09
세계 시민으로서 지구적인 문제에 대한 교회 밖 네트워크에 참여하도록 돕기	.92		793	1.00	5.00	3.58	53.9	1.01
평균(앞의 문항 전체 평균)			777			3.90	67.75	

<부록 4-13> 제 4차 청소년 조사 결과(사목적 배려)

설문내용	문항 제거시 크론바하 α값	크론바하 α값	빈도	최소값	최대값	평균	긍정율	표준편차
내게 어려운 일이 있을 때 함께 해 줄 수 있는 친구들이 성당에 있으면 좋겠다	.77		863	1.00	5.00	4.23	76.6	.89
내게 닥친 여러 문제들에 대하여 조언과 도움을 줄 수 있는 신뢰할 수 있는 어른 및 또래 상담자(mentor)가 있으면 좋겠다	.73		863	1.00	5.00	3.87	64.4	.97
어려운 상황에 놓여 있는 친구들을 성당에 데려왔을 때 그들이 도움을 받을 수 있는 조건들을 갖추고 있으면 좋겠다(예, 관련단체 연결해 주기)	.72	.80	862	1.00	5.00	3.87	64.3	.97
우리들의 성장(발달)단계에 맞게 도움을 줄 수 있는 프로그램들이 마련되어 있으면 좋겠다	.77		863	1.00	5.00	3.84	62.2	1.01
평균(앞의 문항 전체 평균)			862			3.95	66.88	

<부록 4-14> 제 4차 청소년 조사 결과(복음말씀 선포)

설문내용	문항 제거시 크론바하 α값	크론바하 α값	빈도	최소값	최대값	평균	긍정율	표준편차
우리 청소년이 매력을 느낄 수 있는 요소들이 교회에 충분히 갖춰져 있으면 좋겠다	.76	.79	862	1.00	5.00	4.03	69.7	.99
내가 참석하기 쉬운 장소에서 성당 활동 모임을 하면 좋겠다	.77		861	1.00	5.00	3.88	62.7	1.02

설문내용	문항 제거시 크론 바하 α값	크론 바하 α값	빈도	최소값	최대값	평균	긍정율	표준편차
내가 잘 하는 것이나 가진 것/ 나의 재능이나 내가 가진 물질을 나눌 수 있는 기회를 성당에서 자주 마련하면 좋겠다	.75		863	1.00	5.00	3.70	54.5	1.01
성당 생활에 소극적인 친구들을 신부님, 수녀님과 교리교사들에게 소개하고, 연결시켜 줄 수 있는 장치가 마련되면 좋겠다	.76	.79	864	1.00	5.00	3.66	53.4	1.02
깊은 영적 체험 혹은 선교의 열망을 가진 친구들만의 정기 모임을 만들어 서로 지지해 주면 좋겠다	.76		862	1.00	5.00	3.42	43	1.04
정보통신기술을 잘 활용하여 예수님의 말씀을 전할 수 있는 방법을 배우면 좋겠다	.77		863	1.00	5.00	3.40	41.7	.99
평균(앞의 문항 전체 평균)			855			3.68	54.17	

〈부록 4-15〉 제 4차 청소년 조사 결과(교리교육)

설문내용	문항 제거시 크론 바하 α값	크론 바하 α값	빈도	최소값	최대값	평균	긍정율	표준편차
신부님, 수녀님, 교리교사들이 우리 청소년과 친하게 지내면 좋겠다	.92		865	1.00	5.00	4.36	84.2	.80
성당 어른들이 성당에서 활동하는 우리를 호의적이고, 편견 없이 바라보면 좋겠다	.92	.92	862	1.00	5.00	4.27	79.9	.90
교리실이 깨끗하고, 교육 자재들도 잘 갖추어져 있으면 좋겠다	.92		863	1.00	5.00	4.21	78	.89
성당에서 우리 활동을 재정적으로 충분히 지원해 주면 좋겠다	.92		864	1.00	5.00	4.16	74	.92

문항			N	최소값	최대값	평균	%	표준편차
주일학교 담당 신부님/수녀님이 자주 안 바뀌시면 좋겠다(최소한 5년 임기)	.92		863	1.00	5.00	4.11	72.9	1.07
성당에 우리들끼리만 사용할 수 있는 전용공간이 마련되면 좋겠다	.92		859	1.00	5.00	4.06	68.8	1.05
신부님/수녀님이 우리(생활, 고민 등)를 충분히 이해해 주실 때 좋다	.92		862	1.00	5.00	3.98	68.8	.96
신부님이 우리 생활과 밀접한 강론을 자주 해 주실 때 좋다	.92		858	1.00	5.00	3.93	66	.98
신부님/수녀님을 자주 쉽게 만날 수 있으면 좋겠다	.92		863	1.00	5.00	3.84	60.8	.94
부모님이 화목하신 것이 나의 신앙생활에도 도움이 된다	.92		864	1.00	5.00	3.84	63.1	1.09
담당 신부님/수녀님 외에 주임 신부님과도 자주 만날 수 있으면 좋겠다	.92		859	1.00	5.00	3.84	59.7	1.02
우리의 생활과 문화에 관심을 가져주는 교리교사들이 있으면 좋겠다	.92	.93	862	1.00	5.00	3.76	58.3	1.05
성당에서 청소년을 지원하는 어른들의 단체가 있으면 좋겠다	.92		851	1.00	5.00	3.72	55.4	1.08
교리시간에 교리교사와 학생, 또 학생과 학생 간에 대화하고 나누는 방식으로 교리를 공부하면 좋겠다	.92		864	1.00	5.00	3.71	58.2	1.08
부모님이 내가 주일학교와 성당활동에 참여하는 것을 적극 지지해 주실 때 나의 신앙생활에 큰 힘이 된다	.92		861	1.00	5.00	3.69	55.7	1.11
우리를 지도하는 사목자(신부님, 수녀님, 교리교사)가 큰 비전을 갖고 있으면 좋겠다	.92		859	1.00	5.00	3.67	51.6	.97
지구/대리구/교구 차원의 축제나 교류를 통해서 다른 성당 친구들을 만날 수 있는 기회들이 자주 있으면 좋겠다	.92		861	1.00	5.00	3.65	54.5	1.15

설문내용	문항 제거시 크론바하 α값	크론바하 α값	빈도	최소값	최대값	평균	긍정율	표준편차
교리교사들이 교리를 전달하는 기술이 뛰어나면 내가 교리를 이해하는 데 도움이 된다	.92		865	1.00	5.00	3.61	51.7	1.03
교리교사들의 신앙이 깊고, 돈독하면 나의 신앙에 도움이 된다	.92		864	1.00	5.00	3.60	50.4	.99
부모님이 일상생활에서 나의 신앙생활에 도움을 줄 수 있으면 좋겠다	.92		864	1.00	5.00	3.59	49.9	1.07
교리교육에서 시청각을 많이 사용했으면 좋겠다	.92	.93	865	1.00	5.00	3.56	50.3	1.08
신부님이 어른 청소년 지도자를 양성하고자 하는 의식이 있으면 좋겠다	.92		857	1.00	5.00	3.50	43.6	.93
주교님을 뵙고 성당생활에 대한 우리의 바람을 말씀드릴 수 있는 기회가 마련되면 좋겠다	.92		863	1.00	5.00	3.47	43.0	1.01
본당 혹은 지구/대리구 차원에서 청소년만을 위한 견진교리가 있으면 좋겠다	.92		863	1.00	5.00	3.46	43.5	1.04
주말을 이용하여 나의 신앙생활을 돌아볼 수 있는 피정을 마련해 주면 좋겠다	.92		859	1.00	5.00	3.36	40.5	1.11
나는 교리교사들이 교회전통에 대한 지식이 풍부할 때 도움을 받는다	.92		864	1.00	5.00	3.33	37.8	.96
평균(앞의 문항 전체 평균)			802			3.78	58.48	

〈부록 4-16〉 제 4차 청소년 조사 결과(기도와 전례)

설문내용	문항 제거시 크론바하 α값	크론바하 α값	빈도	최소값	최대값	평균	긍정율	표준편차
미사를 통해 친구들과 우정이 더욱 깊어지면 좋겠다	.83	.84	861	1.00	5.00	4.23	78.0	.85

문항								
예비자들이나 성체를 모실 수 없는 친구는 성체 대신 신부님의 축복(안수)을 받으면 좋겠다	.83		863	1.00	5.00	4.03	69.4	.93
미사 때 나의 기쁨을 경축하고, 어려움과 아픔에 대해서는 위로를 받으면 좋겠다	.83		856	1.00	5.00	3.94	63.4	.99
미사 참여 때 복장을 자유롭게 하면 좋겠다	.86		862	1.00	5.00	3.92	64.7	1.11
미사 때 미사의 의미를 모두가 잘 알고, 기도하는 분위기에서 참여하면 좋겠다	.83		863	1.00	5.00	3.87	63.7	.94
우리가 참여하기 쉬운 시간대에 미사나 공동체 모임을 하면 좋겠다	.83		864	1.00	5.00	3.84	64.2	1.08
본당이나 교구에 청소년을 위한 편안한 화해의 성사(『JOC 해설』)의 장소가 적절한 형식으로 마련되면 좋겠다	.83	.84	862	1.00	5.00	3.73	58.7	.93
청소년을 위한 해외 성지순례 기회가 마련되면 좋겠다	.84		862	1.00	5.00	3.72	58.5	1.19
성당의 전례 장식을 아름답게 하면 좋겠다	.84		863	1.00	5.00	3.64	51.8	.98
주일학교 혹은 성당활동 중에 신부/수녀님과 교리교사들이 나의 심리/몸 상태를 고려해 주면 좋겠다	.84		863	1.00	5.00	3.57	50.1	1.05
미사에 우리가 좋아하는 노래/전례댄스/액션송/율동찬양이 들어가면 좋겠다	.84		865	1.00	5.00	3.44	51.0	1.21
미사 전례에서 우리가 다양한 역할을 맡을 수 있으면 좋겠다	.83		860	1.00	5.00	3.44	43.9	1.07
교회 안에 자유롭게 참여할 수 있는 기도 모임이나 다양한 기도방법을 배울 수 있는 장이 있으면 좋겠다	.83		860	1.00	5.00	3.26	36.4	1.02

설문내용	문항 제거시 크론 바하 α값	크론 바하 α값	빈도	최소값	최대값	평균	긍정율	표준편차
교회에서 우리에게 영적인 지도나 지지를 해 주는 사람이 있으면 좋겠다	.83		861	1.00	5.00	3.22	34.0	1.01
성찬 전례 때 제대 가까이 올라가서 그리스도를 가까이 느끼며 참여하면 좋겠다	.83		863	1.00	5.00	3.20	32.6	1.01
신부님의 강론 대신 우리가 직접 참여하여 복음을 표현하거나 또래 친구들이 표현하는 것을 볼 수 있는 기회가 마련되면 좋겠다	.83	.84	862	1.00	5.00	3.09	32.9	1.12
가끔 가족들과 함께 전례에 참여하면 좋겠다	.84		857	1.00	5.00	3.02	30.8	1.14
우리도 어른 성체 분배자처럼 성체분배에 참여할 수 있으면 좋겠다	.84		863	1.00	5.00	2.99	28.1	1.10
평균(앞의 문항 전체 평균)			814			3.56	50.68	

〈부록 4-17〉 제 4차 청소년 조사 결과(공동체 생활)

설문내용	문항 제거시 크론 바하 α값	크론 바하 α값	빈도	최소값	최대값	평균	긍정율	표준편차
우리 주일학교/부서에 함께 체험하며 추억을 만들 수 있는 여러 일들이 마련되어 있으면 좋겠다	.87		860	1.00	5.00	4.06	70.6	1.05
우리 주일학교/부서에 각자의 나이에 맞는 활동이나 일에 참여할 수 있는 여건이 마련되어 있으면 좋겠다	.87	.88	861	1.00	5.00	3.88	64.2	1.01

문항			N	최소값	최대값	평균	%	표준편차
우리 학년 혹은 우리 부서가 다른 학년 혹은 다른 부서와 개방적으로 소통하며 연대할 수 있으면 좋겠다	.87		861	1.00	5.00	3.85	62.8	1.06
내가 속한 주일학교/부서에서 나의 장점과 단점을 발견해 주고, 이를 이해해 주면 좋겠다	.87		863	1.00	5.00	3.82	60.8	1.00
우리 성당에서 잘 준비된 청소년 사목자(신부님, 수녀님, 교리교사)들을 많이 만날 수 있으면 좋겠다	.87		860	1.00	5.00	3.79	58.6	.98
우리 주일학교/부서에 리더를 존중하고 지지해 주는 분위기가 있으면 좋겠다	.87		862	1.00	5.00	3.78	60.6	1.05
우리 주일학교/부서가 기도하는 것이 익숙한 분위기면 좋겠다	.87	.88	859	1.00	5.00	3.67	54.6	1.03
우리 주일학교/부서에서 우리에게 스스로 공동체를 건설하고 성장시켜 나가는 방법을 가르쳐 주면 좋겠다	.87		861	1.00	5.00	3.64	51.9	.97
우리 주일학교/부서에서 공동체 생활에 필요한 태도나 가치들을 우리가 잘 익힐 수 있도록 도와주면 좋겠다	.87		863	1.00	5.00	3.63	51.1	.97
우리 주일학교/부서가 행사를 마친 후에는 평가를 통해 개선할 점을 찾으면 좋겠다	.87		860	1.00	5.00	3.63	52.3	1.04
우리 주일학교/부서에 들어오기 위한 준비과정으로 절차와 단계가 정해져 있으면 좋겠다	.88		860	1.00	5.00	3.34	43	1.16
평균(앞의 문항 전체 평균)			846			3.74	57.32	

<부록 4-18> 제 4차 청소년 조사 결과(지도력 개발)

설문내용	문항제거시 크론바하 α값	크론바하 α값	빈도	최소값	최대값	평균	긍정율	표준편차
사목자(신부님, 수녀님, 교리교사)들이 청소년 리더들을 신뢰하면 좋겠다	.92		861	1.00	5.00	3.96	66.9	.98
리더(학생회장, CYA 회장, 으뜸이, 부서장 등)가 사정상 그만두게 될 때 그를 대체할 수 있는 체계를 갖추고 있으면 좋겠다	92		864	1.00	5.00	3.92	67.4	1.03
우리 주일학교/부서의 리더들이 학교/가정, 그리고 동료들 사이에서 모두가 인정하는 괜찮은 친구들 가운데에서 나오면 좋겠다	.92		860	1.00	5.00	3.90	65.5	1.03
우리 주일학교/부서의 리더들이 상호협력하고, 갈등이 발생했을 때도 이를 잘 관리하는 방법을 알고 있으면 좋겠다	.92	.93	860	1.00	5.00	3.87	64.4	.99
우리 주일학교/부서의 리더의 선출 및 임명 과정이 신중하게 잘 짜여져 있으면 좋겠다	.92		862	1.00	5.00	3.86	61.8	1.05
우리 주일학교/부서의 리더들(학생회장, CYA 회장, 으뜸이, 부서장 등)이 모임 구성원 각자의 상황을 잘 이해하고 있으면 좋겠다	.92		861	1.00	5.00	3.81	62	1.08
우리 주일학교/부서의 리더들(학생회장, CYA 회장, 으뜸이, 부서장 등)이 임기가 끝나더라도 떠나지 않고 공동체에 남아 경험을 잘 나눠주면 좋겠다	.92		863	1.00	5.00	3.79	60.9	1.05
우리 주일학교/부서의 리더들이 어른들의 지지를 이끌어 낼 수 있는 능력을 가지고 있으면 좋겠다	.92		862	1.00	5.00	3.77	59.3	1.01

문항							
우리 성당이 청소년 리더들을 양성하기 위한 훈련 프로그램에 재정적인 지원을 많이 하면 좋겠다	.92		863	1.00	5.00	3.77	57.1	1.02
리더들이 성장하면 다음 단계로 올라갈 수 있는 체계를 갖추고 있으면 좋겠다	.92		861	1.00	5.00	3.76	59.1	1.06
우리 주일학교/부서의 여러 가지 활동을 우리 스스로 계획하고 집행할 수 있으면 좋겠다	.92		860	1.00	5.00	3.73	56	1.00
우리 성당 안에서 신부님, 수녀님, 신자들이 함께 수평적으로 성당 일에 참여하고 해결할 수 있도록 보장해 주면 좋겠다	.92		860	1.00	5.00	3.71	53.9	1.00
성당에 우리들이 매우 소속되고 싶어 할 만한 모범적인 리더 그룹이 있으면 좋겠다	.92	.93	861	1.00	5.00	3.66	54.6	1.10
우리가 직접 또래 친구들을 동반할 수 있도록, 우리 주일학교/부서에 하느님과 교회에 대한 더 깊은 이해를 돕는 프로그램이 있으면 좋겠다	.92		859	1.00	5.00	3.64	52.3	.98
우리 성당에 리더들이 지쳐서 그만두지 않도록 하는 쇄신 프로그램이 마련되어 있으면 좋겠다	.92		860	1.00	5.00	3.63	53.9	1.09
우리가 직접 다른 친구들을 동반할 수 있는 다양한 기법을 배우고, 동반할 수 있는 시스템이 주일학교/부서 안에 마련되면 좋겠다	.92		864	1.00	5.00	3.59	51.3	.97
우리 주일학교/부서가 성당의 다른 어른 단체와 연대하면서 성당의 일들을 해결해 나가는 방법을 훈련할 수 있으면 좋겠다	.92		864	1.00	5.00	3.47	44.6	1.02
평균(앞의 문항 전체 평균)			861.47			3.76	58.29	

〈부록 4-19〉 제 4차 청소년 조사 결과(정의와 봉사)

설문내용	문항 제거시 크론바하 α값	크론바하 α값	빈도	최소값	최대값	평균	긍정율	표준편차
주일학교에 참여하면서 우리도 다른 친구들을 격려하고 변호하는 역할을 할 수 있게 되면 좋겠다	.85	.87	859	1.00	5.00	3.66	54.6	.98
자신의 의사를 바르게 표현하고 전달하는 방법을 우리 성당에서 가르쳐 주면 좋겠다	.85		861	1.00	5.00	3.62	50.3	1.00
생명의 존엄성/소중함을 일깨우고, 이를 변호할 수 있는 준비를 주일학교에서 시켜 줄 수 있으면 좋겠다	.85		858	1.00	5.00	3.59	48.9	1.01
교회가 우리들의 목소리를 경청하고 우리의 처지를 어른들과 사회에 대변해 줄 수 있으면 좋겠다	.85		860	1.00	5.00	3.57	50.3	1.04
성당에 어른들처럼 청소년 사목회의를 설치하여 우리 시선을 넓히고, 우리의 의견도 성당의 사목정책에 반영해 주면 좋겠다	.85		863	1.00	5.00	3.53	46.5	1.02
우리 의견을 어른들에게 공적으로 전달할 기회가 마련되어 있으면 좋겠다	.85		858	1.00	5.00	3.52	47.9	1.10
우리가 교회와 사회 안에서 스스로 책임질 수 있는 훈련을 성당에서 시켜 주면 좋겠다	.85		861	1.00	5.00	3.49	46.8	1.03
청소년이 손쉽게 사회문제의 해결에 기여할 수 있는 단체(NGO)들과 주일학교가 연결되어 있으면 좋겠다	.85		862	1.00	5.00	3.45	44.7	1.06
평균(앞의 문항 전체 평균)			845			3.55	48.75	

〈부록 4-20〉 제 4차 청소년 사목자 신원별 기술통계 및 일원변량분산분석

■ 사목적 배려

기술통계

범주	N (빈도)	평균	표준 편차	표준 오차	평균에 대한 95% 신뢰구간		최소값	최대값
					하한값	상한값		
교리교사	502	3.9343	.75490	.03369	3.8681	4.0005	1.60	5.00
사제	149	3.9653	.71770	.05880	3.8491	4.0815	1.10	5.00
수도자	149	4.1436	.73824	.06048	4.0241	4.2631	1.60	5.00
전체	800	3.9791	.74835	.02646	3.9271	4.0310	1.10	5.00

분산분석

	제곱합	자유도(d.f)	평균제곱	F 비	유의확률
집단 간	5.068	2	2.534	4.566	.011
집단 내	442.398	797	.555		
전체	447.466	799			

■ 옹호

기술통계

범주	N (빈도)	평균	표준 편차	표준 오차	평균에 대한 95% 신뢰구간		최소값	최대값
					하한값	상한값		
교리교사	502	3.8770	.71907	.03209	3.8140	3.9401	1.20	5.00
사제	149	3.9162	.68056	.05575	3.8060	4.0264	1.00	5.00
수도자	148	4.1063	.80274	.06598	3.9759	4.2367	1.00	5.00
전체	799	3.9268	.73265	.02592	3.8759	3.9777	1.00	5.00

분산분석

	제곱합	자유도(d.f)	평균제곱	F 비	유의확률
집단 간	6.030	2	3.015	5.682	.004
집단 내	422.321	796	.531		
전체	428.351	798			

■ 복음말씀 선포

기술통계

범주	N (빈도)	평균	표준 편차	표준 오차	평균에 대한 95% 신뢰구간		최소값	최대값
					하한값	상한값		
교리교사	500	3.8764	.68679	.03071	3.8160	3.9367	1.40	5.00
사제	149	4.0511	.68373	.05601	3.9404	4.1618	1.10	5.00
수 도 자	149	4.2085	.79619	.06523	4.0796	4.3374	1.50	5.00
전체	798	3.9710	.71917	.02546	3.9210	4.0210	1.10	5.00

분산분석

	제곱합	자유도(d.f)	평균제곱	F 비	유의확률
집단 간	13.840	2	6.920	13.810	.000
집단 내	398.374	795	.501		
전체	412.215	797			

■ 교리교육

기술통계

범주	N (빈도)	평균	표준 편차	표준 오차	평균에 대한 95% 신뢰구간		최소값	최대값
					하한값	상한값		
교리교사	502	3.9617	.67985	.03034	3.9021	4.0213	1.91	5.00
사제	149	4.0692	.68127	.05581	3.9589	4.1795	1.64	5.00
수 도 자	150	4.1635	.78808	.06435	4.0363	4.2906	1.00	5.00
전체	801	4.0195	.70529	.02492	3.9705	4.0684	1.00	5.00

분산분석

	제곱합	자유도(d.f)	평균제곱	F 비	유의확률
집단 간	5.155	2	2.577	5.236	.006
집단 내	392.788	798	.492		
전체	397.943	800			

■ 기도와 전례

기술통계

범주	N (빈도)	평균	표준 편차	표준 오차	평균에 대한 95% 신뢰구간		최소값	최대값
					하한값	상한값		
교리교사	502	3.9903	.69627	.03108	3.9293	4.0514	1.50	5.00
사제	149	4.1685	.73060	.05985	4.0502	4.2867	1.50	5.00
수 도 자	150	4.2861	.76913	.06280	4.1620	4.4102	2.00	5.00
전체	801	4.0789	.72594	.02565	4.0285	4.1292	1.50	5.00

분산분석

	제곱합	자유도(d.f)	평균제곱	F 비	유의확률
집단 간	11.570	2	5.785	11.258	.000
집단 내	410.023	798	.514		
전체	421.593	800			

■ 공동체 생활

기술통계

범주	N (빈도)	평균	표준 편차	표준 오차	평균에 대한 95% 신뢰구간		최소값	최대값
					하한값	상한값		
교리교사	502	3.9078	.65967	.02944	3.8499	3.9656	1.82	9.00
사제	150	4.0117	.83883	.06849	3.8764	4.4170	1.36	9.00
수 도 자	150	4.0767	.75397	.06156	3.9551	4.1984	1.45	9.00
전체	802	3.9588	.71664	.02531	3.9091	4.0085	1.36	9.00

분산분석

	제곱합	자유도(d.f)	평균제곱	F 비	유의확률
집단 간	3.812	2	1.906	3.736	.024
집단 내	407.562	799	.510		
전체	411.374	801			

■ 지도력 개발

기술통계

범주	N (빈도)	평균	표준 편차	표준 오차	평균에 대한 95% 신뢰구간		최소값	최대값
					하한값	상한값		
교리교사	501	3.8797	.73486	.03283	3.8152	3.9442	1.27	5.00
사제	148	3.8884	.75190	.06181	3.7662	4.0105	1.00	5.00
수 도 자	149	4.0718	.83677	.06855	3.9363	4.2073	1.00	5.00
전체	798	3.9172	.76065	.02693	3.8643	3.9700	1.00	5.00

분산분석

	제곱합	자유도(d.f)	평균제곱	F 비	유의확률
집단 간	4.389	2	2.195	3.818	.022
집단 내	456.744	795	.575		
전체	461.133	797			

■ 정의와 봉사

기술통계

범주	N (빈도)	평균	표준 편차	표준 오차	평균에 대한 95% 신뢰구간		최소값	최대값
					하한값	상한값		
교리교사	501	3.8570	.70841	.03165	3.7948	3.9191	1.70	5.00
사제	148	3.9946	.70939	.05831	3.8794	4.1098	1.20	5.00
수 도 자	149	4.0698	.77056	.06313	3.9451	1.1946	1.40	5.00
전체	798	3.9222	.72500	.02566	3.8719	3.9726	1.20	5.00

분산분석

	제곱합	자유도(d.f)	평균제곱	F 비	유의확률
집단 간	6.156	2	3.078	5.928	.003
집단 내	412.772	795	.519		
전체	418.928	797			

■ 세계시민의식

기술통계

범주	N (빈도)	평균	표준 편차	표준 오차	평균에 대한 95% 신뢰구간		최소값	최대값
					하한값	상한값		
교리교사	501	3.8127	.77329	.03455	3.7448	3.8805	1.00	5.00
사제	148	3.9841	.68923	.05665	3.8721	4.0961	1.45	5.00
수 도 자	148	4.1124	.78205	.06428	3.9854	4.2395	1.36	5.00
전체	797	3.9002	.76863	.02723	3.8467	3.9536	1.00	5.00

분산분석

	제곱합	자유도(d.f)	평균제곱	F 비	유의확률
집단 간	11.549	2	5.774	9.995	.000
집단 내	458.726	794	.578		
전체	470.275	796			

〈부록 4-21〉 제 4차 청소년 성별 기술통계 및 일원변량분산분석

■ 사목적 배려

기술통계

범주	N (빈도)	평균	표준 편차	표준 오차	평균에 대한 95% 신뢰구간		최소값	최대값
					하한값	상한값		
남자	390	3.8891	.81066	.04105	3.8084	3.6968	1.00	5.00
여자	473	4.0093	.70861	.03258	3.9453	4.0734	2.00	5.00
전체	863	3.9550	.75836	.02581	3.9043	4.0057	1.00	5.00

분산분석

	제곱합	자유도(d.f)	평균제곱	F 비	유의확률
집단 간	3.090	1	3.090	5.401	.020
집단 내	492.649	861	.572		
전체	495.739	862			

■ 복음말씀 선포

기술통계

범주	N (빈도)	평균	표준 편차	표준 오차	평균에 대한 95% 신뢰구간		최소값	최대값
					하한값	상한값		
남자	391	3.6769	.74874	.03787	3.6025	3.7513	1.00	5.00
여자	473	3.6803	.67460	.03102	3.6193	3.7412	1.33	5.00
전체	864	3.6787	.70870	.02411	3.6314	3.7261	1.00	5.00

분산분석

	제곱합	자유도(d.f)	평균제곱	F 비	유의확률
집단 간	.002	1	.002	.004	.000
집단 내	433.439	862	.503		
전체	433.442	863			

■ 교리교육

기술통계

범주	N (빈도)	평균	표준 편차	표준 오차	평균에 대한 95% 신뢰구간		최소값	최대값
					하한값	상한값		
남자	391	3.7107	.63357	.03204	3.6477	3.7737	1.00	5.00
여자	474	3.8355	.54506	.02504	3.7863	3.8847	2.42	5.00
전체	865	3.7791	.58966	.02005	3.7397	3.8184	1.00	5.00

분산분석

	제곱합	자유도(d.f)	평균제곱	F 비	유의확률
집단 간	3.336	1	3.336	9.691	.006
집단 내	297.076	863	.344		
전체	300.412	864			

■ 기도와 전례

기술통계

범주	N (빈도)	평균	표준 편차	표준 오차	평균에 대한 95% 신뢰구간		최소값	최대값
					하한값	상한값		
남자	391	3.4965	.57649	.02915	3.4392	3.5538	1.22	5.00
여자	474	3.6184	.50861	.02336	3.5725	3.6643	1.61	4.89
전체	865	3.5633	.54343	.01848	3.5270	3.5995	1.22	5.00

분산분석

	제곱합	자유도(d.f)	평균제곱	F 비	유의확률
집단 간	3.183	1	3.183	10.903	.001
집단 내	251.967	863	.292		
전체	255.150	864			

■ 공동체 생활

기술통계

범주	N (빈도)	평균	표준 편차	표준 오차	평균에 대한 95% 신뢰구간		최소값	최대값
					하한값	상한값		
남자	390	3.6824	.74150	.03755	3.6086	3.7563	1.00	5.00
여자	473	3.7785	.65295	.03002	3.7195	3.8375	1.45	5.00
전체	863	3.7351	.69560	.02368	3.6886	3.7816	1.00	5.00

분산분석

	제곱합	자유도(d.f)	평균제곱	F 비	유의확률
집단 간	1.974	1	1.974	4.094	.043
집단 내	415.116	861	.482		
전체	417.089	862			

■ 지도력 개발

기술통계

범주	N (빈도)	평균	표준 편차	표준 오차	평균에 대한 95% 신뢰구간		최소값	최대값
					하한값	상한값		
남자	391	3.7234	.73721	.03728	3.6501	3.7967	1.00	5.00
여자	473	3.7791	.66096	.03039	3.7194	3.8388	1.24	5.00
전체	864	3.7539	.69665	.02370	3.7074	3.8004	1.00	5.00

분산분석

	제곱합	자유도(d.f)	평균제곱	F 비	유의확률
집단 간	.665	1	.665	1.371	.242
집단 내	418.162	862	.485		
전체	418.827	863			

■ 정의와 봉사

기술통계

범주	N (빈도)	평균	표준 편차	표준 오차	평균에 대한 95% 신뢰구간		최소값	최대값
					하한값	상한값		
남자	390	3.5465	.78847	.03993	3.4680	3.6250	1.00	5.00
여자	473	3.5573	.69255	.03184	3.4947	3.6198	1.13	5.00
전체	863	3.5524	.73703	.02509	3.5013	3.6016	1.00	5.00

분산분석

	제곱합	자유도(d.f)	평균제곱	F 비	유의확률
집단 간	.025	1	.025	.046	.831
집단 내	468.221	861	.544		
전체	468.246	862			

<부록 5> 제 5차 조사연구 질문지(청소년 사목 전반에 대한 심층면접)

1. 주교님께서 생각하시는 청소년 사목의 정의는 무엇입니까?

2. 한국 교회 청소년 사목의 중요한 구성요소가 무엇이라고 생각하십니까?

3. 한국 교회 청소년 사목의 활성화를 위한 정책은 어떤 방향을 취해야 한다고 생각하십니까?

4. 한국 교회 청소년 사목의 발전을 위하여 어떤 조언과 제안을 하실 수 있겠습니까?

5. 현재 한국 교회 청소년 사목의 구조에 대하여 어떻게 생각하십니까? 어떤 제안을 하시겠습니까?

6. 현재 주일학교 교리교사의 양성 내용 및 체계에 대하여 어떻게 생각하십니까? 어떤 제안을 하시겠습니까?

7. 한국 교회에 평신도 청소년 사목 전문가가 필요하다는 의견에 대해 어떻게 생각하십니까?

8. 한국 교회 청소년 사목을 위한 사목교서 위원회를 구성한다고 가정할 때 어떤 기준으로 위원을 추천하시겠습니까?

9. 세계 청소년 대회를 한국에서 유치한다면 청소년 사목에 어떠한 영향을 끼치리라고 생각하십니까?

A Framework for the Korean Catholic Youth Ministry
in the Perspective of the Pastoral Theology

A DISSERTATION SUBMITTED TO THE GRADUATE SCHOOL

THE CATHOLIC UNIVERSITY OF KOREA IN PARTIAL

FULFILLMENT OF THE REQUIREMENTS

FOR THE DEGREE OF

DOCTOR OF PHILOSOPHY

BY

CHO, JAE YEOUN

SEOUL, KOREA

FEBRUARY 2009

354

ABSTRACT

**A Framework for the Korean Catholic Youth Ministry
in the Perspective of the Pastoral Theology**

Cho, Jae-Yeoun

Department of Religious Studies

Pastoral Theology

The Catholic University of Korea

In this dissertation, I seek to examine youth ministry of the Catholic Church in Korea, facing difficulties in her ministry for young generation of the twenty-first century who is rapidly changing. I propose a suggestion to overcome the crisis of the current ministry as well.

In order to develop youth ministry continuously and make it active, each parish should have the same aim, direction, methodology, and evaluation system for youth ministry on a diocesan or national level. However, the Korean Catholic Church now appears not to share the common aim or long-term direction of the youth ministry. Therefore, the Catholic Church in Korea is urgently called to make and share the clear and long-term direction of her youth ministry in order to give life to it.

A framework of the youth ministry is suggested from a pastoral perspective as a primary solution for an activation of the Korean Catholic youth ministry in this dissertation. This framework consists of a vision, components, and strategies.

For this study, two methods, literature review and survey research have been utilized concurrently. In the former part, I reviewed the mainstream of the Catholic youth ministry of the Universal Church from its early period to the modern period, and youth ministry framework of contemporary local churches. The Catholic youth ministry of the Universal Church can be summarized up in four streams: 1) Youth Ministry of Cognitive Catechetical Knowledge, in which the Church stressed on catechetical knowledge and taught her traditional teachings to the youth; 2) Youth Ministry of Pastoral Charity, in which the Church tried to reform the youth through the love of Christ; 3) Youth Ministry of Apostolate, in which the Church encouraged and gave formation to the youth to be an apostle; and 4) Integrating Youth Ministry, in which the Universal Church today integrates aforementioned three streams together in balance and harmony. The vision of Integrating Youth Ministry is helping the youth to take a main role in the evangelization of their peers. The components and strategies of Integrating Youth Ministry are proposed continuously following the vision. My observation is that she animates her youth ministry showing the framework of her youth ministry in the same line of Integrating Youth Ministry of the Universal Church. This research explored to rebuild a framework of the Catholic Church youth ministry in the context of Korea today from the example of the framework of Catholic Church youth ministry in the local churches and the Universal Church.

In the survey research, I designed its sampling of youths and ministers who have participated in the Catholic Church youth ministry in the field in the whole country; 885 youths, 1,001 youth ministers (priest, religious, and lay), and three bishops were selected as a sample. The questionnaire for the youth were about their desires or their expectations of components of the Catholic Church youth ministry in Korea, and those for the youth ministers were about their opinions and its necessity of three factors of the Catholic Church youth ministry in Korea; visions, components, and strategies. The survey was consisted of a preliminary data collecting once, deepening interview three times, and main survey twice.

The results of the main research were summarized as mentioned below.

The first, in terms of the vision of the youth ministry, the youth ministers of the Korean Catholic Church youth ministry in Korea were inclined to focus on personal evangelization of the youth, so called "internal evangelization", which is a part of its vision of the Integrating Youth Ministry of the local churches and the Universal Church.

The second, in terms of the components of the youth ministry, most of the youth ministers of the Korean Catholic Church youth ministry in Korea agreed that all the components of the concepts of evangelization are needed in the youth ministry field area. From the results of the survey, I concluded that even though the Church ministers mostly agreed the necessity of all the elements of evangelization for the youth ministry, they do not have a clear idea of a framework of the Catholic Church youth ministry included in all the evangelical concepts.

The third, in terms of the strategies of the youth ministry, the youth ministers thought that the personal and devotional growth is more important than communal or society participated evangelization. They fully agreed the formation of the youth is important, however they doubted of its fruitful practice because of the limitation of current ministry system today.

I suggest the Framework for the Korean Catholic youth ministry based on the results of this research, as below.

The first, the vision of the Catholic Church youth ministry in Korea is that the youth becomes an active roll person in the mutual relationship of the evangelization of the youth themselves, their community, and the world.

The second, the components of the Catholic Church youth ministry in Korea are pastoral care·catechesis·prayer and worship·community life·leadership development·advocacy·proclamation of the Gospel·justice and service·global citizenship.

The third, the strategies of the Catholic Church youth ministry in Korea are three; a component activating strategy, a vision sharing and spreading strategy, and a formation strategy.

Terms: The youth ministry, a framework, vision, component, strategy, evangelization, integrating.

Nihil Obstat:
Rev. Benedict Ahn
Censor Librorum
Imprimatur:
Most Rev. Boniface CHOI Ki-San, D.D.
Episc. Incheon
2009. 3. 24.

미래사목총서 04

한국 교회 최초의 포괄적 청소년 사목 연구
청소년 사목의 현실과 전망

2009년 4월 7일 1판 1쇄 발행
2010년 3월 2일 1판 2쇄 발행

글 조재연

펴낸이 백인순
펴낸곳 위즈앤비즈
주소 경기도 김포시 고촌읍 신곡리 475-1
전화 031-985-5677
출판등록 2005년 4월 12일 제 313-2005-000070호

ISBN 978-89-92825-38-2 94230
      978-89-92825-11-5 (세트)
값 20,000원